Zwangsmedikation in der Kinder- und Jugendpsychiatrie

Recht und Medizin

Herausgegeben von den Professoren
Dr. Erwin Deutsch (†), Dr. Bernd-Rüdiger Kern, Dr. Thorsten Kingreen,
Dr. Adolf Laufs (†), Dr. Hans Lilie, Dr. Hans-Ludwig Schreiber,
Dr. Andreas Spickhoff

Bd./Vol. 138

Zur Qualitätssicherung und Peer Review der vorliegenden Publikation

Die Qualität der in dieser Reihe erscheinenden Arbeiten wird vor der Publikation durch Herausgeber der Reihe geprüft.

Notes on the quality assurance and peer review of this publication

Prior to publication, the quality of the work published in this series is reviewed by editors of the series.

Tobias Thielmann

Zwangsmedikation in der Kinder- und Jugendpsychiatrie

PETER LANG

Bibliografische Information der Deutschen Nationalbibliothek
Die Deutsche Nationalbibliothek verzeichnet diese Publikation in der Deutschen Nationalbibliografie; detaillierte bibliografische Daten sind im Internet über http://dnb.d-nb.de abrufbar.

Gedruckt auf alterungsbeständigem,
säurefreiem Papier.
Druck und Bindung: CPI books GmbH, Leck

D 61
ISSN 0172-116X
ISBN 978-3-631-82181-7 (Print)
E-ISBN 978-3-631-82618-8 (E-PDF)
E-ISBN 978-3-631-82619-5 (EPUB)
E-ISBN 978-3-631-82620-1 (MOBI)
DOI 10.3726/b17131

Peter Lang – Berlin · Bern · Bruxelles · New York ·
Oxford · Warszawa · Wien

Diese Publikation wurde begutachtet.

www.peterlang.com

Für meine Eltern und
für David

Vorwort

Dieses Werk wurde im November 2017 fertiggestellt und im Wintersemester 2019/2020 von der Juristischen Fakultät der Heinrich-Heine-Universität Düsseldorf als Dissertationsschrift angenommen. Die Disputation fand am 06. Februar 2020 statt.

Für die Betreuung der Arbeit sowie der Übernahme des Erstgutachtens möchte ich mich zunächst herzlich bei meiner Doktormutter Frau Prof. Dr. Katharina Lugani bedanken. Herrn Prof. Dr. Karl-Heinz Möller danke ich für die Erstellung des Zweitgutachtens. Darüber hinaus möchte ich mich bei den Herren Prof. Dr. Bernd-Rüdiger Kern und Dr. Andreas Spickhoff, stellvertretend für die weiteren Herausgeber, für die schnelle Aufnahme in die Schriftenreihe „Recht und Medizin" bedanken.

Auch möchte ich mich bei Herrn Prof. Dr. Jens Scherpe M.A. (Cantab), MJur (Oxon) für die Ermöglichung meines Forschungsaufenthaltes an dem Cambridge Family Law Centre, dem Centre for Law, Medicine and Life Sciences der Universität Cambridge sowie dem MCR des Gonville and Caius College bedanken. Mein Dank gilt zudem Dr. Preedanant Jareonsettasin für die schöne gemeinsame Zeit in England.

Mein Studium sowie das Promotionsvorhaben wurden von der Konrad-Adenauer-Stiftung unterstützt, der ich für hierfür, aber vor allem für die zahlreichen Seminare danken möchte, durch die ich viele langjährige Freunde gewinnen konnte.

Darüber hinaus gilt mein besonderer Dank den Herren Shpetim Bajrami, Alexander Palaszewski, Thorsten Bischof, Rafael Sarlak, Johannes Wiegelmann und Dr. Marvin Geisler. Unsere Freundschaft und die damit verbundenen vielzähligen Diskussionen und gemeinsamen Erlebnisse haben nicht nur meine Arbeit bereichert, sondern haben im Laufe der Jahre vor allem zu meiner persönlichen Entwicklung beigetragen. Die Kaffee- und Mittagspausen sowie die anschließenden gemeinsamen Abende mit euch sind sicherlich der Grund dafür, dass ich die Zeit der Erstellung meiner Dissertationsschrift als die freiste und glücklichste Zeit meiner akademischen Laufbahn betrachte.

Für die tatkräftige Unterstützung bei der Finalisierung meiner Arbeit möchte ich zudem meiner Schwester Maike und Herrn Morten Rüberg danken. Zudem gilt mein Dank Frau Dr. Helen Lindenberg für die kritische Durchsicht meiner Arbeit und die wirklich gelungenen Anmerkungen. Meinem Bruder Thomas möchte ich für unsere gemeinsame schöne Zeit in Düsseldorf danken.

Als Dank für die stete Unterstützung meines Ausbildungswegs und meiner persönlichen Weiterentwicklung ist dieses Werk meinen Eltern gewidmet. Zudem widme ich dieses Buch David, durch den mir so bewusst geworden ist, dass die Zuneigung und Liebe einer Familie oft die beste Medizin ist.

Düsseldorf, März 2020 Tobias Thielmann

Inhaltsverzeichnis

Einführung

A. Gegenstand der Arbeit

Psychische Krankheiten führen bei Kindern[1], Jugendlichen und ihren Familien oft zu schweren Krisen. Für jeden Beteiligten können dabei überfordernde Situationen entstehen, die eine zusätzliche institutionelle und professionelle Unterstützung erforderlich machen. Solche problemhaltigen Lebensabschnitte sind keine Ausnahmeerscheinungen. Etwa die Hälfte aller psychischen Erkrankungen entsteht im Jugendalter und setzt sich im Erwachsenenalter fort.[2] Studien gehen davon aus, dass ca. 20 - 25 % aller Minderjährigen wegen psychischer, entwicklungsbedingter oder verhaltensbedingter Probleme Hilfe benötigen, wobei ca. 10 % eine fachärztliche Behandlung erfordern.[3] In diesem Fall müssen die Eltern aufgrund der aus Art. 6 Abs. 2 S. 1 GG abgeleiteten Gesundheitsfürsorge[4], ärztliche Hilfe in Anspruch nehmen und die notwendigen Maßnahmen zur Heilung treffen.[5] Ob, in welcher Form und durch wen die Versorgung stattfindet, obliegt in gewissen Grenzen ihrem Ermessen.[6]

---

1 Es sind stets Personen männlichen und weiblichen Geschlechts gleichermaßen gemeint. Aufgrund der einfacheren Lesbarkeit wird im Folgenden nur die männliche Form ausgeschrieben.

2 *Lambert u. a.*, Die psychische Gesundheit von Kindern, Jugendlichen und jungen Erwachsenen – Teil 1: Häufigkeit, Störungspersistenz, Belastungsfaktoren, Service-Inanspruchnahme und Behandlungsverzögerung mit Konsequenzen, in: Fortschritte der Neurologie Psychiatrie 2013, S. 614 (615); *Moreno*, Prevention in child and adolescent psychiatry: are we there yet?, in: European Child & Adolescent Psychiatry 2017, S. 267; *Singh/Tuomainen*, Transition from child to adult mental health services: needs, barriers, experiences and new models of care, in: World Psychiatry 2015, S. 358 (358f.).

3 *Kühnel*, Der jugendliche Patient – Minderjährig, psychisch krank und selbstbestimmt. Wie passt das zusammen?, in: Meier-Allmendinger/Baumann-Hölzle, Der selbstbestimmte Patient, 2009, S. 83 (84f.), m.w.N.

4 *Hoffmann*, Personensorge, 2. Auflage 2013, § 2, Rz. 6.

5 *Dethloff*, Familienrecht, 31. Auflage 2015, § 13, Rz. 60; *Gernhuber/Coester-Waltjen*, Familienrecht, 6. Auflage 2010, § 62 Rz. 17; *Götz*, in: Palandt, BGB Kommentar, 76. Auflage 2017, § 1626, Rz. 10; *Rauscher*, Familienrecht, 2. Auflage 2008, § 33, Rz. 1025; *Finke*, Sorgerecht und Umgang bei Erkrankung des Kindes, in: NZFam 2015, S. 1114 (1114f.), letzterer mit ausführlichen Verweisen auf Rechtsprechung zu diesem Bereich.

6 Vgl. zu den Grenzen dieser Freiheit bzw. den strafrechtlichen Konsequenzen einer unterlassenen Gesundheitsfürsorge: BGH, NJW 2015, 3047 = FamRZ 2015, 1886; LG Hannover, BeckRS 2015, 05385. Nicht jedoch bei der freiheitsentziehenden Unterbringung in der Kinder- und Jugendhilfe, vgl. insoweit: *Hoffmann*, Freiheitsentziehende

I. Rechtsvielfalt durch Akteurvielfalt

Sofern sich die Eltern an die Kinder- und Jugendpsychiatrie wenden und einen Behandlungsvertrag abschließen, tritt eine familien-externe Einrichtung in intensiven Kontakt zu dem Minderjährigen. Im Extremfall kann der Patient mit der Einwilligung der Personensorgeberechtigten gegen seinen Willen in den Einrichtungen freiheitsentziehend untergebracht, von den Ärzten mit Medikamenten therapiert und in seiner Fortbewegungsfreiheit beeinträchtigt werden. Sowohl der Verzicht einer (Zwangs-)Behandlung[7] als auch die Anwendung von Zwang[8] können zur ordnungsgemäßen Ausübung der Gesundheitsfürsorge zählen. Bereits dieser kurze Blick auf das Verhältnis von Eltern, der zur Heilung beauftragen Klinik, (dem Arzt) und dem kranken Minderjährigen zeigt, dass die auf der elterlichen Einwilligung beruhende Zwangsmedikation sorge-[9], vertrags-, delikts-, straf-[10] und verfassungsrechtliche Aspekte aufweist. Der Vorgang geht mit einer komplexen intradisziplinären Rechtsstruktur mit verschiedenen Wechselwirkungen einher.

Dieses Dreieck kann um weitere Akteure und damit um zusätzliche rechtliche Einflüsse erweitert werden. Zu nennen ist hier vor allem der Staat mit seinem verfassungsrechtlich verankerten Wächteramt aus Art. 6 Abs. 2 S. 2 GG. Er wacht aufgrund der Schutzbedürftigkeit des Kindes und der Jugendlichen über die Ausübung des elterlichen Erziehungsrechts.[11] Im Rahmen seiner Wächterfunktion hat der deutsche Gesetzgeber mit § 1631b BGB die elterliche Einwilligung sowohl zur freiheitsentziehenden Unterbringung als auch zur medikamentösen Freiheitsentziehung unter ein gerichtliches Genehmigungserfordernis gestellt. Die medikamentöse Zwangsbehandlung unterliegt demgegenüber gemäß § 1666 BGB nur einer abstrakten gerichtlichen Kontrolle.[12]

Unterbringung in Einrichtungen der Kinder- und Jugendhilfe, in: FamRZ 2013, S. 1346 (1351).

7 *Hoffmann*, Personensorge, 2. Auflage 2013, § 9, Rz. 1.

8 *Hoffmann*, Freiheitsentziehende Unterbringung in Einrichtungen der Kinder- und Jugendhilfe, in: FamRZ 2013, S. 1346 (1350).

9 Vgl. für das sorgerechtliche Innen- und Außenverhältnis beziehungsweise die tatsächliche und rechtliche Fürsorge: *Braun*, Die elterliche Sorge nach Auflösung der ehelichen Lebensgemeinschaft gemäß §§ 1671, 1672 des Bürgerlichen Gesetzbuches, 1999, S. 73; *Klinkhammer*, Beschneidung männlicher Kleinkinder und gesetzliche Vertretung durch die Eltern, in: FamRZ 2012, S. 1913 (1914); *Muscheler*, Familienrecht, 4. Auflage 2017, § 36, Rz. 604; *Salgo*, in: Staudinger, BGB Kommentar IV, Elterliche Sorge 1- Inhaberschaft und Inhalt, 2015, § 1631, Rz. 6; *Schwab*, Familienrecht, 25. Auflage 2017, § 55, Rz. 696.

10 *Müller*, Freiheitsberaubung durch unterbringungsähnliche Maßnahmen bei Minderjährigen im Krankenhaus, in: MedR 2011, S. 339 (344) und vergleiche ausführlich zu dem Streit um die Tatbestandsmäßigkeit der Heilbehandlung: Fußnote 88.

11 BVerfGE 24, 119 = NJW 1968, 2233.

12 Der Staat kann darüber hinaus im Rahmen des speziellen landesrechtlichen Ordnungsrechts medikamentöse Zwangsbehandlungen und medikamentöse

Würden als weitere Akteure die in der Klink angestellten Ärzte, Pfleger, die Medikamente produzierenden Unternehmen, das Jugendamt mit seinen Sozialarbeitern sowie Vormünder und Ergänzungspfleger samt ihren untereinander bestehenden Verhältnissen hinzugerechnet werden, ließe sich die Anzahl an involvierten Akteuren und Rechtsbeziehungen, die Einfluss auf die Anwendung von sorgerechtlichen Zwangsmaßnahmen gegenüber dem Minderjährigen haben, beliebig vergrößern. Innerhalb der Beziehungen bestehen ebenfalls verschiedene einfachgesetzliche Regelwerke. Hinzu kommt der differenzierte verfassungsrechtliche Einfluss der Grundrechte aufgrund ihrer un-/mittelbaren Wirkung.

II. Ethische und tatsächliche Konflikte

Diese komplexe rechtliche Ausgestaltung wird um ethische und tatsächliche Konflikte erweitert, die Einfluss auf die rechtliche Bewertung haben. Die Situationen, in denen Zwang erforderlich wird, zeichnen sich häufig durch Aggressionen, Verunsicherungen und Überforderungen aller Beteiligten aus. Ethisch bedenkenswert erscheint es, Zwang gegen eine rechtlich und tatsächlich ohnehin schon besonders schutzwürdige, vulnerable Personengruppe auszuüben. Sind die Minderjährigen krankheitsbedingt nicht in der Lage, sich und ihr Verhalten zu kontrollieren und damit einhergehend die Erforderlichkeit einer ärztlichen Behandlung nachzuvollziehen[13], gilt dies erst recht. Tatsächlich ist zu berücksichtigen, dass bereits die Feststellung der Einsichtsfähigkeit eines „gesunden“ Minderjährigen in einer konkreten Heilbehandlung in der Praxis mit erheblichen Schwierigkeiten behaftet ist.[14] Die Einwilligungsfähigkeit eines Minderjährigen in der Kinder- und Jugendpsychiatrie zu bewerten, ist umso schwieriger. Dies gilt insbesondere in Momenten, die ein schnelles agieren bedürfen. Der Minderjährige kann sich gegenüber den Ärzten und den eigenen Eltern, die sich im übertragenen Sinn gegen den Minderjährigen verbünden, ausgeliefert fühlen, sodass ihm Ansprechpersonen fehlen. Darüber hinaus sind die Eltern-Kind-Beziehungen in der Kinder- und Jugendpsychiatrie oft

---

Freiheitsentziehungen zur Gefahrenabwehr anordnen. Dieses Vorgehen ist unter anderem in den Psychisch-Kranken-Gesetzen (PsychKG) beziehungsweise in den Unterbringungsgesetzen (Bayern und Saarland) geregelt. Nach OLG Dresden NJW-RR 2017, 201 wird dem zivilrechtlichen Vorgehen durch die Eltern ein Vorrang gegenüber dem öffentlich rechtlichen Handeln aufgrund der fürsorglichen Orientierung des Sorgerechts, dem verfassungsrechtlich geschützten Elternrecht sowie weiteren systematischen Gründen, zugesprochen. Die vorliegende Untersuchung bezieht sich nur auf die aufgrund der elterlichen Einwilligung veranlassten Zwangsmedikation.

13 *Stellungnahme der Zentrale Ethikkommission der BÄK*, Zwangsbehandlung bei psychischen Erkrankungen, in: Deutsches Ärzteblatt 2013, S. 1334.

14 *Nebendahl*, Selbstbestimmungsrecht und rechtfertigende Einwilligung des Minderjährigen bei medizinischen Eingriffen, in: MedR 2009, S. 197 (202).

dysfunktional,[15] sodass die Interessen des Kindes möglicherweise in den Hintergrund geraten können.[16]

Ethisch, tatsächlich und juristisch bedenklich ist auch, dass die meisten Psychopharmaka in der Kinder- und Jugendpsychiatrie außerhalb ihres Zulassungsbereichs angewendet werden (sog. Off-Label-Use).[17] Die fehlende Zulassung beruht häufig darauf, dass viele klinische Studien nicht an Minderjährigen durchgeführt wurden.[18] Ein weiterer Grund ist darin zu sehen, dass sie als besonders schutzwürdig betrachtet werden. Ferner müssen auch wirtschaftliche Gründe berücksichtigt werden, da der Markt an Abnehmern im Vergleich zu volljährigen Patienten kleiner ist und die Zulassung deshalb nicht beantragt wird.[19] Hinzu kommen Unsicherheiten bei der Bewertung von anfänglich bei der Medikamentenuntersuchung nicht erkennbaren Spätfolgen auf das Wachstum und psychosomatische Entwicklungsstörungen.[20] Daneben fehlt eine Zulassung auch schon oft wegen bekannter

---

15 Die Dysfunktionalität kann unter anderem durch die Anwendung von Gewalt gegen die Eltern begründet sein. Einen interessanten Einblick in die von psychisch kranken Jugendlichen ausgeübte innerfamiliäre Gewalt geben: *Kuay u. a.*, Adolescents as perpetrators of aggression within the family, in: International Journal of Law and Psychiatry 2016, S. 60.

16 *Rothärmel u. a.*, Patientenaufklärung, Informationsbedürfnis und Informationspraxis in der Kinder- und Jugendpsychiatrie und Psychotherapie, 2006, S. 24.

17 *Goldbeck u. a.*, Therapie, in: Fegert u. a., Psychiatrie und Psychotherapie des Kindes- und Jugendalters, 2. Auflage 2012, S. 177 (207); *Thinesse-Wiehofsky*, Arzthaftung und Pflegeschäden, in: Jahnke/Burmann, Handbuch des Personenschadensrechts, 2016, 1. Kapitel, Rz. 372; vgl. zu den Definitionsproblemen: *Göben*, Der Off-Label-Use von Fertigarzneimitteln: Offene Fragen an der Schnittstelle von Standard, Humanität und Wirtschaftlichkeitsgebot, in: Ahrens u. a., Medizin und Haftung: Festschrift für Erwin Deutsch zum 80. Geburtstag, 2009, S. 179 (180ff.); und zum gleichen Problem für die europäische Gesetzgebung: *Neubert u. a.*, Defining off-label and unlicensed use of medicines for children, in: Pharmacological Research 2008, S. 316.

18 Hierzu ausführlich *Magnus*, Medizinische Forschung an Kindern, 2006; *Rumetsch*, Medizinische Eingriffe bei Minderjährigen: eine rechtsvergleichende Untersuchung zum Schweizer und deutschen Recht, 2013, S. 132.

19 *Bücheler u. a.*, Off-Label-Verordnungen in der Pädiatrie, in: Bundesgesundheitsbl. - Gesundheitsforsch. - Gesundheitsschutz 2003, S. 467; *Franke u. a.*, Verordnungshäufigkeiten von Psychopharmaka bei Kindern und Jugendlichen mit psychischen Erkrankungen in Deutschland, in: Zeitschrift für Kinder- und Jugendpsychiatrie und Psychotherapie 2016, S. 259 (260); *Hart/Mühlbauer*, Unsicherheit in der Pädiatrie durch Off-Label-Use von Arzneimitteln, in: ZEFQ 2008, S. 37 (41); *Konradt*, Der Arzthaftungsfall aus der Sicht des Patienten, in: Ehlers/Broglie, Arzthaftungsrecht, 5. Auflage 2014, Rz. 223; *Walter*, Medikamentöse Behandlung von Kindern, in: Hofer u. a., Perspektiven des Familienrechts: Festschrift für Dieter Schwab zum 70. Geburtstag am 15. August 2005, 2005, S. 965 (966f.).

20 *Jong u. a.*, A Survey of the Use of Off-Label and Unlicensed Drugs in a Dutch Children's Hospital, in: Pediatrics 2001, S. 1089; *Kölch*, Rechtliche und ethische Fragen im klinischen Alltag, in: Gerlach u. a., Neuro-/Psychopharmaka im Kindes- und

Nebenwirkungen.[21] Ein weiteres Problem ist auch, dass häufig die Infrastruktur für die multizentrische Arzneimittelprüfung nicht ausreichend ausgelegt ist und dass die Gewinnung von Kindern und Jugendlichen als Probanden für die Studien sehr schwierig ist.[22]

Praktisch bedeutet dies, dass es für die Anwendung der Medikamente bei Minderjährigen keine Empfehlung für die Dosierung gibt, dass die Wirkung und vor allem unerwünschte Arzneimittelwirkungen nicht erprobt sind und damit auch keine entsprechenden Warnungen vorliegen. Zudem fehlen Angaben über die Interaktion mit anderen Arzneien und es liegen keine pädiatrischen Darreichungsformen vor.[23] Damit können für den behandelten Minderjährigen erhebliche Gesundheitsgefahren verbunden sein.[24] „Der Arzt kann weder eine Heilung oder Linderung garantieren, er kann aber auch nicht sicher ausschließen, dass im Einzelfall Nebenwirkungen auftreten".[25] Zusätzlich kann die Anwendung für den Arzt und Patienten mit erheblichen finanziellen Risiken verbunden sein, da die sozialrechtliche Erstattungsfähigkeit und Regressansprüche der Versicherungen

---

Jugendalter: Grundlagen und Therapie, 3. Auflage 2016, S. 81 (84); *Walter*, Medikamentöse Behandlung von Kindern, in: Hofer u. a., Perspektiven des Familienrechts: Festschrift für Dieter Schwab zum 70. Geburtstag am 15. August 2005, 2005, S. 965 (967).

21 *Thinesse-Wiehofsky*, Arzthaftung und Pflegeschäden, in: Jahnke/Burmann, Handbuch des Personenschadensrechts, 2016, 1. Kapitel, Rz. 373.

22 *Kölch*, Rechtliche und ethische Fragen im klinischen Alltag, in: Gerlach u. a., Neuro-/Psychopharmaka im Kindes- und Jugendalter: Grundlagen und Therapie, 3. Auflage 2016, S. 81 (84).

23 *Seyberth u. a.*, Probleme der pädiatrischen Pharmakotherapie und deren internationale Lösungsansätze, in: Monatsschrift Kinderheilkunde 2002, S. 218 (219); *Ders./Schwab*, Pharmakotherapie, in: Hoffmann u. a., Pädiatrie, Band 1, 4. Auflage 2014, S. 1003 (1016); *Nevels u. a.*, Psychopharmacology of aggression in children and adolescents with primary neuropsychiatric disorders: A review of current and potentially promising treatment options, in: Experimental and Clinical Psychopharmacology 2010, S. 184 (197). Letztere verdeutlichen dies besonders eindrücklich: „Especially alarming and most critical are the lack of efficacy and safety studies. There virtually is no evidence for the long-term effectiveness and safety of the use of most of these medications in this population".

24 *Konradt*, Der Arzthaftungsfall aus der Sicht des Patienten, in: Ehlers/Broglie, Arzthaftungsrecht, 5. Auflage 2014, Rz. 224; *Yamashiro u. a.*, Drug Developtment: The Use of Unlicensed/Off-label Medicines in Pediatrics, in: JPGN 2012, S. 506: „There is accumulating evidence that such uses can result in harm, with increased incidence and seriousness of adverse drug reactions associated with unapproved medicines use in this population".

25 Walter, Medikamentöse Behandlung von Kindern, in: Hofer u. a., Perspektiven des Familienrechts: Festschrift für Dieter Schwab zum 70. Geburtstag am 15. August 2005, 2005, S. 965.

stark umstritten sind.[26] Die Aufzählung zeigt, dass auch die Anwendung von Medikamenten außerhalb ihres Zulassungsbereichs bei Minderjährigen mit einer komplexen intradisziplinären Rechtsstruktur verbunden ist, die sich durch eine Vielzahl unterschiedlicher Probleme auszeichnet. Neben sozial- und wettbewerbsrechtlichen Aspekten wirft die Off-Label-Behandlung Fragen im Bereich des Straf-, Delikts-, Arzneimittel- und Familienrechts auf.[27]

---

26 Vgl. dazu *Dany*, Die Haftung des pharmazeutischen Unternehmers für Arzneimittelschäden durch „off label use", 2008, S. 27ff. *Dierks/Nitz*, Aktuelle Fragen des Off-Label-Use, in: Dtsch. Med. Wochenschr. 2003, S. 2138; *Goecke*, Der zulassungsüberschreitende Einsatz von Arzneimitteln (Off-Label-Use), in: NZS 2002, S. 620; *Ders.*, Verfassungsrechtliche Vorgaben für die Leistungspflicht der Krankenkassen beim Off-Label-Use von Arzneimitteln, in: NZS 2006, S. 291; *Niemann*, Die Verordnung eines Arzneimittels außerhalb der zugelassenen Indikation, in: NZS 2004, S. 254; *Meyer/Grunert*, Off-Label-Use: Haftungs- und Regressrisiken für Ärzte, Apotheker und Pharmaunternehmen, in: PharmR 2005, S. 205; *Zylka-Menhorn*, Den Schwarzen Peter hat der Arzt, in: Deutsches Ärzteblatt 2001, S. A3413.

27 Zum Spannungsfeld von Haftungs- und Sozialrecht speziell in der Kinder- und Jugendpsychiatrie: *Gerlach/Warnke*, Medikamentöse Behandlung in der Kinder- und Jugendpsychiatrie in Deutschland zwischen ethischen sowie sozial- und haftungsrechtlichen Konflikten, in: Zeitschrift für Kinder- und Jugendpsychiatrie und Psychotherapie 2016, S. 249; *Kölch u. a.*, Off-Label-Use von Psychopharmaka in der Kinder- und Jugendpsychiatrie, in: Nervenarzt 2009, S. 789; Ausführlich zum Spannungsfeld von Haftungs-, Versicherungs- und Wettbewerbrecht: *Müller*, Die Rechtsproblematik des Off-Label-Use, 2009; sowie: *Stumpf*, Der Vertrieb von Arzneimitteln außerhalb zugelassener Indikationen in wettbewerbsrechtlicher Perspektive, in: PharmR 2003, S. 421; vgl. zum Spannungsfeld von Zivil-, Sozial- und Strafrecht: *Deutsch*, Off-Label-Use von Medikamenten als rechtliches Problem, in: VersR 2014, S. 1038 sowie; *Walter*, Off-Label-Use: Die Haftung des verordnenden Arztes, in: NZS 2011, S. 361; vgl. zur Arzneimittelsicherheit: *Vogel*, Pharmakovigilanz – Rechtsfragen der Arzneimittelüberwachung und -sicherheit aus nationaler und gemeinschaftsrechtlicher Perspektive –, 2007, S. 46ff; zur strafrechtlichen Problematik des Off-Label-Use in der Pädiatrie: *Weber*, „Off-label use": Arzneimittel- und strafrechtliche Aspekte am Beispiel der Kinderheilkunde, 2009; zur Haftung des pharmazeutischen Unternehmers: *Dany*, Die Haftung des pharmazeutischen Unternehmers für Arzneimittelschäden durch „off label use", 2008; zur sonstigen Haftung aus deliktsrechtlicher Sicht: *Ehl*, Haftungsrechtliche Anforderungen an die ärztliche Behandlung mit Neulandmethoden, 2015, S. 101ff; *Heitz*, Arzneimittelsicherheit zwischen Zulassungsrecht und Haftungsrecht, 2005, S. 312ff; *Kempe-Müller*, Der bestimmungsgemäße Gebrauch von Arzneimitteln gemäß § 84 AMG, 2008; Zu sozialrechtlichen Aspekten: *Bruns/Herz*, Off-Label-Use aus Sicht der gesetzlichen Krankenkassen, in: Bundesgesundheitsbl. - Gesundheitsforsch. - Gesundheitsschutz 2003, S. 477; *Buchner/Jäkel*, Off-Label-Use von Arzneimittel in der gesetzlichen Krankenversicherung, in: PharmR 2003, S. 433; *Clemens*, Zulässigkeit von Arzneiverordnungen und Kostenregresse gegen Ärzte – Off-Label-Use und Unlicensed Use, in: GesR 2011, S. 397; *Engelke*, Die Bindungswirkung der arzneimittelrechtlichen Zulassung für den Off-Label-Use, in: MedR 2011, S. 418; *Gottwald*, Die rechtliche

III. Schlussfolgerungen für die Untersuchung

Die vorstehende Darstellung verdeutlicht, dass die sorgerechtliche Zwangsmedikation in der Kinder- und Jugendpsychiatrie durch eine komplexe ethische, rechtliche und tatsächliche Situation geprägt ist, die erhebliche Auswirkungen auf das Wohl des psychisch kranken Minderjährigen haben kann. Deshalb stellt die Anwendung von Zwang auch eines der ältesten[28], nach wie vor umstrittensten und ungelösten Problemen von psychiatrischen Einrichtungen im Kinder- und Jugendbereich dar. Bei dieser Patientenklientel wird der Grundsatz, dass der Schutz fundamentaler Grundwerte umso erforderlicher wird, je weniger Personen in der Lage sind sich selbst zu schützen, besonders deutlich. Eine freiheitliche Gesellschaft zeichnet sich insbesondere durch den Umgang mit den Mitgliedern aus, die nicht frei in ihren Entscheidungen sind. Deshalb untersucht die vorliegende Arbeit die sorgerechtlichen Regelungen zur Zwangsmedikation und prüft, ob der Gesetzgeber diese nachjustieren muss.

B. Gang der Untersuchung

Um den Themenkomplex sinnvoll zu bearbeiten, wird die Arbeit in drei verschiedene Teile untergliedert.

I. Erster Teil

Der erste Teil umfasst drei Kapitel. Dort werden die wesentlichen Grundlagen der Zwangsmedikation vermittelt. Sie stellen die Basis für die darauffolgende Analyse dar.

Kapitel 1 befasst sich mit den tatsächlichen Rahmenbedingungen der sorgerechtlichen Zwangsbehandlung. Neben der Aufgabe der Kinder- und Jugendpsychiatrie (Kapitel 1, A.) werden die verschiedenen Medikamentenklassen (Kapitel 1, B.) sowie die Formen der Zwangsmedikation (Kapitel 1, C.) dargestellt. Anschließend

---

Regulierung medizinischer Innovationen in der Gesetzlichen Krankenversicherung, 2016, S. 383ff; *Nimis*, Der Anspruch des Patienten auf neue Untersuchungs- und Behandlungsmethoden in der gesetzlichen Krankenversicherung, 2012, S. 175ff; *Schimmelpfang-Schütte*, Recht auf Behandlung und Off-Label-Use in der Gesetzlichen Krankenversicherung (GKV), in: MedR 2004, S. 655; *Schwee*, Die zulassungsüberschreitende Verordnung von Fertigarzneimitteln (Off-Label-Use): eine Untersuchung vorwiegend im Bereich des Rechts der Gesetzlichen Krankenversicherung unter besonderer Berücksichtigung der sozialgerichtlichen Rechtsprechung, 2008; *Ullrich*, Finanzierungslücken bei medizinischen Innovationen?, 2013, S. 268ff.

28 *Steinert u. a.*, The use of coercive interventions in mental health care in Germany and the Netherlands. A comparison of the developments in two neighboring countries, in: frontiers in PUBLIC HEALTH 2014, S. 1.

werden die einzelnen Versorgungsformen der Kinder- und Jugendpsychiatrie aufgezeigt (Kapitel 1, D.).

Das zweite Kapitel nimmt eine umfassende Bestandsaufnahme des aktuellen Standes der Diskussion um die sorgerechtliche Zwangsbehandlung vor. Eine solche Aufarbeitung wurde bisher nicht durchgeführt. Dadurch soll der rechtliche Rahmen zunächst geordnet werden. Darüber hinaus sollen Punkte herausgestellt werden, auf die in der Analyse eingegangen werden muss. Neben einer Definition des Vorgangs (Kapitel 2, A.) wird untersucht, inwieweit sich der Gesetzgeber (Kapitel 2 B.), die Rechtsprechung (Kapitel 2 C.) und die Literatur (Kapitel 2 C.) mit den Voraussetzungen der elterlichen Einwilligung in die Zwangsbehandlung befasst haben. Dabei werden für alle Beteiligten die Fragen: „Wer darf was, wann und warum", herausgearbeitet.

Im dritten Kapitel geht es um die medikamentöse Freiheitsentziehung. Da sie im Jahr 2017 unter ein konkretes gerichtliches Genehmigungserfordernis gestellt wurde, wird nach einer kurzen Definition der Maßnahme (Kapitel 3, A.) die Entstehungsgeschichte der Norm behandelt (Kapitel 3, B.). Abschließend werden die Voraussetzungen der neu geschaffenen Norm besprochen (Kapitel 3, C.).

II. Zweiter Teil

Nachdem im ersten Teil die Grundlagen der sorgerechtlichen Zwangsmedikation vermittelt wurden, untersucht der zweite Teil der Arbeit die Frage, ob der Gesetzgeber auch die elterliche Einwilligung zur Zwangsbehandlung unter ein gerichtliches Genehmigungserfordernis stellen muss.

Das vierte Kapitel analysiert dafür zunächst das grundrechtliche Spannungsverhältnis, dem der Gesetzgeber bei der sorgerechtlichen Zwangsbehandlung ausgesetzt ist. Dazu zählen neben dem in Art. 6 Abs. 2 S. 1 GG geschützten Elternrecht (Kapitel 4, A.) vor allem die durch den Vorgang verletzten Grundrechte des Minderjährigen (Kapitel 4, B.). Im fünften Kapitel werden die Einwilligungsfähigkeit und die Einwilligungsbefugnis von psychisch kranken Minderjährigen eingehend untersucht, um das Gewicht der gesetzgeberischen Schutzpflicht festzustellen.

In den darauffolgenden drei Kapiteln wird das Schutzniveau des aktuellen Sorgerechts untersucht. Das staatliche Wächteramt korreliert mit dem Grundrecht des Minderjährigen „auf Schutz vor den Eltern"[29]. Wenn die vorhandenen Instrumente und Voraussetzungen ausreichen, um dem Minderjährigen adäquaten Schutz zu liefern, wäre ein Eingriff in das Elterngrundrecht aufgrund der staatlichen Subsidiarität nicht erforderlich.

Im sechsten Kapitel wird daher mit § 1666 BGB die einfachrechtliche Ausprägung des staatlichen Wächteramtes auf seinen Schutzgehalt hin überprüft. Darüber hinaus beschäftigt sich das siebte Kapitel mit der Zulässigkeit der Zwangsbehandlung

---

29 Siehe hierzu: *Britz*, Kindesgrundrechte und Elterngrundrecht: Fremdunterbringung von Kindern in der verfassungsgerichtlichen Kontrolle, in: FamRZ 2015, S. 793 (794f.).

in unterschiedlichen Einrichtungsformen. Im achten Kapitel werden dann weitere materielle und formelle Voraussetzungen der Zwangsbehandlung analysiert.

III. Dritter Teil

Der dritte Teil ist das Ergebnis der Untersuchung. In ihm wird ein Gesetzgebungsentwurf für eine Regelung der elterlichen Einwilligung in eine Zwangsbehandlung vorgeschlagen (Kapitel 9, D.). Zuvor werden jedoch noch weitere rechtspolitische Argumente angeführt, die für eine solche Regelung der Materie sprechen (Kapitel 9, A.). Darüber hinaus werden zusätzliche verfassungsrechtliche Anforderungen besprochen, die sich im Laufe des Gesetzgebungsprozesses stellen (Kapitel 9, B.). Abschließend werden Folgeänderungen aufgezeigt, die sich aufgrund der neuen gesetzlichen Regelung ergeben (Kapitel 9, C.).

Erster Teil: Die Grundlagen

1. Kapitel: Hintergrund

In dem nachfolgenden Kapitel werden die tatsächlichen Rahmenbedingungen der Untersuchung dargestellt, die als Hintergrund für eine vertiefte juristische Auseinandersetzung mit der Zwangsmedikation, in den folgenden Kapiteln, notwendig sind. Dafür wird zunächst die Aufgabe der Kinder- und Jugendpsychiatrie im Geflecht der Unterstützungsangebote für psychisch auffällige und kranke Minderjährige hervorgehoben (A.). Anschließend wird ein Überblick über die bei der Zwangsmedikation verwendeten Medikamente samt ihrer Wirkung gegeben (B.). Darauf aufbauend werden die unterschiedlichen Erscheinungsformen der Zwangsmedikation kurz voneinander abgegrenzt (C.). Das Kapitel schließt mit einer Darstellung der unterschiedlichen Versorgungsformen, da die vorliegende Arbeit die Zulässigkeit der Zwangsmedikation in allen Bereichen der Kinder- und Jugendpsychiatrie untersucht (D.).

A. Aufgabe der Kinder- und Jugendpsychiatrie

Das Unterstützungsangebot für psychische Ausnahmesituationen ist heutzutage fein ausdifferenziert. Es gibt unterschiedliche Einrichtungen mit unterschiedlichen Zielrichtungen. Die Kinder- und Jugendpsychiatrie ist eine mögliche Form der Krisenintervention. Sie wird bei psychisch auffälligen Kindern und Jugendlichen am häufigsten in Anspruch genommen.[30]

I. Aufgabe der Kinder- und Jugendpsychiatrie

Bei der Kinder- und Jugendpsychiatrie handelt es sich um ein Institut des Gesundheitswesens. Sie ist grundsätzlich auf die Behandlung von Patienten bis zum 18. Lebensjahr ausgelegt und stellt ein eigenständiges Feld der Medizin dar, welches sich aus der allgemeinen Psychiatrie, der Kinderheilkunde und der Pädagogik gebildet hat.[31] Die Kinder- und Jugendpsychiatrie weist zudem Berührungspunkte zur Neurologie auf.[32] Seit Ende der 1960er Jahre besteht die Möglichkeit der Facharztweiterbildung in diesem Fachgebiet.[33] Die Bundesärztekammer definiert den Aufgabenbereich der Kinder- und Jugendpsychiatrie und -psychotherapie als:

---

30 *Rüth*, Die Unterbringung in der Kinder- und Jugendpsychiatrie, in: FPR 2011, S. 554 (555).

31 *Goldbeck u. a.*, Therapie, in: Fegert u. a., Psychiatrie und Psychotherapie des Kindes- und Jugendalters, 2. Auflage 2012, S. 177 (179).

32 *Hackenberg/Aichhorn*, Kinder- und Jugendpsychiatrie, in: Fleischhacker/Hinterhuber, Lehrbuch Psychiatrie, 2012, S. 323.

33 *Goldbeck u. a.*, Therapie, in: Fegert u. a., Psychiatrie und Psychotherapie des Kindes- und Jugendalters, 2. Auflage 2012, S. 177 (180).

> Erkennung, Behandlung, Prävention und Rehabilitation bei psychischen, psychosomatischen, entwicklungsbedingten und neurologischen Erkrankungen oder Störungen sowie bei psychischen und sozialen Verhaltensauffälligkeiten im Säuglings-, Kindes- und Jugendalter und bei Heranwachsenden auch unter Beachtung ihrer Einbindung in das familiäre und soziale Lebensumfeld.[34]

Dadurch wird deutlich, dass die Zuständigkeit der Kinder- und Jugendpsychiatrie von einer medizinischen Indikation abhängt. Ziel der Einrichtung ist die medizinische Versorgung der gesundheitlichen Gefahr für den Leib und das Leben des Patienten.

II. Abgrenzung zur Kinder- und Jugendhilfe

Neben der medizinischen Versorgung bedarf es häufig zusätzlich einer pädagogischen Unterstützung. In diesem Feld ist die Kinder- und Jugendhilfe angesiedelt, die in Teilen auch die Eingliederung seelisch behinderter Kinder und Jugendlicher umfasst. Regelungen zur Kinder- und Jugendhilfe sind im achten Sozialgesetzbuch (SGB VIII, häufig kurz KJHG genannt) kodifiziert. Es besteht damit eine interdisziplinäre Versorgungsstruktur, die sich im Idealfall durch gegenseitige Kooperation auszeichnet.[35] Die enge Verzahnung der beiden Einrichtungen wird schon dadurch deutlich, dass über ein Viertel der in der Kinder- und Jugendpsychiatrie stationär behandelten Patienten im Anschluss an den Klinikaufenthalt eine Unterstützungsmaßnahme der Jugendhilfe erfahren. Bei weiteren 25 % werden Jugendhilfsmaßnahmen für sinnvoll gehalten, sodass etwa die Hälfte der Patienten in der Kinder- und Jugendpsychiatrie Bedarf an pädagogischer Unterstützung durch die Jugendhilfe aufweist.[36] Noch drastischer wirken die Zahlen bei umgekehrter Betrachtung. In der sogenannten „Ulmer Heimkinderstudie" haben *Nützel u.a.* nachgewiesen, dass 57,1 % der untersuchten Heimkinder an einer kinder- und jugendpsychiatrischen Störung leiden und Behandlungsbedarf aufweisen.[37] In einer gemeinsamen Stellungnahme der kinder- und jugendpsychiatrischen Fachgesellschaft und der Fachverbände DGKJP, BAG KJPP, BKJPP[38] zu freiheitsentziehenden Maßnahmen

---

34 *Bundesärztekammer*, (Muster-)Weiterbildungsordnung, S. 96, abrufbar unter: http://web.archive.org/web/20120121164333/http://www.bundesaerztekammer.de/downloads/MWBO_07122011.pdf, zuletzt abgerufen am: 11. November 2017.

35 *Fegert/Schmid*, Spezifische Entwicklungsbedingungen, in: Fegert u. a., Psychiatrie und Psychotherapie des Kindes- und Jugendalters, 2. Auflage 2012, S. 61 (72).

36 *Beck/Warnke*, Jugendhilfebedarf nach stationärer kinder- und jugendpsychiatrischer Behandlung, in: Zeitschrift für Kinder- und Jugendpsychiatrie und Psychotherapie 2009, S. 57 (65).

37 *Nützel u. a.*, Kinder- und jugendpsychiatrische Versorgung von psychisch belasteten Heimkindern, in: Praxis der Kinderpsychologie und Kinderpsychiatrie 2005, S. 627 (633).

38 DGKJP = Deutschen Gesellschaft für Kinder- und Jugendpsychiatrie, Psychosomatik und Psychotherapie e.V.; BAG KJPP = Bundesarbeitsgemeinschaft der Leitenden Klinikärzte für Kinder- und Jugendpsychiatrie, Psychosomatik und Psychotherapie

in Jugendhilfeeinrichtungen, beziehen sich die Autoren auf Studien, die davon ausgehen, dass sogar 96 % aller Heimkinder mindestens eine psychische Störung nach heutigen Diagnosekriterien haben.[39]

Heimkinder und solche in Pflegefamilien sind damit eine hochrisikoreiche Gruppe für die Anfälligkeit von psychischen Krankheiten.[40] *Fegert & Petermann* weisen in diesem Zusammenhang darauf hin, dass gerade diejenigen Kinder und Jugendlichen, die von der Jugendhilfe am intensivsten betreut werden, besonders oft unter behandlungsbedürftigen komorbiden, schweren seelischen Störungen leiden.[41] Daran zeigt sich, dass auch im Rahmen der Heimerziehung ein großer Bedarf an medizinischer Versorgung besteht. Von den in der „Ulmer Heimkinderstudie" untersuchten Kindern- und Jugendlichen wurden 11 % mit Psychopharmaka behandelt, wobei sie in 68,4 % der Fälle von Kinder- und Jugendpsychiatern verschrieben wurden.[42]

Trotz überlappender Zielgruppen sind beide Einrichtungen in ihrer Indikation und rechtlichen Ausgestaltung verschieden. *Schnoor u.a.* verdeutlichen die Notwendigkeit einer Abgrenzung der Indikationen indem sie ausführen:

> Die Kinder- und Jugendpsychiatrie darf nicht als Ersatz für fehlende Jugendhilfsangebote missbraucht werden, indem schwierige Jugendliche mit schweren oder schwersten Verhaltensstörungen, die in Familien oder weiterbetreuenden Jugendhilfeeinrichtungen nicht mehr führbar sind, aus der Jugendhilfe abgeschoben werden. Psychiatrische Indikationen und rein pädagogisch gelagerte Problemfälle müssen voneinander abgegrenzt werden, zum einem um die Funktionsfähigkeit der Kinder- und Jugendpsychiatrie aufrechterhalten zu können, indem die begrenzten Kapazitäten den Kindern und Jugendlichen vorbehalten bleiben, die aufgrund einer seelischen Krankheit oder Störung einer kinder- und jugendpsychiatrischen Behandlung bedürfen. Zum anderen könnte die Fortführung der zuvor gescheiterten Jugendhilfsmaßnahmen

---

e. V.; BKJPP = Berufsverband für Kinder- und Jugendpsychiatrie, Psychosomatik und Psychotherapie in Deutschland e. V.

39 Gemeinsamen Stellungnahme der kinder- und jugendpsychiatrischen Fachgesellschaft und der Fachverbände DGKJP, BAG KJPP, BKJPP, erarbeitet durch die gemeinsame Kommission Jugendhilfe, Arbeit, Soziales und Inklusion, Freiheitsentziehende Maßnahmen in Jugendhilfeeinrichtungen – Empfehlungen aus Sicht der Kinder- und Jugendpsychiatrie für das Verfahren nach § 1631b BGB und die Gestaltung der Maßnahmen, S. 4, abrufbar unter: http://www.dgkjp.de/stellungnahmen-positionspapiere/stellungnahmen-2014/305-stn-freiheitsentziehende-massnahmen, zuletzt abgerufen am: 11. November 2017.

40 Therapie, in: Fegert u. a., Psychiatrie und Psychotherapie des Kindes- und Jugendalters, 2. Auflage 2012, S. 177 (192).

41 *Fegert/Petermann*, Kinder- und Jugendpsychiatrie/Psychotherapie versus Kinder- und Jugendhilfe, in: Kindheit und Entwicklung 2014, S. 135 (136).

42 *Nützel u. a.*, Kinder- und jugendpsychiatrische Versorgung von psychisch belasteten Heimkindern, in: Praxis der Kinderpsychologie und Kinderpsychiatrie 2005, S. 627 (633).

unter kinder- und jugendpsychiatrischen Vorzeichen zu einer ‚Zementierung des Problemsystems' führen.[43]

B. Medikamente in der Kinder- und Jugendpsychiatrie

Nachdem soeben die Aufgabe der Kinder- und Jugendpsychiatrie beschrieben wurde, werden im folgenden Abschnitt des Kapitels die Grundlagen der für die Zwangsmedikation verwendeten Medikamente dargestellt.

I. Allgemein

Psychopharmaka werden in allen Einrichtungen der Kinder- und Jugendpsychiatrie angewendet. Die Verabreichung der Medikamente kann oral in flüssiger Form zum Beispiel durch Saft und Tropfen oder in fester Form mit der Gabe von Tabletten und Kapseln sowie *intravenös* (Infusion) oder per Sonde (Sondennahrung) erfolgen.[44] Ferner kann die Medikation *intramuskulär* injiziert werden.[45] Die Wirksamkeit und Notwendigkeit der medikamentösen Therapie hängt dabei von den unterschiedlichen Störungsbildern ab. Entscheidende Faktoren sind der

> Schweregrad (der) Symptomatik, (die) Prognose des unbehandelten Verlaufs (...), (die) subjektive Beeinträchtigung des Patienten und seines Umfelds durch die Symptomatik und daraus folgende Einschränkungen in der Teilhabefähigkeit bzw. Altersgemäßer Absolvierung von Entwicklungsschritten (...), (das) Alter (...), (die) Akuität einer Symptomatik, (die) Einstellungen des Patienten, seiner Familie sowie die Einwilligung in die Therapie, mögliche negative Auswirkungen der Medikation, die die Adhärenz des Patienten beeinflussen können (...).[46]

Für die Akutbehandlung von selbst- und fremdgefährdendem Verhalten wird angenommen, dass eine unmittelbare Indikation für eine medikamentöse Therapie besteht.[47]

---

43 *Schnoor u. a.*, Rechtliche Zulässigkeit von Zwangsmaßnahmen in der Kinder- und Jugendpsychiatrie, in: Praxis der Kinderpsychologie und Kinderpsychiatrie 2006, S. 814 (835).

44 *Warnke/Wewetzer*, Medikamentöse Therapie, in: Remschmidt u. a., Therapie psychischer Störungen bei Kindern und Jugendlichen: ein integratives Lehrbuch für die Praxis, Sonderausgabe 2010, S. 30.

45 *Libal u. a.*, Chemical restraint: „Pharmakologische Ruhigstellung" zum Management aggressiven Verhaltens im stationären Bereich *Goldbeck u. a.*in Theorie und Praxis, in: Praxis der Kinderpsychologie und Kinderpsychiatrie 2006, S. 783 (786).

46 *Kölch*, Rechtliche und ethische Fragen im klinischen Alltag, in: Gerlach u. a., Neuro-/Psychopharmaka im Kindes- und Jugendalter: Grundlagen und Therapie, 3. Auflage 2016, S. 81 (82).

47 *Gerlach u. a.*, Entwicklungspsychopharmakologie, in: Gerlach u. a., Neuro-/Psychopharmaka im Kindes- und Jugendalter: Grundlagen und Therapie, 3. Auflage 2016, S. 71 (72).

II. Wirkung von Psychopharmaka

Stark vereinfacht lässt sich die Wirkung der Psychopharmaka dahingehend beschreiben, dass sie in den Gehirnstoffwechsel eingreifen.[48] Dies geschieht, indem sie die Informationsübertragung von Neuronen beeinflussen. Genauer gesagt führen die Medikamente zu einer Aktivitätssteigerung oder Hemmung auf neuronaler Ebene, indem sie die Aktivität von Neurotransmittern imitieren, steigern oder reduzieren.[49] *Warnke & Wewetzer* führen zur Wirkung von Psychopharmaka aus:

> Sie haben jeweils spezifisch oder in unterschiedlichem Ausmaß Einfluss auf die Regulierung von Bewusstsein, kognitive Funktionen, affektives Erleben, Antrieb, Verhaltenskontrolle und vegetative Funktionen.[50]

Psychopharmaka sind damit psychotrope Substanzen, die seelische Vorgänge beeinflussen, indem biochemische beziehungsweise neurophysiologische Vorgänge verändert werden.[51]

III. Substanzgruppen

Um einen ersten Überblick über die in der Psychiatrie verwendeten Substanzgruppen zu erhalten, kann auf die „Anatomisch-therapeutisch-chemische Klassifikation mit Tagesdosen“ (ATC-Index) zurückgegriffen werden.[52] Sie wird gem. § 73 Abs. 8 SGB V vom Deutschen Institut für Medizinische Dokumentation und Information herausgegeben und jährlich aktualisiert. Die angegebenen Tagesdosen beziehen sich dabei auf die Verabreichung bei Erwachsenen.[53]

Der ATC Index[54] unterteilt die Substanzen zunächst nach Ihrem Hauptwirkungsort (Große Buchstaben, zum Beispiel N = Nervensystem). Innerhalb dieser

48 *Warnke/Wewetzer*, Medikamentöse Therapie, in: Remschmidt u. a., Therapie psychischer Störungen bei Kindern und Jugendlichen: ein integratives Lehrbuch für die Praxis, Sonderausgabe 2010, S. 30.

49 *Goldbeck u. a.*, Therapie, in: Fegert u. a., Psychiatrie und Psychotherapie des Kindes- und Jugendalters, 2. Auflage 2012, S. 177 (211).

50 *Warnke/Wewetzer*, Medikamentöse Therapie, in: Remschmidt u. a., Therapie psychischer Störungen bei Kindern und Jugendlichen: ein integratives Lehrbuch für die Praxis, Sonderausgabe 2010, S. 30.

51 *Schulz u. a.*, Medikamentöse Therapie, in: Remschmidt u. a., Kinder- und Jugendpsychiatrie: eine praktische Einführung, 6. Auflage 2011, S. 448.

52 Vgl. *Franke u. a.*, Verordnungshäufigkeiten von Psychopharmaka bei Kindern und Jugendlichen mit psychischen Erkrankungen in Deutschland, in: Zeitschrift für Kinder- und Jugendpsychiatrie und Psychotherapie 2016, S. 259 (260).

53 Vgl. http://www.dimdi.de/static/de/amg/atcddd/index.htm, zuletzt abgerufen am: 11. November 2017.

54 Version 2017, abrufbar unter: http://www.dimdi.de/dynamic/de/klassi/downloadcenter/atcddd/version2017/atc-ddd-amtlich-2017.pdf, zuletzt abgerufen am: 11. November 2017.

Untergliederung erfolgt eine weitere Untergliederung nach Hauptgruppen (Zahlen). Für die Behandlung von psychischen Krankheiten sind vor allem die zwei Gruppen N05 (Psycholeptika) und N06 (Psychoanaleptika) relevant.[55]

Die Psycholeptika untergliedern sich in Antipsychotika (N05A), Anxiolytika (N05B) und Hypnotika und Sedativa (N05C). Die Psychoanaleptika unterteilen sich in Antidepressiva (N06A), Psychostimulanzien / Mittel für ADHS (N06B), Psycholepetika und Psychoanaleptika in Kombination (N06C), Antidementiva (N06D).

In der Kinder- und Jugendpsychiatrie ist die Auswahl an verwendeten Substanzen geringer als in der Erwachsenenpsychiatrie.[56] Häufig werden Antidepressiva, Antipsychotika (Neuroleptika), Stimulanzien und Anxiolytika verordnet.[57] Die gleichzeitige Verordnung von mehreren Medikamenten in Kombination kommt selten vor. Am ehesten geschieht dies im stationären Bereich.[58] Dabei werden die Psychopharmaka nicht nur von Fachärzten für Kinder- und Jugendpsychiatrie verschrieben. In einer Studie über die Verschreibung von Antipsychotika zeigen *Schröder u.a.*, dass im Jahr 2011 zum Beispiel 30,1 % von Pädiatern, 27,6 % von Fachärzten für Kinder- und Jugendpsychiatrie und 13,3 % von Fachärzten für Innere- beziehungsweise Allgemeinmedizin verschrieben wurden.[59]

C. Formen der Zwangsmedikation

Unter Berücksichtigung dieser Wirkung können Medikamente in der Kinder- und Jugendpsychiatrie mit unterschiedlichen Absichten verabreicht werden. Die unterschiedlichen Absichten und Wirkungsweisen führen auch zu einer verschiedenen rechtlichen Würdigung. Auf der einen Seite können die Medikamente entsprechend ihrer Zielsetzung dazu angewendet werden, eine psychische Krankheit zu behandeln. In dem Fall liegt eine (Zwangs-)Behandlung vor (vgl. dazu Kapitel 2).

---

55 Vgl. *Franke u. a.*, Verordnungshäufigkeiten von Psychopharmaka bei Kindern und Jugendlichen mit psychischen Erkrankungen in Deutschland, in: Zeitschrift für Kinder- und Jugendpsychiatrie und Psychotherapie 2016, S. 259 (261).

56 *Goldbeck u. a.*, Therapie, in: Fegert u. a., Psychiatrie und Psychotherapie des Kindes- und Jugendalters, 2. Auflage 2012, S. 177 (212).

57 *Franke u. a.*, Verordnungshäufigkeiten von Psychopharmaka bei Kindern und Jugendlichen mit psychischen Erkrankungen in Deutschland, in: Zeitschrift für Kinder- und Jugendpsychiatrie und Psychotherapie 2016, S. 259 (260); *Warnke/Wewetzer*, Medikamentöse Therapie, in: Remschmidt u. a., Therapie psychischer Störungen bei Kindern und Jugendlichen: ein integratives Lehrbuch für die Praxis, Sonderausgabe 2010, S. 30 (43).

58 *Franke u. a.*, Verordnungshäufigkeiten von Psychopharmaka bei Kindern und Jugendlichen mit psychischen Erkrankungen in Deutschland, in: Zeitschrift für Kinder- und Jugendpsychiatrie und Psychotherapie 2016, S. 259 (269).

59 *Schröder u. a.*, Outpatient antipsychotic drug use in children and adolescents in Germany between 2004 and 2011, in: European Child & Adolescent Psychiatry 2017, S. 413 (416).

Demgegenüber kann das Nebenwirkungsprofil der Medikamente auch dazu ausgenutzt werden, einen Patienten ruhig zu stellen, indem auf die körperliche Bewegungsfreiheit eingewirkt wird. Geschieht dies gegen den natürlichen Willen des Patienten liegt eine freiheitsentziehende Maßnahme vor, deren aktueller Forschungsstand unter Kapitel 3 behandelt wird.

D. Versorgungsformen der Kinder- und Jugendpsychiatrie

Die beiden Formen der Zwangsmedikation finden in allen Versorgungsformen der Kinder- und Jugendpsychiatrie statt. Neben der stationären Versorgung gibt es Tageskliniken und ambulante Einrichtungen sowie die Transitionspsychiatrie, die voneinander abgegrenzt werden müssen.[60]

I. Vollstationäre Versorgung

1. Allgemein

Die vollstationäre Versorgung findet vornehmlich in Kliniken statt. Im Rahmen dieser Versorgung werden Patienten über Tag und Nacht behandelt. Im Jahr 2015 gab es 144 Fachabteilungen für Kinder- und Jugendpsychiatrie, deren 6148 Betten durchschnittlich zu 92,9 % ausgelastet waren.[61] Die Aufgabenfelder der Kliniken werden als Diagnostik, Therapie, Forschung, Beratung und Aufklärung, Lehre/Aus- und Weiterbildung und die Kooperation und Koordination mit anderen Trägern aufgelistet.[62]

Im Bereich der Kliniken sind zwei Arten an Einrichtungen voneinander abzugrenzen. Es gibt Fachkliniken, die sich als Krankenhaus rein auf die Behandlung von psychisch kranken Kindern und Jugendlichen spezialisiert haben. Daneben gibt es Fachabteilungen, bei denen es sich um auf Kinder- und Jugendpsychiatrie spezialisierte Stationen eines Allgemeinkrankenhauses oder einer Universitätsklinik handelt.[63] Durch die Fachabteilungen soll eine heimatnahe Behandlung ermöglicht werden, sodass auch eine etwaige Anschlussversorgung in ambulanter oder stationärer Form erleichtert wird.[64]

---

60 Vgl. zur Abgrenzung der einzelnen Versorgungsformen: BSG, MedR 2004, 702.

61 https://www.destatis.de/DE/ZahlenFakten/GesellschaftStaat/Gesundheit/Krankenhaeuser/Tabellen/KrankenhaeuserFA.html, zuletzt abgerufen am: 11. November 2017.

62 *Remschmidt*, Organisations- und Strukturfragen in der kinder- und Jugendpsychiatrischen Versorgung, in: Remschmidt u. a., Kinder- und Jugendpsychiatrie: eine praktische Einführung, 6. Auflage 2011, S. 495.

63 *Goldbeck u. a.*, Therapie, in: Fegert u. a., Psychiatrie und Psychotherapie des Kindes- und Jugendalters, 2. Auflage 2012, S. 177 (190).

64 *Tölle u. a.*, Psychiatrie, 17. Auflage 2014, S. 388.

Die stationäre Versorgung kann freiwillig oder im Rahmen einer freiheitsentziehenden Unterbringung erfolgen.

2. Freiheitsentziehende Unterbringung

Von einer Unterbringung wird gesprochen, wenn Minderjährige für eine gewisse Dauer fremdplatziert werden, also ihren ständigen Aufenthalt außerhalb des Elternhauses verbringen sollen.[65] Die Kinder- und Jugendpsychiatrie bietet mit ihrer stationären Versorgungsstruktur die Möglichkeit, Minderjährige für gewisse Zeit aufzunehmen.

Ein Freiheitsentzug liegt vor, wenn die Patienten allseitig und umfassend gegen ihren natürlichen Willen in ihrer Bewegungsfreiheit beeinträchtigt, dabei überwacht werden und der Kontakt nach Außen beschränkt wird (enger Unterbringungsbegriff).[66] Die Bezeichnung einer Station als offen, halboffen oder fakultativ geschlossen lässt keinen Rückschluss auf den freiheitsentziehenden Charakter der Versorgung im konkreten Einzelfall zu.[67] Die Unterbringung beschreibt somit den Vorgang der Fremdplatzierung, der auf Grundlage des Aufenthaltsbestimmungsrechts des Personensorgeberechtigten erfolgt.

II. Tagesklinische Versorgung

Die teilstationäre Versorgung erfolgt durch Tageskliniken. Die Deutsche Gesellschaft für Kinder- und Jugendpsychiatrie, Psychosomatik und Psychotherapie e.V. (DGKJP) verweist im Rahmen ihres Internetauftritts auf mittlerweile über 180 Tageskliniken auf dem Gebiet der Bundesrepublik.[68] Diese Kliniken sind darauf ausgelegt den Patienten 40 Stunden in der Woche zu behandeln, wodurch er die Möglichkeit erhalten soll, abends und an den Wochenenden in seinem gewohnten

---

65 *Döll,* in: Erman u.a., BGB Kommentar II, 15. Auflage 2017, § 1631b, Rz. 3; *Huber,* in: MüKo BGB, Familienrecht II, 7. Auflage 2017, § 1631b, Rz. 2; *Veit,* in: Bamberger/ Roth, BGB Kommentar, 42. Edition, Stand: 01.02.2017, § 1631b, Rz. 7.

66 Vgl. BT-Drs. 18/11278, S. 14; BGHZ 145, 297 (300) = NJW 2001, 888 (889) (allerdings zum Betreuungsrecht); *Huber,* in: MüKo BGB, Familienrecht II, 7. Auflage 2017, § 1631b, Rz. 4; *Schnoor u. a.*, Rechtliche Zulässigkeit von Zwangsmaßnahmen in der Kinder- und Jugendpsychiatrie, in: Praxis der Kinderpsychologie und Kinderpsychiatrie 2006, S. 814 (820).

67 *Hoffmann*, Freiheitsentziehende Unterbringung von Kindern und Jugendlichen - Rechtslage nach Neufassung des § 1631b BGB und Inkrafttreten des FamFG, in: R & P 2009, S. 121 (122); *Falkenbach u. a.*, Unterbringung und Zwangsbehandlung in Deutschland, in: Psychiatrische Praxis 2009, S. 79 (79f.); *Salgo,* in: Staudinger, BGB Kommentar IV, Elterliche Sorge 1- Inhaberschaft und Inhalt, 2015, § 1631b, Rz. 12.

68 Abrufbar unter: http://www.dgkjp.de/kliniken?limitstart=0, zuletzt abgerufen am: 11. November 2017.

Umfeld zu leben.[69] Ca. 25 % der Patienten in kinder- und jugendpsychiatrischen Kliniken werden teilstationär versorgt.[70]

III. Ambulante Versorgung

Die ambulante Versorgung ist die am meisten in Anspruch genommene Versorgungsform in der Kinder- und Jugendpsychiatrie.[71] Sie erfolgt insbesondere durch niedergelassene Fachärzte für Kinder- und Jugendpsychiatrie. Am 31.12.2015 waren 935 niedergelassene Ärzte mit der Bezeichnung „Kinder- und Jugendpsychiatrie und -psychotherapie" in der Bundesrepublik tätig.[72] Die niedergelassenen Fachärzte behandeln Patienten bis zu einem Alter von 21 Jahren.[73] Schon 1979 entsprach es dem Willen der damaligen Bundesregierung, dass die niedergelassenen Fachärzte die erste Anlaufstelle für die Behandlung von Minderjährigen sind. In ihrer Stellungnahme zur Psychiatrie-Enquête führte die Bundesregierung aus, dass Ausgangspunkt einer optimalen psychiatrischen Versorgung in erster Stufe ein auch im ländlichen Bereich zu verdichtendes Netz niedergelassener Fachärzte für Psychiatrie und Nervenheilkunde sowie Kinder- und Jugendpsychiatrie sein müsste.[74] Neben den niedergelassenen Kinder- und Jugendpsychiatern können die Patienten auch durch andere Fachärzte, wie Erwachsenenpsychiater, Pädiater, Neurologen und Allgemeinmediziner behandelt werden.[75]

Zusätzlich gibt es Institutsambulanzen sowie Ambulanzen von Universitätskliniken, die auf Kinder- und Jugendpsychiatrie spezialisiert sind. Deren Patientenspektrum ist bis auf wenige Ausnahmen (§ 64b SGB V oder Einzelantrag) auf Minderjährige beschränkt.[76]

---

69 *Tölle u. a.*, Psychiatrie, 17. Auflage 2014, S. 149.

70 *Goldbeck u. a.*, Therapie, in: Fegert u. a., Psychiatrie und Psychotherapie des Kindes- und Jugendalters, 2. Auflage 2012, S. 177 (186).

71 *Allroggen/Fegert*, Zwangsbehandlung von Minderjährigen bei Selbstgefährdung aus kinder- und jugendpsychiatrischer Sicht, in: Coester-Waltjen u. a., Zwangsbehandlung bei Selbstgefährdung: 14. Göttinger Workshop zum Familienrecht 2015, 2016, S. 87.

72 Bundesärztekammer, Ärztestatistik 2015, Niedergelassene Ärztinnen/Ärzte nach Gebietsbezeichnungen und Altersgruppen, Tabelle 8, abrufbar unter: http://www.bundesaerztekammer.de/fileadmin/user_upload/downloads/pdf-Ordner/Statistik2015/Stat15AbbTab.pdf, zuletzt abgerufen am: 11. November 2017.

73 *Fegert u. a.*, Übergang zwischen Jugend- und Erwachsenenalter: Herausforderungen für die Transitionspsychiatrie, in: Zeitschrift für Kinder- und Jugendpsychiatrie und Psychotherapie 2017, S. 80 (81).

74 BT-Drs. 8/2565, S. 32.

75 *Nützel u. a.*, Kinder- und jugendpsychiatrische Versorgung von psychisch belasteten Heimkindern, in: Praxis der Kinderpsychologie und Kinderpsychiatrie 2005, S. 627 (633).

76 *Fegert u. a.*, Übergang zwischen Jugend- und Erwachsenenalter, in: Psychotherapeut 2017, S. 34 (35).

IV. Transitionspsychiatrie

Die Transitionspsychiatrie beschreibt eine neue Einrichtungsform, in der (ältere) Minderjährige und (jüngere) Volljährige gemeinsam behandelt werden können. Erste Einrichtungen bestehen bereits. Beispielhaft sei hier das Heidelberger „Frühbehandlungszentrum für junge Menschen in Krisen“ genannt, welches der Universitätsklinik für Allgemeine Psychiatrie angeschlossen ist. In diesem Zentrum besteht die Möglichkeit der stationären und teilstationären Versorgung von Menschen im Alter von 13 bis 28 Jahren durch Fachärzte für Erwachsenenpsychiatrie sowie Kinder- und Jugendpsychiatrie.[77]

77 Pressemitteilung des Universitätsklinikums Heidelberg, abrufbar unter: https://www.klinikum.uni-heidelberg.de/Pressemitteilungen.136514.0.html?&cHash=9308466948267da51cbf0cf31ad6a45b&tx_ifabprins_pressmanagement%5Baction%5D=show&tx_ifabprins_pressmanagement%5Bcontroller%5D=PressManagement&tx_ifabprins_pressmanagement%5Bid%5D=5355, zuletzt abgerufen am: 11. November 2017.

2. Kapitel: Medikamentöse Zwangsbehandlung im aktuellen Sorgerecht

Der nun folgende Abschnitt beginnt mit einer Definition der psychotropen Zwangsbehandlung (A.). Dabei soll insbesondere der darin liegende Eingriff verdeutlicht werden. Anschließend werden die Erwägungen des Gesetzgebers in Bezug auf eine mögliche gesetzliche Regelung im Sorgerecht dargestellt (B.). Darauf folgend werden die in der Rechtsprechung (C.) und Literatur (D.) vertretenen formellen und materiellen Voraussetzungen der Maßnahmen herausgearbeitet.

A. Definition und Eingriff der psychotropen Zwangsbehandlung

Der Begriff der psychotropen Zwangsbehandlung setzt sich aus zwei Begriffen zusammen, die jeweils einzeln betrachtet werden müssen.

I. Psychopharmakotherapie

Die Psychopharmakotherapie muss im Gesamtkontext der Behandlungsmöglichkeiten gesehen werden.[78] Psychiatrische Störungen und Erkrankungen von Patienten der Kinder- und Jugendpsychiatrie können auf vielfältige Art und Weise behandelt werden. Als verschiedene Therapiemaßnahmen lassen sich zum Beispiel die Psychoanalyse, Verhaltenstherapien, kognitive Methoden, Gesprächstherapien, Spieltherapien und die in dieser Arbeit zu untersuchende medikamentöse Behandlung (Psychopharmakotherapie) aufzählen.[79] Die Psychopharmakotherapie stellt in der Regel nicht die einzige Behandlungsform einer kinder- und jugendpsychiatrischen Krankheit dar, sondern muss in Verbindung mit ergänzenden Therapien erfolgen (sog. multimodale Behandlung).[80] Gleichwohl nimmt ihre Bedeutung

---

78 Dabei gibt es unterschiedliche Faktoren, wie z.B. die Region, die Einfluss auf die Behandlungsmöglichkeiten haben. Vergleiche dazu ausführlich: *Abbas u. a.*, Predictors of non-drug psychiatric/psychotherapeutic treatment in children and adolescents with mental or behavioural disorders, in: European Child & Adolescent Psychiatry 2017, S. 433.

79 *Remschmidt*, Therapie und Rehabilitation - Allgemeine Gesichtspunkte, in: Remschmidt u. a., Kinder- und Jugendpsychiatrie: eine praktische Einführung, 6. Auflage 2011, S. 365 (368) Abbildung 42.1.

80 *Hautzinger u. a.*, Psychopharmaka und Psychotherapie, in: Benkert u. a., Psychopharmakologischer Leitfaden für Psychologen und Psychotherapeuten, 3. Auflage 2016, S. 31 (33); *Kölch*, Rechtliche und ethische Fragen im klinischen Alltag, in: Gerlach

im Vergleich zu anderen Therapiemaßnahmen in letzter Zeit immer mehr zu.[81] Die Medikamentengabe kann kurzfristig erfolgen, um akut bestehende Krankheitssymptome zu lindern. Darüber hinaus kann sie auch langfristig erfolgen, um einen Rückfall beziehungsweise ein Rezidiv zu vermeiden.[82] Es geht folglich um die Verabreichung von Psychopharmaka, die gezielt zur Verbesserung des Gesundheitszustandes vorgenommen wird. Davon ist zum Beispiel die Gabe von Neuroleptika aufgrund ihrer antipsychotischen Wirkung erfasst.

II. Zwangsbehandlung

Eine Zwangsbehandlung liegt entsprechend der Definition des BVerfG bei jeder ärztlichen Maßnahme vor, die gegen den natürlichen Willen des Patienten vorgenommen wird.[83] Bei psychisch kranken Patienten können Zwangsbehandlungen in zweifacherweise relevant werden.

1. Psychiatrische/Psychotrope Zwangsbehandlung

Im Falle der psychiatrischen beziehungsweise psychotropen Zwangsbehandlung werden dem Patienten Psychopharmaka gegen seinen Willen gegeben, um die Symptome der Erkrankung zu lindern. Es geht folglich um eine Behandlung, die Einfluss auf die der Krankheit zugrundeliegenden Pathologie nimmt.

2. Somatische Zwangsbehandlung

Darüber hinaus können somatische Zwangsbehandlungen notwendig werden. Dass ist der Fall, wenn ein Patient aufgrund seiner psychischen Krankheit ein somatisches Leiden verkennt beziehungsweise den Nutzen und die Dringlichkeit einer notwendigen Behandlung des körperlichen Leidens nicht versteht. So kann zum Beispiel ein an Schizophrenie erkrankter Minderjähriger verkennen, dass er

u. a., Neuro-/Psychopharmaka im Kindes- und Jugendalter: Grundlagen und Therapie, 3. Auflage 2016, S. 81 (82); *Nevels u. a.*, Psychopharmacology of aggression in children and adolescents with primary neuropsychiatric disorders: A review of current and potentially promising treatment options, in: Experimental and Clinical Psychopharmacology 2010, S. 184 (197); *Schulz u. a.*, Medikamentöse Therapie, in: Remschmidt u. a., Kinder- und Jugendpsychiatrie: eine praktische Einführung, 6. Auflage 2011, S. 448; *WHO*, Materialsammlung zu psychischer Gesundheit, Menschenrechten und Gesetzgebung, 2005, S. 29.

81 So jedenfalls zur Lage in den USA: *Olfson/Marcus*, National Trends in Outpatient Psychotherapy, in: Am J Psychiatry 2010, S. 1456 (1461).

82 *Hiemke*, Pharmakokinetik, Pharmakodynamik und Interaktionen, in: Benkert u. a., Psychopharmakologischer Leitfaden für Psychologen und Psychotherapeuten, 3. Auflage 2016, S. 3 (7ff.).

83 BVerfGE 128, 282 (300) = NJW 2011, 2113 (2114).

einen bereits äußerlich sichtbaren Tumor aufweist, der chirurgisch entfernt werden muss, um weitreichende körperliche Schäden zu verhindern.

III. Eingriff in den Schutzbereich des Grundrechts auf körperliche Unversehrtheit sowie dem Allgemeinen Persönlichkeitsrecht bei der psychotropen Zwangsbehandlung

Um die psychotrope Zwangsbehandlung zu konkretisieren und den Eingriffscharakter herauszuarbeiten, sind die Ausführungen des BVerfG besonders hilfreich. Zwar hat es sich mit der speziellen Thematik der Zwangsbehandlung von Minderjährigen noch nicht befasst, gleichwohl gibt es eine umfangreiche Rechtsprechung zu Zwangsbehandlungen mit Antipsychotika im öffentlichen Recht und im Betreuungsrecht.[84] Dabei betonte das BVerfG, dass die wesentlichen verfassungsrechtlichen Fragen in diesem Bereich geklärt seien.[85] Durch die ärztliche Behandlung gegen den Willen mit Antipsychotika sah das BVerfG den Schutzbereich des Grundrechts aus Art. 2 Abs. 2 S. 1 GG auf körperliche Unversehrtheit[86] und des Allgemeinen Persönlichkeitsrecht (APR) aus Art. 2 Abs. 1 S. 1 in Verbindung mit Art. 1 Abs. 1 GG in intensiver Art und Weise als verletzt an. Um die Eröffnung des Schutzbereichs des APR zu begründen führte das BVerfG aus, dass dieses Grundrecht nicht nur die Entscheidung über Eingriffe in die körperliche Integrität, sondern auch die freie Entscheidung über den Umgang mit der eigenen Gesundheit schütze. Um den Freiheitscharakter des Grundrechts zu betonen, wurde hervorgehoben, dass die Entscheidungsfreiheit darüber, ob und inwieweit ein Patient eine Krankheit diagnostizieren und behandeln lässt, nicht am Maßstab objektiver Vernünftigkeit ausgerichtet werden dürfe.[87]

Dass das BVerfG sowohl Art. 2 Abs. 2 S. 1 GG als auch das APR durch die Zwangsbehandlung als verletzt ansieht, stellt eine neue „Ausdrücklichkeit“ in Bezug auf die verletzten Grundrechte dar. Bis zum Jahr 2016 benannte das BVerfG für die Verletzung des körperlichen Selbstbestimmungsrechts lediglich das Grundrecht aus Art. 2 Abs. 2 S. 1 GG. Dass es nun auch auf Art. 2 Abs. 1 S. 1 GG in Verbindung mit Art. 1 Abs. 1 GG abstellt, wurde wie folgt ausgeführt:

84 Vgl. zu der öffentlich-rechtlichen Unterbringung: BVerfGE 128, 282 = NJW 2011, 2113; 129, 269 = NJW 2011, 3571; 133, 112 = NJW 2013, 2337; FamRZ 2016, 886 = BeckRS 2016, 44213; BeckRS 2017, 120797. Vgl. zum Betreuungsrecht: BVerfG, FamRZ 2014, 1775 = BeckRS 2014, 20265; 2015, 1589 = NJOZ 2016, 593; BVerfGE 142, 313 = NJW 2017, 53 = BeckRS 2016, 50313.

85 BVerfG, FamRZ 2015, 1589 (1590) = NJOZ 2016, 593 (594).

86 BVerfGE 128, 282 (300) = NJW 2011, 2113 (2114).

87 BVerfGE 142, 313 (339) = NJW 2017, 53 (56) = BeckRS 2016, 50313, Rz. 74.

> Denn der Mensch ist nach dem Grundgesetz grundsätzlich frei, über Eingriffe in seine körperliche Integrität und den Umgang mit seiner Gesundheit nach eigenem Gutdünken zu entscheiden. Diese Freiheit ist Ausdruck seiner persönlichen Autonomie und als solche auch durch das allgemeine Persönlichkeitsrecht aus Art. 2 Abs. 1 in Verbindung mit Art. 1 Abs. 1 GG geschützt (im Ergebnis ebenso BVerfGE 128, 282 (302) (...) jeweils unter Berufung auf Art. 2 Abs. 2 S. 1 GG).[88]

Im Gegensatz zur allgemeinen, *lege artis* durchgeführten Heilbehandlung sind die von einer Zwangsbehandlung mit Psychopharmaka betroffenen Rechtsgüter somit nicht umstritten.[89]

IV. Eingriff bei der psychotropen Zwangsbehandlung

Nachdem das BVerfG den jeweiligen Schutzbereich für eröffnet erklärt hatte, ging es näher auf den in der Zwangsbehandlung liegenden Eingriff ein. Dafür hielt das BVerfG zunächst fest, dass es für die Bewertung als Eingriff völlig unerheblich sei,

88 BVerfGE 142, 313 (339) = NJW 2017, 53 (56) = BeckRS 2016, 50313, Rz. 74 50313; allerdings hat das BVerfG in einem darauffolgenden Beschluss vom 19. Juli 2017 in Bezug auf die durch die psychotropische Zwangsbehandlung verletzten Grundrechte erneut lediglich auf Art. 2 Abs. 2 S. 1 in Verbindung mit Art. 19 Abs. 4 S. 1 GG abgestellt: BeckRS 2017, 120797, Rz. 26.

89 Die Rechtsprechung sieht in der lege artis vorgenommenen Heilbehandlung eine tatbestandliche Körperverletzung, vgl.: BGHZ 29, 46 = NJW 1959, 811; 106, 391 (397f.) = NJW 1989, 1533 (1535); 166, 336 = NJW 2006, 2108; BGHSt 43, 306 = NJW 1998, 1802 (1803). Dieser Körperverletzungsdoktrin schließen sich Teile der Literatur an und halten ausschließlich das Rechtsgut des Art. 2 Abs. 2 S. 1 GG für verletzt *Förster,* in: Bamberger/Roth, BGB Kommentar, 42. Edition, Stand: 01.02.2017, § 823, Rz. 108; *Staudinger,* in: Schulze u.a., BGB Kommentar, 9. Auflage 2017, § 823, Rz. 5 und 89; *Teichmann,* in: Jauernig, BGB Kommentar, 16. Auflage 2015, § 823, Rz. 3; *Wagner,* in: MüKo BGB, Schuldrecht BT III, 7. Auflage 2017, § 823, Rz. 911. Eine andere Strömung in der Literatur geht über diese Ansicht hinaus und sieht in der ärztlichen Behandlung eine Verletzung des Körpers, der Gesundheit, der Freiheit der Person und zusätzlich des Allgemeinen Persönlichkeitsrechts des Patienten *Deutsch,* Schutzbereich und Tatbestand des unerlaubten Heileingriffs im Zivilrecht, in: NJW 1965, S. 1985 (1988f.); *Deutsch/Spickhoff,* Medizinrecht, 7. Auflage 2014, Rz. 407; diesen Auffassungen steht eine völlig konträre Auffassung gegenüber, die in der lege artis vorgenommenen Heilbehandlung lediglich eine Verletzung des Allgemeinen Persönlichkeitsrechts, nicht jedoch der körperlichen Unversehrtheit sieht: bemerkenswert OLG Jena, VersR 1998, 586 (588); *Brüggemeier,* Haftungsrecht, 2006 S. 467f.; *Duttge,* Zum Unrechtsgehalt des kontraindizierten ärztlichen „Heileingriffs", in: MedR 2005, S. 706 (709); *Hartmann-Wergen,* Eigenmächtige und fehlerhafte Heilbehandlung: Betrachtungen zu §§ 229, 230 des Entwurfes eines Sechsten Strafrechtsreformgesetzes; *Katzenmeier,* in: Dauner-Lieb/Langen, NK-Schuldrecht, 3. Auflage 2016, § 823, Rz. 15 und 341; *ders.,* in: Laufs/Katzenmeier/Lipp, Arztrecht, 7. Auflage 2015, Kap. V., Rz. 10ff; *Larenz/Canaris,* Schuldrecht II/2, 13. Auflage 1994,383.

dass es sich bei der Medikation um eine ärztliche Maßnahme zur Heilung handele.[90] Darüber hinaus sei es für die Bewertung als Zwangsbehandlung irrelevant, ob eine gewaltsame Durchsetzung der Maßnahme erforderlich werde oder sich der Betroffene, etwa weil er die Aussichtslosigkeit seines körperlichen Widerstands erkenne, ungeachtet fortbestehender Ablehnung in die Maßnahme füge und damit die Anwendung körperlicher Gewalt entbehrlich mache.[91]

Anschließend ging das BVerfG näher auf die Bedeutung des natürlichen Willens des Patienten ein. Um sich dem Konstrukt zu nähern, führte das BVerfG zunächst den Grundsatz aus, dass der Eingriffscharakter einer ärztlichen Behandlung lediglich dann zu verneinen wäre, wenn sie von der frei, auf der Grundlage der gebotenen ärztlichen Aufklärung erteilten Einwilligung des Patienten gedeckt sei, welcher hierfür einwilligungsfähig sein müsse.[92] Darauf folgend stellte das BVerfG fest, dass der Grundrechtsschutz jedoch nicht entfalle, nur weil der Patient krankheitsbedingt einwilligungsunfähig sei. In diesem Fall komme es für die Bewertung, ob eine Zwangsbehandlung vorliegt, lediglich darauf an, ob die Behandlung gegen den natürlichen Willen des Patienten vorgenommen werde.[93] Da das BVerfG auf den natürlichen Willen abstellte, erachtete es eine Einwilligung des Betreuers für die Frage, ob eine Zwangsbehandlung vorliegt, als irrelevant.[94]

In den Ausführungen des BVerfG wird die Umsetzung der Heil- und Zwangsbehandlung in die verfassungsrechtliche Dogmatik deutlich. Die Einwilligung stellt die Grenze der Heilbehandlung dar.[95] Der Patient muss dafür einwilligungsfähig sein. Ist der Patient hierzu aufgrund einer Krankheit nicht in der Lage und lehnt er die Behandlung ab, wird sein Wille nicht bedeutungslos. Es liegt eine Zwangsbehandlung vor, die nur unter besonderen Voraussetzungen gerechtfertigt werden kann. Indem das BVerfG den natürlichen Willen des psychisch Kranken bei der Definition der Zwangsbehandlung beachtet, wird dem Patienten als Rechtssubjekt, Grundrechtsträger und vor allem seiner Würde Rechnung getragen.

---

90 BVerfGE 128, 282 (300) = NJW 2011, 2113 (2114); BeckRS 2017, 120797, Rz. 27.

91 BVerfGE 128, 282 (300f.) = NJW 2011, 2113 (2114); 129, 269 (280) = NJW 2011, 3571; 133, 112 (131) = NJW 2013, 2337; BeckRS 2017, 120797, Rz. 28 a.A. *DIJuF-Rechtsgutachten*, Ambulante Zwangsbehandlung Minderjähriger, in: JAmt 2010, S. 239.

92 BVerfGE 128, 282 (301) = NJW 2011, 2113 (2114) mit Verweis auf BGHZ 29, 46 (51); 154, 205 (210).

93 BVerfGE 128, 282 (301) = NJW 2011, 2113 (2114).

94 BVerfGE 133, 112 (131) = NJW 2013, 2337.

95 Eine ausführliche Bearbeitung des Informed Consent Paradigmas findet sich bei: *Beauchamp u. a.*, A history and theory of informed consent, 1986; darüber hinaus gibt: *Braune*, Das Konzept der Informierten Zustimmung (Informed Consent) im kulturbedingten Spannungsfeld von Individuum und Gemeinschaft, in: Rothärmel u. a., Familie versus Patientenautonomie? zur Rolle der Familie bei Behandlungsentscheidungen, 2006, S. 9, einen interessanten Einblick in die kulturbedingten Einflüsse auf das Informed Consent Paradigma.

B. Entscheidungen des Gesetzgebers

Die Historie der sorgerechtlichen Zwangsbehandlung wird im Wesentlichen durch zwei Gesetzgebungsverfahren geprägt. Eine erste Auseinandersetzung fand im Jahr 1990 im Zusammenhang mit dem Gesetz zur Reform des Rechts der Vormundschaft und Pflegschaft für Volljährige[96] statt (I.). Danach folgte eine 25 Jahre lange Pause. Im Jahr 2016 hatte sich der Gesetzgeber mit Zwangsmaßnahmen im Rahmen der elterlichen Sorge auseinandergesetzt. Darauffolgend wurde im Jahr 2017 das Gesetz zur Einführung eines familiengerichtlichen Genehmigungsvorbehaltes für freiheitsentziehende Maßnahmen bei Kindern und Jugendlichen[97] erlassen (II.).

I. Gesetz zur Reform des Rechts der Vormundschaft und Pflegschaft für Volljährige

Mit diesem Gesetz sollten vor allem die Regelungen über die Heilbehandlung, Unterbringung sowie unterbringungsähnlichen Maßnahmen von Betreuten gesetzlich geregelt und die Personensorge des Betreuers dadurch gestärkt werden.[98] Der Gesetzgeber hat mit § 1904 BGB eine gerichtliche Kontrollbefugnis des Vormundschaftsgerichts für die Einwilligung eines Betreuers in eine Heilbehandlung des Betreuten geschaffen. Im Laufe des Gesetzgebungsprozesses stellte sich die Frage, ob die Zwangsbehandlung von Betreuten ebenfalls gesetzlich geregelt werden sollte.

1. Gesetzliche Unterscheidung zwischen Heil- und Zwangsbehandlung?

Um sie zu beantworten setzte sich der Gesetzgeber zunächst mit der Notwendigkeit von Zwangsbehandlungen auseinander. Dabei stellte er fest, dass sie bei nichteinwilligungsfähigen Betreuten zulässig sein müssen, da ansonsten ihre gesundheitliche Versorgung und damit ihr Wohl an einer psychischen Krankheit oder geistigen oder seelischen Behinderung scheitern würde.

Eine eigenständige Regelung für den Vorgang sei jedoch nicht notwendig, da sich bei einwilligungsunfähigen Betreuten die Probleme, die sich aus dem Einsatz anderer Mittel als Zwang ergäben (wie die Überredung unter Ausnutzung der mangelnden Einsichtsfähigkeit) in gleicher Schwere stellen würden. Vielmehr solle nur nach der Schwere des Eingriffs differenziert werden. Lediglich bei der Sterilisation ergäbe sich die Notwendigkeit eines ausdrücklichen Verbotes.[99]

96 BGBl. I 1990, S. 2002; BT-Drs. 11/4528.
97 BT-Drs. 18/11278.
98 BT-Drs. 11/4528, S. 1.
99 BT-Drs. 11/4528, S. 72.

2. *Notwendigkeit einer Regelung im Sorgerecht?*

Nachdem sich der Gesetzgeber für eine allgemeine Norm zur Heilbehandlung im Betreuungsrecht entschieden hatte, nahm er Stellung dazu, warum er keine vergleichbare Regelung im Sorgerecht geschaffen hat. Da die Zwangsbehandlung damals unter § 1904 BGB subsumiert wurde, sind die Ausführungen eine erste Erkenntnisquelle für die Diskussion um eine gerichtliche Genehmigungsbefugnis der Zwangsbehandlung im Sorgerecht.

Zunächst hielt der Gesetzgeber fest, dass die Reform einen auf das Betreuungsrecht begrenzten Fokus gehabt habe, sodass Neuregelungen des Minderjährigenrechts nicht angestrebt wurden.[100]

Darauffolgend wurde ausgeführt, dass eine Ungleichbehandlung in den Anforderungen an ärztliche Behandlungen von Minderjährigen und Betreuten nicht willkürlich sei. Dies beruhe darauf, dass sich die Einwilligung in eine Heilbehandlung im Sorgerecht als Ausübung der elterlichen Sorge – beziehungsweise im Falle der Vormundschaft oder

Pflegschaft als Ersatz für die Ausübung der elterlichen Sorge – darstelle. Es bedürfe keiner abschließenden Beurteilung, in welchem Umfang eine staatliche Überwachung der sorgerechtlichen Entscheidung zulässig wäre. Es sei jedoch anzumerken, dass eine Regelung im Vormundschafts- und Pflegschaftsrecht unproblematischer sei als bei Eingriffen in die elterliche Sorge.[101]

Strengere Maßstäbe im Betreuungsrecht seien durchaus sachgerecht, da der Patient volljährig ist und seine Einwilligungsunfähigkeit nicht auf altersbedingten Entwicklungsrückständen beruhe. Systematisch begründete der Gesetzgeber seine Auffassung mit dem § 1901 Abs. 1 BGB, dessen Verfassungsmäßigkeit nicht in Zweifel gezogen werde. Auch in dieser Regelung gehe das Gesetz im Bereich der Personensorge von Volljährigen von strengeren Voraussetzungen als bei Minderjährigen aus. Es bleibe jedoch späteren Erörterungen überlassen, ob es sich aus allgemeinen rechtspolitischen Erwägungen empfehlen könnte, die Genehmigungsbedürftigkeit der Einwilligung in lebensgefährliche oder sonst schwerwiegende Eingriffe auf Minderjährige auszudehnen.[102]

II. Gesetz zur Einführung eines familiengerichtlichen Genehmigungsvorbehaltes für freiheitsentziehende Maßnahmen bei Kindern und Jugendlichen

Eine solche Erörterung fand im Jahr 2017 im Zusammenhang mit dem Gesetz zur Einführung eines familiengerichtlichen Genehmigungsvorbehaltes für freiheitsentziehende Maßnahmen bei Kindern und Jugendlichen[103] statt. Mit der

100 BT-Drs. 11/4528, S. 72.
101 BT-Drs. 11/4528, S. 72.
102 BT-Drs. 11/4528, S. 72.
103 BGBl. I 2017, S. 2424; BT-Drs. 18/11278.

Einführung des § 1631b Abs. 2 BGB hat sich die Legislative im Jahr 2017 erneut gegen ein gerichtliches Genehmigungserfordernis der sorgerechtlichen Zwangsbehandlung entschieden. Dazu führte sie aus, dass therapeutische oder medizinische Maßnahmen, die als Nebenwirkung die Bewegungsfreiheit erheblich einschränken würden, nicht vom Vorbehalt der Genehmigung durch das Familiengericht erfasst seien und somit alleine in der Entscheidung der Eltern stünden.[104]

Die Entscheidung gegen eine gerichtliche Genehmigungsbefugnis der Zwangsbehandlung verwundert vor dem Hintergrund, dass der Gesetzgeber in dem Gesetzgebungsverfahren mehrfach auf das Problem der Zwangsbehandlung (in der Kinder- und Jugendpsychiatrie) hingewiesen wurde. Die kinder- und jugendpsychiatrische Fachgesellschaft und die Fachverbände BAG KJPP, BKJPP, DGKJP haben sich im Juni 2016 in einem Positionspapier zu freiheitsentziehenden Maßnahmen bei Kindern und Jugendlichen an das Bundesministerium der Justiz und für Verbraucherschutz (BMJV) gewandt und eine ausdrückliche Regelung der Zwangsbehandlung in § 1631b BGB gefordert.[105] Daneben wurde das Projekt „Versorgung psychisch kranker Kinder und Jugendlicher in Deutschland – Bestandsaufnahme und Bedarfsanalyse“ des AKP e.V. in dem Zeitraum vom 1. November 2014 bis zum 31. Dezember 2016 durch das BMJV finanziell unterstützt. In dessen Rahmen wurde ein Workshop abgehalten, der zum gleichen Ergebnis wie die Kinder- und Jugendpsychiatrischen Fachverbände kam.[106] Der Workshop behandelte das Thema der Zwangsbehandlung bei Selbstgefährdung (von Minderjährigen und Volljährigen), und *Götz* kam dort zu dem Ergebnis, dass die Zwangsbehandlung im Sorgerecht ausdrücklich geregelt werden müsse.[107]

Im Gesetzgebungsverfahren stellten Abgeordnete der Fraktion BÜNDNIS 90/DIE GRÜNEN der Bundesregierung eine kleine Anfrage zur Anwendung von Zwang bei Kindern und Jugendlichen in der Kinder- und Jugendpsychiatrie sowie in Heimen.[108] Auf die Fragen, welche Kenntnisse die Bundesregierung über die Art

104 BT-Drs. 18/11278, S. 17.

105 Positionspapier der kinder- und jugendpsychiatrischen Fachgesellschaft und der Fachverbände BAG KJPP BKJPP DGKJP zu freiheitsentziehenden Maßnahmen bei Kindern und Jugendlichen, S. 1, abrufbar unter: http://www.dgkjp.de/stellungnahmen-positionspapiere/stellungnahmen-2016/395-positionspapier-zu-freiheitsentziehenden-massnahmen-bei-kindern-und-jugendlichen, zuletzt abgerufen am: 11. November 2017.

106 http://www.apk-ev.de/projekte/psychisch-kranke-kinder-und-jugendliche/startseite/, zuletzt abgerufen am: 11. November 2017.

107 *Götz*, Zwangsbehandlung von Minderjährigen bei Selbstgefährdung, in: Coester-Waltjen u. a., Zwangsbehandlung bei Selbstgefährdung: 14. Göttinger Workshop zum Familienrecht 2015, 2016, S. 64 (86); siehe für Kritik am Gesetzesentwurf in Bezug auf das Fehlen einer Regelung für Zwangsbehandlungen ebenfalls: *Schepker/Brünger*, Freiheitsentziehung und Freiheitsbeschränkung – der Gesetzentwurf zum § 1631b BGB, in: Zeitschrift für Kinder- und Jugendpsychiatrie und Psychotherapie 2017, S. 160 (162).

108 BT-Drs. 18/11741.

und Dauer der jährlich durchgeführten ärztlichen Zwangsmaßnahmen bei Kindern (Zwangsmedikation, Zwangsoperation, Zwangsernährung) habe, antwortete sie, dass ihr keinerlei statistischen Daten dazu vorliegen würden.[109]

Darüber hinaus stellten die Abgeordneten die folgenden drei Fragen, mit deren Beantwortung die Bundesregierung begründete, warum sie sich gegen ein gerichtliches Genehmigungserfordernis der Zwangsbehandlung entschieden hat:

> Inwiefern hält die Bundesregierung eine richterliche Genehmigung für eine ärztliche Zwangsmaßnahme bei untergebrachten Kindern für erforderlich, und warum hat sie diese nicht in dem Gesetzentwurf zur Einführung eines familiengerichtlichen Genehmigungsvorbehaltes für freiheitsentziehende Maßnahmen bei Kindern mitgeregelt?
>
> Inwiefern hält die Bundesregierung gesetzliche Vorgaben für erforderlich, um klarzustellen, unter welchen Voraussetzungen ärztliche Zwangsmaßnahmen bei untergebrachten Kindern erlaubt sind?
>
> Welche Voraussetzungen sollten dies ggf. nach Ansicht der Bundesregierung sein?[110]

Die Bundesregierung beantwortete die Fragen wie folgt:

> Die Bundesregierung sieht im Interesse des Kindesschutzes Prüfbedarf für Regelungen zu ärztlichen Zwangsmaßnahmen bei untergebrachten Kindern und Jugendlichen, also solchen, die gegen deren natürlichen Willen erfolgen. Ärztliche Zwangsbehandlungen können einen besonders wesentlichen Eingriff in die körperliche Unversehrtheit des Betroffenen darstellen und von diesem als überaus belastend erlebt werden. Da der Regelungsbereich komplex ist und auch die übergeordnete, höchst streitige und ethisch schwierig zu beantwortende Frage der Einwilligung in ärztliche Behandlungen von Minderjährigen allgemein berührt, deren Beantwortung Ausstrahlungswirkung auf zahlreiche andere Regelungsbereiche wie das Arztvertragsrecht und das Strafrecht hat, bedarf es jedoch noch einer vertieften Diskussion und Prüfung.[111]

III. Zwischenfazit

Der Gesetzgeber hat sich im Juni 2017 somit zunächst gegen eine Regelung der Zwangsbehandlung im Sorgerecht entschieden, obwohl er einen dringenden Handlungsbedarf in diesem Bereich erkannt hat. Die 1992 offen gelassene Lücke für eine rechtspolitische Lösung der Zwangsbehandlung wurde damit nicht aufgegriffen. Der ausschlaggebende Punkt dafür war die Komplexität der Materie, die sich beispielsweise in der Einwilligung in ärztliche Behandlungen niederschlägt. Es ist zwar zu begrüßen, dass die Regierung den Schutz von Minderjährigen so hoch priorisiert, dass sie keine voreiligen Gesetzgebungsverfahren in die Wege leitet, gleichwohl ist der aktuelle Zustand aus kinderschutzrechtlicher Perspektive

---

109 BT-Drs. 18/11741, S. 11.
110 BT-Drs. 18/11741, S. 31.
111 BT-Drs. 18/11741, S. 31.

unbefriedigend. Derzeit weichen nicht nur das Sorge- und Betreuungsrecht in Bezug auf die Regelungen der Zwangsbehandlung voneinander ab, sondern auch die medikamentösen Zwangsmaßnahmen innerhalb des Sorgerechts. Die Voraussetzungen von freiheitsentziehenden Unterbringungen und sonstige Maßnahmen sind nicht nur ausdrücklich geregelt, sondern unterliegen einer gerichtlichen Kontrollbefugnis. Eine analoge Anwendung der sorgerechtlichen Normen oder der Regelungen des Betreuungsrechts kommt aufgrund des eindeutigen Willens des Gesetzgebers nicht in Betracht.

C. Rechtsprechung

Nachdem die Legislative die Zwangsbehandlung gesetzlich ungeregelt gelassen hat, stellt sich die Frage nach den bestehenden Grenzen und Voraussetzungen. Diese können in der Praxis auch durch die Rechtsprechung gezogen werden. Im Folgenden werden die Beschlüsse und Urteile besprochen, die den Stand der Diskussion maßgeblich beeinflusst haben. Neben drei zivilrechtlichen (I. - III.) werden zwei strafrechtliche Entscheidungen dargestellt (IV).

I. OLG Brandenburg, Beschluss vom 17.02.2000, Az.: 10 UF 45/99 = FamRZ 2000, 1033

1. Sachverhalt

In der Entscheidung aus dem Jahr 2000 ging es um einen minderjährigen Patienten, der nur durch das Aufrechterhalten lebenserhaltender Maßnahmen am Leben blieb. Die sorgeberechtigten Eltern wollten in die Abstellung der Geräte einwilligen. Die Einwilligung sollte vorher durch das Familiengericht kontrolliert und genehmigt werden.

2. Keine gerichtliche Kontrollbefugnis schwerwiegender Eingriffe im Sorgerecht

Das OLG Brandenburg beschäftigte sich zunächst mit der Frage, auf welcher gesetzlichen Grundlage eine solche gerichtliche Genehmigung erfolgen könnte. Im Sorgerecht fehlte jedenfalls eine ausdrückliche Regelung, die dem Gericht eine Kontrollkompetenz zuwies. Diesen Zustand problematisierte das OLG dahingehend, dass staatliche Eingriffe im Bereich der grundgesetzlich geschützten elterlichen Sorge nur aufgrund einer entsprechenden gesetzlichen Regelung zulässig seien.[112] Dogmatisch stützte das OLG seine Aussage auf Art. 6 Abs. 2 S. 1 GG, der Maßnahmen des staatlichen Wächteramtes nur in einem gesetzlich festgelegten Rahmen zulasse. Die Richter präzisierten das rechtsstaatliche Postulat

112 OLG Brandenburg, FamRZ 2000, 1033 (1033f.).

dahingehend, dass staatliche Organe zur Ausübung des Wächteramtes ausdrücklich berufen werden müssten, wie es zum Beispiel in §§ 1631b, 1631c, 1666, 1667 BGB der Fall sei. Außerhalb dieser gesetzlichen Regelungen, so das OLG Brandenburg, verbleibe die Sorge für das leibliche Wohl des Minderjährigen alleine in der Verantwortung der Eltern. Deshalb komme selbst bei schwerwiegenden Eingriffen in die Gesundheit des Minderjährigen eine familien- oder vormundschaftsgerichtliche Genehmigung der Maßnahme nicht in Betracht.[113]

Nachdem das OLG die Notwendigkeit einer Regelung und gleichzeitig den Mangel einer solchen festgestellt hatte, thematisierte es die Möglichkeit einer analogen Anwendung der betreuungsrechtlichen Regelung des § 1904 BGB für eine gerichtliche Kontrollbefugnis bei schweren Eingriffen in die körperliche Unversehrtheit. Es verneinte jedoch die Analogievoraussetzungen, da keine planwidrige Regelungslücke vorläge. Der Planwidrigkeit stände die Gesetzgebungshistorie des Betreuungsrechts entgegen, in der sich die Legislative 1992 bewusst gegen eine Regelung im Sorgerecht entschieden habe.[114]

Anschließend ging das OLG auf eine direkte oder analoge Anwendung von § 1631b BGB a.F. und § 1631 Abs. 3 BGB ein, um eine gerichtliche Genehmigungsbefugnis aus den bestehenden Normen des Sorgerechts heraus zu begründen. Im Ergebnis verneinte das Gericht beide Möglichkeiten. Gegen eine direkte Anwendung des § 1631b BGB a.F. führte das OLG an, dass die Norm keine ausdrückliche Grundlage für die gerichtliche Genehmigung von der Einstellung lebenserhaltender Maßnahmen enthalte. Für eine Analogie fehle es wie bei § 1904 BGB an einer planwidrigen Regelungslücke. Daneben scheide auch § 1631 Abs. 3 BGB aus, da die begehrte Genehmigung über den Rahmen der Unterstützungsmaßnahmen hinausginge und andere gerichtliche Genehmigungen ansonsten im Gesetz ausdrücklich geregelt seien.[115]

3. *Zwischenergebnis*

Zwar ging es in dem Beschluss nicht um die Zulässigkeit einer Zwangsbehandlung, gleichwohl enthält er wichtige Ausführungen zur gerichtlichen Kontrolle von sorgerechtlichen Einwilligungen in schwere ärztliche Eingriffe bei Minderjährigen. Da die Zwangsbehandlung einen schweren ärztlichen Eingriff darstellt, sind die Überlegungen auf eine gerichtliche Kontrollbefugnis insofern übertragbar. Dogmatisch einwandfrei begründet das OLG, dass die elterliche Sorge auch bei schwerwiegenden Gesundheitseingriffen im Rahmen des staatlichen Wächteramtes nur durch eine entsprechende gesetzliche Ermächtigungsgrundlage eingeschränkt werden dürfe.[116] Eine analoge Anwendung anderer Normen verbietet

113 OLG Brandenburg, FamRZ 2000, 1033 (1034).
114 OLG Brandenburg, FamRZ 2000, 1033 (1034f.).
115 OLG Brandenburg, FamRZ 2000, 1033 (1035).
116 Im Anschluss ebenso: OLG Hamm, NJW 2007, 2704 = FamRZ 2007, 2098.

sich in diesem Bereich, aufgrund des eindeutigen Willens des Gesetzgebers. Für die Zwangsbehandlung lässt sich daraus ableiten, dass eine gerichtliche Kontrollbefugnis nicht durch die analoge Anwendung betreuungsrechtlicher Normen begründet werden kann und das Sorgerecht ebenso wenig ausreicht, da § 1631b BGB einen eng begrenzten Fokus hat.

II. OLG Karlsruhe, Beschluss vom 11. 1. 2002, Az.: 20 WF 112/01 = NJW-RR 2002, 725

1. Sachverhalt

Bei einem minderjährigen Jungen wurde eine paranoidhalluzinatorische Schizophrenie diagnostiziert. Die untersuchenden Ärzte hielten eine stationäre Unterbringung und eine Zwangsbehandlung mit dem antipsychotischen Medikament Zyprexa (im Off-Label-Use)[117] für notwendig, da ansonsten eine Chronifizierung der Krankheit sowie eine Verwahrlosung des Minderjährigen gedroht hätte.

Zunächst hatte das Familiengericht die vom sorgeberechtigten Vater beantragte freiheitsentziehende Unterbringung nach § 1631b BGB a.F. genehmigt. Nach dem zeitlichen Ablauf der Genehmigung hatte das Familiengericht diese um weitere sechs Wochen verlängert und im selben Beschluss die Zwangsbehandlung mit Zyprexa genehmigt. Der Minderjährige hatte gegen die beiden Beschlüsse Beschwerde beim OLG eingelegt.

2. Keine gesetzliche Grundlage für gerichtliche Genehmigung einer Zwangsbehandlung im Sorgerecht

Die Beschwerde gegen die Unterbringung selbst war jedoch unbegründet, da die Voraussetzungen des § 1631b BGB a.F. vorlagen. Demgegenüber hielt das OLG die Beschwerde gegen die Genehmigung einer (zwanghaften) Medikamentenbehandlung für begründet. Dazu führte es aus, dass die gerichtliche Genehmigung einer Gesundheitsbehandlung von Minderjährigen keinerlei rechtliche Grundlage hätte. Vormundschaftliche Genehmigungen im Bereich der Gesundheitssorge seien dem deutschen Vormundschaftsrecht unbekannt. Darüber hinaus sei auch die betreuungsrechtliche Vorschrift des § 1904 BGB nicht im Bereich des Minderjährigenrechts anwendbar. Abschließend und unter Bezugnahme auf eine Entscheidung des BGH[118] führte das OLG Karlsruhe aus, dass eine Erweiterung des Kreises der

---

117 *Schnoor u. a.*, Rechtliche Zulässigkeit von Zwangsmaßnahmen in der Kinder- und Jugendpsychiatrie, in: Praxis der Kinderpsychologie und Kinderpsychiatrie 2006, S. 814 (832).

118 BGH, NJW 1983, 1780 = FamRZ 1983, 371.

im Sorgerecht genehmigungsbedürftigen Rechtsgeschäfte im Wege der Analogie nicht in Betracht komme.[119]

3. *Zwischenergebnis*

Die Entscheidung des OLG Karlsruhe stellt eine konsequente Fortführung der Rechtsprechung des OLG Brandenburg dar. Sie bezieht sich nun unmittelbar auf die psychotrope Zwangsbehandlung eines Minderjährigen und hält fest, dass das Sorgerecht eine präventive gerichtliche Kontrollbefugnis für diesen Vorgang nicht vorsieht und dass sich eine analoge Anwendung anderer Normen darauf verbietet. Da der Fokus der gerichtlichen Entscheidung auf die Frage nach einer gesetzlichen Grundlage für den Eingriff begrenzt war, wurden die Voraussetzungen nicht näher thematisiert. Dies ist besonders bedauerlich, da es um eine Off-Label-Zwangsbehandlung ging. Eine gerichtliche Entscheidung in dem Bereich wäre ein erster rechtsstaatlicher Anhaltspunkt, durch den die komplexe Materie aufgearbeitet werden könnte.

Das OLG Dresden kam im Jahr 2017 in einem ähnlich gelagerten Fall zu dem gleichen Ergebnis wie das OLG Karlsruhe. In seinem Beschluss hielt das OLG Dresden fest, dass die §§ 1631 ff. BGB keine gerichtliche Genehmigungspflicht für Zwangsbehandlungen begründen würden. Darüber hinaus würde auch § 22 Abs. 3 Nr. 3 SächsPsychKG nahelegen, dass es keiner gerichtlichen Genehmigungsbefugnis bedürfe, sondern dass die Eltern alleine entscheiden könnten.[120] Das letzte Argument kann jedoch nicht überzeugen. Die Psychisch-Kranken-Gesetze sind Teil des speziellen landesrechtlichen Polizeirechts. Sie stehen in der Normenhierarchie damit unter den bundesrechtlichen Regelungen des BGB und dürfen daher nicht gegen diese verstoßen. Aus diesem Grund – beziehungsweise um im Einklang mit dem höherrangigen Sorgerecht zu stehen – orientieren sich die Normen auch an den vorhandenen sorgerechtlichen Regelungen, wie die Gesetzgebungsgeschichte des § 18 Abs. 7 PsychKG NRW zeigt.[121] Es ist daher ein Zirkelschluss, wenn eine landesrechtliche Norm, die in einem sorgerechtlichen Zusammenhang steht, als Indiz dafür herangezogen wird, dass es im Sorgerecht keiner gerichtlichen Genehmigungsbefugnis bedarf. Die landesrechtlichen Regelungen verlangen keine gerichtliche Genehmigungsbefugnis, da es das Sorgerecht auch nicht tut.

---

119 OLG Karlsruhe, NJW-RR 2002, 725 (725f.).
120 OLG Dresden, NJW-RR 2017, 201 (202).
121 Vgl. ausführlich dazu: Kapitel 9, A., III.

III. OLG Naumburg, Beschluss vom 06.06.2002, Az.: 14 UF 78/02 = JAmt 2002, 538

1. Sachverhalt

Hier ging es um eine freiheitsentziehende Unterbringung gemäß § 1631b S. 1 BGB a.F. die zum Zwecke einer Zwangsbehandlung beantragt wurde. Die Patientin litt an einer Anpassungsstörung mit gemischter Störung von Gefühlen und Sozialverhalten. Ihre soziale Anpassungsfähigkeit war gestört, sie hatte darüber hinaus Weglauftendenzen, litt an Angstzuständen und war über längere Zeit suizidal. Die offen durchgeführte Therapie traf bei der Patientin auf Resignation und sie verhielt sich vornehmlich zurückgezogen, sodass die Behandlung an den Tendenzen zur Selbstgefährdung nichts zu ändern vermochte. Ohne die Behandlung und Unterbringung bestand weiterhin die Gefahr der Selbstschädigung. Die Gutachter kamen deshalb zu dem Ergebnis, dass die Patientin keine ausreichende Lebens- oder Therapiemotivation beziehungsweise Beziehungsfähigkeit besäße, um weiterhin offen behandelt zu werden. Daher beantragte der bestellte Vormund gemäß §§ 1800, 1631b S. 1 BGB a.F. die Unterbringung auf einer geschlossenen Station einer Kinder- und Jugendpsychiatrie, welche das Familiengericht für vier Monate genehmigte. Gegen den Beschluss wendete sich die Betroffene mit einer Beschwerde an das OLG Naumburg.

2. Erforderlichkeit einer Unterbringung zum Zwecke der Zwangsbehandlung

Die Beschwerdeinstanz kam in ihrem Beschluss zu dem Ergebnis, dass die Entscheidung des Familiengerichts der rechtlichen Überprüfung standhält. Im Rahmen der Prüfung der Erforderlichkeit der Unterbringung setzte sich das OLG mit der Gesamtsituation der Patientin und der Möglichkeit an offenen und ambulanten Behandlungen teilzunehmen auseinander. Die Richter führten hierzu aus, dass die Patientin aufgrund ihrer ärztlich diagnostizierten seelischen Fehlentwicklung und tiefgreifenden Beziehungsstörung nicht in der Lage sei, die ihr angebotenen Hilfen und Unterstützungen freiwillig für sich zu nutzen, sodass eine Behandlung auf einer offenen Station ausscheide. Dies beruhe auch darauf, dass die Betroffene nicht die notwendige Einsichtsfähigkeit in eine freiwillige, jedoch offenkundig dringend notwendige fachpsychiatrische Behandlung zeige. Da die Patientin deutlich ihre Therapieresistenz und Uneinsichtigkeit gegen eine dringend erforderliche, konstante Heilbehandlung zum Ausdruck bringe, ergäbe sich zwingend die Notwendigkeit einer freiheitsentziehenden Unterbringung in einem Fachkrankenhaus für Kinder- und Jugendpsychiatrie.[122]

---

122 Siehe zum Ganzen: OLG Naumburg, JAmt 2002, 538 (538f).

3. *Zwischenergebnis*

Der Entscheidung könnten gewisse Voraussetzungen einer Zwangsbehandlung entnommen werden. Zunächst stellte das OLG auf die nicht vorhandene Einsichtsfähigkeit in die Notwendigkeit der Behandlung ab. Ein solches Fehlen könnte grundsätzlich als erste Voraussetzung aus der Entscheidung abgeleitet werden. Darüber hinaus war die Behandlung dringend erforderlich und musste konstant erfolgen. Hinter der Formulierung könnten weitere Voraussetzungen stehen. Die notwendige Konstanz könnte die zeitlichen Anforderungen an eine Zwangsbehandlung konkretisieren. Darüber hinaus legt die Verwendung des Begriffs „erforderlich" nahe, dass die Zwangsbehandlung verhältnismäßig sein muss. Die Bezeichnung der Behandlung als „dringend" erforderlich könnte die Eingriffsschwelle festlegen. Sofern die Behandlung unter einem zeitlichen Aufschub auch noch möglich erscheint, käme unter dieser Voraussetzung eine Zwangsbehandlung nicht in Betracht.

Gleichwohl sei darauf hingewiesen, dass es in der Entscheidung um die Voraussetzungen einer freiheitsentziehenden Unterbringung und der Abwägung ging, ob mildere Mittel neben der Unterbringung in Betracht kommen. Die fehlende Einsicht in die Notwendigkeit der erforderlichen Behandlung diente dem Gericht lediglich als Begründung für den Eingriff in die Bewegungsfreiheit der Patientin und als Ausschluss für weniger eingriffsintensive Maßnahmen. Der Fokus lag somit nicht darauf, Voraussetzungen für eine Zwangsbehandlung festzusetzen. Dafür würde dem Gericht auch die Kompetenz fehlen, wie die vorherigen Entscheidungen zeigen. Eine Kontrolle der elterlichen Einwilligung in die Zwangsbehandlung kann nur aufgrund einer ausdrücklichen gesetzlichen Grundlage erfolgen. Insofern ist ein Ableiten von Voraussetzungen für die Zwangsbehandlung aus der Entscheidung fragwürdig.

IV. Strafrechtliche Entscheidungen

In der strafrechtlichen Rechtsprechung gibt es zwei Entscheidungen, die sich mit den Voraussetzungen einer Zwangsbehandlung auseinandersetzen.

1. *AG Nordenham, Urteil vom 8. 6. 2007, Az.: 5 Cs 135 Js 59229/04 (241/05) = VersR 2007, 1418*

a. Sachverhalt

In dieser Entscheidung ging es um eine einwilligungsunfähige 14-Jährige, die sich an einem Dachbalken eine tiefe und starkblutende Risswunde in der Handinnenfläche zugezogen hatte, die zwingend genäht werden musste. Aufgrund der starken Verschmutzung bestand die gegenwärtige Gefahr, dass sich die Minderjährige mit einem Tetanuserreger infiziert hatte. Unbehandelt würde eine solche Infektion zum Tode führen oder jedenfalls zu einer nur sehr schwer zu behandelnden Erkrankung. Da sowohl die Kindesmutter als auch die Minderjährige eine

Tetanusimpfung ablehnten, entschieden sich die behandelnden Ärzte gegen den Willen der Beiden vorzugehen und die Minderjährige dennoch zu impfen. Daraufhin wurden die Ärzte wegen Körperverletzung verklagt.

b. Rechtfertigung der Zwangsbehandlung gem. § 34 StGB

Im Rahmen des Urteils kam das AG Nordenham zu dem Ergebnis, dass die Zwangsbehandlung gemäß § 34 StGB gerechtfertigt gewesen sei. Eine Rechtfertigung der Zwangsbehandlung komme nämlich dann in Betracht, wenn angesichts der Art der Verletzung und deren Zustandekommens die naheliegende Möglichkeit bestünde, dass der Tod des Kindes oder eine schwere gesundheitliche Beeinträchtigung eintreten werde.[123]

2. BGH, Urteil vom 4.8.2015, Az.: 1 StR 624/14 = NJW 2015, 3047 = FamRZ 2015, 1886

a. Sachverhalt

Ein Minderjähriger litt an Mukoviszidose und war auf eine dauerhafte medikamentöse, krankengymnastische und ärztliche Behandlung angewiesen, um ein Fortschreiten der Erkrankung zu verhindern. Die alleinerziehende Mutter zog mit dem Minderjährigen für längere Zeit zu einem „Guru", der dem Jungen eine Heilung von der Krankheit versprach, wenn er mit ihm mehrfach am Tag meditiere. Es wurde alleine dem Jungen überlassen, daneben eine medizinische und ärztliche Versorgung in Anspruch zu nehmen oder eben nicht. Er entschied sich gegen eine zusätzliche Behandlung, da er sie als lästig empfand. Infolgedessen verschlechterte sich sein Gesundheitszustand rapide.

b. Zwangsbehandlung als objektiv gebotenes Verhalten

Sowohl die Mutter als auch der „Guru" sind aufgrund dieses Vorgehens erstinstanzlich wegen schwerer Misshandlung von Schutzbefohlenen zu einer Freiheitsstrafe verurteilt worden. Der BGH bestätigte die Entscheidung und kam zu dem Ergebnis, dass das Unterlassen der gebotenen Behandlung einem Quälen durch aktives Tun entspräche. Dazu führten die Richter aus:

> Durch die **objektiv gebotenen Handlungen** der Angekl. – Fortführen der notwendigen ständigen Behandlung durch Zurverfügungstellung der **notwendigen Medikamente** und Hilfsmittel, ärztliche und therapeutische Betreuung und Kontrolle, Angebot hochkalorischer Nahrung, **notfalls Erzwingen der Behandlung** – wären nach den durch Sachverständigenangaben belegten tragfähigen Feststellungen der *Strafkammer* die gravierende Verschlechterung des Gesundheitszustands und die damit einhergehenden erheblichen Leiden und Schmerzen des Nebenkl. vermieden

123 Zum Ganzen: AG Nordenhamm, VersR 2007, 1418.

> worden (hypothetische Kausalität). Dies folgt auch daraus, dass der Nebenkl. bereits kurz nach Wiederaufnahme der medizinischen und therapeutischen Behandlung im Dezember 2002 wieder bessere Werte bei Sauerstoffsättigung, Lungenfunktion und Gewicht aufwies und die durch die Sauerstoffunterversorgung hervorgerufenen Folgen (Kopfweh, Zyanose) verschwanden.[124] (Hervorhebungen nicht im Original)

3. Zwischenfazit

Die beiden strafrechtlichen Entscheidungen behandelten sogenannte somatische Zwangsbehandlungen. In beiden Fällen beruhte die Ablehnung jedoch nicht auf einer psychischen Krankheit der Patienten. Die Ausführungen des AG Nordenham zeigen, dass eine Zwangsbehandlung auch gegen den Willen der Eltern vorgenommen werden kann. Da die Einwilligung in die Rechtsgutsverletzung fehlt, stützten sich die Ärzte auf den Rechtfertigungsgrund aus § 34 StGB. Dem Ergebnis der Entscheidung entsprechen auch die Ausführungen des BGH. In den beiden hier dargestellten Entscheidungen wird deutlich, dass die Zwangsbehandlung ein objektiv gebotenes und damit notwendiges Verhalten darstellen kann, um gravierenden Verschlechterungen des Gesundheitszustandes zu begegnen. Dies gilt auch für die psychotrope Zwangsbehandlung.[125] Damit werden auch die Voraussetzungen des Vorgangs in Teilen konkretisiert. In beiden Fällen wurde die Zwangsbehandlung als notwendiges Mittel angesehen, um Todesgefahren beziehungsweise der Möglichkeit erheblicher gesundheitlicher Schädigungen zu begegnen.

IV. Zwischenfazit

Damit es zu gerichtlichen Entscheidungen über sorgerechtliche Zwangsbehandlungen kommt, müssen die Indizien des § 1666 BGB erfüllt sein oder es muss eine Klage wegen Körperverletzung beziehungsweise Verletzung des Allgemeinen Persönlichkeitsrechts vorliegen.[126] Die vorstehende Auseinandersetzung mit der Rechtsprechung zeigt, dass beide Fälle nahezu nicht vorkommen. Es gibt kaum Urteile oder Beschlüsse die sich überhaupt mit der Zwangsbehandlung von Minderjährigen befassen. Die Rechtsprechung hat somit die Voraussetzungen der Zwangsbehandlung nicht thematisiert, geschweige denn konkretisiert. Eindeutig kann man den Urteilen lediglich entnehmen, dass dem Familiengericht mangels gesetzlicher Grundlage und dem damit verbundenen Eingriff in Art. 6 Abs. 2 S. 1 GG keine Kompetenz zur automatischen Überprüfung der sorgerechtlichen Entscheidung zusteht und dass die Zwangsbehandlung ein notwendiges Instrument

124 Zum Ganzen: BGH, NJW 2015, 3047 (3047ff.) = FamRZ 2015, 1886.
125 Vgl. dazu auch aus menschenrechtlicher Perspektive: *WHO*, Materialsammlung zu psychischer Gesundheit, Menschenrechten und Gesetzgebung, 2005, S. 46.
126 *Hoffmann*, Genehmigungsvorbehalt auch für die Zwangsbehandlung Minderjähriger, in: ZRP 2016, S. 242 (243).

zum Kindesschutz sein kann. Die Zwangsbehandlung in der Eingriffsperspektive bleibt demgegenüber ein weißer Fleck auf der Karte der sorgerechtlichen Rechtsprechung.

D. Literatur

Da sich die Rechtsprechung nur in einem sehr geringen Umfang mit der Zwangsbehandlung von Kindern und Jugendlichen befasst hat und der Gesetzgeber keine Regelung geschaffen hat, werden im Weiteren die in der Literatur vertretenen Voraussetzungen und Grenzen der Zwangsbehandlung, herausgearbeitet (I.-III.) und in einem Zwischenfazit (IV.) besprochen, welche Punkte für eine Analyse relevant sind.

I. Allgemeines

1. Einwilligungsfähige und einwilligungsunfähige Patienten

Wie in Kapitel 2, A. herausgearbeitet, wird jede ärztliche Behandlung zur Zwangsbehandlung, wenn sie gegen den natürlichen Willen des Patienten durchgeführt wird. Indem die Definition auf den natürlichen Willen abstellt wird deutlich, dass es für die Bewertung des Zwangs weder auf die Einwilligungs- noch auf die Geschäftsfähigkeit des Betroffenen ankommt. Die Einwilligungsfähigkeit wird gleichwohl bei der Bewertung der delikts- und strafrechtlichen Rechtswidrigkeit der Zwangsbehandlung relevant. Die unterschiedlichen Auffassungen zur Einwilligungsbefugnis können bei der Zwangsbehandlung von einwilligungsfähigen Minderjährigen zu unterschiedlichen Ergebnissen führen.

a. Keine Zwangsbehandlung von einwilligungsfähigen Minderjährigen

In der Literatur wird zum Teil vertreten, dass die Personensorgeberechtigten bei einwilligungsfähigen Minderjährigen nicht als „Stellvertreter im Willen“ über höchstpersönliche Rechtgüter des zur Selbstbestimmung fähigen Kindes oder Jugendlichen auftreten können.[127] Die Zwangsbehandlung eines einwilligungsfähigen Minderjährigen aufgrund der elterlichen Einwilligung wird wegen des darin liegenden Verstoßes gegen das Kindeswohl für rechtswidrig befunden, sofern ihm ein Alleinbestimmungsrecht oder eine kumulative Entscheidungsbefugnis im Rahmen der Einwilligungsbefugnis zugesprochen wird.[128]

---

127 *Eberbach*, Familienrechtliche Aspekte der Humanforschung an Minderjährigen, in: FamRZ 1982, S. 450 (454), zur zwanghaften Teilnahme am Humanexperiment. Dabei spricht er dem einwilligungsfähigen Minderjährigen ein Vetorecht gegen die Entscheidung der Eltern zu.

128 *Brückner*, Das medizinische Selbstbestimmungsrecht Minderjähriger, S. 130f.; *DIJuF-Rechtsgutachten*, Ambulante Zwangsbehandlung Minderjähriger, in: JAmt 2010,

b. *Zwangsbehandlung von einwilligungsfähigen Minderjährigen zulässig*

Demgegenüber sollen nach *Lorenz* die Eltern auch gegen den Willen eines einwilligungsfähigen Minderjährigen in eine Behandlung einwilligen können.[129] Sie weist jedoch darauf hin, dass *de lege lata* sowohl bei einer angenommenen gemeinsamen Entscheidungsbefugnis von Eltern und Kind als auch bei Ansichten die lediglich ein *Vetorecht* des Minderjährigen anerkennen, keine Durchsetzungsbefugnis der Eltern zur Behandlung des Kindes besteht.[130] Nach anderer Ansicht soll eine Zwangsbehandlung von einsichtsfähigen Minderjährigen nur möglich sein, wenn es sich um einen dringend indizierten Eingriff handelt.[131] *Götz* weist zudem auf die Rechtsprechung des BGH hin, welcher dem Minderjährigen bei relativ indizierten Eingriffen ein Vetorecht gegen die Entscheidung der Sorgeberechtigten erteilt.[132] Bei absolut indizierten Eingriffen kann die Rechtsprechung dahingehend ausgelegt werden, dass den Eltern ein Alleinentscheidungsrecht über die Behandlung zustehen soll.[133] Ein Minderjähriger könnte sich nach dieser Auslegung der Zwangsbehandlung trotz Einwilligungsfähigkeit nicht widersetzen.[134] Zum Teil wird demgegenüber vertreten, dass die Vetomündigkeit weiter reiche als die Einwilligungsfähigkeit und eine Zwangsbehandlung auch nach Ansicht des BGH

S. 239; *Hoffmann*, Personensorge, 2. Auflage 2013, § 9, Rz. 54; *Dies.*, Zwangsbehandlung Minderjähriger vor dem Hintergrund der jüngeren Rechtsprechung des BVerfG und des BGH, in: NZFam 2015, S. 985 (986); *Dies.*, Freiheitsentziehende Unterbringung von Kindern und Jugendlichen - Rechtslage nach Neufassung des § 1631b BGB und Inkrafttreten des FamFG, in: R & P 2009, S. 121 (124); *Schnoor u. a.*, Rechtliche Zulässigkeit von Zwangsmaßnahmen in der Kinder- und Jugendpsychiatrie, in: Praxis der Kinderpsychologie und Kinderpsychiatrie 2006, S. 814 (818, 831f.); *Veit*, in: Bamberger/Roth, BGB Kommentar, 42. Edition, Stand: 01.02.2017, § 1631b, Rz. 18.1; *Wagner*, in: MüKo BGB, Schuldrecht BT II, 7. Auflage 2016, § 630d, Rz. 41; *Wölk*, Der minderjährige Patient in der ärztlichen Behandlung, in: MedR 2001, S. 80 (84).

129 *Lorenz*, Das Selbstbestimmungsrecht des einsichtsfähigen Minderjährigen bei Eingriffen in die körperliche Integrität, in: NZFam 2017, S. 782 (786).

130 *Lorenz*, Das Selbstbestimmungsrecht des einsichtsfähigen Minderjährigen bei Eingriffen in die körperliche Integrität, in: NZFam 2017, S. 782 (787).

131 *Peschel-Gutzeit*, in: Staudinger, BGB Kommentar IV, Elterliche Sorge 1- Inhaberschaft und Inhalt, 2015, § 1626, Rz. 96.

132 BGH, NJW 2007, 217 = FamRZ 2007, 130.

133 *Götz*, Ein Plädoyer für die Selbstbestimmung, in: Hilbig-Lugani u. a., Zwischenbilanz: Festschrift für Dagmar Coester-Waltjen zum 70. Geburtstag am 11. Juli 2015, 2015, S. 89 (99).

134 *Götz*, Zwangsbehandlung von Minderjährigen bei Selbstgefährdung, in: Coester-Waltjen u. a., Zwangsbehandlung bei Selbstgefährdung: 14. Göttinger Workshop zum Familienrecht 2015, 2016, S. 65 (78).

ausscheide.[135] In jedem Fall scheidet eine Einwilligung auch nach der Rechtsprechung aus, wenn die Maßnahme nicht notwendig und medizinisch indiziert ist.[136]

c. Einwilligungsunfähige Minderjährige

Bei einwilligungsunfähigen Kindern und Jugendlichen steht die Gesundheitsfürsorge demgegenüber allein den Personensorgeberechtigten zu, sodass sie grundsätzlich auch in eine Zwangsbehandlung einwilligen können.[137] Es wird jedoch zutreffend darauf hingewiesen, dass unter Beachtung des medizinischen Selbstbestimmungsrechts beziehungsweise des Allgemeinen Persönlichkeitsrechts auch der einwilligungsunfähige Patient nicht zum Objekt einer ärztlichen Behandlung gemacht werden dürfe.[138]

2. Voraussetzungen der Zwangsbehandlung

Vor diesem Hintergrund und der massiven Eingriffsintensität wird sowohl bei einwilligungsfähigen als auch bei einwilligungsunfähigen minderjährigen Patienten darauf hingewiesen, dass die Einwilligung in eine Zwangsbehandlung nicht ohne Weiteres vom Elternrecht gedeckt sei.[139] Es stellt sich daher die Frage, welche zusätzlichen Voraussetzungen die elterliche Einwilligung in eine Zwangsbehandlung verlangt. Fasst man die unterschiedlichen Stimmen und Auffassungen kumulierend zusammen, sollen für Minderjährige grundsätzlich ähnliche Regeln gelten wie bei der Zwangsbehandlung von Volljährigen. Damit sollen grob gesagt die Voraussetzungen des § 1906 Abs. 3 BGB a.F. zur Anwendung kommen.[140]

---

135 *Katzenmeier*, in: Bamberger/Roth, BGB Kommentar, 42. Edition, Stand: 01.11.2016, § 630d, Rz. 17; *Hoffmann/Trenczek*, Freiheitsentziehende Unterbringung „minderjähriger" Menschen in Einrichtungen der Kinder- und Jugendhilfe, in: JAmt 2011, S. 177 (178f.).

136 *Thinesse-Wiehofsky*, Arzthaftung und Pflegeschäden, in: Jahnke/Burmann, Handbuch des Personenschadensrechts, 2016, 1. Kapitel, Rz. 336.

137 *Fröschle*, Familienrecht, 3. Auflage 2017, Rz. 395; *Müller u. a.*, Zwangsmaßnahmen in der psychiatrischen Behandlung, in: Psychotherapeut 2017, S. 3 (5).

138 *Wölk*, Der minderjährige Patient in der ärztlichen Behandlung, in: MedR 2001, S. 80 (88).

139 *Dethloff*, Familienrecht, 31. Auflage 2015, § 13, Rz. 68; *Grotkopp*, Medizinische Zwangsbehandlung untergebrachter Personen – in Grenzen – wieder möglich, in: BtPrax 2013, S. 83 (86); *Götz*, Ein Plädoyer für die Selbstbestimmung, in: Hilbig-Lugani u. a., Zwischenbilanz: Festschrift für Dagmar Coester-Waltjen zum 70. Geburtstag am 11. Juli 2015, 2015, S. 89 (99).

140 *DIJuF-Rechtsgutachten*, Ambulante Zwangsbehandlung Minderjähriger, in: JAmt 2010, S. 239 (240); *Hoffmann*, Zwangsbehandlung Minderjähriger vor dem Hintergrund der jüngeren Rechtsprechung des BVerfG und des BGH, in: NZFam 2015, S. 985 (986).

a. Orientierung am Kindeswohl

Zunächst wird ausgeführt, dass es einer Prüfung bedarf, ob die Behandlung unter Zwang nach wie vor dem Wohl des Kindes dient.[141] Dies sei in der Regel nur der Fall, wenn dem Minderjährigen ohne die Behandlung erhebliche Gefahren für die körperliche oder geistige Entwicklung drohen würden.[142] Genannt werden hier erhebliche Krankheitsfolgen bis zum Tod, wie zum Beispiel ein drohender Suizid oder die Möglichkeit dass eine anorektische Patientin ohne Zwangsernährung verhungert sowie die Gefahr einer Chronifizierung der Erkrankung.[143] Alleine das Vorliegen einer medizinischen Indikation, ohne solche schweren Auswirkungen, soll hingegen nicht reichen.[144] Zusätzlich sei zu prüfen, ob eine Behandlung unter der Anwendung von Gewalt überhaupt erfolgreich sein könne oder ob ein Behandlungserfolg nicht eine Adhärenz beziehungsweise Compliance des Minderjährigen voraussetzen würde.[145]

b. Überzeugungsversuch und Aufklärung

Aus § 1626 Abs. 2 BGB folge darüber hinaus, dass der gesetzliche Vertreter die Entscheidung für die Behandlung mit dem Minderjährigen zu besprechen und auf dessen Einverständnis abzuzielen habe.[146] Diese Anforderung soll dem im Betreuungsrecht notwendigen Überzeugungsversuch entsprechen.[147] Dabei soll der Minderjährige soweit wie möglich über das Vorgehen und die Notwendigkeit der Maßnahme aufgeklärt und an der Entscheidung beteiligt werden.[148]

---

141 *Fröschle*, Sorge und Umgang, 2013, Rz. 514.

142 *Hoffmann*, Personensorge, 2. Auflage 2013, § 9, Rz. 55; Peschel-Gutzeit, in: Staudinger, BGB Kommentar IV, Elterliche Sorge 1- Inhaberschaft und Inhalt, 2015, § 1626, Rz. 97.

143 *Götz*, Zwangsbehandlung von Minderjährigen bei Selbstgefährdung, in: Coester-Waltjen u. a., Zwangsbehandlung bei Selbstgefährdung: 14. Göttinger Workshop zum Familienrecht 2015, 2016, S. 65 (78); *Hoffmann*, Freiheitsentziehende Unterbringung von Kindern und Jugendlichen - Rechtslage nach Neufassung des § 1631b BGB und Inkrafttreten des FamFG, in: R & P 2009, S. 121 (124); *Joecks*, in: Müko StGB, Band 4, 2. Auflage 2012, § 223, Rz. 61.

144 *Hoffmann*, Freiheitsentziehende Unterbringung von Kindern und Jugendlichen - Rechtslage nach Neufassung des § 1631b BGB und Inkrafttreten des FamFG, in: R & P 2009, S. 121 (124).

145 *DIJuF-Rechtsgutachten*, Ambulante Zwangsbehandlung Minderjähriger, in: JAmt 2010, S. 239 (240).

146 *Brückner*, Das medizinische Selbstbestimmungsrecht Minderjähriger, 2014, S. 133; *Hoffmann*, Personensorge, 2. Auflage 2013, § 9, Rz. 17ff; *Dies.*, Zwangsbehandlung Minderjähriger vor dem Hintergrund der jüngeren Rechtsprechung des BVerfG und des BGH, in: NZFam 2015, S. 985 (986f.).

147 *Brückner*, Das medizinische Selbstbestimmungsrecht Minderjähriger, 2014, S. 133.

148 *Brückner*, Das medizinische Selbstbestimmungsrecht Minderjähriger2014, S. 134; *Schnoor u. a.*, Rechtliche Zulässigkeit von Zwangsmaßnahmen in der Kinder- und

c. *Verhältnismäßigkeit*

Als dritte Voraussetzung wird unter Verweis auf die hier bereits dargestellte Entscheidung des OLG Naumburg verlangt, dass die Zwangsbehandlung dem Verhältnismäßigkeitsprinzip entsprechen muss. Sie müsse somit dazu geeignet sein den Behandlungserfolg zu erzielen. Darüber hinaus dürfe der Eingriff in die körperliche Unversehrtheit und das Allgemeine Persönlichkeitsrecht nicht in einem unangemessenen Verhältnis zum Behandlungserfolg stehen.[149] Die Zwangsbehandlung dürfe aufgrund des Verhältnismäßigkeitsgrundsatzes immer nur als *ultima ratio* angewendet werden.[150]

II. Zwangsbehandlungen in vollstationärer Versorgung

Die Darstellung der Variationsmöglichkeiten der vollstationären Versorgung unter Kapitel 1, D., I. zeigt bereits, dass die Versorgung von Patienten der Kinder- und Jugendpsychiatrie in unterschiedlicher Intensität erfolgen kann. Davon erfasst sind vor allem die körperliche Bewegungsfreiheit und die Privatsphäre. Die stationäre Zwangsbehandlung unter freiheitsentziehenden Bedingungen soll vor allem in Betracht gezogen werden, wenn schizophrene Psychosen im akuten Zustand, bipolare Erkrankungen, Essstörungen oder Angststörungen diagnostiziert wurden.[151] Konsens besteht dahingehend, dass alleine die gerichtliche Genehmigung der freiheitsentziehenden Unterbringung nach § 1631b Abs. 1 S. 1 BGB noch nicht ausreicht, um eine Zwangsbehandlung zu rechtfertigen, sondern dass es zusätzlich der Einwilligung der Sorgeberechtigten in die Behandlung sowie der Anwendung von Zwang bedarf.[152] Darüber hinaus werden jedoch für die Zwangsbehandlung

---

Jugendpsychiatrie, in: Praxis der Kinderpsychologie und Kinderpsychiatrie 2006, S. 814 (833).

149 *DIJuF-Rechtsgutachten*, Ambulante Zwangsbehandlung Minderjähriger, in: JAmt 2010, S. 239 (240); *Hoffmann*, Freiheitsentziehende Unterbringung von Kindern und Jugendlichen - Rechtslage nach Neufassung des § 1631b BGB und Inkrafttreten des FamFG, in: R & P 2009, S. 121 (124); *Götz*, Zwangsbehandlung von Minderjährigen bei Selbstgefährdung, in: Coester-Waltjen u. a., Zwangsbehandlung bei Selbstgefährdung: 14. Göttinger Workshop zum Familienrecht 2015, 2016, S. 65 (77).

150 *Schnoor u. a.*, Rechtliche Zulässigkeit von Zwangsmaßnahmen in der Kinder- und Jugendpsychiatrie, in: Praxis der Kinderpsychologie und Kinderpsychiatrie 2006, S. 814 (833).

151 *Kölch u. a.*, Rechtliche Aspekte und ethische Fragen in der Kinder- und Jugendpsychiatrie, in: Fegert/Kölch, Klinikmanual Kinder- und Jugendpsychiatrie und -psychotherapie, 2. Auflage 2013, S. 468 (472).

152 *Hoffmann*, Freiheitsentziehende Unterbringung von Kindern und Jugendlichen - Rechtslage nach Neufassung des § 1631b BGB und Inkrafttreten des FamFG, in: R & P 2009, S. 121 (123); *Schnoor u. a.*, Rechtliche Zulässigkeit von Zwangsmaßnahmen in der Kinder- und Jugendpsychiatrie, in: Praxis der Kinderpsychologie und Kinderpsychiatrie 2006, S. 814 (831).

in den unterschiedlichen Einrichtungsformen verschiedene Voraussetzungen verlangt.

Hoffmann kommt zu dem Ergebnis, dass auch bei der Zwangsbehandlung die sich aus § 1631b Abs. 1 S. 1 BGB ergebenden materiell- und verfahrensrechtlichen Regelungen zu beachten seien, wenn sie während einer freiheitsentziehenden Unterbringung vorgenommen wird.[153] Dies begründet sie damit, dass die freiheitsentziehende Unterbringung, die zum Zwecke der Zwangsbehandlung erfolgt, nur rechtmäßig sei, wenn sie durch das Gericht genehmigt werde.[154] Die Zwangsbehandlung sei somit mittelbar im gerichtlichen Genehmigungsverfahren des § 1631b Abs. 1 S. 1 BGB zu prüfen.[155] Folglich verlangt sie als zusätzliche Voraussetzung für die Zulässigkeit einer Zwangsbehandlung, die unter freiheitsentziehenden Bedingungen stattfindet, eine Genehmigung des Familiengerichts.[156] Aus der Ansicht ergeben sich die folgenden Rechtmäßigkeitsvoraussetzungen für sorgerechtliche Zwangsbehandlungen:

> Befugnis zur Sorge für die Gesundheit; Befugnis zur Aufenthaltsbestimmung; Vorliegen der Voraussetzungen für eine Zwangsbehandlung im konkreten Fall, insbesondere deren Verhältnismäßigkeit; Vorliegen der Voraussetzungen für eine freiheitsentziehende Unterbringung im konkreten Fall, insbesondere deren Verhältnismäßigkeit; Entscheidung für eine freiheitsentziehende Unterbringung; Entscheidung für eine Zwangsbehandlung im Rahmen der freiheitsentziehenden Unterbringung; gerichtliche Genehmigung der Entscheidung für eine stationäre freiheitsentziehende Unterbringung.[157]

Dem wird entgegengehalten, dass § 1631b Abs. 1 BGB lediglich das Aufenthaltsbestimmungsrecht der Eltern begrenzt und dogmatisch somit von den genehmigungsfreien Maßnahmen der Gesundheitssorge abgegrenzt werden müsse. Ansonsten läge eine unzulässige Ausübungskontrolle der elterlichen Sorge vor. Eingriffe in das grundrechtlich geschützte Elternrecht bedürften stets einer gesetzlichen

---

153 *Hoffmann*, Zwangsbehandlung Minderjähriger vor dem Hintergrund der jüngeren Rechtsprechung des BVerfG und des BGH, in: NZFam 2015, S. 985 (987); weiter geht *Kölch*, Rechtliche und ethische Fragen im klinischen Alltag, in: Gerlach u. a., Neuro-/Psychopharmaka im Kindes- und Jugendalter: Grundlagen und Therapie, 3. Auflage 2016, der § 1631b BGB für unmittelbar anwendbar hält: „In der Regel wird man zumindest bei ambulanter Behandlung davon ausgehen, dass das Kind/der Jugendliche zustimmt. Tut er dies nicht, so ist eine Behandlung und Diagnostik nicht möglich bzw. sie muss familiengerichtlich (§ 1631b BGB) genehmigt werden".

154 *Hoffmann*, Personensorge, 2. Auflage 2013, § 9, Rz. 63.

155 *Hoffmann*, Zwangsbehandlung Minderjähriger vor dem Hintergrund der jüngeren Rechtsprechung des BVerfG und des BGH, in: NZFam 2015, S. 985 (987).

156 *Hoffmann*, Personensorge, 2. Auflage 2013, § 9, Rz. 63.

157 *Hoffmann*, Freiheitsentziehende Unterbringung von Kindern und Jugendlichen - Rechtslage nach Neufassung des § 1631b BGB und Inkrafttreten des FamFG, in: R & P 2009, S. 121 (123); *Dies.*, Personensorge, 2. Auflage 2013, § 9, Rz. 62.

Grundlage. Die Prüfung des Familienrichters sei bei der Untersuchung des § 1631b Abs. 1 BGB lediglich darauf beschränkt, ob die Zwangsbehandlung das Kindeswohl gefährde, da ansonsten die zur Verwirklichung der Behandlung durchgeführte Unterbringung nicht genehmigungsfähig wäre.[158] Aus diesem Grund kommen die Autoren zu dem Ergebnis, dass auch für eine Zwangsbehandlung, die unter freiheitsentziehenden Maßnahmen erfolgt, *de lege lata* nur die allgemeinen, nicht gesetzlich kodifizierten Voraussetzungen der Zwangsbehandlung gelten, die hier unter Kapitel 2, D., I. dargestellt wurden.

III. Sonstige Zwangsbehandlungen

Die Trennung führt dazu, dass Zwangsbehandlungen, die nicht unter freiheitsentziehenden Bedingungen stattfinden, pauschal als ambulante Zwangsbehandlungen bezeichnet werden.[159] Zum Teil wird nur für Zwangsbehandlungen unter freiheitsentziehenden Bedingungen eine gesetzliche Regelung entsprechend dem § 1906 Abs. 3, 3a BGB a.F. gefordert,[160] sodass ambulante Zwangsbehandlungen ohne gerichtliche Genehmigungsbefugnis weiterhin zulässig sein sollen.

Dementsprechend wird ohne vertiefte Thematisierung der Versorgungsdetails davon ausgegangen, dass die elterliche Sorge die Einwilligung in eine ambulante Zwangsbehandlung umfasst, ohne dass es dafür einer gesetzlichen Regelung bedarf.[161] Von *Hoffmann*, die sich als nahezu einzige Autorin mit dem Problem der ambulanten Zwangsbehandlung von Minderjährigen befasst, wird jedoch angeführt, dass die Voraussetzungen denen der geschlossen stationären Behandlung von Volljährigen entsprechen müssten, sodass es vor allem auf die Wahrung des Verhältnismäßigkeitsprinzip ankomme.[162] Die ambulante Zwangsbehandlung wird damit lediglich durch die bestehenden Grenzen der elterlichen Sorge und damit vor allem von § 1666 BGB eingeschränkt. Außerhalb dieses Bereichs wird sie für zulässig erachtet.[163]

158 Zum Ganzen: *Götz*, Zwangsbehandlung von Minderjährigen bei Selbstgefährdung, in: Coester-Waltjen u. a., Zwangsbehandlung bei Selbstgefährdung: 14. Göttinger Workshop zum Familienrecht 2015, 2016, S. 65 (71f.); *Veit*, in: Bamberger/Roth, BGB Kommentar, 42. Edition, Stand: 01.02.2017, § 1631b, Rz. 19.

159 *Hoffmann*, Zwangsbehandlung Minderjähriger vor dem Hintergrund der jüngeren Rechtsprechung des BVerfG und des BGH, in: NZFam 2015, S. 985 (987).

160 *Dethloff*, Familienrecht, 31. Auflage 2015, § 13, Rz. 68; *Lorenz*, Das Selbstbestimmungsrecht des einsichtsfähigen Minderjährigen bei Eingriffen in die körperliche Integrität, in: NZFam 2017, S. 782 (788f.).

161 Darauf weist auch: *Hoffmann*, Personensorge, 2. Auflage 2013, § 9, Rz. 59, hin.

162 *Hoffmann*, Personensorge, 2. Auflage 2013, § 9, Rz. 60.

163 *DIJuF-Rechtsgutachten*, Ambulante Zwangsbehandlung Minderjähriger, in: JAmt 2010, S. 239 (239f.); *Götz*, Zwangsbehandlung von Minderjährigen bei Selbstgefährdung, in: Coester-Waltjen u. a., Zwangsbehandlung bei Selbstgefährdung: 14. Göttinger Workshop zum Familienrecht 2015, 2016, S. 65 (72); *Hoffmann*,

IV. Zwischenfazit

Die Auseinandersetzung mit der Zwangsbehandlung von Minderjährigen findet in der juristischen Literatur nur in einem eng begrenzten Personenkreis und in einem geringern Umfang statt.

Ein Beispiel dafür ist die Frage nach der Zulässigkeit der Zwangsbehandlung in unterschiedlichen Einrichtungsformen. Sie wird kaum diskutiert. Dass dies unzureichend ist, wird schon dadurch deutlich, dass sich nicht nur die Personalstruktur und Nachsorgemöglichkeiten sondern auch die elterlichen Kontrollmöglichkeiten zwischen einer stationären, tagesklinischen und ambulanten Behandlung unterscheiden. Daher muss in der Analyse untersucht werden, inwieweit eine unterschiedliche Betrachtung der Zwangsbehandlung in den verschiedenen Einrichtungsformen notwendig ist (vgl. dazu Kapitel 7).

Darüber hinaus wird keine Unterscheidung von psychiatrischer und somatischer Zwangsbehandlung vorgenommen (vgl. dazu Kapitel 7, B., II. und III.). Genauso wenig wird der biologische/medizinische Unterschied zwischen den Körpern von Minderjährigen und Volljährigen Personen samt der daraus folgenden unterschiedlichen Eingriffsintensität der psychotropen Zwangsbehandlung diskutiert. Damit fehlt es jedoch an einer wesentlichen Grundlage, die für eine sachgerechte Bewertung der Eingriffsintensität der jeweiligen Zwangsbehandlung notwendig wäre. In der Analyse muss hierauf eingegangen werden (vgl. dazu Kapitel 3., B.).

E. Fazit zur Zwangsbehandlung

Zwangsbehandlungen spiegeln symbolisch gesprochen die Janusköpfigkeit des rechtsstaatlichen Handelns wider. Auf der einen Seite werden sie als intensive und schwerwiegende Grundrechtseingriffe bewertet; gleichzeitig werden sie als Ausfluss einer konkreten staatlichen Schutzpflicht zugunsten hilfsbedürftiger Menschen und damit als notwendige Maßnahme zur Gewährleistung des Grundrechtsschutzes angesehen. Das Besondere an der Konstellation ist, dass die Freiheits- und Schutzdimensionen der Grundrechte lediglich desselben Grundrechtsträgers in Konflikt stehen.[164] Dass ein solcher singulär-diametrale Charakter der Zwangsbehandlung auch im Sorgerecht besteht, wird durch die vorstehende Auswertung des aktuellen Forschungsstandes deutlich.

Zwar ist es erfreulich, dass die Bundesregierung den Handlungsbedarf bei der Zwangsbehandlung erkannt hat, gleichwohl ist es aus kinderschutzrechtlicher Sicht nicht zufriedenstellend, dass die Komplexität der Materie, insbesondere der Einwilligung, zu einer bewussten Nicht-Regelung geführt hat. Dies führt dazu,

---

Zwangsbehandlung Minderjähriger vor dem Hintergrund der jüngeren Rechtsprechung des BVerfG und des BGH, in: NZFam 2015, S. 985.

164 BVerfGE 142, 313 (338) = NJW 2017, 53 (55) = BeckRS 2016, 50313, Rz. 72.

dass Personen in der stärksten Phase ihrer Entwicklung sehr eingriffsintensiven, regelmäßigen und lang andauernden Eingriffen in ihre körperliche Integrität und Selbstbestimmung ausgesetzt sein können, ohne dass eine neutrale staatliche Instanz davon erfährt und die Maßnahmen überprüft werden.[165]

Es ist lediglich als ein Schritt in die richtige Richtung zu bewerten, dass in der Literatur darauf hingewiesen wird, dass es im Wesentlichen keine Unterschiede zur Behandlung von volljährigen Patienten geben dürfe. Praktisch ist damit jedoch kein Schutz der Minderjährigen erreicht, da es kaum zu Gerichtsentscheidungen kommt. Damit fehlt es bisher auch an verbindlichen Voraussetzungen. Die Zwangsbehandlung unterliegt *de lege lata* damit einem geringeren Schutzregime als freiheitsentziehende Maßnahmen und freiheitsentziehende Unterbringungen durch die Eltern.

Im Rahmen der Analyse ist die Zulässigkeit einer solchen Ungleichbehandlung vor dem Hintergrund des staatlichen Wächteramtes zu untersuchen. Durch die Betrachtung der Stimmen in der Literatur und die Ausführungen des Gesetzgebers wird deutlich, dass dabei insbesondere der Schutz von einwilligungsfähigen Kindern und Jugendlichen zu diskutieren ist (vgl. dazu Kapitel 5.). Darüber hinaus muss die Untersuchung herausstellen, wie hoch das Schutzniveau der aktuellen Grenzen der elterlichen Sorge im *status quo* tatsächlich ist (vgl. dazu Kapitel 6 bis 8).

165 *Müller u. a.*, Zwangsmaßnahmen in der psychiatrischen Behandlung, in: Psychotherapeut 2017, S. 3 (7).

3. Kapitel: Medikamentöse Freiheitsentziehung im aktuellen Sorgerecht

Im Gegensatz zur Zwangsbehandlung sind die Voraussetzungen der medikamentösen Freiheitsentziehung in § 1631b Abs. 2 BGB gesetzlich geregelt. Die elterliche Einwilligung für ein solches Vorgehen unterliegt hiernach einem gerichtlichen Genehmigungserfordernis. In einem ersten Schritt werden die davon erfassten freiheitsentziehenden Maßnahmen dargestellt und definiert (A.). Darauf aufbauend wird die Entstehungsgeschichte des § 1631b Abs. 2 BGB verdeutlicht (B.). Anschließend werden die Voraussetzungen der Norm erarbeitet und auf offene Fragen untersucht (C.).

A. Freiheitsentziehende Maßnahmen

Von der oben beschriebenen ärztlichen Zwangsbehandlung sind die unterbringungsähnlichen Maßnahmen mit freiheitsentziehender Wirkung[166] abzugrenzen. Freiheitsentziehende Maßnahmen zeichnen sich durch einen gezielten Eingriff gegenüber dem Minderjährigen aus, durch den dieser am Verlassen des Aufenthaltsortes gehindert werden soll.[167] Entscheidend ist das Einwirken auf die potenzielle Bewegungsfreiheit des Betroffenen.[168] Sie werden oft bei aggressivem Verhalten des Patienten angewendet. Die Aggressivität kann proaktiv, also geplant gegen Dritte oder Sachen, eingesetzt werden sowie reaktiv entstehen, also spontan aufgrund von psychotischem Erleben oder Provokationen.[169] Der Sinn und Zweck von freiheitsentziehenden Maßnahmen liegt damit in der Deeskalation von Notsituationen.

Nach § 1631b Abs. 2 S. 1 BGB kann eine solche Maßnahme durch mechanische Vorrichtungen, Medikamente oder auf andere Weise durchgeführt werden.

---

166 Synonym kann der Begriff „freiheitsentziehende Maßnahme" verwendet werden.

167 BT-Drs. 18/11278, S. 17.

168 *Klein/Di Bella*, Freiheitsentziehende Maßnahmen, in: RDG 2015, S. 220 (221); *Müller*, Freiheitsberaubung durch unterbringungsähnliche Maßnahmen bei Minderjährigen im Krankenhaus, in: MedR 2011, S. 339 (340).

169 *Berzewski*, Der psychiatrische Notfall, 3. Auflage 2009, S. 70; *Deshmukh u. a.*, Recommendations for pharmacological management of inpatient aggression in children and adolescents, in: Psychiatry 2010, S. 32 (37).

I. Freiheitsentziehung durch mechanische Vorrichtungen oder auf sonstige Weise

Unter mechanischen Vorrichtungen sind Geräte zu verstehen, die den Patienten fixieren und somit in seiner Fortbewegung hindern. Hierzu werden beispielhaft Segofixgurte verwendet.[170] Es handelt sich dabei um eine Konstruktion aus Gurten und Schlössern mit denen der Patient gleichzeitig an den Füßen, Händen und Schultern am Bett fixiert werden kann.[171] Darüber hinaus sind Konstruktionen wie verschließbare Schlafsäcke oder Bauch- und Fußgurte denkbar, um den Patienten am Verlassen des Bettes zu hindern.[172] Lediglich das Pflegepersonal kann die Schlösser der Gurte öffnen.[173] Die Fixierung mit solchen Konstruktionen wird in der Regel auch verwendet, um ambulante Zwangsbehandlungen durchführen zu können.[174] Ein Freiheitsentzug auf andere Weise liegt vor, wenn der Patient durch den körperlichen Einsatz des Personals wie Festhalten beim Verlassen des Aufenthaltsortes beeinflusst wird.[175]

II. Freiheitsentziehung durch Medikamente

Demgegenüber ist der einschränkende Eingriff bei der Freiheitsentziehung durch Medikamente weniger offensichtlich. Hier ist der Anknüpfungspunkt der natürliche Wille des Patienten, den Aufenthaltsort zu verlassen. Medikamente können auf diese Entschließungsfreiheit einwirken, indem sie den Bewegungsdrang des Patienten vermindern.[176] Auch dies geschieht über die Wirkung der Medikation auf Neurorezeptoren. Dabei entfalten viele der verabreichten Substanzen ihre Wirkung nicht nur punktuell und gezielt auf einen Neurotransmitter. Es kommt darüber hinaus zu einem Einfluss auf ganz unterschiedliche Neurotransmittersysteme.[177] Damit nutzen die verordnenden Ärzte bei der medikamentösen

---

170 *Schnoor u. a.*, Rechtliche Zulässigkeit von Zwangsmaßnahmen in der Kinder- und Jugendpsychiatrie, in: Praxis der Kinderpsychologie und Kinderpsychiatrie 2006, S. 814 (815).

171 Gebrauchsanweisung für Akut-Systeme, 4213/r „SEGUFIX-Akut-Fixierung-Schulter mit Magnetverschluss", S. 2, abrufbar unter: http://www.segufix.de/PDFs/instructionsPDFs/4213-4215_d.pdf, zuletzt abgerufen am: 11. November 2017.

172 So z.B. in dem Fall BGH, NJW 2013, 2969 = FamRZ 2013, 1646.

173 http://www.segufix.de, zuletzt abgerufen am: 11. November 2017.

174 *Hoffmann*, Freiheitsentziehende Unterbringung von Kindern und Jugendlichen - Rechtslage nach Neufassung des § 1631b BGB und Inkrafttreten des FamFG, in: R & P 2009, S. 121 (124).

175 *Libal u. a.*, Chemical restraint: „Pharmakologische Ruhigstellung" zum Management aggressiven Verhaltens im stationären Bereich in Theorie und Praxis, in: Praxis der Kinderpsychologie und Kinderpsychiatrie 2006, S. 783 (787).

176 BT-Drs. 11/4528, S. 149.

177 *Goldbeck u. a.*, Therapie, in: Fegert u. a., Psychiatrie und Psychotherapie des Kindes- und Jugendalters, 2. Auflage 2012, S. 177 (211).

Freiheitsentziehung das breite Nebenwirkungsprofil von psychotropen Medikamenten aus, ohne damit selbst direkten Einfluss auf die der Aggression zugrundeliegenden Pathologie zu nehmen.[178] Die Einschränkung der Bewegungsfreiheit muss dabei stets gezielt erfolgen. Durch diese Kriterien grenzt sich die Medikamentengabe als freiheitsentziehende Maßnahme auch von der Medikamentengabe als Zwangsbehandlung der Grunderkrankung ab. Letztere ist auf die Heilung der Krankheit ausgelegt und beabsichtigt keinen Eingriff in die Bewegungsfreiheit. Aus dem Wortlaut des § 1631b Abs. 2 BGB und dem dahinterstehenden Sinn und Zweck wird deutlich, dass Sedierungen, die lediglich als Nebenwirkung einer medikamentösen Therapie auftreten, nicht als unterbringungsähnliche Maßnahme zu werten sind.[179]

Um die Sedierung gezielt zu erreichen, werden in der Kinder- und Jugendpsychiatrie vor allem Antipsychotika (N05A im ATC-Index), aufgrund ihrer stark sedierenden Wirkung verwendet.[180] Der antipsychotische Effekt, der zur Behandlung der Krankheit als solcher gewünscht ist, tritt demgegenüber erst nach knapp zwei Wochen auf.[181] Darüber hinaus werden Benzodiazepine (die zu den Anxiolytika N05BA sowie den Sedativa N05CD im ATC-Index zählen) sowie die Kombinationen aus beiden verabreicht.[182]

III. Abgrenzung zu alterstypischen Freiheitsbeschränkungen

Damit eine freiheitsentziehende Maßnahme vorliegt, muss sie von der Intensität her über einen längeren Zeitraum angesetzt sein. Die Maßnahmen erfassen somit keine Freiheitsbeschränkungen, die im Kindes- und Jugendalter typisch sind beziehungsweise solche Maßnahmen, die nur geringfügig und lediglich im Ausnahmefall, anlassbezogen die Freiheit beschränken.[183] Die Grenze dürfte bei Maßnahmen,

---

178 *Currier*, The controversy over "chemical restraint" in acute care psychiatry, in: Journal of Psychiatric Practice 2003, S. 59 (60f.).

179 Vgl. BT-Drs. 18/11278, S. 17; und so schon zum Betreuungsrecht: BT-Drs. 11/4528, S. 148f.; OLG Hamm, NJWE-FER 1997, 178; *Falkenbach u. a.*, Unterbringung und Zwangsbehandlung in Deutschland, in: Psychiatrische Praxis 2009, S. 79 (80); *Schnoor u. a.*, Rechtliche Zulässigkeit von Zwangsmaßnahmen in der Kinder- und Jugendpsychiatrie, in: Praxis der Kinderpsychologie und Kinderpsychiatrie 2006, S. 814 (834).

180 *Schimmelmann u. a.*, Schizophrenie, in: Gerlach u. a., Neuro-/Psychopharmaka im Kindes- und Jugendalter: Grundlagen und Therapie, 3. Auflage 2016, S. 551 (558).

181 *Mehler-Wex u. a.*, Antipsychotika, in: Gerlach u. a., Neuro-/Psychopharmaka im Kindes- und Jugendalter: Grundlagen und Therapie, 3. Auflage 2016, S. 187 (199).

182 *Sorrentino*, Chemical restraints for the agitated, violent, or psychotic pediatric patient in the emergency department, in: Current Opinion in Pediatrics, S. 201 (202ff.); *Libal u. a.*, Chemical restraint: „Pharmakologische Ruhigstellung" zum Management aggressiven Verhaltens im stationären Bereich in Theorie und Praxis, in: Praxis der Kinderpsychologie und Kinderpsychiatrie 2006, S. 783 (788).

183 BT-Drs. 18/11278, S. 17.

die über einen Zeitraum von über einer halben Stunde andauern, überschritten sein.[184]

Grundsätzlich sind damit solche Maßregeln gemeint, die im Rahmen einer alltäglichen Erziehung und in Anbetracht des Alters des Heranwachsenden notwendig sind, um der allgemeinen Erziehungs- und Aufsichtspflicht gerecht zu werden wie zum Beispiel begrenzte Ausgehzeiten, das Verbot auszugehen, Hausarbeitsstunden oder Hausarreste.[185] Dazu zählen auch Laufställe und Hochstühle für kleine Kinder.[186] Als typische Freiheitsbeschränkungen in offenen Bereichen von Kliniken können beispielhaft Regeln der Stationsordnung genannt werden, die das Verlassen der Station zum Spielen im Freien ab einer gewissen Uhrzeiten verbieten oder das Erfordernis einer Abmeldung beim aufsichtspflichtigen Klinikpersonal.[187]

Es besteht eine fließende Grenze zwischen den Freiheitsentziehungen und Freiheitsbeschränkungen.[188] Die Bewertung einer Maßnahme als freiheitsentziehend oder freiheitsbeschränkend ist schwierig. Für die Abgrenzung ist entscheidend, ob die Maßnahme in Dauer und Intensität über die in einem gewissen Alter üblichen Freiheitsbeschränkungen hinausgeht.[189] Bei der gezielten Gabe von psychotropen Medikamenten, um dem Patienten zu sedieren, ist davon auszugehen, dass die Grenze der üblichen Freiheitsbeschränkungen überschritten ist.

IV. Abgrenzung zur freiheitsentziehenden Unterbringung

Neben den Freiheitsbeschränkungen müssen die freiheitsentziehenden Maßnahmen auch von der freiheitsentziehenden Unterbringung abgegrenzt werden. Bis zu der Novellierung des § 1631b BGB a.F. im Jahr 2017 galten die unterbringungsähnlichen Maßnahmen gesetzlich als reine Freiheitsbeschränkungen, die nicht den Schweregrad einer Unterbringung erreichen. Die Unterscheidung zwischen beiden Maßnahmen war wichtig, da die Unterbringung nur per gerichtlicher Genehmigung zulässig war. Unterbringungsähnliche Maßnahmen waren hingegen auch ohne gerichtliches Genehmigungserfordernis rechtmäßig. Heute wird die Eingriffsintensität gesetzlich mindestens gleichgestellt, sodass die unterbringungsähnlichen

---

184 BVerfG, NJW 2018, 2619.

185 BT-Drs. 8/2788, S. 38.

186 BT-Drs. 18/11278, S. 17.

187 *Schnoor u. a.*, Rechtliche Zulässigkeit von Zwangsmaßnahmen in der Kinder- und Jugendpsychiatrie, in: Praxis der Kinderpsychologie und Kinderpsychiatrie 2006, S. 814 (822).

188 *Huber*, in: MüKo BGB, Familienrecht II, 7. Auflage 2017, § 1631b, Rz. 5.

189 BT-Drs. 8/2788, S. 51; *Kemper*, in: Schulze u.a., BGB Kommentar, 9. Auflage 2017, § 1631b, Rz. 2.

Maßnahmen begrifflich nicht mehr unter die Freiheitsbeschränkungen subsumiert werden können.[190]

Eine Abgrenzung zwischen freiheitsentziehender Unterbringung und freiheitsentziehenden Maßnahmen kann sich auf die obigen Ausführungen stützen. Die freiheitsentziehende Unterbringung unterliegt dem engen Unterbringungsbegriff (vgl. Kapitel 1, D., I., 2.). Durch ihren Bezug zur Fremdplatzierung kann sie als räumliche Einschränkung der Bewegungsfreiheit angesehen werden, welche durch das Gebäude samt seinen Türen und Zäunen entsteht. Freiheitsentziehende Maßnahmen stellen alle übrigen Handlungen dar, durch denen dem Minderjährigen die Freiheit entzogen wird.

B. Entstehungsgeschichte des § 1631b Abs. 2 BGB

Um weiter herauszufinden, warum Zwangsbehandlungen und freiheitsentziehende Maßnahmen im Sorgerecht unterschiedlich behandelt werden, wird im folgenden Abschnitt die Entstehungsgeschichte des § 1631b Abs. 2 BGB untersucht.

I. BGH, Beschluss vom 07.08.2013, Az.: XII ZB 559/11 = NJW 2013, 2969 = FamRZ 2013, 1646

Die Entwicklung der Norm findet ihren Ursprung in einer Entscheidung des BGH aus dem Jahr 2013.[191] Der BGH hatte dort die Reichweite und Grenzen der elterlichen Sorge in Bezug auf freiheitsentziehende Unterbringungen geklärt.

1. Sachverhalt

Es ging um einen in einer offenen heilpädagogischen Einrichtung lebenden Minderjährigen, der an frühkindlichem Autismus mit geistiger Behinderung und ADHS[192] erkrankt war. Aufgrund der Krankheiten wies das Kind ausgeprägte Unruhezustände und extreme Weglauftendenzen auf, weshalb der Minderjährige mit der Einwilligung seiner personensorgeberechtigten Eltern nachts durch einen Bauch- oder Fußgurt fixiert wurde.[193]

---

190 BT-Drs. 18/11278, S. 10: „Freiheitsentziehende Maßnahmen können nämlich mindestens ebenso schwerwiegend und belastend sein wie eine gemäß § 1631b BGB genehmigungspflichtige freiheitsentziehende Unterbringung".

191 BGH, NJW 2013, 2969 = FamRZ 2013, 1646. Im Ergebnis bestätigte der BGH die Auffassung des OLG Oldenburg, FamRZ 2012, 39. Ähnliche Beschlüsse wurden zuvor vom OLG Frankfurt a.M., FamRZ 2013, 1225 und dem AG Hamburg, NJOZ 2009, 51, gefasst.

192 Aufmerksamkeits-Defizit-Hyperaktivitäts-Syndrom.

193 BGH, NJW 2013, 2969 = FamRZ 2013, 1646.

2. *Gerichtliche Genehmigungsbefugnis gemäß § 1631b BGB a.F.*[194]

Der BGH kam in der rechtlichen Bewertung zu dem Ergebnis, dass die Eltern solche unterbringungsähnlichen Maßnahmen in Ausübung der elterlichen Sorge selbst genehmigen können, ohne dass es einer familiengerichtlichen Genehmigung nach § 1631b BGB a.F. bedürfe.[195]

Gegen eine Genehmigungsbefugnis nach § 1631b BGB a.F. führte der BGH zunächst ein systematisches Argument an. Dafür stellte er auf den engen Unterbringungsbegriff des § 1631b BGB a.F. ab, den der Gesetzgeber bewusst gewählt hatte. Kurze freiheitsentziehende Maßnahmen seien mit dieser Definition nicht vereinbar. Zusätzlich argumentierte der BGH mit dem Sinn und Zweck des § 1631b BGB a.F. Die gesetzgeberische Intention sei gewesen, eine sinnvolle Ausübung des Sorgerechts sicherzustellen und im Gegensatz zum Betreuungsrecht (§ 1906 BGB) nicht primär den Schutz der körperlichen Bewegungs- und Entschließungsfreiheit des Minderjährigen zu garantieren. Durch die Norm sollte ferner sichergestellt werden, dass niemand unbemerkt in einer geschlossenen Anstalt verschwinden könne. Da diese Erwägungen nicht auf freiheitsentziehende Maßnahmen übertragbar seien, kamen die Bundesrichter zu dem Ergebnis, dass sich eine Subsumtion der freiheitsentziehenden Maßnahmen unter den Unterbringungsbegriff des § 1631b BGB a.F. verbiete.[196]

3. *Gerichtliche Genehmigungsbefugnis analog § 1906 Abs. 4 BGB?*

Anschließend setzte sich der BGH mit einer analogen Anwendung des § 1906 Abs. 4 BGB auseinander. Hierfür nannte er zunächst Literaturansichten, die eine analoge Anwendung der betreuungsrechtlichen Regelung befürworten. Er schloss sich ihnen jedoch nicht an. Um sich gegen die Ansichten zu entscheiden, führte der BGH aus, dass weder eine planwidrige Regelungslücke noch eine Vergleichbarkeit der Interessenlage zwischen § 1906 Abs. 4 BGB und den sorgerechtlichen freiheitsentziehenden Maßnahmen vorläge.

---

194 § 1631b BGB a.F. lautete im Zeitraum vom 1. September 2009 bis zum 1. Oktober 2017 wie folgt: Eine Unterbringung des Kindes, die mit Freiheitsentziehung verbunden ist, bedarf der Genehmigung des Familiengerichts. Die Unterbringung ist zulässig, wenn sie zum Wohl des Kindes, insbesondere zur Abwendung einer erheblichen Selbst- oder Fremdgefährdung, erforderlich ist und der Gefahr nicht auf andere Weise, auch nicht durch andere öffentliche Hilfen, begegnet werden kann. Ohne die Genehmigung ist die Unterbringung nur zulässig, wenn mit dem Aufschub Gefahr verbunden ist; die Genehmigung ist unverzüglich nachzuholen.

195 BGH, NJW 2013, 2969 = FamRZ 2013, 1646.

196 BGH, NJW 2013, 2969 = FamRZ 2013, 1646.

a. Planwidrige Regelungslücke im Sorgerecht?

Die erste Voraussetzung einer Analogie lehnte der BGH mit einem historischen Argument ab, nämlich der Gesetzesbegründung der Genehmigungserfordernisse im Betreuungsrecht (§§ 1904,[197] 1907 und § 1906 Abs. 4 BGB[198]). Eine planwidrige Regelungslücke könne darüber hinaus auch nicht daraus geschlossen werden, dass sich der Wille des Gesetzgebers möglicherweise im Laufe der Zeit geändert habe. Im Jahr 2008 habe er trotz des Gesetzes zur Erleichterung familiengerichtlicher Maßnahmen bei Kindeswohlgefährdung keine Regelung der unterbringungsähnlichen Maßnahmen vorgenommen.[199]

b. Vergleichbarkeit des Sorgerechts mit dem Betreuungsrecht?

Anschließend ging der BGH auf die zweite Voraussetzung einer Analogie ein und lehnte sie ebenfalls ab. Dazu führte er aus, dass die Situationen des Minderjährigen im Kindschaftsrecht mit der des Betreuten im Betreuungsrecht nicht vergleichbar sei. Um dies zu begründen thematisierte der BGH die dogmatischen Unterschiede, die sich aus einer reinen zivilrechtlichen und öffentlich rechtlich ausgestalteten Fürsorge ergeben. Der Betreuer sei lediglich ein staatliches Organ, bei dem gerichtliche Genehmigungserfordernisse keinen Eingriff in die Rechte darstellen würden. Demgegenüber sei das natürliche Elternrecht durch das Elterngrundrecht geprägt, was ihnen die Pflege und Erziehung des eigenen Kindes garantiere. Die Eltern seien dabei nicht nur rechtlich, sondern vor allem auch persönlich für das Kind verantwortlich.[200] Im Rahmen ihrer natürlichen Verantwortung könnten sie grundsätzlich frei von staatlichen Eingriffen über die Art und Weise der Pflege und Erziehung entscheiden. Dabei würde sogar in Kauf genommen werden, dass dem Kind Erziehungsnachteile entstehen können. Eingriffe in das Elternrecht kämen lediglich über das staatliche Wächteramt nach Art. 6 Abs. 2 GG und damit nur aufgrund einer hinreichend bestimmten gesetzlichen Grundlage in Betracht. Eine analoge Anwendung des § 1906 Abs. 4 BGB würde diesen Anforderungen nicht gerecht werden. Der BGH hob anschließend ausdrücklich hervor, dass eine Genehmigungspflicht an dem staatlichen Eingriff in das grundrechtlich geschützte Elternrecht scheitere.[201] Demgegenüber sei die Fixierung nicht nur wegen einer fehlenden Regelung unzulässig. Diese beruhe auf der Ausübung des elterlichen Sorgerechts und somit auf § 1626 BGB. Der ausreichende Schutz des Kindes werde

197 BT-Drs. 11/4528, S. 72.
198 BT-Drs. 11/4528, S. 82.
199 BGH, NJW 2013, 2969 (2970) = FamRZ 2013, 1646 (1647).
200 BGH, NJW 2013, 2969 (2970) = FamRZ 2013, 1646 (1647f.).
201 Vgl. infolge dieser Ausführungen des BGH die Ausarbeitung des Wissenschaftlichen Dienstes des Deutschen Bundestages vom 10. Juni 2016 zu der Frage: „Vereinbarkeit eines Richtervorbehalts für unterbringungsähnliche Maßnahmen gegenüber Minderjährigen mit dem Elterngrundrecht", Az.: WD 3 - 3000 - 152/16.

über § 1631 Abs. 2 BGB sowie die §§ 1666 f. BGB erreicht. Daher müsse es dem Gesetzgeber überlassen bleiben, ob ein gerichtlicher Genehmigungsvorbehalt für unterbringungsähnliche Maßnahmen im Sorgerecht notwendig sei oder nicht.[202]

II. Die Entscheidung im Lichte der Literatur

Die Entscheidung des BGH wurde in der Literatur kritisiert,[203] als realitätsfern bezeichnet,[204] und der Gesetzgeber wurde aufgefordert, eine gerichtliche Genehmigungsbefugnis zu schaffen[205]. Dafür wurde dem BGH zwar insoweit zugestimmt, dass eine Subsumtion kurzer freiheitsentziehender Maßnahmen unter dem engen Unterbringungsbegriff nur schwer zu begründen sei, gleichwohl ergäbe sich unter Berücksichtigung der zu schützenden Rechtsgüter durch eine Anwendung des „Erst-recht-Prinzips", dass schwerwiegende unterbringungsähnliche Maßnahmen einer Unterbringung gleichzustellen seien. Dafür wurde argumentiert, dass Fixierungen oft schwerer wirken könnten, als die Unterbringung.[206] Ohne eine gesetzliche Regelung müsste ein Familienrichter, der die Genehmigungsbedürftigkeit einer geschlossenen Unterbringung prüft, massive Eingriffe, die er für unverhältnismäßig hält, hinnehmen.[207] In der Praxis könnte damit ein Minderjähriger massiven und lang andauernden Grundrechtseingriffen ausgesetzt werden, ohne dass

202 BGH, NJW 2013, 2969 (2971) = FamRZ 2013, 1646 (1648).

203 Besonders von *Engelfried*, Eure Elterliche Sorge fesselt mich, in: Betrifft Justiz 2014, S. 35.

204 *Salgo,* in: Staudinger, BGB Kommentar IV, Elterliche Sorge 1- Inhaberschaft und Inhalt, 2015, § 1631b, Rz. 14.

205 Z.B.: *Götz,* in: Palandt, BGB Kommentar, 76. Auflage 2017, § 1631b, Rz. 2; zum Teil wurde die Ansicht des BGH jedoch auch begrüßt, so z.B. *Stockmann*, Nächtliche Fixierung eines Kindes in offener Einrichtung nicht genehmigungsbedürftig, in: jurisPR-FamR 2013, Anmerkung 5.

206 *Breidenstein*, Nächtliche Fixierung eines Kindes in offenen heilpädagogischen Einrichtungen nicht richterlich genehmigungsbedürftig, in: jM 2014, S. 99 (101f.); so noch in der alten Auflage: *Döll*, in: Erman u.a., BGB Kommentar II, 13. Auflage 2014, § 1631b, Rz. 3; *Engelfried*, Eure Elterliche Sorge fesselt mich, in: Betrifft Justiz 2014, S. 35 (36); *Salgo*, Anmerkungen zu BGH FamRZ 2013, 1646, in: FamRZ 2013, S. 1719; *Salgo,* in: Staudinger, BGB Kommentar IV, Elterliche Sorge 1- Inhaberschaft und Inhalt, 2015, § 1631b, Rz. 14; Positionspapier der kinder- und jugendpsychiatrischen Fachgesellschaft und der Fachverbände BAG KJPP BKJPP DGKJP zu freiheitsentziehenden Maßnahmen bei Kindern und Jugendlichen, S. 2f., abrufbar unter: http://www.dgkjp.de/stellungnahmen-positionspapiere/stellungnahmen-2016/395-positionspapier-zu-freiheitsentziehenden-massnahmen-bei-kindern-und-jugendlichen, zuletzt abgerufen am 11. November 2017; A.A. in Bezug auf den „Erst-Recht-Schluss" *Veit,* in: Bamberger/Roth, BGB Kommentar, 42. Edition, Stand: 01.02.2017, § 1631b, Rz. 14.

207 *Breidenstein*, Nächtliche Fixierung eines Kindes in offenen heilpädagogischen Einrichtung nicht richterlich genehmigungsbedürftig, in: jM 2014, S. 99 (101f.).

eine unabhängige Kontrollinstanz davon Kenntnis erlange und die Rechtmäßigkeit prüfe.[208] Gerade die Grundrechte des Kindes seien in der Entscheidung gar nicht berücksichtigt worden. Die Minderjährigen seien strukturell unterlegen, da sie sich in diesen Fällen in der Regel weder an die Eltern noch an die Einrichtungen selbst wenden könnten. Darüber hinaus sei es fraglich, ob die Minderjährigen über ihre Rechte Bescheid wüssten. Dafür wurde das Beispiel angeführt, Beschwerden nicht nur an Einrichtungen, sondern auch an unabhängige Stellen richten zu können.[209]

Ferner bestünde in der Praxis die Gefahr, dass ohne eine gerichtliche Kontrolle vorschnell und übermäßig fixiert und nicht nach Alternativen gesucht werde. Dies beruhe darauf, dass sowohl die Eltern als auch die Einrichtung in den akuten Entscheidungen unter erheblichen Druck stehen würden. Vor allem die Sorge um das eigene Kind würde Eltern häufig zu vorschnellen Einwilligungen in Fixierungsmaßnahmen verleiten, da sie den körperlichen Schaden durch Fallen, Weglaufen oder Angriffe ihres Kindes auf Dritte befürchten würden. Darüber hinaus bestünde die Gefahr, dass bei der Entscheidung für die Fixierung nicht allein das Wohl des Kindes, sondern vor allem die Erleichterung der Pflege und Betreuung des Minderjährigen im Vordergrund stände.[210]

III. Gesetzgebungsentwicklung

Im Jahr 1990 lehnte die Legislative eine gesetzliche Regelung freiheitsentziehender Maßnahmen im Sorgerecht noch ausdrücklich ab. Der Gesetzgeber hat seine Auffassung im Jahr 2017 revidiert. Damit hat er auf den hier dargestellten Beschluss des BGH aus dem Jahr 2013 sowie die daran geübte Kritik in der Literatur reagiert. Im Folgenden werden beide Auffassungen dargestellt, um den Wandel der Gesetzgebung zu verdeutlichen.

1. Gesetz zur Reform des Rechts der Vormundschaft und Pflegschaft für Volljährige

Im Jahr 1990 schaffte der Gesetzgeber mit § 1906 Abs. 4 BGB eine Regelung, die unterbringungsähnliche Maßnahmen unter ein gerichtliches Genehmigungserfordernis stellte. In diesem Zusammenhang beschäftigte sich der Gesetzgeber auch mit einer gerichtlichen Genehmigungsbefugnis im Sorgerecht. Er lehnte eine Regelung jedoch bewusst ab, da sich die Unterbringung von Minderjährigen als Ausübung der elterlichen Sorge darstelle und sich die hierfür geltende Regelung auf die allgemeine Prüfung beschränken sollte, ob die Form der Ausübung der elterlichen Sorge dem Wohl des Kindes entspreche. Darüber hinaus wäre eine Einbeziehung

208 *Salgo*, Anmerkungen zu BGH FamRZ 2013, 1646, in: FamRZ 2013, S. 1719.
209 *Salgo*, Anmerkungen zu BGH FamRZ 2013, 1646, in: FamRZ 2013, S. 1719 (1719f.).
210 *Breidenstein*, Nächtliche Fixierung eines Kindes in offenen heilpädagogischen Einrichtung nicht richterlich genehmigungsbedürftig, in: jM 2014, S. 99 (101).

unterbringungsähnlicher Maßnahmen problematisch, da Maßnahmen wie das Verschließen der Wohnungstür oder das Anbringen von Gittern am Bett übliche und sinnvolle Maßnahmen im Rahmen der Ausübung der elterlichen Sorge seien, die keiner Genehmigungspflicht unterworfen werden sollten. Ein hinreichender Schutz des Minderjährigen würde über § 1631 Abs. 2 BGB und die §§ 1666, 1837, 1886 und 1919 BGB erreicht werden.[211] Damit wurde eine gerichtliche Kontrollbefugnis für freiheitsentziehende Maßnahmen abgelehnt. Die Eltern konnten alleine im Rahmen ihrer elterlichen Sorge über die Anwendung der Zwangsmaßnahmen entscheiden.

2. Gesetz zur Einführung eines familiengerichtlichen Genehmigungsvorbehaltes für freiheitsentziehende Maßnahmen bei Kindern und Jugendlichen

Im Jahr 2017 hat der Gesetzgeber § 1631b Abs. 2 BGB und damit eine gerichtliche Kontrollbefugnis der sorgerechtlichen Entscheidung für unterbringungsähnliche Maßnahmen eingeführt.[212] Einen Überblick darüber, wie viele Kinder und Jugendliche in den letzten 10 Jahren eine freiheitsentziehende Maßnahme in den Einrichtungen der Kinder- und Jugendpsychiatrie erfahren haben, hat die Bundesregierung nicht gehabt.[213] Darüber hinaus wies die Bundesregierung keine Kenntnis über die Dauer der jeweils angewendeten Zwangsmaßnahmen auf.[214]

In der Begründung hieß es, dass solche Maßnahmen mindestens genauso schwerwiegend und belastend sein könnten, wie eine freiheitsentziehende Unterbringung.[215] Häufig würden sie im Vergleich zu einer freiheitsentziehenden Unterbringung sogar als noch wesentlich einschneidender empfunden, da sie die Bewegungsfreiheit stärker einschränken würden, als eine weitläufige geschlossene Station.[216] Die dabei entstehende Bedrohung für das Kindeswohl rechtfertige den Eingriff in Art. 6 Abs. 2 S. 1 GG. Durch die Schaffung eines Genehmigungserfordernisses würde ein Gleichlauf des Kindesschutzes und des Erwachsenenschutzes gewährleistet werden, da eine Angleichung an den § 1906 Abs. 4 BGB erreicht werden würde. Zusätzlich würde der Gesetzgeber Rechtssicherheit schaffen, die in Heimen und Krankhäusern oft vermisst wurde.[217] Darüber hinaus entlaste die

---

211 BT-Drs. 11/4528, S. 82f.

212 BT-Drs. 18/11278; vgl. dazu auch den Alternativvorschlag der Opposition: BT-Drs. 18/9804.

213 BT-Drs. 18/11741, S. 12.

214 BT-Drs. 18/11741, S. 13; mit Ausnahme einer Statistik aus Hamburg, in der in den meisten Fällen Isolierungen über einen Zeitraum von 20 Minuten angewendet wurden.

215 BT-Drs. 18/11278, S. 10.

216 BT-Drs. 18/11278, S. 14.

217 BT-Drs. 18/11278, S. 10.

Überprüfung durch eine unabhängige Instanz die Eltern, die die Verantwortung für solche äußerst belastenden Entscheidungen ansonsten alleine trügen. Häufig sei die Eltern-Kind-Beziehung jedoch auch gerade Teil der Probleme des Kindes. In der Praxis hätten sich zusätzlich unhaltbare Zustände in Einrichtungen der Kinder- und Jugendhilfe ergeben, die eine zusätzliche Kontrolle erforderlich machen würden. Hinzu käme, dass viele Heime einen indirekten Zwang zur Unterschrift ausüben würden, da sie zur Aufnahme schwer erziehbarer Minderjähriger die generelle Einwilligung in freiheitsentziehende Maßnahmen verlangen würden. Infolgedessen würden die Eltern die Einwilligungen erteilen, wo freiheitsentziehende Maßnahmen eigentlich vermieden werden könnten. Darüber hinaus fehle es dem Personal oft am Wissen um die Bedeutung und die Möglichkeit der Vermeidung von freiheitsentziehenden Maßnahmen.[218]

IV. Zwischenfazit

Die unterschiedlichen Gesetzesbegründungen zeigen den Wandel des Gesetzgebers deutlich. Zunächst konzentrierte sich die Legislative auf die weitreichenden Befugnisse der Eltern, die aus Art. 6 Abs. 2 S. 1 GG abgeleitet wurden. Mit der neuen Regelung rückt demgegenüber der Kindesschutz stärker in den Fokus. Der Schwerpunkt der Argumentation wurde somit verschoben und dadurch eine gesetzliche Regelung notwendig.

Die Argumentation des Gesetzgebers entspricht weitestgehend der in der Literatur geübten Kritik an der Entscheidung des BGH. Dadurch werden der Einfluss und die Notwendigkeit einer Auseinandersetzung in der Literatur mit der Frage nach der Zulässigkeit von Zwang deutlich. Die Gesetzesbegründung wirft viele Fragen auf, an denen sich der Gesetzgeber auch in Bezug auf die Zwangsbehandlung messen lassen muss. Dazu zählen neben dem Gleichlauf von Kindes- und Erwachsenenschutz, die Frage nach der Rechtssicherheit und ob die Eltern nicht auch bei der Zwangsbehandlung überfordert sind und daher entlastet werden müssen. Darüber hinaus muss untersucht werden, welchen Schutz die vorhandenen Mechanismen des Sorgerechts bei Zwangsbehandlungen bieten, da die Gesetzesbegründung des § 1631b Abs. 2 BGB zeigt, dass der Gesetzgeber diese bei der Anwendung von Zwang in zwei verschiedenen Bereichen gerade für nicht ausreichend empfunden hat.

C. Voraussetzungen des § 1631b Abs. 2 BGB

Nachdem die Entstehungsgeschichte dargestellt wurde, werden nun die einzelnen Voraussetzungen des § 1631b Abs. 2 BGB besprochen, um ein umfassendes Bild der medikamentösen Freiheitsentziehung zu erhalten.

218 BT-Drs. 18/11278, S. 15.

I. Aufenthalt in Krankenhaus, Heim oder sonstiger Einrichtung

Die Norm erfasst Freiheitsentziehungen in Krankenhäusern, Heimen oder sonstigen Einrichtungen unabhängig davon, ob Minderjährige nach Abs. 1 freiheitsentziehend Untergebracht sind oder nicht.[219] Dahinter steht der Gedanke, dass die freiheitsentziehenden Maßnahmen in den Einrichtungen auch in Abwesenheit der Eltern durchgeführt und somit nicht von ihnen kontrolliert werden können.[220] Der Sinn und Zweck prägt neben der Deeskalation von Notsituationen den Anwendungsbereich der Norm und die Auslegung des Begriffs Aufenthalt. Dem gesetzgeberischen Willen nach erfasst der Absatz alle Freiheitsentziehungen, die in stationären und ambulanten Einrichtungen durchgeführt werden, in denen Kinder und Jugendliche über einen längeren Zeitraum (oder kurzfristig) wohnen oder fern von der ständigen Kontrollmöglichkeit der Eltern betreut werden.[221]

1. Stationäre und tagesklinische Versorgung

Damit unterliegen jedenfalls alle freiheitsentziehenden Maßnahmen im stationären Bereich dem Genehmigungserfordernis, da die Minderjährigen ihren Aufenthaltsort dort haben und die Eltern über keine dauerhafte Kontrolle verfügen. Ähnliches gilt für den tagesklinischen Bereich. Die Kinder und Jugendlichen wohnen dort zwar nicht, gleichwohl verbringen sie in den Einrichtungen im Schnitt ca. 40 Stunden in der Woche (vgl. Kapitel 1, D., II.), in denen die Eltern keinerlei Kontrollmöglichkeiten haben. Somit sind tagesklinische Einrichtungen auch von dem Genehmigungserfordernis betroffen.

2. Arztpraxen und Ambulanzkliniken

Es stellt sich jedoch die Frage, ob auch Arztpraxen und Ambulanzkliniken von dem Genehmigungserfordernis erfasst sind. Der Punkt ist notwendig zu untersuchen, da die Freiheitsentziehung durch Medikamente in Notfällen in solchen Einrichtungen eine noch größere Rolle spielt als in der stationären Unterbringung. Dies liegt unter anderem daran, dass die Anzahl an intensiv betreuenden Personen vor Ort, die durch ihr Einschreiten in der Situation eine Medikation überflüssig machen könnten, im ambulanten Setting viel geringer ist.[222] Vom reinen Wortlaut der Norm her betrachtet, könnten Arztpraxen unter „sonstige Einrichtungen“ und Ambulanzkliniken unter dem Begriff „Klinik“ gefasst werden.

---

219 BT-Drs. 18/11278, S. 11.

220 BT-Drs. 18/11278, S. 16.

221 BT-Drs. 18/11278, S. 16.

222 So noch in der zweiten Auflage: *Oehler u. a.*, Anmerkungen zur Pharmakotherapie in der ambulanten Praxis, in: Gerlach u. a., Neuro-/Psychopharmaka im Kindes- und Jugendalter: Grundlagen und Therapie, 2. Auflage 2009, S. 91.

Dabei unterliegt die Kontrolle der Einwilligung in freiheitsentziehende Maßnahmen in den zwei Einrichtungsformen jedoch praktischen Problemen, die gegen eine vorherige gerichtliche Kontrolle sprechen. Die Situationen, in denen solche Maßnahmen notwendig werden, entstehen in diesem Setting ungeplant und spontan. Eine gerichtliche Genehmigung im Voraus erscheint praktisch kaum möglich. Generelle gerichtliche Genehmigungen für alle in der Praxis auftretenden Freiheitsentziehungen sind vor dem Hintergrund einer notwendigen Einzelfallprüfung, gerade um den Grundsatz der Verhältnismäßigkeit einzuhalten, nicht möglich.

Der Gesetzesentwurf nennt darüber hinaus als ambulante Einrichtungen Kindergärten oder Kindertagesstätten, in denen die Minderjährigen ohne ständige Kontrollmöglichkeit betreut werden.[223] Dem Sinn und Zweck der Norm nach geht es somit gerade um Situationen in Betreuungseinrichtungen für Minderjährige, in denen die elterliche Kontrollmöglichkeit über einen längeren Zeitraum unterbrochen ist. Der Gesetzgeber hat in der Begründung weder Arztpraxen noch ambulante Kliniken angesprochen. Die Eltern haben stets die Möglichkeit, den Minderjährigen bei dem Arztbesuch zu begleiten und das Vorgehen des Arztes zu kontrollieren. Darüber hinaus ist auch das zeitliche Argument zu berücksichtigen. Der Gesetzgeber sprach von einer Betreuung ohne „ständige Kontrollmöglichkeit". Ein Arztbesuch dauert jedoch in der Regel nicht so lange wie der Aufenthalt in einem Kindergarten oder einer Kindertagesstätte. Damit sind die freiheitsentziehenden Maßnahmen, die in einer Arztpraxis oder Ambulanzklinik stattfinden, nicht vom Sinn und Zweck des Anwendungsbereichs des § 1631b Abs. 2 BGB erfasst. Die personensorgeberechtigten Eltern können aufgrund ihrer Gesundheitsfürsorge in entsprechende Maßnahmen einwilligen, ohne dass eine gerichtliche Kontrolle stattfindet.

Vor dem Hintergrund der Eingriffsintensität kann jedoch durchaus diskutiert werden, ob es nicht einer unverzüglichen nachträglichen gerichtlichen Genehmigungsbefugnis des Vorgangs bedarf. Dagegen spricht jedoch schon die Systematik des § 1631b Abs. 2 S. 2 BGB der auf § 1631b Abs. 1 S. 3 BGB verweist. Hiernach gibt es gerade eine nachträgliche Genehmigungsbefugnis für freiheitsentziehende Maßnahmen, die aufgrund der Spontanität der Situation keine gerichtliche Genehmigungsbefugnis einholen konnten. Damit die Norm jedoch zur Anwendung kommt, muss zunächst der Anwendungsbereich der gerichtlichen Genehmigung eröffnet sein. Arztpraxen und Ambulanzkliniken fallen entsprechend der Gesetzesbegründung nicht darunter.

223 BT-Drs. 18/11278, S. 16.

II. Freiheitsentzug durch mechanische Vorrichtungen, Medikamente oder auf andere Weise über einen längeren Zeitraum oder Regelmäßig in nicht altersgerechter Weise

Vergleiche dazu die Ausführungen in Kapitel 3, A.

III. Verweis auf § 1631b Abs. 1 S. 2 und 3 BGB

Mit § 1631b Abs. 2 S. 2 BGB verweist der Gesetzgeber auf § 1631b Abs. 1 S. 2 und 3 BGB und stellt damit fest, dass die Freiheitsentziehung nur zulässig ist, wenn sie zum Wohl des Kindes, insbesondere zur Abwehr einer erheblichen Selbst- oder Fremdgefährdung (1.), erforderlich ist und der Gefahr auch nicht auf andere Weise begegnet werden kann. Damit muss ein triftiger Grund für die Gefährdung des Kindeswohls vorliegen und die freiheitsentziehende Maßnahme muss dem Grundsatz der Verhältnismäßigkeit entsprechen (2.). Darüber hinaus wird durch den Verweis auf Satz 3 deutlich, dass die Maßnahmen in besonderen Fällen auch ohne gerichtliche Genehmigung zulässig sind (3.).

1. Erhebliche Selbst- oder Fremdgefährdung bei Unterbringungen

Um den gerichtlichen Prüfungsmaßstab der erheblichen Selbst- oder Fremdgefährdung im Zusammenhang mit freiheitsentziehenden Maßnahmen herauszuarbeiten, werden in einem ersten Schritt die Fallgruppen der freiheitsentziehenden Unterbringung (a. bis d.) dargestellt. Darauffolgend wird untersucht, inwieweit diese auf freiheitsentziehende Maßnahmen übertragen werden können (e.).

Die Gründe, die für eine freiheitsentziehende Unterbringung sprechen, hatte der Gesetzgeber bewusst nicht abschließend geregelt, da sie zu vielschichtig seien, um sie aufzählen zu können.[224]

a. Selbstgefährdung

Die erste Fallgruppe betrifft Selbstgefährdungen. Grundsätzlich lassen sich die Indikationen, die für eine erhebliche Selbstgefährdung sprechen, in akute und chronische Gefährdungsmomente einteilen.

Beispiele einer akuten Selbstgefährdung sind Suizidalität, psychotische Störungen mit fehlendem Realitätsbezug sowie Essstörungen mit Nahrungsverweigerung.[225] Eine akute Selbstgefährdung liegt auch vor, wenn der Minderjährige

---

224 BT-Drs. 16/6815, S. 14.

225 *Allroggen/Fegert*, Zwangsbehandlung von Minderjährigen bei Selbstgefährdung aus kinder- und jugendpsychiatrischer Sicht, in: Coester-Waltjen u. a., Zwangsbehandlung bei Selbstgefährdung: 14. Göttinger Workshop zum Familienrecht 2015, 2016, S. 87 (89); *Rüth*, Die Unterbringung in der Kinder- und Jugendpsychiatrie, in: FPR 2011, S. 554 (556).

lebenswichtige Medikamente nicht einnimmt oder sich sonst erheblichen körperlichen Schaden zufügt.[226] Weitere Faktoren können eine sexuelle Gefährdung oder Weglauftendenzen und Obdachlosigkeit sein.[227] Die Erheblichkeitsschwelle der Selbstgefährdung ist demgegenüber nicht schon bei Ritzen und regelmäßigem unkontrollierten Alkoholkonsum des Minderjährigen überschritten.[228]

Eine chronische Selbstgefährdung kann bei unklaren psychiatrischen Störungsbildern und fehlender Behandlungsbereitschaft, chronischem Substanzabusus oder chronischer Schulverweigerung wegen einer generalisierenden Angststörung (und damit einer starken Teilhabebeeinträchtigung) gegeben sein, sofern ambulante Maßnahmen bereits versucht wurden.[229] Dabei spielt der Entwicklungsaspekt eine große Rolle, da eine Einschätzung getroffen werden muss, ob die psychische Störung Auswirkungen auf die allgemeine Entwicklung, Intelligenz und stete körperliche Gesundheit des Minderjährigen hat.[230]

b. Fremdgefährdung

Eine Fremdgefährdung im Sinne des § 1631b Abs. 1 BGB verlangt immer eine gewisse Form der Eigengefährdung und liegt nach der Gesetzesbegründung vor, wenn sich der Minderjährige dem Risiko von Notwehrmaßnahmen, Ersatzansprüchen und Prozessen aussetzt.[231] Hierunter fallen typischerweise Fremdaggressionen sowie Delinquenz.[232] Dieses Verhalten kann zum Beispiel durch

---

226 *Hoffmann*, Freiheitsentziehende Unterbringung von Kindern und Jugendlichen - Rechtslage nach Neufassung des § 1631b BGB und Inkrafttreten des FamFG, in: R & P 2009, S. 121 (122).

227 Vgl. zu der schweren Störung des Sexualverhaltens BGH, NJW-RR 2013, 65 (67) = FamRZ 2013, 115 (116f.); *Kölch/Vogel*, Unterbringung von Kindern und Jugendlichen mit freiheitsentziehenden Maßnahmen: Eine rechtstatsächliche Untersuchung zur familiengerichtlichen Genehmigung der Unterbringung bei Minderjährigen in der Jugendhilfe, Kinder- und Jugendpsychiatrie und der Justiz nach § 1631b BGB, in: Zeitschrift für Kinder- und Jugendpsychiatrie und Psychotherapie 2016, S. 40 (43).

228 OLG Brandenburg, FamRZ 2011, S. 489.

229 *Allroggen/Fegert*, Zwangsbehandlung von Minderjährigen bei Selbstgefährdung aus kinder- und jugendpsychiatrischer Sicht, in: Coester-Waltjen u. a., Zwangsbehandlung bei Selbstgefährdung: 14. Göttinger Workshop zum Familienrecht 2015, 2016, S. 87 (89); *Rüth*, Die Unterbringung in der Kinder- und Jugendpsychiatrie, in: FPR 2011, S. 554 (556).

230 *Müller u. a.*, Zwangsmaßnahmen in der psychiatrischen Behandlung, in: Psychotherapeut 2017, S. 3 (6).

231 BT-Drs. 16/6815, S. 14.

232 Vgl. zur Kindeswohlgefährdung bei Delinquenz: *Matzke/Fritsch*, Kindeswohlgefährdung bei Kinder- und Jugenddelinquenz, in: FPR 2012, S. 459; *Kölch/Vogel*, Unterbringung von Kindern und Jugendlichen mit freiheitsentziehenden Maßnahmen: Eine rechtstatsächliche Untersuchung zur familiengerichtlichen Genehmigung

ein psychotisches Syndrom oder einer Störung des Sozialverhaltens begründet sein.[233]

c. Unterschied zu Volljährigen

Die Gründe der Selbstgefährdung unterscheiden sich bei Minderjährigen und Volljährigen. Minderjährige werden besonders häufig wegen entwicklungstypischen Faktoren wie Schulabstinenz, Delinquenz oder Drogenmissbrauch geschlossen untergebracht.[234] Hinzu kommt, dass die psychiatrischen Erkrankungen immer mehr als Entwicklungsstörungen von Hirnarealen respektive der Interaktion zwischen den unterschiedlichen Hirnarealen verstanden werden. Das Gehirn von Minderjährigen entwickelt sich jedoch mit steigendem Alter stark. Sowohl die Entwicklung der Erkrankung als auch die Symptomatik hängen dabei stark vom Reifezustand des Gehirns ab, sodass sich die Erkrankungen in der Kinder- und Jugendpsychiatrie völlig anders darstellen können, als sie das in der Erwachsenenpsychiatrie tun. Als Beispiel seien hier die Symptome der Schizophrenie genannt, die bei Kindern nicht mit so deutlich erkennbaren Wahnphänomenen einhergeht wie bei Erwachsenen.[235] Die Unterschiede müssen bei der Bewertung und Einschätzung der Gefährdung berücksichtig werden.

d. Unterschiede nach Geschlecht

Es gibt zwar keine Studien, die die Differenz in der Häufigkeit der Anwendung von Zwang gegenüber Jungen und Mädchen analysieren, gleichwohl ist es möglich, einen Rückschluss aus der Häufigkeit von psychischen Krankheiten bei Jungen und Mädchen zu ziehen. Jungen weisen im Vergleich zu Mädchen häufiger Störungen des Sozialverhaltens auf, die zu einer Anwendung von freiheitsentziehenden Maßnahmen führen können.[236]

---

der Unterbringung bei Minderjährigen in der Jugendhilfe, Kinder- und Jugendpsychiatrie und der Justiz nach § 1631b BGB, in: Zeitschrift für Kinder- und Jugendpsychiatrie und Psychotherapie 2016, S. 40 (43).

233 *Rüth*, Die Unterbringung in der Kinder- und Jugendpsychiatrie, in: FPR 2011, S. 554 (556).

234 *Kölch/Vogel*, Unterbringung von Kindern und Jugendlichen mit freiheitsentziehenden Maßnahmen: Eine rechtstatsächliche Untersuchung zur familiengerichtlichen Genehmigung der Unterbringung bei Minderjährigen in der Jugendhilfe, Kinder- und Jugendpsychiatrie und der Justiz nach § 1631b BGB, in: Zeitschrift für Kinder- und Jugendpsychiatrie und Psychotherapie 2016, S. 40 (45).

235 Zum Ganzen: *Resch/Weisbrod*, Kooperative Versorgung Jugendlicher und junger Erwachsener, in: Fegert u. a., Psychiatrie und Psychotherapie des Kindes- und Jugendalters, 2. Auflage 2012, S. 241 (242).

236 BT-Drs. 18/11741, S. 13.

e. *Übertragbarkeit auf freiheitsentziehende Maßnahmen*

Hier stellt sich nun die Frage, ob und inwieweit die Fallgruppen auf die Anwendung von freiheitsentziehenden Maßnahmen übertragen werden können.

Bei der Übertragung muss stets der Sinn und Zweck von Sedierungen, Fixierungen und den weiteren freiheitsentziehenden Maßnahmen berücksichtigt werden. Sie werden dazu eingesetzt aggressives Verhalten von Minderjährigen in Notsituationen steuern zu können. Sie sollen damit deeskalierend wirken. Im Gegensatz zur freiheitsentziehenden Unterbringung wird dabei nicht nur die Fortbewegungsfreiheit verletzt, es kann auch die körperliche Integrität des Minderjährigen betroffen sein. Zu denken ist hier zum Beispiel an das Spritzen eines Neuroleptikums, welches erhebliche Nebenwirkungen entfalten kann. Der in der freiheitsentziehenden Maßnahme liegende Eingriff kann somit durchaus schwerwiegender sein als die freiheitsentziehende Unterbringung. Wenn jedoch der Sinn und Zweck sowie die Eingriffsintensität von der freiheitsentziehenden Unterbringung abweichen, muss dies entsprechend bei der Auslegung der Tatbestandsmerkmale beachtet werden. Ein blinder Verweis auf die Voraussetzungen überzeugt nicht.

aa. Fremdgefährdung und akute Selbstgefährdung

Vor diesem Hintergrund können die Voraussetzungen der Fremdgefährdung übertragen werden. Sie verlangen, dass sich der Minderjährige dem Risiko von Notwehrmaßnahmen, Ersatzansprüchen und Prozessen aussetzt. Solche Gefahren bestehen in den Situationen, in denen freiheitsentziehende Maßnahmen angewendet werden ebenfalls. Gleiches gilt vom Sinn und Zweck her für akute Gefährdungsmomente, in denen sich der Minderjährige erhebliche Schäden zufügt.

bb. Chronische Selbstgefährdung

Es ist jedoch zweifelhaft, ob eine Übertragung auch bei chronischen Selbstgefährdungen in Betracht kommt. Bei ihnen steht schließlich die Frage im Raum, ob die Störung Auswirkungen auf die allgemeine Entwicklung, Intelligenz und stete körperliche Gesundheit des Minderjährigen hat. Die Situationen sind im Vergleich zu freiheitsentziehenden Maßnahmen weniger durch kurzfristige Erregungszustände geprägt, die eine Notsituation provozieren, sondern durch dauerhafte Probleme, die langwierige Folgen für die Entwicklung des Minderjährigen haben können. Mit dieser differenzierenden Ausgangslage wirkt der Sinn und Zweck der freiheitsentziehenden Maßnahmen nicht kompatibel. Es kann mit gutem Grund hinterfragt werden, inwieweit Sedierungen dabei helfen sollen, chronischem Substanzabusus oder Schulverweigerungen entgegenzuwirken.

Ein genereller Ausschluss der chronischen Gefährdungsmomente kann daraus jedoch nicht geschlossen werden. Eine chronische Behandlungsverweigerung kann im Rahmen einer freiheitsentziehenden Unterbringung zum Beispiel dazu führen, dass zusätzliche Fixierungs- oder Ruhigstellungsmaßnahmen notwendig sind, um eine Behandlung durchführen zu können. Insofern bedarf es stets einer

Untersuchung im Einzelfall. Sie sollte bei chronischen Gefährdungsmomenten besonders gründlich und kritisch erfolgen.

2. *Verhältnismäßigkeitsgrundsatz*

In Anbetracht der Eingriffsintensität dürfen freiheitsentziehende Maßnahmen im Rahmen des Verhältnismäßigkeitsgrundsatzes immer nur als letztes Mittel eingesetzt werden. Sofern den Aggressionen durch mildere Mittel begegnet werden kann, dürfen Fixierungen oder Sedierungen nicht angewendet werden. Da es sich um Notfallsedierungen handelt, werden die Medikamente häufig *intramuskulär* verabreicht.[237] Aus dem Verhältnismäßigkeitsgrundsatz folgt, dass zuvor jedoch eine orale Verabreichung angeboten werden muss, um die eingriffsintensivere Form des Spritzens nur im letzten Notfall anzuwenden.[238] In der Literatur wird darauf hingewiesen, dass der Patient unterschiedlich auf die Medikationen reagiert, abhängig davon, ob eine proaktive oder reaktive Form der Aggression vorliegt.[239] Zum Teil wird ausgeführt, dass es bis heute keine evidenzbasierten Untersuchungen über die Wirksamkeit von Psychopharmaka im Zusammenhang mit der proaktiven Form der Aggressivität gibt.[240] Dies muss bei der Wahl der Ruhigstellungsmaßnahme, der Gabe der Medikamente sowie der Bewertung der Eingriffsintensität berücksichtigt werden. Zwar führt das Fehlen von evidenzbasierten Studien nicht unweigerlich zur Unverhältnismäßigkeit der Maßnahme, sie erhöhen jedoch den Begründungs- und Rechtfertigungsaufwand.

3. *Freiheitsentziehende Maßnahmen ohne gerichtliche Genehmigung*

Eine ohne gerichtliche Genehmigung durchgeführte Unterbringung ist nach § 1631b Abs. 1 S. 3 HS. 1 BGB zulässig, wenn mit dem Aufschub Gefahr verbunden ist. Die Gefahr muss so dringend sein, dass selbst eine vorläufige Unterbringung durch einstweilige Anordnung nach §§ 331 ff. FamFG nicht mehr möglich ist.[241] Die Genehmigung ist im Anschluss unverzüglich nachzuholen.

---

237 *Sorrentino*, Chemical restraints for the agitated, violent, or psychotic pediatric patient in the emergency department, in: Current Opinion in Pediatrics, S. 201 (202).

238 *Berzewski*, Der psychiatrische Notfall, 3. Auflage 2009, S. 73.

239 *Deshmukh u. a.*, Recommendations for pharmacological management of inpatient aggression in children and adolescents, in: Psychiatry 2010, S. 32 (37), mit Verweis auf: Steiner u. a., Psychopharmacologic Strategies for the Treatment of Aggression in Juveniles, in: CNS Spectr. 2003, S. 298.

240 *Huemer u. a.*, Psychopharmakologie in der Behandlung jugendlicher Straftäter, in: Völkl-Kernstock/Kienbacher, Forensische Arbeit mit Kindern und Jugendlichen, 2016, S. 135 (136).

241 *Huber*, in: MüKo BGB, Familienrecht II, 7. Auflage 2017, § 1631b, Rz. 16.

D. Fazit zur medikamentösen Freiheitsentziehung

Es ist erfreulich, dass es nun für die elterliche Einwilligung in freiheitsentziehenden Maßnahmen eine gesetzliche Regelung gibt. Die Anwendung der Norm sowie die dazu künftig erfolgende Rechtsprechung werden im Laufe der Zeit eine Kasuistik entwickeln, welche die Voraussetzungen präzisieren wird. Dabei müssen den freiheitsentziehenden Maßnahmen durch Medikamente eine besondere Aufmerksamkeit im Zusammenhang mit dem Verhältnismäßigkeitsgrundsatz geschenkt werden. Es erscheint bedenklich, dass es kaum Studien über die psychopharmakologische Notfallbehandlung und die Anwendung der Medikamente im Off-Label-Use gibt.[242] Dies gilt vor allem vor dem Hintergrund der erheblichen Nebenwirkungen die damit verbunden sein können.

Mit dem neuen Absatz 2 wurde vor allem die Diskussion, um die Zulässigkeit von Zwangsmaßnahmen in unterschiedlichen Einrichtungsformen, angestoßen. Der Gesetzgeber hat seine Begründung für eine gerichtliche Kontrollpflicht auf das Argument gestützt, dass die freiheitsentziehenden Maßnahmen auch in Abwesenheit der Eltern durchgeführt werden können. Gleiches gilt jedoch auch für Zwangsbehandlungen. Hierdurch wird deutlich, dass die Zulässigkeit von Zwangsbehandlungen in unterschiedlichen Einrichtungsformen dringend diskutiert werden muss (vgl. dazu Kapitel 7.).

242 *Berzewski*, Der psychiatrische Notfall, 3. Auflage 2009, S. 74.

Zweiter Teil: Analyse der psychotropen Zwangsbehandlung im Sorgerecht

Die folgenden fünf Kapitel (vier bis acht) untersuchen, ob die Einwilligung der sorgeberechtigten Eltern in die psychiatrische Zwangsbehandlung des psychisch kranken Kindes einer gesetzlichen Regelung bedarf. Die Analyse konzentriert sich dabei auf die in Kapitel 2 und 3 aufgeworfenen Fragen. Sie nimmt die Perspektive des Gesetzgebers ein.

4. Kapitel: Spannungsverhältnis zwischen Elternrecht und Grundrechten des Minderjährigen

Nachfolgend wird das bei der sorgerechtlichen Zwangsbehandlung vorliegende Spannungsverhältnis zwischen dem verfassungsrechtlich geschützten Elternrecht (A.) sowie den betroffenen Grundrechten des zwangsbehandelten Minderjährigen (B.) untersucht.

A. Elternrecht aus Art. 6 Abs. 2 S. 1 GG

Hier werden der Inhalt (I.), die verschiedenen Eingriffsarten (II.) sowie die mögliche Rechtfertigung eines Eingriffs in das grundrechtlich geschützte Elternrecht aus Art. 6 Abs. 2 S. 1 GG dargestellt (III.).

I. Inhalt

Das natürliche Elternrecht ist in Art. 6 Abs. 2 S. 1 GG geregelt und hat hiernach Vorrang vor dem staatlichen Einfluss auf Minderjährige. Es handelt sich dabei um ein (Natur-)Recht der Eltern, welches nicht vom Staat verliehen, sondern verfassungsrechtlich anerkannt wird.[243] Dahinter steht der Gedanke, dass die Eltern von Natur aus bereit sind, das eigene Kind zu pflegen und zu erziehen.[244] Sie können die Aufgabe grundsätzlich nach eigenen Vorstellungen gestalten, ohne dass der Staat darauf Einfluss nehmen kann,[245] da davon ausgegangen wird, dass sie die Verantwortung am besten wahrnehmen können.[246] Dieser Hintergrund verdeutlicht die erste Funktion des Art. 6 Abs. 2 S. 1 GG. Das Elternrecht ist ein Abwehrrecht gegen staatliche Eingriffe.

Der Inhalt der elterlichen Verantwortung ist zunächst sehr weit gefasst und bezieht sich auf das körperliche Wohl, die seelische und religiöse Entwicklung sowie die Vermögenssorge des Minderjährigen.[247] In all diesen Bereichen sollen die Eltern die Entwicklung des Minderjährigen fördern und ihn zu einer eigenverantwortlichen, gemeinschaftsfähigen Persönlichkeit erziehen.[248] Dass das Großziehen

243 BVerfGE 59, 360 (376) = NJW 1982, 1375 (1376); 60, 79 (88) = NJW 1982, 1379.

244 BVerfGE 24, 119 (150) = NJW 1968, 2233 (2237).

245 BVerfGE 60, 79 (88) = NJW 1982, 1379.

246 BVerfG, NJW 2010, 2333 = FamRZ 2010, 713.

247 *Peschel-Gutzeit,* in: Staudinger, BGB Kommentar IV, Elterliche Sorge 1- Inhaberschaft und Inhalt, 2015, Vorbem. zu §§ 1626ff., Rz. 50.

248 So hält es jedenfalls § 1 Abs. 1 SGB VIII für die Jugendhilfe fest.

der Kinder nicht immer fehlerfrei geschieht, ist selbstverständlich. Deshalb wird auch die Möglichkeit in Kauf genommen, dass dem Kind aufgrund einer Entscheidung der Sorgeberechtigten Nachteile entstehen, die unter Berücksichtigung einer nach objektiven Maßstäben getroffenen Erziehungsentscheidung hätten vermieden werden können. Die Eltern sind quasi Schicksal und Lebensrisiko des Kindes.[249]

Um der verfassungsrechtlichen Vorrangstellung der Eltern-Kind-Beziehung Rechnung zu tragen, hat der Gesetzgeber die elterliche Sorge einfachrechtlich in den §§ 1626ff. BGB ausgestaltet. Diese Normen stellen ein einheitliches und komplexes subjektives Recht der Eltern dar.[250] Dadurch wird deutlich, dass Art. 6 Abs. 2 S. 1 GG auch eine Institutsgarantie enthält, die den Bestand der wesentlichen Elemente des Elternrechts schützt.[251] Die im Sorgerecht niedergelegte Verantwortung der Eltern für ihr Kind findet ihre Rechtfertigung neben der naturrechtlichen Begründung in der Schutz- und Hilfebedürftigkeit des Minderjährigen.[252] Daher wird die elterliche Fürsorge auch als „ein dem Interesse des Kindes dienendes Schutzverhältnis“[253] bezeichnet. Die Beachtung des Kindeswohls stellt die essentielle Grundlage und Pflicht des Elternrechts dar.[254] Art. 6 Abs. 2 S. 1 GG ist somit nicht nur ein Abwehrrecht und eine Institutsgarantie, sondern auch eine Grundpflicht, die die Elternverantwortung festlegt.[255] Deshalb wird das Elternrecht auch als ein fremdnütziges Grundrecht bezeichnet.[256]

Ansichten, nach denen das Kind als Objekt des subjektiven Elternrechts beziehungsweise der elterlichen Gewalt gedacht war, gehören zur Rechtsgeschichte.[257] Durch den Begriffswechsel weg von der elterlichen Gewalt, hin zur elterlichen Sorge sollte die Elternverantwortung stärker betont und ihr Pflichtcharakter verdeutlicht werden.[258] Diese Grundgedanken spiegeln sich vor allem in § 1626 Abs. 2

---

249 BVerfG, NJW 2010, 2333 = FamRZ 2010, 713(714).

250 *Döll,* in: Erman u.a., BGB Kommentar II, 15. Auflage 2017, § 1626, Rz. 1; *Gernhuber/Coester-Waltjen,* Familienrecht, 6. Auflage 2010, § 57, Rz. 2; *Peschel-Gutzeit,* in: Staudinger, BGB Kommentar IV, Elterliche Sorge 1- Inhaberschaft und Inhalt, 2015, § 1626, Rz. 3.

251 *Brosius-Gersdorf,* in: Dreier, GG Kommentar, 3. Auflage 2013, Art. 6, Rz. 166; *von Coelln,* in: Sachs, GG Kommentar, 7. Auflage 2014, Art. 6, Rz. 57.

252 BVerfGE 24, 119 (144) = NJW 1968, 2233 (2235).

253 BGHZ 66, 334 (337) = NJW 1976, 1540 (1541).

254 BVerfGE 56, 363 (381f.) = NJW 1981, 1201 (1202); 107, 104 (117) = NJW 2003, 2004 (2005).

255 BVerfGE 59, 360 (376) = NJW 1982, 1375 (1376); 108, 82 (101) = NJW 2003, 2151 (2153).

256 *Brosius-Gersdorf,* in: Dreier, GG Kommentar, 3. Auflage 2013, Art. 6, Rz. 142, m.w.N.

257 BT-Drs. 7/2060, S. 13ff. und BT-Drs. 8/2788, S. 43f., mit denen die elterliche Sorge eingeführt wurde und es zu einer Abkehr der elterlichen Gewalt kam; *Gernhuber/Coester-Waltjen,* Familienrecht, 6. Auflage 2010, § 57, Rz. 23; *Rauscher,* Familienrecht, 2. Auflage 2008, § 33, Rz. 959.

258 *Muscheler,* Familienrecht, 4. Auflage 2017, § 34, Rz. 589.

BGB wider, wonach die Eltern die wachsende Fähigkeit und das zunehmende Bedürfnis des Kindes nach selbstständigem, verantwortungsbewusstem Handeln zu berücksichtigen haben. Soweit es nach dem Entwicklungsstand des Kindes angezeigt ist, besprechen die Eltern mit dem Kind Fragen der elterlichen Sorge und haben ein Einverständnis anzustreben, vgl. § 1626 Abs. 2 S. 2 BGB.

II. Eingriff

Ein Eingriff in Art. 6 Abs. 2 S. 1 GG liegt vor, wenn die freie Entscheidung der Eltern im Bereich der Gesundheitsfürsorge beschränkt wird. Solche Eingriffe wurden von dem Gesetzgeber zum Beispiel mit § 1631c BGB (Sterilisationsverbot), § 1631b BGB (gerichtliches Genehmigungserfordernis für Freiheitsentziehungen) sowie § 1666 BGB (abstrakte gerichtliche Kontrollbefugnis bei Kindeswohlgefährdung) vorgenommen.[259]

Demgegenüber liegt kein Eingriff vor, wenn der Regelungsgegenstand aufgrund der Reife des Minderjährigen, nicht mehr vom Elternrecht umfasst ist. Die Grundrechtsmündigkeit des Minderjährigen stellt eine tatbestandsimmanente Grenze des Elternrechts dar,[260] die zu einer Teilmündigkeit führen kann. Insofern greifen Normen, die das Verhältnis von Eltern und grundrechtsmündigen Minderjährigen ausgestalten, nicht in das Elternrecht ein.[261] Weitere Ausführungen zu diesem Punkt finden sich in Bezug auf die Zwangsbehandlung unter Kapitel 5.

III. Rechtfertigung

Durch das Grundgesetz wird der Leviathan im modernen Verfassungsstaat an die Ketten gelegt, die *Hobbes* ihm nicht anzulegen vermochte. Aus der deutschen Verfassung leiten sich viele Implikationen ab, die zu einer ausgewogenen Machtverteilung zwischen dem Staat und seinen Bürgern führen sollen. Der Prinzipiencharakter der Grundrechte bewirkt, dass diese individuellen Rechte nicht absolut bestehen, sondern im Konfliktfall Wertungen und Abwägungen unterliegen.[262] Bei der sorgerechtliche Zwangsbehandlung, kollidieren die Grundrechte des Minderjährigen auf körperliche Unversehrtheit, medizinische Selbstbestimmung und „auf Schutz vor den Eltern"[263] mit dem grundrechtlich geschützten Elternrecht. Greift

259 Zuletzt mit der Einführung des familiengerichtlichen Genehmigungsvorbehaltes für freiheitsentziehende Maßnahmen, vgl.: BT-Drs. 18/11278.

260 *Brosius-Gersdorf*, in: Dreier, GG Kommentar, 3. Auflage 2013, Art. 6, Rz. 161f.

261 BVerfGE 59, 360 (382) = NJW 1982, 1375 (1377).

262 *Michael/Morlok*, Grundrechte, 6. Auflage 2017, Rz. 609; mit Ausnahme von Art. 1 Abs. 1 GG.

263 Siehe hierzu: *Britz*, Kindesgrundrechte und Elterngrundrecht: Fremdunterbringung von Kindern in der verfassungsgerichtlichen Kontrolle, in: FamRZ 2015, S. 793 (794f.) und BVerfG, FamRZ 2017, 524 (5246) = NJW 2017, 1295 (1297): Werden Eltern der ihnen durch die Verfassung zugewiesenen Verantwortung nicht gerecht, weil sie nicht bereit oder in der Lage sind, ihre Erziehungsaufgabe wahrzunehmen oder

der Gesetzgeber zum Schutz des Minderjährigen in das Elternrecht ein, bedarf er einer Rechtfertigung. Sie kann sich sowohl aus entgegenstehenden Grundrechten[264] als auch aus dem staatlichen Wächteramt gemäß Art. 6 Abs. 2 S. 2 GG ergeben. Das Wächteramt beinhaltet eine spezielle Schutzpflicht zugunsten des Minderjährigen, in dessen Rahmen der Staat prüfen muss, ob die Eltern die Grenzen ihrer Fürsorgepflicht überschreiten. Insoweit stellt das staatliche Wächteramt den Hebel für Gesetze dar, die zum Schutz des Minderjährigen erlassen werden.[265]

Dabei gilt für Eingriffe in Art. 6 Abs. 2 S. 1 GG ein besonders strenger Maßstab.[266] Die Art und das Ausmaß eines gebotenen Eingriffs richten sich nach dem Grad des elterlichen Versagens sowie dem Interesse des Kindes,[267] wobei das Kindeswohl den maßgeblichen Orientierungsmaßstab darstellt.[268] Ist es gefährdet, muss der Staat tätig werden. Von einer Gefährdung kann ausgegangen werden, wenn eine gegenwärtige, in einem solchen Maß vorhandene Gefahr vorliegt, dass sich bei der weiteren Entwicklung der Dinge eine erhebliche Schädigung des geistigen oder leiblichen Wohls des Kindes mit ziemlicher Sicherheit voraussehen lässt.[269] Die befürchtete Schädigung muss nachhaltig und schwerwiegend sein.[270] Die Anforderungen an den Grad der Wahrscheinlichkeit stehen in einem antiproportionalen Verhältnis zum drohenden Schaden. Ist das drohende Schadensausmaß besonders

können sie ihrem Kind den erforderlichen Schutz und die notwendige Hilfe aus anderen Gründen nicht bieten, kommt das Wächteramt des Staates nach Art. 6 Abs. 2 S. 2 GG zum Tragen. Ist das Kindeswohl gefährdet, ist der Staat nicht nur berechtigt, sondern auch verpflichtet, die Pflege und Erziehung des Kindes sicherzustellen; das Kind hat insoweit einen grundrechtlichen Anspruch auf den Schutz des Staates.

264 Beispielhaft sei hier der Konflikt mit dem staatlichen Erziehungsauftrag aus Art. 7 GG genannt, vgl. für weiterführende Hinweise: BVerfGE 47, 46 = NJW 1978, 807; NJW 2009, 3151.

265 BGH, NJW 2013, 2969 (2971) = FamRZ 2013, 1646 (1648); *Gernhuber/Coester-Waltjen*, Familienrecht, 6. Auflage 2010, § 5, Rz. 51; *Jarass*, in: Jarass/Pieroth, GG Kommentar, 14. Auflage 2016, Art. 6, Rz. 55; *Brosius-Gersdorf*, in: Dreier, GG Kommentar, 3. Auflage 2013, Art. 6, Rz. 172.

266 *Giesen*, Familienrecht, 2. Auflage 1997, Rz. 19.

267 BVerfGE 103, 89 (107) = NJW 2001, 957 (960); 107, 104 = NJW 2003, 2004 (2005) = FPR 2003, 266 (267).

268 BVerfGE 102, 370 (393) = NJW 2001, 429 (432); BGH, NJW-RR 2016, 1089 (1090) = FamRZ 2016, 1752; NJW 2017, 1032 = FamRZ 2017, 212 (213).

269 BGH, NJW 1956, 1434 = FamRZ, 1956, 350; 2005, 672 (673); 2010, 1351 (1352) = BGHZ 184, 269 (275) = FamRZ 2010, 720 (721); 2012, 151 (153) = FamRZ 2012, 99 (101); 2017, 1032 = FamRZ 2017, 212; NJW-RR 2016, 1089 = FamRZ 2016, 1752.

270 BVerfG, FamRZ 2009, 1897; 2010, 528; *Döll*, in: Erman u.a., BGB Kommentar II, 15. Auflage 2017, § 1666, Rz. 6b; *Götz*, in: Palandt, BGB Kommentar, 76. Auflage 2017, § 1666, Rz. 8.

hoch, sinken die Anforderungen an die Wahrscheinlichkeit.[271] Für die Bewertung der Eintrittswahrscheinlichkeit muss ein konkreteres Verdachtsmoment vorliegen.[272] Sofern das Fehlverhalten der Eltern ein Ausmaß erreicht, bei dem das Kindeswohl nachhaltig gefährdet ist, besteht eine Verpflichtung des Staates, die Pflege und Erziehung sicherzustellen.[273] Bei Interessenkollisionen zwischen Eltern und ihren Kindern entspricht es der Rechtsprechung des BVerfG, dass das Kindeswohl entscheidend ist und dem Elternrecht gegenüber überwiegt.[274] Der Staat kann von seinem Wächteramt auch präventiv Gebrauch machen.

B. Verletzung der Grundrechte des zwangsbehandelten Kindes und Jugendlichen

Im Folgenden wird die Eingriffsintensität der psychotropen Zwangsbehandlung in die Grundrechte des zwangsbehandelten Kindes und Jugendlichen bestimmt. Da das BVerfG entsprechende Parameter für Volljährige entwickelt hat, werden zunächst die Ausführungen dieser Rechtsprechung dargestellt (I.). Darauf aufbauend wird die Eingriffsintensität bei Minderjährigen unter Berücksichtigung von entwicklungsspezifischen Aspekten untersucht (II.). Abschließend werden die gewonnenen Ergebnisse in einem Zwischenfazit zusammengefasst (III.).

I. Exkurs: Eingriffsintensität in der Rechtsprechung des BVerfG bei Volljährigen

Das BVerfG bewertet die medikamentöse (Zwangs-)Behandlung mit Antipsychotika als besonders schwerwiegenden Eingriff in die körperliche Unversehrtheit und das Allgemeine Persönlichkeitsrecht des Betroffenen.[275]

---

271 BGH, 2017, 1032 = FamRZ 2017, 212 (213) *Ziegler*, in: Prütting/Wegen/Weinreich, BGB Kommentar, 12. Auflage 2017, § 1666, Rz. 2.

272 BGH, NJW 2017, 1032 = FamRZ 2017, 212 (213).

273 BVerfGE 24, 119 (145) = NJW 1968, 2233 (2235); 72, 122 (134) = NJW 1986, 3129 (3131); 103, 89 (107) = NJW 2001, 957 (960); NJW 1981, 217 (218).

274 BVerfGE 56, 363 (382); 68, 176 (188) = NJW 1985, 423 (424); 75, 201 (218) = NJW 1988, 125 (126); NJW 1981, 1201 (1202); a.A. *Brosius-Gersdorf*, in: Dreier, GG Kommentar, 3. Auflage 2013, Art. 6, Rz. 143, die ein Überwiegen der Kinderinteressen nicht generell, sondern nur im Einzelfall annimmt.

275 BVerfGE 128, 282 (302) = NJW 2011, 2113 (2114); 142, 313 (339) = NJW 2017, 53 (56) = BeckRS 2016, 50313, Rz. 74.

1. *Zwangsweise Verabreichung*

Der erste Faktor, der zu einer besonderen Schwere des Eingriffs führe, sei in der zwangsweisen Verabreichung des Medikaments zu sehen.[276] Dahinter stehe der Gedanke, dass ein von anderen Menschen gezielt vorgenommener Eingriff in die körperliche Integrität als umso bedrohlicher erlebt werde, je mehr der Betroffene sich dem Geschehen hilflos und ohnmächtig ausgeliefert sehe.[277] Hinzu komme, dass der Eingriff in der Unterbringung häufig Menschen treffe, die aufgrund ihrer psychischen Verfassung den Schrecken der Zwangsinvasion in ihre körperliche Integrität und der Beisetzung ihres Willens sowie die Angst davor besonders intensiv empfänden.[278] Um das Gewicht dieser beiden Feststellungen hervorzuheben, betont das BVerfG, dass vor allem auch das subjektive Empfinden des Betroffenen für die grundrechtliche Bewertung der Schwere des Eingriffs von Bedeutung sei.[279]

2. *Wirkung von Neuroleptika*

Als zweiter Faktor komme hinzu, dass mit der Verabreichung von Neuroleptika schwere, irreversible und lebensbedrohliche Nebenwirkungen verbunden sein können. Darüber hinaus würden die Studien zum Auftreten und der Häufigkeit von Nebenwirkungen bei Psychopharmaka stark voneinander abweichen. Neben den statistischen Unsicherheiten stützte das BVerfG die besondere Schwere des Eingriffs darauf, dass mit den Psychopharmaka seelische Abläufe verändert werden sollen. Würden die Psychopharmaka gegen den natürlichen Willen des Patienten verabreicht, unabhängig ob dies mit körperlichem Zwang erfolge, liege ein Eingriff vor, der in besonderem Maße den Kern der Persönlichkeit berühre.[280]

II. Eingriffsintensität bei Minderjährigen

Der folgende Abschnitt untersucht, inwieweit die vom BVerfG genannten Faktoren bei der Zwangsbehandlung von Minderjährigen vorliegen.

---

276 BVerfG, NJW 2009, 2804 (2805) = FamRZ 2009, 1475 (1477); BeckRS 2011, 50117; BeckRS 2012, 48483.

277 BVerfGE 128, 282 (301f.) = NJW 2011, 2113 (2114) mit Verweis auf BVerfGE 89, 315 (324).

278 BVerfGE 128, 282 (301f.) = NJW 2011, 2113 (2114) mit Verweis auf BVerfGE 89, 315 (324).

279 BVerfGE 128, 282 (301f.) = NJW 2011, 2113 (2114) mit Verweis auf BVerfGE 89, 315 (324).

280 BVerfGE 128, 282 (303) = NJW 2011, 2113 (2114).

1. *Aussage der Bundesregierung im Gesetzgebungsverfahren des § 1631b Abs. 2 BGB*

Im Rahmen des Gesetzgebungsverfahrens von § 1631b Abs. 2 BGB wurde der Bundesregierung folgende Frage gestellt:

> Welche Studien und sonstige Informationen liegen der Bundesregierung über schädliche Wirkungen bei Kindern von Unterbringungen, ärztlichen Zwangsmaßnahmen und freiheitsentziehenden Maßnahmen vor?
>
> Welche Schlüsse zieht die Bundesregierung aus den Studien?[281]

Die Bundesregierung antwortete darauf:

> Zum Stand der Forschung für den Bereich der Kinder- und Jugendhilfe wird zunächst auf die Antwort zu Frage 20 verwiesen.
>
> Ergänzend weist die Bundesregierung darauf hin, dass klassische Studien mit Kontrollgruppendesign zu schädlichen Wirkungen von Unterbringungen, ärztlichen Zwangsmaßnahmen und freiheitsentziehenden Maßnahmen aus naheliegenden ethischen Gründen nicht durchführbar sind. Im Übrigen liegt der Bundesregierung eine Studie zur Partizipationspraxis in der Kinder- und Jugendpsychiatrie vor, die zumindest Erfahrungen mit Zwangsmaßnahmen bei Minderjährigen und subjektive Wahrnehmungen thematisiert. Zur generellen Studienlage wird auf die Antwort zu Frage 19a verwiesen.[282]

Zwar weist die Bundesregierung zurecht darauf hin, dass klassische Kontrollstudien in diesem Bereich ethisch bedenklich sind, gleichwohl führt der Hinweis zu einer verkürzten Auseinandersetzung mit der Thematik. Um die Eingriffsintensität sachgerecht beurteilen zu können, hätte die Bundesregierung, entwicklungsspezifische Anknüpfungspunkte untersuchen müssen.

2. *Zwangsweise Verabreichung*

a. *Mangelnde Datengrundlage*

Wie die Bundesregierung richtig betont, sind die psychischen Auswirkungen einer Zwangsbehandlung in der Kinder- und Jugendpsychiatrie empirisch bisher nur sehr wenig untersucht worden.[283] Die meisten Studien beziehen sich auf Volljährige und/oder freiheitsentziehende Maßnahmen bei Minderjährigen.[284]

---

281 BT-Drs. 18/11741, S. 23.

282 BT-Drs. 18/11741, S. 23.

283 Vgl. zur emotionalen Belastung der stationären Aufnahme und Behandlung *Rothärmel u. a.*, Patientenaufklärung, Informationsbedürfnis und Informationspraxis in der Kinder- und Jugendpsychiatrie und Psychotherapie, 2006, S. 202ff.

284 *Allen*, Seclusion and Restraint of Children: A Literature Review, in: Journal of Child and Adolescent Psychiatric Nursing 2000, S. 159; *Cotton*, The Developmental-Clinical Rationale for the Use of Seclusion in the Psychiatric Treatment of Children,

Unabhängig von diesen Studien findet sich in der Literatur gleichwohl die Aussage, dass Zwangsbehandlungen schwere emotionale und Verhaltensreaktionen bei Minderjährigen hervorrufen können.[285] Fest steht auch, dass viele Patienten der Kinder- und Jugendpsychiatrie in ihrem häuslichen und soziokulturellen Umfeld körperliche Gewalt erfahren haben. *Mohr* schreibt hierzu:

> Many of the children that are cared for in mental health settings have been maltreated; thus the act of forcible restraint becomes one more layer of trauma on top of an already wounded psyche.[286]

Die Aussagen attestieren zwar eine schwere subjektive Betroffenheit, gleichwohl reicht dies nicht für eine fundierte juristische Auseinandersetzung. Es besteht ein dringender Bedarf an empirischen Untersuchungen. Die Notwendigkeit eigener Untersuchungen wird vor allem durch die Charakteristika von Minderjährigen besonders deutlich. Die Patientenklientel der Kinder- und Jugendpsychiatrie ist in den jungen Jahren dem in der Klinik angestellten Personal sowie den behandelnden Ärzten körperlich unterlegen. Ein Auflehnen, um die Ablehnung zu demonstrieren, vermag für viele Patienten bereits deshalb aussichtslos erscheinen. Darüber hinaus ist die Hemmnis, Volljährigen zu widersprechen oder sich einer Behandlung zu entziehen, als Kind wesentlich höher, da hiermit das Gefühl und die Angst verbunden sein können, den Erwachsenen zu enttäuschen.[287] Hinzu kommt, dass sich bei der zivilrechtlichen Zwangsbehandlung aus der Sicht des Minderjährigen möglicherweise die Personensorgeberechtigten mit den Ärzten „verbünden"

---

in: Amer. J. Orthopsychiat. 1989, S. 442; *Fetzer u. a.*, Eine prospektive Untersuchung von Zwangsmaßnahmen in der stationären Kinder- und Jugendpsychiatrie, in: Praxis der Kinderpsychologie und Kinderpsychiatrie 2006, S. 754; *Fischer*, Restraint and Seclusion: A Review of the Literature, in: Am J Psychiatry 1994, S. 1584; *Georgieva u. a.*, Patients' Preference and Experiences of Forced Medication and Seclusion, in: Psychiatr. Q. 2012, S. 1; *Nitschke-Janssen/Branik*, Einflussfaktoren auf den Einsatz von Zwangsmaßnahmen – Eine retrospektive Auswertung in einer Schweizer kinder- und jugendpsychiatrischen Versorgungsklinik, in: Praxis der Kinderpsychologie und Kinderpsychiatrie 2006, S. 255; *Selekman/Snyder*, Uses of and Alternatives to Restraints in Pediatric Settings, in: AACN Clinical Issues 1996, S. 603; *Singh u. a.*, Reconsidering the Use of Seclusion and Restraints in Inpatient Child and Adult Psychiatry, in: Journal of Child and Family Studies 1999, S. 243; *Steckley*, Containment and holding environments: Understanding and reducing physical restraint in residential child care, in: Children and Youth Services Review 2010, S. 120.

285 *Branik*, Auswirkungen von Zwangsbehandlungen und -massnahmen auf die klinische und Beziehungsarbeit in der stationären Kinder- und Jugendpsychiatrie, in: Schweizer Archiv für Neurologie und Psychiatrie 2004, S. 118 (119).

286 *Mohr*, Reflecting on tragedy: A commentary on deaths of children in restraints, in: Child Abuse & Neglect 2006, S. 329.

287 *Ondrusek u. a.*, Empirical examination of the ability of children to consent to clinical research, in: Journal of Medical Ethics 1998, S. 158 (161f.).

und gegen den Minderjährigen wenden. Die zwei Menschen, die als wesentliche Garanten für den Schutz und die Geborgenheit der Person und körperlichen Integrität wahrgenommen wurden, entfliehen ihrer Rolle in der subjektiven Wahrnehmung. Daraus könnte sich ein Gefühl der Ohnmacht und Hilflosigkeit entwickeln, welches bei Minderjährigen deutlich stärker ausgeprägt ist als bei selbstständig lebenden Volljährigen. Eine solche Empfindung spiegelt sich in einem Erfahrungsbericht eines Minderjährigen wider, der aufgrund einer psychischen Krankheit stationär behandelt werden sollte:

> Meiner Mutter hat es dann irgendwann gereicht, sie hat mich in die Klinik geschleppt und wollte mich dort lassen. Sie hat mir gedroht, sie würde mich mit einem Fürsorgerischen Freiheitsentzug einweisen lassen. Sie halte es mit mir zu Hause nicht mehr aus. Das hatte ich ihr nicht zugetraut, das hat mich echt überrascht und total fertiggemacht. Ich war wütend, fühlte mich verraten und abgeschoben. Ich bin voll ausgerastet bei einem Gespräch mit dem Arzt, habe getobt und mich gewehrt, habe meiner Mutter gedroht. Ich habe ihr gesagt, dass ich mich umbringen werde und dass das alles ihre Schuld sei. Ich habe sie unter Druck gesetzt, mich wieder mit nach Hause zu nehmen.[288]

Daneben besteht die Vermutung, dass Minderjährige im Vergleich zu volljährigen Patienten wesentlich weniger über Beteiligungs-, Abwehr- und Beschwerderechte gegen die ärztliche Behandlung wissen,[289] sodass die subjektive Aussichtslosigkeit und das Gefühl sich fügen zu müssen, im Vergleich zu Volljährigen noch größer sein können. In der Pubertät muss darüber hinaus beachtet werden, dass die Adoleszenz grundsätzlich eine Phase der emotionalen Instabilität ist, in der durch die körperliche Entwicklung Gefühle und Emotionen wesentlich stärker wahrgenommen werden als in sonstigen Lebensabschnitten. Gerade Gewalteinwirkungen können dazu führen, „dass Kinder, die ursprünglich Opfer von Zwang und Gewalt waren, schließlich zu deren Architekten werden, wenn sie gelernt haben, auf diese Weise Situationen zu dominieren und unter Kontrolle zu behalten“.[290]

In Anbetracht der Notwendigkeit empirischer Untersuchungen ist es sinnvoll, auf einige Punkte einzugehen, die sich aus der Forschung in der

288 *Kühnel*, Der jugendliche Patient – Minderjährig, psychisch krank und selbstbestimmt. Wie passt das zusammen?, in: Meier-Allmendinger/Baumann-Hölzle, Der selbstbestimmte Patient, 2009, S. 83 (96).

289 Vgl. hierzu die Ergebnisse der empirischen Studie von Rothärmel u.a.: *Rothärmel u. a.*, Patientenaufklärung, Informationsbedürfnis und Informationspraxis in der Kinder- und Jugendpsychiatrie und Psychotherapie, 2006, S. 221ff.

290 *Nitschke-Janssen/Branik*, Einflussfaktoren auf den Einsatz von Zwangsmaßnahmen – Eine retrospektive Auswertung in einer Schweizer kinder- und jugendpsychiatrischen Versorgungsklinik, in: Praxis der Kinderpsychologie und Kinderpsychiatrie 2006, S. 255 (257).

Erwachsenenpsychiatrie ergeben haben und die im gleichen Maße in der Kinder- und Jugendpsychiatrie vorliegen können.

b. Subjektiv unterschiedliche Wahrnehmung von Patienten und Ärzten

Ein großes Problem sind die unterschiedliche Intention und subjektive Ausgangslage von Ärzten, Patienten und deren Familien. Das ärztliche Handeln zielt mit der Anwendung einer medikamentösen (Zwangs-)Therapie auf eine langfristige Verbesserung des Gesundheitszustandes ab, wohingegen der durch seine psychische Krankheit beeinflusste Patient vornehmlich seinen aktuellen, in seiner Sichtweise möglicherweise sogar einwandfreien Gesundheitszustand durch die Zwangsbehandlung gefährdet sieht.[291] Auf Grundlage der unterschiedlichen Intentionen und der möglicherweise krankhaft verzerrten Sichtweise des Patienten kann bereits ein Konflikt über die Notwendigkeit der medikamentösen Zwangsbehandlung entstehen.

> Der Kampf um die Behandlung als solche kann der Verschiebung und Projektion von innerpsychischen, familiären oder sozialen Konflikten und/oder Defiziten auf die Klinik oder einzelne ihrer Mitarbeiter dienen. Statt die Voraussetzungen der Krise zu bearbeiten, werden die Helfer bzw. helfenden Institutionen bekämpft. Die Schuldzuweisungen gegen sie entlasten von eigenen Kränkungs-, Versagens- und Schuldgefühlen. Kurzum, es formiert sich ein starker Behandlungswiderstand, den erfolgreich zu bearbeiten nicht immer gelingt. Die im Namen des Schutzes und der Absicht zu helfen in die Wege geleiteten Maßnahmen, die unter solchen Voraussetzungen notgedrungen aus einer Vermischung von Zwang und Therapie bestehen, liefern den Patienten die Argumente für die Gegenwehr: Die Vorwürfe, gezwungen zu werden, während man doch weder Therapie brauche noch wolle, finden nämlich in der Tat einen Anhaltspunkt in der Realität. Es ist sehr schwierig, neurotische oder psychotische Widerstände aufzulösen, welche sich an realen Gegebenheiten festmachen.[292]

Mit diesem Konflikt über die Notwendigkeit der Zwangsbehandlung sowie den Behandlungswiderständen, die sich aus dem zwischen Arzt und psychisch kranken Patienten vorliegenden Machtgefälle ergeben,[293] steht auch das Ergebnis einer von

---

291 *Geiselmann*, Informed Refusal: The Patient's Influence on Long-Term Treatment, in: Pharmacopsychiat. 1994, S. 58 (60).

292 *Branik*, Auswirkungen von Zwangsbehandlungen und -massnahmen auf die klinische und Beziehungsarbeit in der stationären Kinder- und Jugendpsychiatrie, in: Schweizer Archiv für Neurologie und Psychiatrie 2004, S. 118 (120f.).

293 *Nitschke-Janssen/Branik*, Einflussfaktoren auf den Einsatz von Zwangsmaßnahmen – Eine retrospektive Auswertung in einer Schweizer kinder- und jugendpsychiatrischen Versorgungsklinik, in: Praxis der Kinderpsychologie und Kinderpsychiatrie 2006, S. 255 (256); und auch: *Fegert*, Selbst- und Mitbestimmung von Kindern und Jugendlichen mit psychischen Problemen und seelischer Behinderung, in: Aktion Psychisch Kranke u. a., Selbsthilfe - Selbstbestimmung - Partizipation, 2016, S. 73

Haglund u.a. durchgeführten Studie in Einklang. Sie kommt zu dem Ergebnis, dass jeder befragte Patient subjektiv davon ausging, dass es Alternativen zur medikamentösen Zwangsbehandlung gegeben hätte, wohingegen das Pflegepersonal die verschiedenen Möglichkeiten anders bewertet hatte.[294]

Ferner kann eine subjektiv unterschiedlich geprägte Wahrnehmung darüber bestehen, ob überhaupt eine Zwangsmaßnahme vorliegt. Dieses Problem wird in einer dänischen Studie deutlich, in der eine große Differenz zwischen ärztlich dokumentierten und nach Auffassung der Patienten tatsächlich stattgefundenen Zwangsbehandlungen festgestellt wurde.[295] Als Gründe für die Abweichung nennen die Autoren die Möglichkeit, dass manche Zwangsbehandlungen nicht dokumentiert worden seien. Für wahrscheinlicher halten sie jedoch, dass die Auffassung von Ärzten, deren Dokumentationsverhalten sich nach rechtlichen Voraussetzungen richten würde und Patienten, darüber was Zwang im Rahmen einer Behandlung sei, auseinandergehen. Dafür führen sie das Beispiel an, dass ein Patient, der ein Medikament einnimmt, ohne sich aktiv dagegen zu wehren, sich gleichwohl zur Einnahme gezwungen fühlen könnte. Nach dänischem Recht würde die fehlende Gewalt jedoch dazu führen, dass keine Zwangsbehandlung vorläge. Neben der „Grauzone des Zwangs" führen die Autoren an, dass die unterschiedliche Wahrnehmung auch das Ergebnis der psychischen Krankheit des Patienten sein könne, da sich die Schizophrenie zum Beispiel in Halluzinationen und einer verzerrten Wirklichkeit widerspiegeln könne.[296]

Letzteres mag sicherlich ein großer Einflussfaktor sein, der sich auch auf die Kinder- und Jugendpsychiatrie in Deutschland übertragen lässt. Demgegenüber überzeugt das Argument über eine unterschiedliche Auffassung von den Ärzten/Juristen und Patienten darüber, was Zwang ist, vor dem Hintergrund der Rechtsprechung des BVerfG in Deutschland nicht. Nach hiesiger Rechtsprechung bedarf es gerade keiner Gewalt bei der Applikation. Die zwangsweise Verabreichung der Medikation zeichnet sich dadurch aus, dass sich ein Patient unterlegen fühlt und die Medikation entgegen seines natürlichen Willens einnimmt. Sobald eine solche Situation vorliegt, handelt es sich um eine Zwangsbehandlung, die aus juristischer Sicht von den Ärzten dokumentiert werden muss.

Ähnliche Probleme der unterschiedlichen Sachverhaltswahrnehmung ergeben sich auch aus einer Studie von *Hoge u.a.*, in der die Autoren die Erwartungen und Sichtweisen von Patienten, deren Familienangehörigen und Ärzten bei

(86), der auf die aus dem Machtgefälle folgenden Gefahren für Kinder und Jugendliche hinweist.

294 *Haglund u. a.*, Forced medication in psychiatric care: patient experiences and nurse perceptions, in: Journal of Psychiatric and Mental Health Nursing 2003, S. 65 (71).

295 *Poulsen/Engberg*, Validation of psychiatric patients' statements on coercive measures, in: Acta Psychiatr Scand 2001, S. 60 (63f.).

296 *Poulsen/Engberg*, Validation of psychiatric patients' statements on coercive measures, in: Acta Psychiatr Scand 2001, S. 60 (63f.).

Zwangsbehandlungen und freiheitsentziehenden Unterbringungen gegenüberstellen. Die Familienangehörigen berichteten, im Vergleich zu den Betroffenen und Ärzten, statistisch signifikant weniger von angewendeten Zwangsmaßnahmen. Darüber hinaus beschrieben die Familienmitglieder weniger, dass Druck in Form von Zwang oder Drohungen gegenüber dem Patienten ausgeübt wurde, um ihn stationär unterzubringen beziehungsweise zu behandeln. Zusätzlich weist die Studie darauf hin, dass Patienten ihrem subjektiven Empfinden nach, wesentlich weniger prozedurale Gerechtigkeit bei der Behandlung erfahren, als es Ärzte oder Familienangehörige wahrnehmen. Sie gingen davon aus, dass der psychisch Kranke so viel wie möglich in das Prozedere der Behandlung eingebunden wurde.[297]

c. Drei Kernbereiche des subjektiven Empfindens bei Zwangsbehandlungen

Olofsson/Jacobsson[298] haben das subjektive Empfinden von zwangsbehandelten Volljährigen untersucht. Die negativen Erfahrungen der Patienten fassen die Autoren in drei Kernbereiche zusammen.

Ein wesentlicher Punkt war das Gefühl der Patienten, während der Zwangsbehandlung nicht als eigenständiges, menschliches Wesen respektiert zu werden. Zu diesem Bereich zählen die Autoren das Gefühl, dass Ärzte und Pfleger dem Patienten nicht zuhören und unabhängig von den Äußerungen handeln würden sowie die fehlende Beteiligungs- und Einflussmöglichkeit auf die Behandlung der eigenen Gesundheit. Darüber hinaus beklagten die befragten Patienten, dass sie nicht genug Informationen über die Gründe für ihre Zwangsbehandlung und ihre Rechte erhalten hätten.

Als zweite Säule heben die Autoren hervor, dass die Patienten oft an der Kompetenz des Personals gezweifelt hätten, dass es sehr distanziert gewesen sei und sich nur wenig Zeit für die Sorgen und Ängste der Patienten genommen hätte. Darüber hinaus haben viele Patienten das Gefühl gehabt, lediglich mit Medikamenten zwangsbehandelt zu werden und daneben keinerlei Zuwendung zu erhalten. Hinzu kam eine große Sorge vor Nebenwirkungen, die in ihren Augen von dem Zwang anwendenden Arzt nicht ernst genommen wurde.

Als dritte Stufe kristallisiert sich das Gefühl heraus, ein „Mensch zweiter Klasse“ zu sein. Die Zwangsbehandlung wurde von den Befragten zum Teil als Strafe empfunden und sie hatten teilweise das Gefühl, auf einer Stufe mit Straftätern zu stehen. Sie fühlten sich durch die Behandlung vom Klinikpersonal in ihrer körperlichen Integrität verletzt. Darüber hinaus waren sie gehemmt, Gefühle und

297 *Hoge u. a.*, Family, Clinician, and Patient Perceptions of Coercion in Mental Hospital Admission, in: International Journal of Law and Psychiatry 1998, S. 131 (143ff.).

298 *Olofsson/Jacobsson*, A plea for respect: involuntarily hospitalized psychiatric patients' narratives about being subjected to coercion, in: Journal of Psychiatric and Mental Health Nursing 2001, S. 357.

unterschiedliche Stimmungslagen zu zeigen, da dies ansonsten unmittelbar mit der Krankheit und Notwendigkeit von Zwangsbehandlungen begründet worden wäre.[299]

Diese drei Kernbereiche entsprechen universellen Wünschen und Ängsten, die unabhängig vom Alter und damit auch in der kinder- und jugendpsychiatrischen Behandlung bestehen. Der klinische Alltag und Stress darf nicht dazu führen, dass die Sorgen und Ängste der Patienten nicht wahrgenommen und vor allem nicht ernst genommen werden. Die Beteiligung an einer Entscheidung und das Gefühl, gehört und respektiert zu werden, haben wesentlichen Einfluss auf das subjektive Empfinden bei Zwangsbehandlungen.[300] Versuchen alle Beteiligten die drei Kernbereiche zu berücksichtigen und entsprechende Gefühle zu vermeiden, steigert es nicht nur die Akzeptanz der Betroffenen, sondern vermindert vor allem deren subjektive Betroffenheit und somit die Eingriffsintensität der Zwangsbehandlung. Vor diesem Hintergrund wirkt bedenklich, dass *Hoge u.a.* in der oben bereits zitierten Studie zu dem Ergebnis kommen, dass die Ansichten von Ärzten, Familien und den Patienten über die tatsächliche Form und Reichweite der Beteiligung des Patienten stark auseinandergehen. Im Gegensatz zu den Patienten glaubten die befragten Ärzte und Familien, dass ihnen bereits ein Maximum an möglicher Beteiligung zugesprochen wurde und die Beteiligten bereits alles Mögliche getan hätten.[301]

d. Betrachtung der Zwangsbehandlung retrospektiv nach Heilung

Interessant für die psychischen Auswirkungen und damit auch die Eingriffsintensität ist ebenso, dass sich das subjektive Empfinden von zwangsbehandelten Patienten rückblickend nach der Heilung nicht ändert. In einer US-amerikanischen Studie empfanden 61 % der zwangsweise untergebrachten Patienten den Vorgang auch nach der Beendigung als unnötig.[302] Daneben kommt die Studie zu

---

299 Vgl. zu den drei Kernbereichen ausführlich: *Olofsson/Jacobsson*, A plea for respect: involuntarily hospitalized psychiatric patients' narratives about being subjected to coercion, in: Journal of Psychiatric and Mental Health Nursing 2001, S. 357 (361).

300 *Fegert*, Selbst- und Mitbestimmung von Kindern und Jugendlichen mit psychischen Problemen und seelischer Behinderung, in: Aktion Psychisch Kranke u. a., Selbsthilfe - Selbstbestimmung - Partizipation, 2016, S. 73; *McKenna u. a.*, An analysis of procedural justice during psychiatric hospital admission, in: Journal of Law and Psychiatry 2001, S. 537.

301 *Hoge u. a.*, Family, Clinician, and Patient Perceptions of Coercion in Mental Hospital Admission, in: International Journal of Law and Psychiatry 1998, S. 131 (143ff.).

302 *Gardner u. a.*, Patients' Revisions of Their Beliefs About the Need for Hospitalization, in: Am J Psychiatry 1999, S. 1385 (1390); zu einem ähnlichen Ergebnis kommen auch: *Haglund u. a.*, Forced medication in psychiatric care: patient experiences and nurse perceptions, in: Journal of Psychiatric and Mental Health Nursing 2003, S. 65 (71).

dem Ergebnis, dass Patienten eine Zwangsbehandlung weder vergessen würden noch dem behandelnden Arzt „vergeben" oder danken könnten; und zwar selbst dann nicht, wenn sie die Behandlung retrospektiv für sinnvoll erachten würden.[303]

e. Zwischenergebnis

Damit eine abschließende juristische Bewertung der subjektiven Eingriffsintensität der Zwangsbehandlung bei Minderjährigen vorgenommen werden kann, bedarf es empirischer Studien. „Kinder sind nicht nur mitbeteiligt und anwesend, sondern direkte Adressaten und Hauptpersonen der Behandlung in der Kinder- und Jugendpsychiatrie und als solche sind ihr (emotionales) Erleben, ihre Wahrnehmung und ihre Bedürfnisse von Bedeutung".[304]

Eine Übertragung der Ergebnisse von Studien an Volljährigen scheidet aus, da Minderjährige sowohl von ihrer körperlichen Konstitution als auch von ihrem psychischen Entwicklungs- und rechtlichen Kenntnisstand im Vergleich zu Volljährigen Besonderheiten aufweisen. Sie können jedoch Anhaltspunkte für weitere Forschungen geben. Die in der Literatur vorhandenen Aussagen sprechen eher für eine subjektiv hohe Eingriffsintensität, die auch nachhaltig bestehen bleibt und sich nicht retrospektiv durch den Erfolg der Behandlung verändert.

Etwaige Verfahrens-, Umgangs- und Behandlungsmechanismen, die sich unter den Begriff der prozeduralen Gerechtigkeit fassen lassen,[305] stellen wesentliche Einflussfaktoren für die Akzeptanz und Erträglichkeit der Zwangsbehandlung dar. Werden sie berücksichtigt, sinkt die subjektive Betroffenheit und damit auch die Eingriffsintensität. Dies zeigt sich auch in einer von *Rothärmel u.a.* durchgeführten Studie. Dort kommen sie zu dem Ergebnis, dass knapp 44,6 % der über 14 Jahre alten Patienten in der Kinder- und Jugendpsychiatrie zum Aufnahmezeitpunkt alleine oder jedenfalls mit den Eltern/Arzt gemeinsam über die Einnahme von Medikamenten entscheiden wollen. Lediglich 25,4 % der Befragten gaben an, dass andere darüber entscheiden sollen.[306] Vier Wochen nach Behandlungsbeginn, wollten 61,5 % der über 14 Jahre alten Patienten an der Behandlungsentscheidung mitwirken.[307]

---

303 *Gardner u. a.*, Patients' Revisions of Their Beliefs About the Need for Hospitalization, in: Am J Psychiatry 1999, S. 1385 (1390).

304 *Rothärmel u. a.*, Patientenaufklärung, Informationsbedürfnis und Informationspraxis in der Kinder- und Jugendpsychiatrie und Psychotherapie, 2006, S. 30.

305 Vgl. dazu auch: *Rothärmel u. a.*, Patientenaufklärung, Informationsbedürfnis und Informationspraxis in der Kinder- und Jugendpsychiatrie und Psychotherapie, 2006, S. 118ff.

306 *Rothärmel u. a.*, Patientenaufklärung, Informationsbedürfnis und Informationspraxis in der Kinder- und Jugendpsychiatrie und Psychotherapie, 2006, S. 194.

307 *Rothärmel u. a.*, Patientenaufklärung, Informationsbedürfnis und Informationspraxis in der Kinder- und Jugendpsychiatrie und Psychotherapie, 2006, S. 198f.

Ein problematischer Fakt ist die unterschiedliche Wahrnehmung der Patienten, Familien und Ärzte über die Notwendigkeit, die Alternativen und die Häufigkeit von Zwangsbehandlungen sowie die dabei vorherrschende prozedurale Gerechtigkeit. Das objektive Geschehen und die subjektive Wahrnehmung aller Beteiligten können auseinanderfallen. Der Eingriff wird somit von Betroffenen intensiver wahrgenommen als von den die Entscheidung treffenden Personen. Grundsätzlich ist dies ein alltägliches Phänomen, was auftritt, wenn mehrere Leute an einem Vorgang beteiligt sind. Wenn es jedoch um möglicherweise schwere, gefährliche und folgenreiche Grundrechtseingriffe geht – die selbstverständlich objektiv geboten sein können, aber auch nicht in jedem Fall sein müssen – ist die Divergenz bedenklich. Das rechtliche Idealbild der elterlichen Fürsorge wird damit jedenfalls aus der kinderschutzrechtlichen Perspektive geschmälert. Damit liegt ein erstes Indiz für eine Gefährdung des Kindeswohls durch Zwangsbehandlungen vor.

3. *Entwicklungsbezogene Neuropsychopharmakologie*

Nachdem bereits die subjektive Eingriffskomponente eine Kindeswohlgefährdung vermuten lässt, werden im folgenden Abschnitt die altersspezifischen Wirkungen und Nebenwirkungen der Medikamente bei Minderjährigen untersucht.

Um sich der Frage zu nähern ist die Erkenntnis wichtig, dass die Konzentration eines Medikaments am gewünschten Wirkungsort über dessen Wirksamkeit entscheidet.[308] Aktuell ist die medizinische Forschung jedoch nicht so weit, nachweisen zu können, wie hoch die Konzentration des Psychopharmakons im Gehirn tatsächlich ist. Daher wird versucht, die Konzentration über die Dosis des Wirkstoffes zu steuern. Wegen vieler Faktoren die auf der körperlichen und psychopathologischen Entwicklung des Minderjährigen beruhen, können die Konzentrations-Wirkungs-Beziehungen die in diesem Zusammenhang für erwachsene Personen entwickelt wurden, nicht auf Minderjährige übertragen werden.[309] *Goldbeck u.a.* führen hierzu aus:

308 *Oesterheld u. a.*, Clinical and developmental aspects of pharmacokinetics and drug interactions, in: Martin/Volkmar, Lewis's child and adolescent psychiatry: a comprehensive textbook, 4. Auflage 2007, S. 742.

309 *Gerlach u. a.*, Entwicklungspsychopharmakologie, in: Gerlach u. a., Neuro-/Psychopharmaka im Kindes- und Jugendalter: Grundlagen und Therapie, 3. Auflage 2016, S. 71 (72f.); *Hiemke*, Pharmakokinetik, Pharmakodynamik und Interaktionen, in: Benkert u. a., Psychopharmakologischer Leitfaden für Psychologen und Psychotherapeuten, 3. Auflage 2016, S. 3 (6); *Kearns u. a.*, Developmental Pharmacology – Drug Disposition, Actiond, and Therapy in Infants and Children, in: The New England Journal of Medicine, S. 1157; *Kölch u. a.*, Psychopharmakotherapie, in: Fegert u. a., Adoleszenzpsychiatrie: Psychiatrie und Psychotherapie der Adoleszenz und des jungen Erwachsenenalters, 2009, S. 719 (721).

> Die Wirkung aller Arzneimittel ist das Ergebnis ganz unterschiedlicher Vorgänge im Organismus. Unterschieden werden dabei die Wirkung des Arzneimittels auf den Menschen (Pharmakodynamik) und umgekehrt die Verstoffwechselung des Pharmakons im Menschen (Pharmakokinetik), sozusagen die Einwirkung des Menschen auf die Tablette. (...) Mittlerweile hat sich in der Entwicklungspsychopharmakologie die Erkenntnis, dass Kinder keine kleinen Erwachsenen sind generell durchgesetzt.[310]

Da sich sowohl die Pharmakodynamik als auch die Pharmakokinetik zwischen minderjährigen und volljährigen Personen unterscheiden, wird deutlich, dass die Eingriffsintensität der psychotropen Zwangsbehandlung bei Minderjährigen nach eigenen Maßstäben untersucht werden muss.

Hier sei bereits darauf hingewiesen, dass Minderjährige verschiedener Altersstufen massiv in ihrer Entwicklung voneinander abweichen und somit aus medizinischer Sicht keine pauschalen Aussagen über „den Minderjährigen als solchen" getroffen werden können. Das zeigt sich schon daran, dass Menschen in der Zeit von der Geburt bis zum 20. Lebensjahr im Durschnitt dreimal größer sowie knapp 15- bis 20-mal schwerer werden und eine massive hormonelle sowie sonstige körperliche und geistige Entwicklung durchlaufen.[311] Deshalb unterscheidet die Arzneimittelentwicklung bei Minderjährigen in einer internationalen Klassifikation zwischen fünf verschiedenen körperlichen Entwicklungsphasen.[312] *Oesterheld u.a.* führen zu dieser Klassifikation aus:

> Premature infants, neonates, toddlers, children and adolescents are not a homogenous group in terms of drug distribution patterns. These differences can be especially dramatic both at the neonatal stage and around the time of puberty, when the release of gonadal hormones can strongly influence plasma drug concentration.[313]

Für die vorliegende Untersuchung sind die Unterschiede zwischen den zwei Altersklassifikationen Kindergarten- und Schuldkinder (ca. 3-11 Jahre) sowie den Jugendlichen (12-17 Jahre)[314] im Vergleich zu Volljährigen relevant.[315] Gerade die

---

310 *Goldbeck u. a.*, Therapie, in: Fegert u. a., Psychiatrie und Psychotherapie des Kindes- und Jugendalters, 2. Auflage 2012, S. 177 (210).

311 *Siegler u. a.*, Entwicklungspsychologie im Kindes- und Jugendalter, 4. Auflage 2016, S. 105.

312 *Seyberth*, Psychopharmakotherapie, in: Speer/Gahr, Pädiatrie, 4. Auflage 2013, S. 1040.

313 *Oesterheld u. a.*, Clinical and developmental aspects of pharmacokinetics and drug interactions, in: Martin/Volkmar, Lewis's child and adolescent psychiatry: a comprehensive textbook, 4. Auflage 2007, S. 742 (744f.).

314 *Seyberth/Schwab*, Pharmakotherapie, in: Hoffmann u. a., Pädiatrie, Band 1, 4. Auflage 2014, S. 1003 (1004).

315 *Kölch*, Rechtliche und ethische Fragen im klinischen Alltag, in: Gerlach u. a., Neuro-/ Psychopharmaka im Kindes- und Jugendalter: Grundlagen und Therapie, 3. Auflage 2016, S. 81 (84).

Pubertät hat einen starken Einfluss auf die Wirkung und Nebenwirkung von Medikamenten.[316]

a. Pharmakokinetik des Minderjährigen

Die Pharmakokinetik setzt sich mit der Verstoffwechselung des Wirkstoffs im menschlichen Körper auseinander.[317] In aller Kürze lässt sich der Vorgang in vier bis fünf Stufen dahingehend beschreiben, dass ein oral eingenommenes Medikament zunächst in den Magen beziehungsweise Darm gelangt, wo der Wirkstoff freigesetzt wird (sog. Liberation). Bei der *intravenösen* Verabreichung wird diese Stufe gewissermaßen übersprungen, da der Wirkstoff bereits vollständig freigesetzt verabreicht wird. Anschließend wird er während der Passage des Magen-Darm-Trakts in den Blutstrom aufgenommen (Absorption) und über die Pfortader in die Leber transportiert, wo der Wirkstoff verarbeitet wird (Metabolisierung). Anschließend beziehungsweise relativ zeitgleich wird das Pharmakon im Körper verteilt (Distribution). Danach gelangt der Wirkstoff zurück in die Leber und Niere, in welcher er weiter metabolisiert und am Ende über den Urin oder die Galle ausgeschieden wird (Exkretion).[318] Durch die kurze Beschreibung wird deutlich, dass die Pharmakokinetik wesentlichen Einfluss darauf hat, wie lange der Wirkstoff mit seinen gewünschten, aber auch unerwünschten Folgen im Körper wirkt.[319] Bei Minderjährigen können auf all diesen Stufen Besonderheiten auftreten. Sie können je nach Wirkstoff verschieden sein. Systematische Untersuchungen gibt es zu den einzelnen Wirkstoffen bisher kaum. „Deshalb ist eine sichere Vorhersage der individuell erforderlichen Dosierung nicht möglich und eine nur gewichtsbezogene Anpassung der Dosierung unzulänglich".[320] Im Folgenden werden die Distribution,

---

316 *Lowry u. a.*, Principles of Drug Therapy, in: Kliegman/Nelson, Nelson textbook of pediatrics, 20. Auflage 2016, S. 404 (405): „Dramatic pharmacokinetic, pharmacodynamic, and psychosocial changes occur (...) as children reach puberty and adolescence".

317 Vgl. ausführlich zu den einzelnen Vorgängen: *Mutschler*, Mutschler Arzneimittelwirkungen, 10. Auflage 2013, S. 5ff.

318 *Hiemke*, Pharmakokinetik, Pharmakodynamik und Interaktionen, in: Benkert u. a., Psychopharmakologischer Leitfaden für Psychologen und Psychotherapeuten, 3. Auflage 2016, S. 11 (12f.); *Oesterheld u. a.*, Clinical and developmental aspects of pharmacokinetics and drug interactions, in: Martin/Volkmar, Lewis's child and adolescent psychiatry: a comprehensive textbook, 4. Auflage 2007, S. 742 (743); *Seyberth/Schwab*, Pharmakotherapie, in: Hoffmann u. a., Pädiatrie, Band 1, 4. Auflage 2014, S. 1003 (1005f.).

319 *Oesterheld u. a.*, Clinical and developmental aspects of pharmacokinetics and drug interactions, in: Martin/Volkmar, Lewis's child and adolescent psychiatry: a comprehensive textbook, 4. Auflage 2007, S. 742 (743).

320 *Gerlach u. a.*, Entwicklungspsychopharmakologie, in: Gerlach u. a., Neuro-/Psychopharmaka im Kindes- und Jugendalter: Grundlagen und Therapie, 3. Auflage 2016, S. 71 (74f.).

Metabolisierung und Exkretion exemplarisch herausgegriffen, um die Faktoren, die Einfluss auf eine entwicklungsbedingte Pharmakokinetik haben, zu verdeutlichen.

aa. Distribution

Im Rahmen der Distribution wird untersucht, wie das Psychopharmakon im Körper durch den Blutkreislauf verteilt wird. Die Verteilung hängt dabei von einer Vielzahl an unterschiedlichen Faktoren ab. Beispielhaft seien hier die prozentualen Fett-, Wasser-, Plasma und Muskelanteile im Körper genannt,[321] die sich in der Entwicklung eines Minderjährigen hin zum ausgewachsenen Volljährigen massiv verändern. Hinzu kommen die Permeabilität, die Durchblutung der Organe und des Gewebes, das Säure-Base-Verhältnis im Körper und das Bindungsverhalten der Proteine, die für den Transport des Wirkstoffs zuständig sind.[322] Alle hier genannten Faktoren unterliegen im Laufe der körperlichen Entwicklung einem starken Wandel. Die Beeinflussung dieser Faktoren führt zu einer entwicklungsabhängigen Distribution und damit zu einer entwicklungsabhängigen Wirkung des Pharmakons.[323]

Hinzu kommt, dass psychotrope Substanzen im Gehirn wirken sollen. Dieses Organ ist stark durchblutet und besteht aus einer Vielzahl kleiner Kapillaren, die einen schnellen Austausch des Medikaments zwischen dem Blut und dem Gehirngewebe per Diffusion ermöglichen. Um das Gehirn bei vor Substanzen zu schützen, die nicht hineingelangen sollen, hat der menschliche Körper eine sog. Blut-Hirn-Schranke sowie eine Blut-Liquor-Schranke entwickelt.[324] Bei Kindern ist die Blut-Hirn-Schranke noch nicht voll ausgebaut und befindet sich erst in der Entwicklung. Im Ergebnis diffundiert dadurch bei Kindern wesentlich mehr Wirkstoff in das Gehirn, als bei Volljährigen.[325]

---

321 *Kölch u. a.*, Psychopharmakotherapie, in: Fegert u. a., Adoleszenzpsychiatrie: Psychiatrie und Psychotherapie der Adoleszenz und des jungen Erwachsenenalters, 2009, S. 719 (721); *Seyberth/Schwab*, Pharmakotherapie, in: Hoffmann u. a., Pädiatrie, Band 1, 4. Auflage 2014, S. 1003 (1006).

322 *Lowry u. a.*, Principles of Drug Therapy, in: Kliegman/Nelson, Nelson textbook of pediatrics, 20. Auflage 2016, S. 404 (407); *Mutschler*, Mutschler Arzneimittelwirkungen, 10. Auflage 2013, S. 17.

323 *Oesterheld u. a.*, Clinical and developmental aspects of pharmacokinetics and drug interactions, in: Martin/Volkmar, Lewis's child and adolescent psychiatry: a comprehensive textbook, 4. Auflage 2007, S. 742 (746).

324 *Hiemke*, Pharmakokinetik, Pharmakodynamik und Interaktionen, in: Benkert u. a., Psychopharmakologischer Leitfaden für Psychologen und Psychotherapeuten, 3. Auflage 2016, S. 11 (15); *Oesterheld u. a.*, Clinical and developmental aspects of pharmacokinetics and drug interactions, in: Martin/Volkmar, Lewis's child and adolescent psychiatry: a comprehensive textbook, 4. Auflage 2007, S. 742 (743).

325 *Goldbeck u. a.*, Therapie, in: Fegert u. a., Psychiatrie und Psychotherapie des Kindes- und Jugendalters, 2. Auflage 2012, S. 177 (211); *Kölch u. a.*, Psychopharmakotherapie, in: Fegert u. a., Adoleszenzpsychiatrie: Psychiatrie und Psychotherapie

bb. Metabolisierung und Exkretion

Die Metabolisierung und die Exkretion beschreiben die Verarbeitung und die Ausscheidung des Medikaments. Diese Prozesse finden vornehmlich in der Leber und der Niere des Patienten statt.[326] Die Stoffwechselleistung der Leber kann bei Minderjährigen in einigen Phasen deutlich höher sein, als bei volljährigen Personen.[327] Die erhöhte Leistung kann dazu führen, dass der Wirkstoff wesentlich schneller abgebaut wird als bei älteren Patienten.[328] Hinzu kommt, dass die Niere bei Minderjährigen in der Regel andere Filtrations- und Ausscheidungsleistungen aufweist als bei Erwachsenen.[329] Aufgrund beider Faktoren kann der Wirkstoff eine kürzere Halbwertszeit haben, sodass bei Minderjährigen teilweise verhältnismäßig höhere Dosen (mg/kg) verabreicht werden müssen, um eine therapeutisch adäquate Wirkstoffkonzentration aufrecht zu erhalten.[330]

Neben den entwicklungsbedingten Faktoren wird die Metabolisierung durch weitere, individuelle Einflüsse geprägt, die bei der Gabe der Psychopharmaka berücksichtigt werden müssen. Zum Beispiel kann die Geschwindigkeit der

---

der Adoleszenz und des jungen Erwachsenenalters, 2009, S. 719 (721); *Kölch u. a.*, Pharmakotherapie, in: Fegert/Kölch, Klinikmanual Kinder- und Jugendpsychiatrie und -psychotherapie, 2. Auflage 2013, S. 439 (443); *Oesterheld u. a.*, Clinical and developmental aspects of pharmacokinetics and drug interactions, in: Martin/Volkmar, Lewis's child and adolescent psychiatry: a comprehensive textbook, 4. Auflage 2007, S. 742 (746).

326 *Lowry u. a.*, Principles of Drug Therapy, in: Kliegman/Nelson, Nelson textbook of pediatrics, 20. Auflage 2016, S. 404 (408).

327 *Goldbeck u. a.*, Therapie, in: Fegert u. a., Psychiatrie und Psychotherapie des Kindes- und Jugendalters, 2. Auflage 2012, S. 177 (210).

328 *Kölch u. a.*, Psychopharmakotherapie, in: Fegert u. a., Adoleszenzpsychiatrie: Psychiatrie und Psychotherapie der Adoleszenz und des jungen Erwachsenenalters, 2009, S. 719 (721); *Ders. u. a.*, Pharmakotherapie, in: Fegert/Kölch, Klinikmanual Kinder- und Jugendpsychiatrie und -psychotherapie, 2. Auflage 2013, S. 439 (442).

329 *Goldbeck u. a.*, Therapie, in: Fegert u. a., Psychiatrie und Psychotherapie des Kindes- und Jugendalters, 2. Auflage 2012, S. 177 (210f.); *Kölch u. a.*, Psychopharmakotherapie, in: Fegert u. a., Adoleszenzpsychiatrie: Psychiatrie und Psychotherapie der Adoleszenz und des jungen Erwachsenenalters, 2009, S. 719 (721); *Ders. u. a.*, Pharmakotherapie, in: Fegert/Kölch, Klinikmanual Kinder- und Jugendpsychiatrie und -psychotherapie, 2. Auflage 2013, S. 439 (442).

330 *Gerlach u. a.*, Entwicklungspsychopharmakologie, in: Gerlach u. a., Neuro-/Psychopharmaka im Kindes- und Jugendalter: Grundlagen und Therapie, 3. Auflage 2016, S. 71 (73); *Ders. u. a.*, Therapeutisches Drug-Monitoring in der Kinder- und Jugendpsychiatrie – Grundlagen und praktische Empfehlungen, in: Zeitschrift für Kinder- und Jugendpsychiatrie und Psychotherapie 2006, S. 5 (9); *Kirch*, Grundsätzliche Elemente der klinischen Pharmakologie, in: Wehling, Klinische Pharmakologie, 2. Auflage 2011, S. 1 (17); *Scahill u. a.*, General principles, specific drug treatments, and clinical practice, in: Martin/Volkmar, Lewis's child and adolescent psychiatry: a comprehensive textbook, 4. Auflage 2007, S. 754 (755).

Metabolisierung bei sogenannten *poor, rapid* und *ultrarapid metabolizer* variieren. Die Unterschiede äußern sich unter anderem dahingehend, dass die verabreichten Dosen bei dem *poor metabolizer* aufgrund der langsameren Metabolisierung kumulieren und dadurch zu einem verstärkten Auftreten von Nebenwirkungen führen können.[331]

4. *Unerwünschte Arzneimittelwirkungen*

Die vorstehenden Ausführungen zeigen, dass die Wirkung der Medikamente durch entwicklungsbedingte Faktoren bei Minderjährigen beeinflusst sein kann. Im Folgenden werden deshalb auch die jugendspezifischen Nebenwirkungen untersucht. Bei den unerwünschten Arzneimittelwirkungen muss ebenfalls beachtet werden, dass sich sowohl das Gehirn als auch der gesamte kindliche und jugendliche Körper in der Entwicklung befinden. Aus diesem Grund können bei Minderjährigen Nebenwirkungen auftreten, die durch das Alter respektive den Entwicklungsstand hervorgerufen werden.[332] Wie wichtig die Entwicklung des Gehirns ist, wird deutlich, indem *Scahill u.a.* ausführen:

> Taken together, these findings suggest that the three major neurochemical systems that are manipulated by psychotropic drug treatments (dopaminergic, serotonergic, and noradrenergic, respectively) are subject to age effects.[333]

Neben den rein physischen Merkmalen kommt bei der Patientenklientel hinzu, dass Minderjährige, vor allem in der Adoleszenz, beginnen Nikotin, Alkohol oder sonstige Drogen zu konsumieren und eine verminderte Compliance aufweisen, wodurch zusätzliche Faktoren vorliegen, die Nebenwirkungen und Kontraindikationen beeinflussen können.[334]

---

331 *Kölch u. a.*, Pharmakotherapie, in: Fegert/Kölch, Klinikmanual Kinder- und Jugendpsychiatrie und -psychotherapie, 2. Auflage 2013, S. 439 (442).

332 *Kölch u. a.*, Psychopharmakotherapie, in: Fegert u. a., Adoleszenzpsychiatrie: Psychiatrie und Psychotherapie der Adoleszenz und des jungen Erwachsenenalters, 2009, S. 719 (722); *Ders. u. a.*, Pharmakotherapie, in: Fegert/Kölch, Klinikmanual Kinder- und Jugendpsychiatrie und -psychotherapie, 2. Auflage 2013, S. 439 (443); *Ders u. a.*, Psychopharmaka im Kindes- und Jugendalter, in: Gründer/Benkert, Handbuch der Psychopharmakotherapie, 2. Auflage 2012, S. 1185 (1188).

333 *Scahill u. a.*, General principles, specific drug treatments, and clinical practice, in: Martin/Volkmar, Lewis's child and adolescent psychiatry: a comprehensive textbook, 4. Auflage 2007, S. 754 (755).

334 *Arango u. a.*, Clinical effectiveness of new generation antipsychotics in adolescent patients, in: European Neuropsychopharmacology 2004, S. 471 (472); *Gerlach u. a.*, Therapeutisches Drug-Monitoring in der Kinder- und Jugendpsychiatrie – Grundlagen und praktische Empfehlungen, in: Zeitschrift für Kinder- und Jugendpsychiatrie und Psychotherapie 2006, S. 5 (8); *Kölch u. a.*, Psychopharmakotherapie, in: Fegert u. a., Adoleszenzpsychiatrie: Psychiatrie und Psychotherapie der Adoleszenz und des jungen Erwachsenenalters, 2009, S. 719 (722); *Mehler-Wex/Fegert*,

Da das BVerfG in seiner Argumentation auf die schweren Nebenwirkungen der Antipsychotika abstellt, werden in der nachfolgenden Sektion außer den Nebenwirkungen von dieser Substanzgruppe die unerwünschten Arzneimittelwirkungen von drei weiteren, in der Kinder- und Jugendpsychiatrie häufig verwendeten Medikamentenklassen, besprochen.

a. Antidepressiva

Bei der Gabe von Antidepressiva treten viele der Nebenwirkungen nur in den ersten zwei bis vier Wochen der Medikamentengabe auf. Einige können jedoch persistieren und damit langfristig vorliegen.[335] Antidepressiva lassen sich unter anderem in tri-/tetrazyklische Antidepressiva sowie SSRI und SNRI aufteilen. Die jeweiligen Gruppen sind mit unterschiedlichen Nebenwirkungen verbunden.[336] Da die Wirkung der trizyklischen Antidepressiva bei Minderjährigen, die unter Depressionen leiden, nicht nachgewiesen werden konnte, gleichwohl ein hohes Intoxikationsrisiko besteht, wird deren Anwendung in der Kinder- und Jugendpsychiatrie nicht mehr empfohlen.[337] Um die Darstellung an dieser Stelle in einem angemessenen Rahmen zu halten, werden hier nur die Nebenwirkungen des für Kinder und Jugendliche zugelassenen Fluoxetin besprochen. Die Arznei ist den SSRI zuzuordnen und ist als Therapie für Kinder ab 8 Jahren zugelassen, sofern sie an einer mittelgradigen bis schweren depressiven Episode erkrankt sind und die Depression nach vier bis sechs Sitzungen nicht auf die psychologischen Therapiemaßnahmen anspricht.

Der Beipackzettel zu dem Präparat Fluoxetin HEXAL® 40 mg Tabletten listet bei altersabhängigen Nebenwirkungen bei Kindern und Jugendlichen auf, dass das Wachstum verlangsamt und die sexuelle Entwicklung verzögert werden können. Darüber hinaus sei Nasenbluten eine besonders häufige Nebenwirkung.[338] In der Packungsbeilage von Fluoxetin-ratiopharm® 20 mg Hartkapseln wird zusätzlich betont, dass Patienten unter 18 Jahren bei der Einnahme dieses Medikaments ein erhöhtes Risiko für Suizidversuche, suizidale Gedanken und Feindseligkeit (in

Psychopharmakotherapie bei Kindern und Jugendlichen, in: Riederer/Laux, Grundlagen der Neuro-Psychopharmakologie: ein Therapiehandbuch, 2010, S. 483 (485).

335 *Benkert u. a.*, Antidepressiva, in: Benkert u. a., Psychopharmakologischer Leitfaden für Psychologen und Psychotherapeuten, 3. Auflage 2016, S. 39 (46).

336 *Goldbeck u. a.*, Therapie, in: Fegert u. a., Psychiatrie und Psychotherapie des Kindes- und Jugendalters, 2. Auflage 2012, S. 177 (216).

337 *Mehler-Wex/Kölch*, Depressive Störungen im Kindes- und Jugendalter, in: Deutsches Ärzteblatt 2008, S. 122 (127).

338 Vgl. dazu und auch zur Zulassung: https://www.medikamente-per-klick.de/images/ecommerce/01/82/01822968_2012-07_de_o.pdf, zuletzt abgerufen am: 11. November 2017.

Form von Aggressivität, oppositionellem Verhalten und Wut) gezeigt hätten.[339] Solche Ergebnisse finden sich ebenfalls in der Literatur wieder, mit dem Hinweis, dass das Aktivierungssyndrom, welches die Suizidgedanken auslöst, bei Minderjährigen zwei bis drei Mal häufiger Auftritt als bei Volljährigen, wenn SSRI eingenommen werden.[340] Darüber hinaus gäbe es nur begrenzte Informationen zur Unbedenklichkeit einer Langzeitanwendung des Medikaments in Bezug auf die Pubertät, der geistigen und emotionalen Entwicklung sowie die Verhaltensentwicklung.[341] In der Literatur wird in Bezug auf andere SSRI zusätzlich darauf hingewiesen, dass bei Minderjährigen Erbrechen und Aktivitätssteigerung wesentlich häufiger vorkämen als bei volljährigen Patienten.[342]

Der Beipackzettel zu Fluoxetin HEXAL® 40 mg Tabletten nennt als generelle Nebenwirkung, die bei mehr als 10 % der Patienten vorliegen können, „Schlaflosigkeit, Kopfschmerzen, Diarrhoe, Übelkeit und Müdigkeit". Bei ca. 10 % der Patienten kommt es daneben zu „Appetitlosigkeit, Gewichtsverlust, Nervosität und Angst, zur Ruhelosigkeit und schlechten Konzentrationsfähigkeit, zu einem Gefühl der Angespanntheit, zu einem verminderten Sexualtrieb oder zu sexuellen Problem", die unter anderem Erektionsstörungen miteinschließen. Zusätzlich können „Schlafstörungen, ungewöhnliche Träume, Müdigkeit oder Schläfrigkeit, Schwindel, Geschmacksveränderungen, unkontrollierbare schüttelnde Bewegungen, verschwommenes Sehen, dem Gefühl eines schnellen und unregelmäßigen Herzschlages, Hautrötungen, Gähnen, Verdauungsstörungen, Mundtrockenheit, Hautausschlag, Nesselsucht, Juckreiz, starkes Schwitzen, Gelenkschmerzen, häufiges Wasserlassen, unerklärbare vaginale Blutungen sowie dem Gefühl von Zittrigkeit oder Schüttelfrost" auftreten.

---

339 Zum Ganzen: http://www.ratiopharm.de/index.php?eID=dumpFile&t=f&f=46932&g=-1&r=1894%2C1894&token=897e79323784fa51a89edb6f635dec5a0fa4d740, zuletzt abgerufen am: 11. November 2017.

340 *Mosholder/Willy*, Suicidal Adverse Events in Pediatric Randomized, Controlled Clinical Trials of Antidepressant Drugs Are Associated with Active Drug Treatment, in: Journal of Child and Adolescent Psychopharmacology 2006, S. 25 (31); *Mehler-Wex/Kölch*, Depressive Störungen im Kindes- und Jugendalter, in: Deutsches Ärzteblatt 2008, S. 122 (127); Infolge dieser Nebenwirkung kam es in Europa und den USA zu sogenannten „Black-Box-Warnungen" und Äußerungen der zuständigen Behörden, dass die Medikamente nicht mehr außerhalb ihres Zulassungsbereichs angewendet werden sollen. Die Entwicklung des Streits und eine Stellungnahme dazu finden sich unter: *Fegert/Herpertz-Dahlmann*, Serotoninwiederaufnahmehemmer im Kindes- und Jugendalter, in: Nervenarzt 2005, S. 1330.

341 Zum Ganzen: http://www.ratiopharm.de/index.php?eID=dumpFile&t=f&f=46932&g=-1&r=1894%2C1894&token=897e79323784fa51a89edb6f635dec5a0fa4d740, zuletzt abgerufen am: 11. November 2017.

342 *Safer/Zito*, Treatment-Emergent Adverse Events from Selective Serotonin Reuptake Inhibitors by Age Group: Children versus Adolescnets, in: Journal of Child and Adolescent Psychopharmacology 2006, S. 159 (166).

Bei einem Prozent der mit diesem Medikament behandelten Patienten können „das Gefühl neben sich zu stehen, sonderbares Denken oder eine abnormal gehobene Stimmungslage“ entstehen. Darüber hinaus wurden „Orgasmusprobleme, Zähneknirschen, Muskelzuckungen oder unwillkürliche Bewegungen sowie Gleichgewichts- oder Koordinationsprobleme, vergrößerte Pupillen, ein niedriger Blutdruck, Atemnot, Schwierigkeiten beim Schlucken, Haarausfall, erhöhte Neigung zu Blutergüssen, kalter Schweiß, Schwierigkeiten beim Urinieren“ festgestellt.

In 0,1 % der Fälle wurden „Halluzinationen sowie untypisches wildes Verhalten und Erregtheit“ wahrgenommen. Ebenso kann es im gleichen Verhältnis zu „Panikattacken, Entzündungen eines Blutgefäßes, schnellen Schwellungen des Gewebes um den Hals, Gesicht Mund und oder Kehle, Schmerzen in der Speiseröhre, Empfindlichkeit gegenüber dem Sonnenlicht, Absonderungen von Milch aus der Brust und zur psychomotorischer Unruhe und der Unfähigkeit ruhig sitzenbleiben zu können“ kommen. Ferner liegt ein erhöhtes Risiko für das Auftreten von Knochenbrüchen vor.[343]

b. Antipsychotika

Antipsychotika zeichnen sich dadurch aus, dass die Nebenwirkungen besonders häufig auftreten.[344] Beispielhaft seien hier Gewichtszunahmen, Schlafstörungen, sexuelle Dysfunktionen genannt. In 0,2 % der Fälle kann auch das besonders gravierende maligne neuroleptische Syndrom auftreten.[345] Auch für diese Medikamentengruppe muss jedoch angemerkt werden, dass es unterschiedliche Klassifizierungen gibt, die sich in den Nebenwirkungen unterscheiden. Bei der Bewertung muss somit genau unterschieden werden, um welche Sorte (Antipsychotika der ersten oder zweiten Generation) es sich handelt. Eine solche Unterscheidung hatte das BVerfG nicht vorgenommen. Gleichwohl standen die Antipsychotika im intensiven Fokus der Rechtsprechung, sodass hier nur die kinder- und jugendspezifischen, altersabhängige Nebenwirkungen hervorgehoben werden sollen.[346] Häufig

---

343 Zum Ganzen: https://www.medikamente-per-klick.de/images/ecommerce/01/82/01822968_2012-07_de_o.pdf, zuletzt abgerufen am: 11. November 2017.

344 *Benkert u. a.*, Antipsychotika, in: Benkert u. a., Psychopharmakologischer Leitfaden für Psychologen und Psychotherapeuten, 3. Auflage 2016, S. 69 (74).

345 *Benkert u. a.*, Antipsychotika, in: Benkert u. a., Psychopharmakologischer Leitfaden für Psychologen und Psychotherapeuten, 3. Auflage 2016, S. 69 (75); *Kölch u. a.*, Psychopharmakotherapie, in: Fegert u. a., Adoleszenzpsychiatrie: Psychiatrie und Psychotherapie der Adoleszenz und des jungen Erwachsenenalters, 2009, S. 719 (725f.).

346 *Bonnot u. a.*, Principes de surveillance des effets métaboliques, de l'hyperprolactinémie et du rythme cardiaque pour les antipsychotiques atypiques chez l'enfant et l'adolescent, in: Neurpsychiatrie de l'enfance et de l'adolescence 2010, S. 431; *Fraguas u. a.*, Efficacy and safety of second-generation antipsychotics in children and adolescents with psychotic and bipolar spectrum disorders: Comprehensive review

erfolgt die Behandlung mit Antipsychotika off-label.[347] So wurden im Jahr 2011 62 % aller Antipsychotika *off-label* verschrieben.[348]

Früher galten die *second-generation* Antipsychotika als nebenwirkungsärmer und wurden daher vorzugsweise angewendet. Mittlerweile geht die Forschung jedoch davon aus, dass sich lediglich das Nebenwirkungsprofil der ersten und zweiten Generation unterscheidet. Bei beiden Klassen kann es zum metabolischen Syndrom kommen. Dies kommt bei den *second-generation* Antipsychotika häufiger vor. Neben der Sedierung und Gewichtszunahme wurde beispielsweise eine klinisch bedeutsame Erhöhung des Prolaktinspiegels herausgefunden.[349] Eine Erhöhung des Prolaktinspiegels soll in Zusammenhang mit Osteoporose, sexuellen Dysfunktionen und Auswirkungen auf die Menstruation stehen.[350] Im Vergleich zu Erwachsenen treten darüber hinaus auch besonders oft die Hyperlipidämie und extrapyramidale Symptome auf.[351]

---

of prospective head-to-head- and placebo-cpntrolled comparisons, in: European Neuropsychopharmacology 2011, S. 621 (635).

347 *Lehmkuhl/Schubert*, Psychopharmaka-Verordnung bei Kindern und Jugendlichen, in: Deutsches Ärzteblatt 2014, S. 23.

348 *Schröder u. a.*, Outpatient antipsychotic drug use in children and adolescents in Germany between 2004 and 2011, in: European Child & Adolescent Psychiatry 2017, S. 413 (417).

349 *Cohen u. a.*, Adverse Effects of Second-Generation Antipsychotics in Children and Adolescents, in: Journal of Clinical Psychopharmacology 2012, S. 309 (313); *DeMaso/Walter*, Psychological Treatment of Children and Adolescents, in: Kliegman/Nelson, Nelson textbook of pediatrics, 20. Auflage 2016, S. 127 (131).

350 *Arango u. a.*, Clinical effectiveness of new generation antipsychotics in adolescent patients, in: European Neuropsychopharmacology 2004, S. 471 (475); *Fraguas u. a.*, Efficacy and safety of second-generation antipsychotics in children and adolescents with psychotic and bipolar spectrum disorders: Comprehensive review of prospective head-to-head- and placebo-cpntrolled comparisons, in: European Neuropsychopharmacology 2011, S. 621 (637).

351 *Bachmann u. a.*, Antipsychotic Prescreption in Chidren and Adolescents, in: Deutsches Ärzteblatt International 2014, S. 25; *Fraguas u. a.*, Efficacy and safety of second-generation antipsychotics in children and adolescents with psychotic and bipolar spectrum disorders: Comprehensive review of prospective head-to-head- and placebo-cpntrolled comparisons, in: European Neuropsychopharmacology 2011, S. 621 (629); *Pringsheim u. a.*, Metabolic and Neurological Complications of Second-Generation Antipsychotic Use in Children, in: Drug Safety 2011, S. 651; *Vitiello u. a.*, Antipsychotics in children and adolescents: Increasing use, evidence for efficacy and sefety concerns, in: European Neuropsychopharmacology 2009, S. 629 (631f.); *Zudass u. a.*, Second generation antipsychotics (SGAs) for non-psychotic disorders in children and adolescents: A review of the randomized controlled studies, in: Paediatric Psychopharmacology 2011, S. 600 (607ff.).

c. *Benzodiazepine*

Klassische Nebenwirkungen der Benzodiazepine sind Sedierungen (in Form von Tagesmüdigkeit beziehungsweise Schläfrigkeit) sowie Konzentrationsstörungen.[352] Weitere unerwünschte Arzneimittelwirkungen können Störungen der Bewegungskoordination (Ataxie) sowie die anterograde Amnesie (Gedächtnisstörung, bei der neue Inhalte nur sehr kurz gemerkt werden können) sein. Sofern der Wirkstoff *intravenös* verabreicht wird, kann es im schlimmsten Fall zu Atem- und Kreislaufdepressionen kommen, die sogar in einem Herzstillstand enden können.[353]

Werden die Benzodiazepine über einen längeren Zeitraum eingenommen, können sie zum Beispiel zu dysphorischen Zuständen, Libidoverlust, einer eingeschränkten Kritikfähigkeit, Menstruationsstörungen sowie körperlichen Schwäche führen.[354]

Zu den Nebenwirkungen kommt das Abhängigkeitsrisiko samt seinen Folgen erschwerend hinzu.[355] Sofern die Benzodiazepine abrupt abgesetzt werden, können ca. 5-15 Tage lang andauernde Entzugserscheinungen auftreten. Diese Entzugserscheinungen können in milder aber auch in schwerer Form vorliegen. *Benkert u.a.* zählen zu den leichten Entzugserscheinungen: „Angst und innere Unruhe; Schlaflosigkeit; Erhöhte Irritabilität; Erhöhte Herzfrequenz und Blutdrucksteigerung; Übelkeit und Erbrechen; Schwitzen, Tremor, Kopfschmerzen, Muskelverspannungen" sowie zu den schweren: „Verwirrtheitszustände; Depersonalisation; Psychotische Zustände und Delirien; Ängstlich-depressive Syndrome; Krampfanfälle; Oszillopsien, Dysmorphopsien; Photophobie; Hyperakusis; Hypersomnie; Dysästhesien; Kinästhetische Störungen; Muskelzittern und -faszikulationen".[356]

---

352 *Benkert u. a.*, Anxiolytika, in: Benkert u. a., Psychopharmakologischer Leitfaden für Psychologen und Psychotherapeuten, 3. Auflage 2016, S. 83 (90); *Kölch u. a.*, Psychopharmakotherapie, in: Fegert u. a., Adoleszenzpsychiatrie: Psychiatrie und Psychotherapie der Adoleszenz und des jungen Erwachsenenalters, 2009, S. 719 (733).

353 *Kölch u. a.*, Psychopharmakotherapie, in: Fegert u. a., Adoleszenzpsychiatrie: Psychiatrie und Psychotherapie der Adoleszenz und des jungen Erwachsenenalters, 2009, S. 719 (733).

354 *Benkert u. a.*, Anxiolytika, in: Benkert u. a., Psychopharmakologischer Leitfaden für Psychologen und Psychotherapeuten, 3. Auflage 2016, S. 83 (90); *Kölch u. a.*, Psychopharmakotherapie, in: Fegert u. a., Adoleszenzpsychiatrie: Psychiatrie und Psychotherapie der Adoleszenz und des jungen Erwachsenenalters, 2009, S. 719 (733).

355 *Benkert u. a.*, Anxiolytika, in: Benkert u. a., Psychopharmakologischer Leitfaden für Psychologen und Psychotherapeuten, 3. Auflage 2016, S. 83 (90); *Kölch u. a.*, Psychopharmakotherapie, in: Fegert u. a., Adoleszenzpsychiatrie: Psychiatrie und Psychotherapie der Adoleszenz und des jungen Erwachsenenalters, 2009, S. 719 (732).

356 *Benkert u. a.*, Anxiolytika, in: Benkert u. a., Psychopharmakologischer Leitfaden für Psychologen und Psychotherapeuten, 3. Auflage 2016, S. 83 (91).

d. *Methylphenidat*

Im Gegensatz zu vielen anderen Psychopharmaka sind die Wirkungen und Nebenwirkungen von Methylphenidat bei Minderjährigen weitgehend untersucht, sodass die Anwendung als sicher betrachtet wird.[357]

Zu den Nebenwirkungen des Methylphenidat, das vor allem zur Behandlung der Aufmerksamkeits-Defizit-Hyperaktivitäts-Störung von Minderjährigen angewendet wird,[358] zählen besonders häufig ein verminderter Appetit, Bauchschmerzen und Schlafstörungen – Letzteres wenn das Medikament zu spät im Tagesablauf verabreicht wird.[359] Hinzu kommen dysphorische Verstimmungen.[360] Darüber hinaus kann der Wirkstoff das Wachstum des Minderjährigen beeinträchtigen und zu einem Gewichtsverlust führen.[361] Zusätzlich verweisen einige Autoren auf eine erhöhte Pulsfrequenz und einen erhöhten Blutdruck.[362] Ferner wird darauf hingewiesen, dass Tics und Stereotypien vermehrt auftreten können, wenn der Patient genetisch dafür anfällig ist.[363]

5. *Off-Label-Use*

Die vorstehenden Ausführungen zeigen bereits, dass bei Minderjährigen entwicklungsbedingte Nebenwirkungen auftreten, die im gleichen Maße nicht bei Volljährigen vorhanden sind. Sie erschweren die Eingriffsintensität bei der Patientenklientel zusätzlich. Neben den Nebenwirkungen als solche, verweist das BVerfG

---

357 *Fegert u. a.*, Behandlung mit Methylphenidat im Kindesalter, in: Monatsschrift Kinderheilkunde 2007, S. 747 (752).

358 *Andersen*, Stimulants and the developing brain, in: TRENDS in Pharmacological Sciences 2005, S. 237 (241).

359 *Goldbeck u. a.*, Therapie, in: Fegert u. a., Psychiatrie und Psychotherapie des Kindes- und Jugendalters, 2. Auflage 2012, S. 177 (215); *Kölch u. a.*, Psychopharmakotherapie, in: Fegert u. a., Adoleszenzpsychiatrie: Psychiatrie und Psychotherapie der Adoleszenz und des jungen Erwachsenenalters, 2009, S. 719 (731); *Kölch u. a.*, Pharmakotherapie, in: Fegert/Kölch, Klinikmanual Kinder- und Jugendpsychiatrie und -psychotherapie, 2. Auflage 2013, S. 439 (444).

360 *Goldbeck u. a.*, Therapie, in: Fegert u. a., Psychiatrie und Psychotherapie des Kindes- und Jugendalters, 2. Auflage 2012, S. 177 (215); *Kölch u. a.*, Psychopharmakotherapie, in: Fegert u. a., Adoleszenzpsychiatrie: Psychiatrie und Psychotherapie der Adoleszenz und des jungen Erwachsenenalters, 2009, S. 719 (731).

361 *Goldbeck u. a.*, Therapie, in: Fegert u. a., Psychiatrie und Psychotherapie des Kindes- und Jugendalters, 2. Auflage 2012, S. 177 (215); *Kölch u. a.*, Pharmakotherapie, in: Fegert/Kölch, Klinikmanual Kinder- und Jugendpsychiatrie und -psychotherapie, 2. Auflage 2013, S. 439 (444).

362 *Goldbeck u. a.*, Therapie, in: Fegert u. a., Psychiatrie und Psychotherapie des Kindes- und Jugendalters, 2. Auflage 2012, S. 177 (215).

363 *Kölch u. a.*, Pharmakotherapie, in: Fegert/Kölch, Klinikmanual Kinder- und Jugendpsychiatrie und -psychotherapie, 2. Auflage 2013, S. 439 (444).

für die Eingriffsintensität auf die Studienlage zu den Psychopharmaka. Es sei kritisch, dass die Studien über das Auftreten und die Häufigkeit von Nebenwirkungen der Neuroleptika so stark voneinander abweichen würden. An dieser Stelle ließe sich einwenden, dass ein solches Abweichen von Studienergebnissen in der Kinder- und Jugendpsychiatrie kaum vorkommt. Der erschreckende und alarmierende Hintergrund davon ist jedoch, dass es nahezu keine Studien über die Wirkung und Nebenwirkung von Psychopharmaka bei Minderjährigen gibt.[364] Der Zulassungsbereich des Medikaments hängt dabei von dem Antrag des pharmazeutischen Unternehmers ab. Ein solcher wird jedoch oft gar nicht oder nur eingeschränkt gestellt (vgl. dazu die Ausführungen in der Einleitung unter Punkt II.). Darüber hinaus ist die Dauer des Zulassungsverfahrens ein möglicher Grund für den Off-Label-Use. Die wissenschaftliche Forschung schreitet oft schneller voran als das Zulassungsverfahren nach dem Arzneimitelgesetz (AMG).[365] Da beide Faktoren dazu führen können, dass es für spezifische Bereiche bei Kindern und Jugendlichen kein arzneimittelrechtlich zugelassenes Medikament gibt, respektive die Auswahl an Medikamenten stark beschränkt ist,[366] muss im Folgenden der Off-Label-Use näher untersucht werden, um die dadurch gesteigerte Gefährlichkeit des Vorgangs für Minderjährige sachgerecht bewerten zu können.

a. Verhältnis von AMG und Arzthaftungsrecht

Einen ersten Anhaltspunkt bietet die einfachrechtliche Zulässigkeit des Off-Label-Use. Sie ergibt sich aus der Therapiefreiheit des Arztes. Sie ist Teil seiner grundrechtlich geschützten Berufsfreiheit aus Art. 12 Abs. 1 GG[367] und erlaubt ihm grundsätzlich die Methoden und Mittel zu verwenden, die er in der Therapie für richtig hält. Die Freiheit in der zivilrechtlichen Behandlung könnte jedoch durch die Notwendigkeit von öffentlich rechtlichen Prüfungsverfahren der Medikamente nach dem AMG eingeschränkt sein. Um sich dieser Frage systematisch nähern zu können, muss das Verhältnis zwischen dem Zulassungsverfahren nach dem AMG und dem zivilrechtlichen Arztrecht geklärt werden. Weder im Zivilrecht noch im öffentlichen Recht gibt es ein ausdrückliches Verbot des Off-Label-Use, sodass die

---

364 *Kölch*, Rechtliche und ethische Fragen im klinischen Alltag, in: Gerlach u. a., Neuro-/Psychopharmaka im Kindes- und Jugendalter: Grundlagen und Therapie, 3. Auflage 2016, S. 81(85).

365 *Konradt*, Der Arzthaftungsfall aus der Sicht des Patienten, in: Ehlers/Broglie, Arzthaftungsrecht, 5. Auflage 2014, Rz. 223; *Müller*, Die Rechtsproblematik des Off-Label-Use, 2009, S. 83; *Walter*, Medikamentöse Behandlung von Kindern, in: Hofer u. a., Perspektiven des Familienrechts: Festschrift für Dieter Schwab zum 70. Geburtstag am 15. August 2005, 2005, S. 965(966).

366 *Guiton*, Off label prescribing in children, in: BMJ 2002, S. 338: „If only licensed drugs were prescribed, it would greatly restrict the pharmaceutical choice for that age group".

367 *Müller*, Die Rechtsproblematik des Off-Label-Use, 2009, S. 73.

Off-Label-Behandlung im Zivilrecht grundsätzlich zulässig ist.[368] Die öffentlich rechtliche Zulassung des Medikaments führt im Zivilrecht lediglich zu der Vermutung, dass das Medikament in der konkreten Therapie verordnungsfähig ist.[369] Für die Vermutung sprechen die unterschiedlichen dogmatischen Hintergründe der beiden Disziplinen. Das Arzneimittelrecht ist ein öffentlich rechtliches Produktsicherheitsrecht, in dem generell die sichere Herstellung der Arznei gewährleistet werden soll; demgegenüber zielt das Arzthaftungsrecht auf eine sichere Anwendung der Arznei im Einzelfall ab, die durch eine Vielzahl von Faktoren geprägt sein kann.[370] Das AMG richtet sich somit an den Arzneimittelhersteller, das Arzthaftungsrecht demgegenüber an den Arzneimittelanwender.[371] Trotz der unterschiedlichen Zielrichtung und der daraus folgenden Zulässigkeit der Off-label-Behandlung im Zivilrecht mahnt die Entstehungsgeschichte des AMG (dabei) zur Vorsicht. Es war eine Reaktion auf den Contergan-Skandal und sollte die Bevölkerung vor unvorhersehbaren Arzneimittelwirkungen schützen. Durch die häufige Off-Label-Verabreichung in der Pädiatrie bestehen jedoch gerade solch unvorhersehbare Risiken für minderjährige Patienten, da keine vorherige Produktsicherung für die behandelte Indikation vorgenommen wurde. *Schweim & Behles* führen hierzu aus:

> Dies bedeutet, dass die Patientengruppe, die am stärksten unter der zum AMG führenden Katastrophe zu leiden hatte, durch das Gesetz am wenigsten geschützt wird! Doch gerade hier können aufgrund der besonderen physiologischen Bedingungen bei Kindern und speziell bei Neugeborenen aufgrund des teilweise sehr geringen Geburtsgewichtes extreme Risiken auftreten. Wenn aber der Off-Label-Use gewissermaßen zur Regelversorgung außerhalb des in der Zulassung geprüften bestimmungsgemäßen

---

368 Vgl. BSG, NZS 2002, 646: „Der einzelne Arzt ist somit weder arzneimittelrechtlich noch berufsrechtlich gehindert, bei seinen Patienten auf eigene Verantwortung ein auf dem Markt verfügbares Arzneimittel für eine Therapie einzusetzen, für die es nicht zugelassen ist"; BGH, NJW 1996, 1593 (1597); *Konradt*, Der Arzthaftungsfall aus der Sicht des Patienten, in: Ehlers/Broglie, Arzthaftungsrecht, 5. Auflage 2014, Rz. 226; *Rumetsch*, Medizinische Eingriffe bei Minderjährigen: eine rechtsvergleichende Untersuchung zum Schweizer und deutschen Recht2013, S. 134; *Stöhr*, Arzthaftungsrechtliche Probleme im Arzneimittelrecht, in: GesR 2011, S. 193 (194f.); *Walter*, Medikamentöse Behandlung von Kindern, in: Hofer u. a., Perspektiven des Familienrechts: Festschrift für Dieter Schwab zum 70. Geburtstag am 15. August 2005, 2005, S. 965 (966); *Walter*, Off-Label-Use: Die Haftung des verordnenden Arztes, in: NZS 2011, S. 361 (362).

369 BGHZ 172, 1 (5f.) = NJW 2007, 2767 (2768).

370 *Hart*, Spannungen zwischen dem Haftungs-, Arzneimittel- und Sozialrecht, in: MedR 2002, S. 321 (322); *Müller*, Die Rechtsproblematik des Off-Label-Use, 2009, S. 51f.

371 *Giesen*, Anmerkungen zu OLG Köln, Urteil vom 30.05.1990 – 27 U 169/89, in: JR 1991, S. 464; *Müller*, Die Rechtsproblematik des Off-Label-Use, 2009, S. 51.

Gebrauchs führt, bedeutet dies im Hinblick auf die Arzneimittelsicherheit für die betroffenen Patienten einen Rückfall in die Zeit vor der Neuordnung des AMG 1976.[372]

Damit stellt die Anwendung der Medikamente außerhalb des Zulassungsbereichs einen starken Kontrastpunkt zur Entstehungsgeschichte der behördlichen Kontrolle von Arzneien dar.

b. Off-Label-Use im Facharztstandard

Das Schutzniveau des Patienten wird bei der Off-Label-Behandlung durch das Arztvertrags- und Arzthaftungsrecht ausgestaltet. Dem ärztlichen Berufsbild entsprechend wird der Arzt von dem Willen angetrieben, den Patienten zu heilen oder jedenfalls die Leiden zu mindern. Um dieses Ziel zu erreichen, hat er gemäß § 630a Abs. 2 BGB nach dem zum Zeitpunkt der Behandlung bestehenden, allgemein anerkannten Facharztstandard zu handeln, soweit nicht etwas Anderes vereinbart ist. Verlässt der Arzt diesen Bereich ohne Rücksprache mit dem Patienten, droht ihm nicht nur eine Haftung aus dem Behandlungsvertrag, sondern auch aus dem Deliktsrecht. Die Therapiefreiheit wird somit grundsätzlich durch den ärztlichen Standard konkretisiert,[373] sodass zu untersuchen ist, inwieweit der Off-Label-Use Teil des fachärztlichen Standards sein kann. Einen unmittelbaren Rückschluss darauf lässt sich aus der grundsätzlichen Zulässigkeit des Off-Label-Use jedenfalls nicht ziehen. Dazu gibt jedoch eine Entscheidung des OLG Köln[374] Aufschluss. In diesem viel beachteten arzthaftungsrechtlichen Urteil ist das OLG zu dem Ergebnis gekommen, dass die unterlassene Off-Label-Behandlung einen groben Behandlungsfehler darstellen kann, wenn eine solche Verordnung eine Standardmethode darstellt, die bereits erprobt, einzig nachhaltig erfolgsversprechend ist und eine unmittelbare drohende und schwere Gefahr für den Leib und das Leben des Patienten besteht.[375] Daraus lässt sich schließen, dass der Off-Label-Use durchaus Teil

---

372 *Schweim/Behles*, Off-Label-Use oder von der Notwendigkeit der Arzneimittelzulassung, in: Bundesgesundheitsbl. - Gesundheitsforsch. - Gesundheitsschutz 2003, S. 499 (499f.).

373 *Göben*, Der Off-Label-Use von Fertigarzneimitteln: Offene Fragen an der Schnittstelle von Standard, Humanität und Wirtschaftlichkeitsgebot, in: Ahrens u. a., Medizin und Haftung: Festschrift für Erwin Deutsch zum 80. Geburtstag, 2009, S. 179 (190).

374 OLG Köln, NJW-RR 1991, 800.

375 OLG Köln, NJW-RR 1991, 800 (802); *Konradt*, Der Arzthaftungsfall aus der Sicht des Patienten, in: Ehlers/Broglie, Arzthaftungsrecht, 5. Auflage 2014, Rz. 222; *Poetsch*, Juristisches Spannungsfeld bei der Off-Label-Verordnung von Arzneimitteln in der Pädiatrie, in: JDDG 2006, S. 421 (422); *Thinesse-Wiehofsky*, Arzthaftung und Pflegeschäden, in: Jahnke/Burmann, Handbuch des Personenschadensrechts, 2016, 1. Kapitel, Rz. 380; *Walter*, Medikamentöse Behandlung von Kindern, in: Hofer u. a., Perspektiven des Familienrechts: Festschrift für Dieter Schwab zum 70. Geburtstag am 15. August 2005, 2005, S. 965 (966).

des fachärztlichen Standards sein kann.[376] Davon ist jedoch nur in Ausnahmefällen auszugehen.[377] Den Arzt trifft insofern eine Informationspflicht über die Zulassungsinformationen des Medikaments hinaus.[378] Er bewegt sich solange innerhalb des jeweiligen Facharztstandards[379], soweit er die Vor- und Nachteile der Verwendung abschätzen kann. Diese auf den ersten Blick simpel klingende Formel verlangt, dass ausreichende wissenschaftliche Erkenntnisse über die Wirkung des Medikaments und ausreichende praktische Erfahrungen vorliegen, sodass die Verabreichung vertretbar erscheint.[380] Wie eng die Grenzen sind, lässt sich zum Beispiel daran aufzeigen, dass Anwendungsempfehlung innerhalb einer Leitlinie noch nicht dazu führen, dass der fachärztliche Standard bei der Therapiemethode eingehalten wird.[381] Vielmehr kann erst davon ausgegangen werden, wenn sich die klinische Prüfung des Medikaments in der Phase III befindet und das Präparat

---

376 Vgl. beispielhaft zum Off-Label-Use und Facharztstandard in der Neonatologie: OLG Naumburg, BeckRS 2007, 03103; *Hart/Mühlbauer*, Unsicherheit in der Pädiatrie durch Off-Label-Use von Arzneimitteln, in: ZEFQ 2008, S. 37 (39).

377 *Koenig/Müller*, Haftungsrechtliche Maßstäbe beim „Off-off"-label-Use trotz Verfügbarkeit eines indikationsspezifisch zugelassenen Arzneimittels, in: MedR 2008, S. 190 (198); *Konradt*, Der Arzthaftungsfall aus der Sicht des Patienten, in: Ehlers/Broglie, Arzthaftungsrecht, 5. Auflage 2014, Rz. 227; *Walter*, Off-Label-Use: Die Haftung des verordnenden Arztes, in: NZS 2011, S. 361 (362).

378 *Giesen*, Anmerkungen zu OLG Köln, Urteil vom 30.05.1990 – 27 U 169/89, in: JR 1991, S. 464 (465).

379 Vgl. zum medizinischen Standard ausführlich *Müller*, Die Rechtsproblematik des Off-Label-Use, 2009, S. 59ff; *Rumetsch*, Medizinische Eingriffe bei Minderjährigen: eine rechtsvergleichende Untersuchung zum Schweizer und deutschen Recht, 2013, S. 134.

380 *Lafontaine*, in: Juris Praxiskommentar, Schuldrecht, 8. Auflage 2017, § 630a, Rz. 473; *Koenig/Müller*, Haftungsrechtliche Maßstäbe beim „Off-off"-label-Use trotz Verfügbarkeit eines indikationsspezifisch zugelassenen Arzneimittels, in: MedR 2008, S. 190 (199); *Konradt*, Der Arzthaftungsfall aus der Sicht des Patienten, in: Ehlers/Broglie, Arzthaftungsrecht, 5. Auflage 2014, Rz. 227; *Rumetsch*, Medizinische Eingriffe bei Minderjährigen: eine rechtsvergleichende Untersuchung zum Schweizer und deutschen Recht, 2013, S. 141; *Stöhr*, Arzthaftungsrechtliche Probleme im Arzneimittelrecht, in: GesR 2011, S. 193 (194); *Walter*, Medikamentöse Behandlung von Kindern, in: Hofer u. a., Perspektiven des Familienrechts: Festschrift für Dieter Schwab zum 70. Geburtstag am 15. August 2005, 2005, S. 965 (966); *Wetterling*, Rechtsprechung zur Verabreichung von Medikamenten außerhalb der zugelassenen Indikationsgebiete (off-label-use), in: Fortschritte der Neurologie Psychiatrie 2004, S. 255 (256).

381 *Walter*, Off-Label-Use: Die Haftung des verordnenden Arztes, in: NZS 2011, S. 361 (362); gleichwohl wird die Evidenz-basierte Medizin immer wichtiger, vgl. zur Haftung des Arztes auf einer solchen Grundlage: *Erich*, Einige Gedanken zur Arzthaftung unter einer evidenz-basierten Medizin, in: Ahrens u. a., Medizin und Haftung: Festschrift für Erwin Deutsch zum 80. Geburtstag, 2009, S. 615.

kurz vor der Zulassung auf dem deutschen Markt steht.[382] Alternativ sollen auch Erkenntnisse reichen, die außerhalb eines Zulassungsverfahrens veröffentlicht wurden, sofern sie Qualität und Wirksamkeit des Medikaments im neuen Anwendungsbereich durch zuverlässige, wissenschaftlich nachprüfbare Aussagen belegen und sich die einschlägigen Fachkreise einig über den Nutzen der Arznei in dieser Anwendungsform sind.[383] Die Voraussetzungen für die Zurechnung einer Off-Label-Behandlung zum Facharztstandard sind somit sehr hoch. Folglich kann von den wissenschaftlichen und praktischen Erfahrungen nicht ausgegangen werden, wenn der Arzt sich für die Anwendung des Präparats auf Einzelfallbeobachtungen und Einzelfallerfahrungen stützt.[384] Bewegt sich der behandelnde Arzt jedoch innerhalb des Facharztstandards, gelten für ihn die allgemeinen haftungsrechtlichen Regeln zur ärztlichen Behandlung.[385]

c. Off-Label-Behandlung im individuellen Heilversuch

Es sind verschiedene Varianten möglich, in denen Medikamente außerhalb des Zulassungsbereichs und außerhalb des fachärztlichen Standards an Minderjährige verabreicht werden können.[386] Die Grenzen zwischen den vorgestellten Bereichen sind jedoch fließend.[387]

Die häufigste Form ist der individuelle Heilversuch. Ein solcher liegt vor, wenn die ärztliche Heilbehandlung im Einzelfall mit Mitteln und Methoden erfolgt, die

---

382 BGHZ 172, 1 (6) = NJW 2007, 2767 (2768).

383 *Göben*, Der Off-Label-Use von Fertigarzneimitteln: Offene Fragen an der Schnittstelle von Standard, Humanität und Wirtschaftlichkeitsgebot, in: Ahrens u. a., Medizin und Haftung: Festschrift für Erwin Deutsch zum 80. Geburtstag, 2009, S. 179 (190).

384 *Koenig/Müller*, Haftungsrechtliche Maßstäbe beim „Off-off"-label-Use trotz Verfügbarkeit eines indikationsspezifisch zugelassenen Arzneimittels, in: MedR 2008, S. 190 (199); *Konradt*, Der Arzthaftungsfall aus der Sicht des Patienten, in: Ehlers/Broglie, Arzthaftungsrecht, 5. Auflage 2014, Rz. 227.

385 *Rumetsch*, Medizinische Eingriffe bei Minderjährigen: eine rechtsvergleichende Untersuchung zum Schweizer und deutschen Recht, 2013, S. 141f; *Stöhr*, Arzthaftungsrechtliche Probleme im Arzneimittelrecht, in: GesR 2011, S. 193 (194); zum Teil wird jedoch darauf hingewiesen, dass auch in diesem Zusammenhang erhöhte Aufklärungsanforderungen bestehen: *Walter*, Off-Label-Use: Die Haftung des verordnenden Arztes, in: NZS 2011, S. 361 (362f.).

386 Vgl. zur Abgrenzung aller Gebiete allgemein *Hart*, Heilversuch, Entwicklung therapeutischer Strategien, klinische Prüfung und Humanexperiment, in: MedR 1994, S. 94.

387 *Rumetsch*, Medizinische Eingriffe bei Minderjährigen: eine rechtsvergleichende Untersuchung zum Schweizer und deutschen Recht, 2013, S. 139; *Weber u. a.*, Psychopharmaka und Recht, in: Gründer/Benkert, Handbuch der Psychopharmakotherapie, 2. Auflage 2012, S. 1137 (1145).

nicht dem ärztlichen Standard entsprechen.[388] In der Praxis kann es sich dabei um eine innovative Variante einer Standardbehandlung oder um eine vollkommen neue Behandlung, deren Wirksamkeit noch nicht systematisch wissenschaftlich überprüft wurde, handeln.[389] Der individuelle Heilversuch kommt zum Beispiel in Betracht, wenn es im Rahmen des Facharztstandards keine erfolgsversprechende Alternative gibt und der Einsatz des Medikaments außerhalb des Anwendungsbereichs medizinisch indiziert ist.[390] Die Zulässigkeit dieses Vorgehens setzt nach der Rechtsprechung des BGH voraus, dass die erwarteten Vorteile in der Abwägung die vermuteten Nachteile der standardgemäßen Behandlung unter Berücksichtigung des Wohles des Patienten deutlich überwiegen.[391] Zwar hat der individuelle Heilversuch damit eine experimentelle Komponente, gleichwohl steht die Behandlung des Patienten und damit die Therapie im Vordergrund.[392] Da es sich somit um einen Sonderfall der Heilbehandlung handelt, gelten grundsätzlich auch hier die allgemeinen arzthaftungsrechtlichen Regeln.[393] Diese Regeln müssen jedoch modifiziert werden, um den mit der Off-Label-Behandlung, außerhalb des fachärztlichen Standards verbundenen Risiken und Nebenwirkungen Rechnung zu tragen.[394] Bei der Off-Label-Behandlung im individuellen Heilversuch gilt zum Beispiel ein erhöhter Sorgfaltsmaßstab (vgl. zur erhöhten Aufklärungspflicht Kapitel 8, B., I.). Im Vergleich zur standardmäßigen Behandlung müssen die Vor- und Nachteile besonders sorgfältig gegeneinander abgewogen werden – und zwar jedes Mal neu, sobald es

388 *Hart*, Heilversuch, Entwicklung therapeutischer Strategien, klinische Prüfung und Humanexperiment, in: MedR 1994, S. 94 (95); *Hoffmann*, Personensorge, 2. Auflage 2013, § 9, Rz. 75; *Koenig/Müller*, Haftungsrechtliche Maßstäbe beim „Off-off"-label-Use trotz Verfügbarkeit eines indikationsspezifisch zugelassenen Arzneimittels, in: MedR 2008, S. 190 (199).

389 *Hart*, Heilversuch, Entwicklung therapeutischer Strategien, klinische Prüfung und Humanexperiment, in: MedR 1994, S. 94 (95); *Müller*, Die Rechtsproblematik des Off-Label-Use2009, S. 71.

390 *Hoffmann*, Personensorge, 2. Auflage 2013, § 9, Rz. 75.

391 BGHZ 168, 103 = NJW 2006, 2477.

392 *Rumetsch*, Medizinische Eingriffe bei Minderjährigen: eine rechtsvergleichende Untersuchung zum Schweizer und deutschen Recht, 2013, S. 142; *Stöhr*, Arzthaftungsrechtliche Probleme im Arzneimittelrecht, in: GesR 2011, S. 193 (194).

393 BGHZ 172, 1 (6) = NJW 2007, 2767 (2768); *Hoffmann*, Personensorge, 2. Auflage 2013, § 9, Rz. 75; *Müller*, Die Rechtsproblematik des Off-Label-Use, 2009, S. 74; *Stöhr*, Arzthaftungsrechtliche Probleme im Arzneimittelrecht, in: GesR 2011, S. 193 (194).

394 BGHZ 172, 1 (7f.) = NJW 2007, 2767 (2768f.); in Bezug auf die Feststellung der Einwilligungsfähigkeit: *Hoffmann*, Personensorge, 2. Auflage 2013, § 9, Rz. 75; *Konradt*, Der Arzthaftungsfall aus der Sicht des Patienten, in: Ehlers/Broglie, Arzthaftungsrecht, 5. Auflage 2014, Rz. 228; vgl. zur gesteigerten Dokumentationspflicht: *Hart*, Heilversuch, Entwicklung therapeutischer Strategien, klinische Prüfung und Humanexperiment, in: MedR 1994, S. 94 (96); sowie *Müller*, Die Rechtsproblematik des Off-Label-Use, 2009, S. 83; *Stöhr*, Arzthaftungsrechtliche Probleme im Arzneimittelrecht, in: GesR 2011, S. 193 (195).

frische Erkenntnisse darüber gibt.[395] Den Arzt trifft dabei eine Informationspflicht über den aktuellen Status des Medikaments.[396] Wenn sich der Arzt trotz Vorliegens von herkömmlichen Methoden, über die es gesicherte Erkenntnisse in der Medizin gibt und die zuverlässig erfolgen können, für eine Off-Label-Behandlung entscheidet, müssen gewichtige Gründe für das Abweichen vom Standard vorliegen. Dabei obliegt es dem Arzt, sofern die Methoden gleiche Heilungsaussichten aufweisen, stets die komplikationsärmste zu wählen.[397] Damit der Arzt hierfür eine fundierte Entscheidung treffen kann, muss er die Off-Label-Methode und die wissenschaftliche Auseinandersetzung damit kennen.[398] Der Arzt muss ebenso mindestens die Grundlagen der eigenen Methode fundiert kennen, um eine sachgerechte Risikoabwägung vornehmen zu können.[399] Dabei muss der Praktiker besondere Erfahrungen in der Anwendung der von ihm gewählten Methode aufweisen.[400] Hat sich der Arzt für eine Behandlung außerhalb des Indikationsgebietes entschieden und sollte er in anschließend die Vermutung haben, dass aus der bisherigen Gabe der Medikamente unbekannte Risiken resultieren, die zu schweren Gesundheitsschäden des Patienten führen können, hat er unverzüglich Kontrolluntersuchungen vorzunehmen.[401]

Sofern der Arzt den gesteigerten Sorgfaltsmaßstab nicht einhält, droht ihm eine deliktsrechtliche Haftung. Darin spiegelt sich der systematische Patientenschutz wider. Da die Off-Label-Behandlung im individuellen Heilversuch für den Patienten mit großen Risiken verbunden sein kann, soll sie nur in eng begrenzten Fällen stattfinden. Deshalb wird die notwendige Sorgfalt und damit das mögliche Haftungsrisiko des anwendenden Arztes erhöht. Wenn möglich, wird der behandelnde Arzt somit versuchen das Risiko und damit den Off-Label-Use zu vermeiden. Dabei ist zu beachten, dass die gesteigerten Anforderungen bereits bei der konsentierten Behandlung gelten. Mit seiner Einwilligung akzeptiert der Patient die gesteigerten Risiken und setzt sich ihnen bewusst aus. Bei der Zwangsbehandlung findet die Off-Label-Behandlung ausdrücklich gegen den Willen des Patienten statt. Die erhöhten Risiken treffen ihn, ohne durch seine Einwilligung kompensiert zu werden. Deshalb muss die Eingriffsintensität bei der Off-Label-Zwangsbehandlung noch höher eingeschätzt werden, als bei der konsentierten Off-Label-Behandlung. Dementsprechend muss der Sorgfaltsmaßstab des behandelnden Arztes noch

395 BGHZ 172, 1 (8) = NJW 2007, 2767 (2769); *Stöhr*, Arzthaftungsrechtliche Probleme im Arzneimittelrecht, in: GesR 2011, S. 193 (195); *Walter*, Off-Label-Use: Die Haftung des verordnenden Arztes, in: NZS 2011, S. 361 (363).

396 BGHZ 172, 1 (8) = NJW 2007, 2767 (2769).

397 *Müller*, Die Rechtsproblematik des Off-Label-Use, 2009, S. 75.

398 *Müller*, Die Rechtsproblematik des Off-Label-Use, 2009, S. 76.

399 *Müller*, Die Rechtsproblematik des Off-Label-Use, 2009, S. 76.

400 OLG Düsseldorf, VersR 1991, 1176; *Müller*, Die Rechtsproblematik des Off-Label-Use, 2009, S. 76.

401 BGHZ 172, 1 (8) = NJW 2007, 2767 (2769); *Stöhr*, Arzthaftungsrechtliche Probleme im Arzneimittelrecht, in: GesR 2011, S. 193 (195).

höher angesetzt werden, damit der Vorgang zulässig ist. Vor diesem Hintergrund ist es besonders bedenklich, dass in der Literatur darauf hingewiesen wird, dass dem Arzt oft nicht alle pharmakologisch-toxikologischen oder klinischen Unterlagen zur Verfügung stehen, geschweige denn, dass er stets auf dem neusten Stand des toxikologischen und pharmakologischen Wissens ist.[402] Darüber hinaus wird kritisch angemerkt, dass häufig nur geringe Anstrengungen unternommen werden, um die Wirkungen und Nebenwirkungen eines eingesetzten Arzneimittels zu erfassen. Zudem seien die dem einzelnen Arzt zur Verfügung stehenden Möglichkeiten einer umfassenden Risiko-Nutzen-Abwägung in Bezug auf den Off-Label-Use nur sehr eingeschränkt.[403] Damit ist die Wahrscheinlichkeit, dass der Off-Label-Use im Rahmen einer Zwangsbehandlung in der Praxis den hohen rechtlichen Anforderungen tatsächlich entspricht, vermutlich sehr gering – beziehungsweise muss jedenfalls kritisch betrachtet werden (vgl. zur Kontrolle durch das Therapeutische Drug Monitoring Kapitel 8, B., IV. sowie G., I.).

d. Heilversuch im Rahmen einer klinischen Prüfung von Arzneimitteln

Neben dem individuellen Heilversuch bestehen nach §§ 41 Abs. 2, 40 Abs. 4 AMG Sonderregeln für Heilversuche, die im Rahmen einer klinischen Prüfung des Arzneimittels durchgeführt werden. Es handelt sich um eine Kombination aus Heilversuch und Humanexperiment.[404] In diesem Fall sind die strengen Anforderungen des AMG zu beachten.[405]

Der Gesetzgeber hat in § 40 Abs. 4 Nr. 3 AMG eine Spezialregelung für die Einwilligung von Sorgeberechtigten und Minderjährigen in dieses ärztliche Vorgehen

---

402 *Müller*, Die Rechtsproblematik des Off-Label-Use, 2009, S. 76; Wetterling, Rechtsprechung zur Verabreichung von Medikamenten außerhalb der zugelassenen Indikationsgebiete (off-label-use), in: Fortschritte der Neurologie Psychiatrie 2004, S. 255 (257): „Schwierigkeiten können auch dadurch entstehen, dass die aktuell zugelassenen Indikationen in der Praxis nicht leicht zugänglich sind. So gibt die allgemein gebräuchliche Rote Liste den tatsächlichen Zulassungsstatus nur unvollkommen wieder und die Fachinformationen existieren nur für einzelne Präparate und werden nach Äderungen der Indikationsgebiete nicht regelhaft von den betreffenden pharmazeutischen Unternehmen an die Ärzte verschickt. Die Beipackzettel geben in der Regel den aktuellen Stand der Zulassung wieder, aber sie sind in der klinischen Praxis nur bedingt verfügbar. Eine Datenbank, aus der der aktuelle Zulassungsstatus zu ersehen ist, wird vom Bundesinstitut für Arzneimittel und Medizinprodukte (BfArM) geführt. Der Zugang setzt einen Vertrag mit DIMDI voraus".

403 *Wachenhausen*, in: Klügel u.a., AMG Kommentar, 2. Auflage 2016, § 41, Rz. 3.

404 *Hart*, Heilversuch, Entwicklung therapeutischer Strategien, klinische Prüfung und Humanexperiment, in: MedR 1994, S. 94 (95); *Hart/Mühlbauer*, Unsicherheit in der Pädiatrie durch Off-Label-Use von Arzneimitteln, in: ZEFQ 2008, S. 37 (39); *Hoffmann*, Personensorge, 2. Auflage 2013, § 9, Rz. 76.

405 *Stöhr*, Arzthaftungsrechtliche Probleme im Arzneimittelrecht, in: GesR 2011, S. 193 (195).

geschaffen. Mit § 40 Abs. 4 Nr. 3 S. 1 und 2 AMG hat die Legislative den Grundsatz festgelegt, dass der gesetzliche Vertreter nach entsprechender Aufklärung eine Einwilligung für den Minderjährigen für die Teilnahme an dem individuellen Heilversuch in Kombination mit dem Humanexperiment zu erteilen hat, die dessen mutmaßlichen Willen entsprechen muss. Die Einwilligungsbefugnis hat der Gesetzgeber jedoch in § 40 Abs. 4 Nr. 3 S. 3 AMG dahingehend eingeschränkt, dass der einwilligungsunfähige Minderjährige auch aufzuklären ist. Sofern er eine Teilnahme am Experiment im Anschluss ablehnt, ist sein Wille zu beachten. Dem Minderjährigen steht somit ein gesetzliches Vetorecht gegen die elterliche Entscheidung zu. Bei einwilligungsfähigen Minderjährigen ist der Gesetzgeber über diese Regelung hinausgegangen und hat ihnen in § 40 Abs. 4 Nr. 3 S. 4 AMG eine kumulative Entscheidungsbefugnis zugesprochen. Eine Teilnahme am Experiment gegen den Willen des Minderjährigen kommt somit sowohl bei einwilligungsunfähigen als auch bei einwilligungsfähigen Minderjährigen nicht in Betracht. Somit stellt § 40 Abs. 4 Nr. 3 AMG (ggfs. in Verbindung mit § 41 Abs. 2 AMG) ein generelles Verbot der Zwangsbehandlung sowohl für einwilligungsfähige als auch für einwilligungsunfähige Minderjährige im Rahmen eines Humanexperiments auf. Insoweit hat der Gesetzgeber den Schutz des Minderjährigen so hoch priorisiert, dass der Off-Label-Use im Rahmen einer solchen Zwangsbehandlung nicht zulässig ist. Da es ein solches Verbot nicht für die Off-Label-Zwangsbehandlung im individuellen Heilversuch gibt, wird deutlich, dass die Einordnung innerhalb der einzelnen Maßnahmen für die Zulässigkeit des ärztlichen Handelns und den Schutz des Minderjährigen von großer Bedeutung ist.

e. *Fremdnütziges Humanexperiment*

Der Heilversuch muss daneben von dem fremdnützigen Experiment, welches nach § 40 Abs. 4 AMG erfolgt, abgegrenzt werden. Das Humanexperiment wird in der ersten Probephase nur an gesunden Probanden vorgenommen und ist alleine auf einen systematischen wissenschaftlichen Erkenntnisgewinn ausgelegt.[406] Da die fremdnützige Forschung an Minderjährigen ethisch besonders problematisch ist, gelten hier besonders strenge Voraussetzungen. Für die Zulässigkeit des Vorgehens unter Zwang kann auf die vorstehenden Ausführungen verwiesen werden.[407]

406 *Hart*, Heilversuch, Entwicklung therapeutischer Strategien, klinische Prüfung und Humanexperiment, in: MedR 1994, S. 94 (95); *Hoffmann*, Personensorge, 2. Auflage 2013, § 9, Rz. 75; *Müller*, Die Rechtsproblematik des Off-Label-Use, 2009, S. 72; *Stöhr*, Arzthaftungsrechtliche Probleme im Arzneimittelrecht, in: GesR 2011, S. 193 (194).

407 Für eine weitergehende Lektüre zu diesem Thema empfiehlt sich: *Magnus*, Medizinische Forschung an Kindern, 2006.

f. Kinderarzneimittelverordnung der EU

Die vorstehenden Ausführungen zeigen, dass bei der Off-Label-(Zwangs-)Behandlung soweit sie überhaupt zulässig ist, keine systematische Erfassung und Überprüfung von Nebenwirkungen stattfindet, die der Gesetzgeber ursprünglich für Arzneimittel vorgesehen hat. Dabei muss vor allem beachtet werden, dass die Psychopharmakologie von entwicklungsspezifischen Faktoren abhängt und somit von Volljährigen stark abweicht. Für Minderjährige besteht damit nicht nur ein statistisch wesentlich höheres Risiko für eine unwirksame Therapie, sondern auch für mehr Nebenwirkungen.[408] Sie treten viel unvorhergesehener auf als bei Volljährigen.[409]

Der aktuelle *status quo* gewährt somit keinen adäquaten Schutz von psychisch kranken Minderjährigen. Dass ein dringender Handlungsbedarf besteht, hat auch die EU erkannt und im Dezember 2006 die sogenannte Kinderarzneimittelverordnung[410] erlassen.

> Zweck dieser Verordnung ist es, die Entwicklung und die Zugänglichkeit von Arzneimitteln zur Verwendung bei der pädiatrischen Bevölkerungsgruppe zu erleichtern, zu gewährleisten, dass die zur Behandlung der pädiatrischen Bevölkerungsgruppe verwendeten Arzneimittel im Rahmen ethisch vertretbarer und qualitativ hochwertiger Forschungsarbeiten entwickelt und eigens für die pädiatrische Verwendung genehmigt werden, sowie die über die Verwendung von Arzneimitteln bei den verschiedenen pädiatrischen Bevölkerungsgruppen verfügbaren Informationen zu verbessern. Diese Ziele sollten verwirklicht werden, ohne die pädiatrische Bevölkerungsgruppe unnötigen klinischen Prüfungen zu unterziehen und ohne die Genehmigung eines Arzneimittels für andere Altersgruppen zu verzögern.[411]

Um dies zu garantieren, sieht die Verordnung in Art. 7 für das Inverkehrbringen von neuen Präparaten vor, dass ein europäisches Genehmigungsverfahren durchgeführt wird, für das entsprechende Studien an Minderjährigen erhoben werden müssen. In der Zeit von Juli 2007 bis Februar 2014 wurden 54 Präparate zugelassen. Daneben besteht die Möglichkeit, bereits zugelassene Medikamente, für die bereits Studiendaten vorliegen, nach Art. 45 und Art. 46 der Verordnung auch für Minderjährige zuzulassen. In dem Zeitraum von Juli 2007 bis Februar 2014 wurden 19

---

408 *Seyberth*, Psychopharmakotherapie, in: Speer/Gahr, Pädiatrie, 4. Auflage 2013, S. 1040.

409 *Gerlach u. a.*, Therapeutisches Drug-Monitoring in der Kinder- und Jugendpsychiatrie – Grundlagen und praktische Empfehlungen, in: Zeitschrift für Kinder- und Jugendpsychiatrie und Psychotherapie 2006, S. 5 (8); *Kölch*, Rechtliche und ethische Fragen im klinischen Alltag, in: Gerlach u. a., Neuro-/Psychopharmaka im Kindes- und Jugendalter: Grundlagen und Therapie, 3. Auflage 2016, S. 81 (86).

410 EU-Verordnng (EG) Nr. 1901/2006 = L 378/1 ff.

411 Erwägungsgrund 4, EU-Verordnng (EG) Nr. 1901/2006.

Arzneien über dieses Verfahren zugelassen.[412] Dabei handelte es sich um Medikamente aus verschiedenen Bereichen und nicht speziell um Psychopharmaka. Einen aktuellen Überblick über die bisher zugelassenen Psychopharmaka geben *Gerlach u. a.* in Übersichtstabellen in den Kapiteln 5 bis 9 ihres Werkes „Neuro-/Psychopharmaka im Kindes- und Jugendalter".[413]

6. *Eingriff in die Entwicklung der Persönlichkeit in Kindheit und Adoleszenz*

Das BVerfG hat die Schwere des Eingriffs in den Kern der Persönlichkeit bei Volljährigen zusätzlich mit der Wirkung von Antipsychotika begründet, nämlich dass seelische Abläufe verändert werden. Dies geschieht bei Minderjährigen auch. Bei dem Eingriff in das Allgemeine Persönlichkeitsrecht von Kindern und Jugendlichen ist zusätzlich zu berücksichtigen, dass sie in gesellschaftlicher, psychosozialer und verhaltenstechnischer Perspektive stark von Volljährigen abweichen.[414]

Die Erfahrungen und Eindrücke aus der Phase der Kindheit und Jugend legen einen wesentlichen Grundstein für die Entwicklung und den Werdegang als Erwachsener. In diese Zeit fällt nicht nur die schulische und außerschulische Bildung, sondern es werden auch politische, weltanschauliche, subkulturelle und sexuelle Vorlieben und Vorstellung ausgebildet. Vor allem der Einfluss von Freunden (*Peers*) und Schulkameraden (*Peer-Group*) ist für die Ausbildung einer autonomen Identität mindestens von gleicher Bedeutung wie der familiäre Rückhalt (vgl. dazu ausführlich Kapitel 5, VIII.). Kurzum lässt sich festhalten, dass in dieser Phase die Grundlage dafür gelegt wird, dass eine persönliche Lebensführung sowie die Entwicklung und Wahrung einer persönlichen Individualität und Identität überhaupt möglich werden.

Allein vor dem Hintergrund der oben erwähnten entwicklungsspezifischen Nebenwirkungen, die bei Volljährigen so nicht oder nicht in der Häufigkeit auftreten, lässt sich deutlich hervorheben, welche Auswirkungen die Gabe von Psychopharmaka auf das Allgemeine Persönlichkeitsrecht des Minderjährigen haben kann. Neben einem verlangsamten Wachstum und einer verzögerten sexuellen Entwicklung kann das für Kinder- und Jugendliche zugelassene Antidepressivum Fluoxetin zu zwei bis drei Mal häufigeren Suizidgedanken führen, als bei Volljährigen. Bei der Gabe von Antipsychotika kann es zu starken Gewichtszunahmen, einer Sedierung, Osteoporose und sexuellen Dysfunktionen und Auswirkungen auf die Menstruation kommen.

---

412 Zum Ganzen: *Afentaki*, Arzneimittel für Kinder und „Off-Label-Use" 5 Jahre nach Inkrafttreten der EU-Verordnung (EG) Nr. 1901/2006, in: Bundesgesundheitsbl. 2014, S. 1111 (1115).

413 *Gerlach u. a.*, Neuro-/Psychopharmaka im Kindes- und Jugendalter, 3. Auflage 2016.

414 *Kearns u. a.*, Developmental Pharmacology – Drug Disposition, Actiond, and Therapy in Infants and Children, in: The New England Journal of Medicine, S. 1157.

Die Nebenwirkungen treffen den Minderjährigen in einer Phase, in der er gerade sein Selbstvertrauen aufbaut und seine sexuelle Identität entwickelt. Gesundheit, Selbstausstrahlung und Attraktivität sind maßgebliche Faktoren für eine solche Entwicklung.[415] Nicht zuletzt deshalb, weil diese Charakteristika in dem soziokulturellen Umfeld von Kindern und Jugendlichen von großer Bedeutung für das Ansehen und die Akzeptanz sind. Einschneidende Erlebnisse in diesem Bereich führen zu einer jedenfalls verzögerten Ausbildung der eigenen Identität und Lebensgestaltung. Das Allgemeine Persönlichkeitsrecht der Minderjährigen wird damit sehr intensiv beeinträchtigt.

III. Fazit

Das Medizinrecht steht an der Schnittstelle von Rechtswissenschaft und Naturwissenschaft. Die Naturwissenschaft beruht auf statistischen Risiken und Wahrscheinlichkeiten. Die Aufgabe der Rechtswissenschaft ist die im Zusammenhang mit der Gabe von Psychopharmaka bestehenden statistischen Gefahren und Unsicherheiten einzuordnen, zu bewerten und einer am grundrechtlichen Rechtsgüterschutz orientierten und für alle Beteiligten sinnvollen Lösung zuzuführen. In dieser Untersuchung ging es darum, die Eingriffsintensität der psychotropen Zwangsbehandlung festzustellen, um herauszufinden, ob dadurch eine Kindeswohlgefährdung vorliegt. Um die Gefahren für das Kind bewerten zu können, arbeitet die Rechtswissenschaft mit der Formel, dass je größer die Wahrscheinlichkeit bei einem Vorgang für eine Schädigung von Rechtsgütern des Kindes ist, desto eher eine Vermutung für eine Kindeswohlgefährdung vorliegt. Darüber hinaus muss beachtet werden, dass je größer die Auswirkungen auf die Rechtsgüter sind, desto geringer die Anforderungen an die Eintrittswahrscheinlichkeit werden.[416] Beide Faktoren wirken sich auf die Notwendigkeit der Ausübung des staatlichen Wächteramtes aus. Für die durch die Zwangsbehandlung gesetzten Rechtsgutsverletzungen ist es unerheblich, dass die Kinder bereits psychisch krank und damit an der Gesundheit geschädigt sind. Es kommt isoliert auf die Bewertung der negativen Auswirkungen des Eingriffs oder des Unterlassen eines ebensolchen für die Bewertung der Kindeswohlgefährdung an.

Die vorstehende interdisziplinäre Analyse hat hervorgehoben, dass Kinder- und Jugendliche weder in den (sozio-)psychologischen noch in den medizinischen Grundlagen mit Volljährigen zu vergleichen sind. Vielmehr stellen sie

415 *De Hert u. a.*, Metabolic and endocrine adverse effects of second-generation antipsychiotics in children and adolescents, in: European Psychiatry 2011, S. 144(155).

416 Diese Regel gilt nicht nur bei der Bewertung von Kindeswohlgefährdung, sondern kann als allgemeine Faustformel verstanden werden. So heißt es z.B. in der polizei- bzw. ordnungsrechtlichen Entscheidung BVerwGE 88, 348 (351) = NVwZ-RR 1992, 470 (471): „Die Wahrscheinlichkeit des Schadenseintritts muß um so größer sein, je geringer der möglicherweise eintretende Schaden ist, und sie darf um so kleiner sein, je schwerer der etwaige Schaden wiegt".

eine heterogene Patientenklientel dar. Die statistischen Risiken, die mit der Gabe von Psychopharmaka verbunden sind, stehen bei Minderjährigen im Kontrast zu Volljährigen durch entwicklungsbedingte Faktoren und fehlende Studien in allen Bereichen auf einer wesentlich unsicheren Grundlage. Gleiches gilt für die Wirkung der Medikamente. Dadurch steigt die Vermutung, dass eine Kindeswohlgefährdung vorliegt.

Eine Lösungsmöglichkeit, die das Recht für solche Situationen vorsieht, sind Zulassungsverfahren von gefährlichen (Arzneimittel-)Produkten. Eine Funktion solcher Verfahren ist es, aufzuzeigen, welche Risiken bestehen und diese einer staatlichen Abwägung mit dem Nutzen der Verabreichung zu unterziehen, die sich dabei an einem grundrechtlichen Güterschutz zu orientieren hat. Für den Patienten werden die Risiken dadurch vorhersehbar und kalkulierbar. Die Gefahren werden bewusst hervorgehoben. Die Entscheidung für oder gegen eine Einnahme kann der Patient anschließend auf einer wissenschaftlich fundierten und rechtlich abgesicherten Datengrundlage treffen.

Entsprechende Mechanismen bestanden für die psychopharmakologische Behandlung von Kindern und Jugendlichen lange Zeit nicht. Die meisten Medikamente werden nach wie vor off-label eingesetzt. Dieser Zustand war und ist unter der Berücksichtigung der entwicklungsbedingten Spezifika in der Pharmakokinetik von Minderjährigen besorgniserregend. Deshalb stellt die EU-Verordnung über Kinderarzneimittel einen ersten Lichtblick am Horizont dar. Gleichwohl ist die Anzahl an auf europäischer Ebene zugelassenen Präparaten bisher sehr gering. Das langsame Fortschreiten der Zulassung und die Implementierung der Verordnung im Vorgehen der Pharmaunternehmen zeigen, dass noch viel Zeit vergehen wird, bis die Off-Label-Problematik aus der Kinder- und Jugendpsychiatrie verschwinden wird. Mit der sehr langfristigen Lösung der Off-Label-Medikation werden lediglich das Problem der fehlenden Studienlage und die massiven Unsicherheiten, die sich aus der entwicklungsabhängigen Psychopharmakologie ergeben, zum Teil beseitigt. Beide Punkte sind als zusätzliche Erschwernisse bei Kindern und Jugendlichen im Vergleich zu der psychotropen (Zwangs-)Medikation von Volljährigen zu betrachten. Dabei muss beachtet werden, dass die nun bestehenden europäischen Prüfungs- und Genehmigungsverfahren noch kein Ausschlussgrund dafür sind, dass die Studienergebnisse über die Wirkung und Nebenwirkung – wie bei Volljährigen – stark voneinander abweichen können. Diese Gefahr besteht trotz der EU-Verordnung über Kinderarzneimittel fort.

Darüber hinaus muss beachtet werden, dass Ergebnisse von manchen durchgeführten Studien nicht wesentlich beruhigender sind. In einer meta-Analyse über die Wirksamkeit von Antidepressiva bei Minderjährigen kamen Forscher zu dem Ergebnis, dass Fluoxetin das einzige Antidepressivum sei, dass bei Minderjährigen statistisch effektiver wirke als eine Placebo-Medikation.[417] Dabei muss

417 *Cipriani u. a.*, Comparative efficacy and tolerability of antidepressants for major depressive disorder in children and adolescents: a network meta-analysis, in: www.thelancet.com 2016, S. 1.

berücksichtig werden, dass die Nebenwirkungen trotz der fehlenden Wirksamkeit auftreten können.

Im Ergebnis zeigt die Untersuchung, dass die subjektive und körperliche Eingriffsintensität bei der Zwangsbehandlung von Kindern und Jugendlichen deutlich höher einzustufen ist als bei Volljährigen, bei denen das BVerfG die Zwangsbehandlung als besonders schwerwiegenden Eingriff in die körperliche Integrität und das Allgemeine Persönlichkeitsrecht bezeichnet hat. Aufgrund der Schwere des Schadensausmaßes sinken die Anforderungen an die Eintrittswahrscheinlichkeit. Hier ist erneut auf die obigen Ausführungen hinzuweisen, dass die statistisch unsichere Datengrundlage zu einer zusätzlich, verstärkten Vermutung führt, dass eine Kindeswohlgefährdung vorliegt. Diese Kombination führt dazu, dass die psychotrope Zwangsbehandlung oft als Kindesfährdung eingeordnet werden muss. Dass der Eingriff in der Absicht vorgenommen wird, den Minderjährigen zu heilen, ist für die Bewertung zunächst irrelevant.

5. Kapitel: Einwilligungsfähigkeit und Einwilligungsbefugnis im Kontext der psychiatrischen Zwangsbehandlung

Da der vorherige Abschnitt festgestellt hat, dass die psychiatrische Zwangsbehandlung aufgrund ihrer Eingriffsintensität eine Kindeswohlgefährdung darstellen kann, müssen die Gründe, warum sich der Gesetzgeber gegen eine gesetzliche Regelung entschieden hat, umso dringender untersucht werden. An dieser Stelle ist daher auf die Antwort der Bundesregierung zur kleinen Anfrage, die bereits unter Kapitel 2, B., II. dargestellt wurde, einzugehen. Dort führte sie aus:

> Da der Regelungsbereich komplex ist und auch die übergeordnete, höchst streitige und ethisch schwierig zu beantwortende Frage der Einwilligung in ärztliche Behandlungen von Minderjährigen allgemein berührt, deren Beantwortung Ausstrahlungswirkung auf zahlreiche andere Regelungsbereiche wie das Arztvertragsrecht und das Strafrecht hat, bedarf es jedoch noch einer vertieften Diskussion und Prüfung.[418]

Die Zwangsbehandlung wurde somit nicht geregelt, da sie unter anderem die übergeordnete Frage der Einwilligung in ärztliche Behandlungen betrifft. Deshalb beschäftigt sich der folgende Abschnitt mit der Einwilligungsfähigkeit (I.) und der Einwilligungsbefugnis (II.) im Kontext von psychiatrischen Zwangsbehandlungen. Insoweit ist zu untersuchen, ob auch psychisch kranken Minderjährigen im Verhältnis zu ihren Eltern eine gewisse „Freiheit zur Krankheit“ zugesprochen werden kann. Die „Freiheit zur Krankheit“ umfasst entsprechend der Rechtsprechung des BVerfG das Recht, Heileingriffe ablehnen zu können, auch wenn sie nach dem Stand des medizinischen Wissens notwendig sind.[419] Die Untersuchung ist für den Schutz der Grundrechte von einwilligungsfähigen Minderjährigen besonders wichtig, da das BVerfG bei Volljährigen ausdrücklich festgehalten hat, dass eine Zwangsbehandlung gegen den freien Willen einer Person nicht in Betracht kommt.[420] Möglicherweise führt die Dogmatik des Sorgerechts jedoch dazu, dass die „Vernunfthoheit“[421] der Eltern weiter reicht als die des Staates.

---

418 BT-Drs. 18/11741, S. 31.

419 Vgl. insoweit zum Betreuungsrecht: BVerfGE 58, 208 (226) = NJW 1982, 691 (693); 128, 282 (304) = NJW 2011, 2113 (2115); 142, 313 (339f.) = NJW 2017, 53 (56) = BeckRS 2016, 50313, Rz. 74.

420 BVerfGE 128, 282 (304ff.) = NJW 2011, 2113 (2115); 142, 313 (340) = NJW 2017, 53 (56) = BeckRS 2016, 50313, Rz. 75.

421 BVerfGE 142, 313 (339) = NJW 2017, 53 (56) = BeckRS 2016, 50313, Rz. 74.

Im Gegensatz zu Volljährigen, die aufgrund ihres Alters solange als einwilligungsfähig gelten bis ihre Einwilligungsunfähigkeit festgestellt wurde, werden Minderjährige grundsätzlich als einwilligungsunfähig betrachtet, bis ihre Einwilligungsfähigkeit positiv festgestellt wurde. Der Grund für eine solche unterschiedliche Bewertung liegt in dem Streit um die Grundrechtsmündigkeit. Als Ausgangspunkt für die Frage lässt sich festhalten, dass Minderjährige grundrechtsfähig sind.[422] Im Gegensatz zu Volljährigen ist es bei ihnen jedoch umstritten, ob sie in der Lage sind, die grundrechtlich geschützten Gehalte eigenständig auszuüben. Sollte dies nicht der Fall sein, ist der elterliche Zuständigkeitsbereich für den Minderjährigen und damit die Vernunfthoheit der Eltern, aufgrund des fiduziarischen Elternrechts, automatisch eröffnet. Der Streit ist für das Zivilrecht relevant, da davon abhängt, ob dem Minderjährigen auch im einfachen Recht (§ 630d BGB) eine verfassungsrechtliche Teilmündigkeit zugewiesen werden kann. Eine solche würde eine zivilrechtliche Handlungsfähigkeit des Minderjährigen bedeuten, die mit einem gleichzeitigen Rückgang der elterlichen Befugnisse einhergehen würde. In diesem Zusammenhang hat das BVerfG festgehalten, dass mit abnehmender Pflege- und Erziehungsbedürftigkeit sowie zunehmender Selbstbestimmungsfähigkeit des Minderjährigen die im Elternrecht wurzelnde Rechtsbefugnisse zurückgedrängt werden.[423] Eine verfassungsrechtlich begründete Handlungsbefugnis in medizinischen Sachverhalten würde dazu führen, dass die Eltern keine Kompetenz haben, um in eine Zwangsbehandlung einzuwilligen. Eine ärztliche Zwangsbehandlung könnte somit nicht durch die elterliche Einwilligung gerechtfertigt werden. Sie würde vielmehr eine schwere Verletzung der körperlichen Integrität und des Allgemeinen Persönlichkeitsrechts des Minderjährigen darstellen. Im Falle einer Teilmündigkeit würde sich die staatliche Schutzpflicht verdichten, um sicherzustellen, dass einwilligungsfähige Minderjährige nicht zwangsbehandelt werden dürfen.

A. Einwilligungsfähigkeit

Die Einwilligungsfähigkeit des psychisch kranken Minderjährigen ist, wie zuvor dargestellt, das erste Glied in der hier zu betrachtenden Kette. Liegt eine solche nicht vor, fehlt es bereits an der möglichen Grundrechtsmündigkeit, die zu einer Freiheit zur Krankheit des Minderjährigen im Sorgerecht führen könnte.

I. Rechtsprechung

Die heutige Definition der Einwilligungsfähigkeit wurde maßgeblich durch eine Entscheidung des BGH aus dem Jahr 1958 geprägt.[424] Die Ausführungen in diesem

422 BVerfGE 24, 119 (120) = NJW 1968, 2233; 37, 217 (252) = NJW 1974, 1609 (1611); 47, 46 (73) = NJW 1978, 807 (809); 60, 79 (88) = NJW 1982, 1379; NJW 1981, 217 (218).
423 BVerfGE 59, 360 (382) = NJW 1982, 1375 (1377).
424 BGHZ 29, 231 = NJW 1959, 811.

Beschluss werden im Folgenden kurz dargestellt, da die Rechtsprechung seitdem keine weiteren Neuerungen im Bereich der Einwilligungsfähigkeit hervorgebracht hat. In sämtlichen Folgeentscheidungen ging es um die Einwilligungsbefugnis.[425]

Um sich der Thematik zu nähern, ist der BGH zunächst auf die Rechtsnatur der Einwilligung eingegangen. Er hielt hierzu fest, dass es sich dabei nicht um eine rechtsgeschäftliche Willenserklärung handele, sondern vielmehr um eine Gestattung beziehungsweise Ermächtigung zur Vornahme einer tatsächlichen Handlung, die in den Rechtskreis des Gestattenden eingreife.[426] Da der Mensch über höchstpersönliche Rechtsgüter nicht im gleichen Maße verfügen könne, wie zum Beispiel über das Recht an einer Sache, seien die auf rechtsgeschäftliche Willenserklärungen bezogenen §§ 107 ff. BGB nicht geeignet, die Einwilligungsfähigkeit zu bestimmen. Eine analoge Anwendung dieser Normen sei auch nicht geboten, da der Minderjährige nicht schutzbedürftig sei, wenn er nach seiner geistigen und sittlichen Reife in der Lage ist, das Wesen, die Bedeutung und die Tragweite des Eingriffs in höchstpersönliche Rechtsgüter zu erkennen (Einwilligungsfähigkeit).[427]

II. Gesetzgeber

Da die Rechtsprechung ihre Formel nicht weiter präzisiert hat, stellt sich die Frage, ob der Gesetzgeber nähere Konkretisierungen der Einwilligungsfähigkeit vorgenommen hat.

---

425 Insbesondere: BGH, NJW 1971, 1887; 1972, 335 (337) = FamRZ 1972, 89; 2007, 217 = FamRZ 2007, 130.

426 BGHZ 29, 33 (36) = NJW 1959, 811; vor diesem Hintergrund verwundert der Absatz in BGHZ 90, 96 (101f.) = NJW 1984, 1395 (1396): „Die Einwilligung eines Patienten in einen ärztlichen Eingriff ist keine Willenserklärung, die sich aufspalten läßt in eine solche, die sich auf die Verletzung der körperlichen Integrität einerseits bezieht, und in eine solche, die andererseits die Selbstgefährdung durch Inkaufnahme etwaiger Risiken betrifft. Richtig ist, daß sie inhaltlich beide Momente umfaßt. Damit wird aber nur umschrieben, worin die rechtliche Bedeutung der Willenserklärung liegt. Indessen hat das nichts damit zu tun, welchen Erklärungsinhalt die Einwilligung in den ärztlichen Eingriff gegenüber dem Arzt hat. Dieser ist eindeutig: Wird die Einwilligung wirksam erteilt, gilt sie uneingeschränkt. Wird sie versagt (oder, was dem gleich steht, ist sie mangels ausreichender Aufklärung rechtsunwirksam), ist die Willenserklärung nicht anders gemeint, und kann auch nicht anders verstanden werden, als daß der Patient die ihm angeratenen ärztlichen Maßnahmen nicht dulden will, und zwar insgesamt nicht".

427 Zum Ganzen ausführlich: BGHZ 29, 33 (36f.) = NJW 1959, 811.

1. *§ 1626a BGB-E*

In dem Entwurf eines Gesetzes zur Neuregelung des Rechts der elterlichen Sorge[428] hatte der Gesetzgeber mit § 1626a BGB-E folgende Regelung vorgesehen:

> Die Einwilligung in eine Heilbehandlung kann, soweit gesetzlich nichts anderes bestimmt ist, das Kind nach Vollendung des 14. Lebensjahres selbst erteilen, wenn es fähig ist, Grund und Bedeutung der Heilbehandlung einzusehen und seinen Willen hiernach zu bestimmen; die Befugnis der Eltern, in eine Heilbehandlung des Kindes einzuwilligen, bleibt unberührt.

Der Entwurf ist im Gesetzgebungsverfahren gescheitert. Aus dem Wortlaut der Norm geht jedoch hervor, dass der Gesetzgeber die Einwilligungsfähigkeit anhand von zwei Kriterien festlegen wollte. In einem ersten Schritt wurde eine Altersgrenze von 14 Jahren vorgeschlagen. Die starre Grenze begründeten die Entwurfsverfasser damit, dass praktischen Bedürfnissen der behandelnden Ärzte Rechnung getragen werden solle. Eine fixe Grenze sei ein klarer Maßstab, an dem sich die Praktiker orientieren könnten. Ausschlaggebendes Kriterium für die Festlegung der Grenze bei 14 Jahren waren bereits andere gesetzliche Normen, in denen die Grenze gewählt wurde, wie zum Beispiel im Bereich der religiösen Kindererziehung. Als zweites Kriterium stützte sich der Entwurf auf die Definition des BGH indem er verlangte, dass der 14 Jährige fähig sein müsse, Grund und Bedeutung der Heilbehandlung einzusehen und seinen Willen hiernach bestimmen kann.[429]

2. *§ 1631d BGB*

Nachdem der Entwurf gescheitert war, blieb der Gesetzgeber lange untätig. Dies änderte sich am 20.12.2012. An diesem Tag wurde mit dem Gesetz über den Umfang der Personensorge bei einer Beschneidung des männlichen Kindes[430] § 1631d BGB in die personensorgerechtlichen Regelungen des BGB aufgenommen. In der Gesetzesbegründung griff der Gesetzgeber die Ausführungen des BGH erneut auf und definierte die Einwilligungsfähigkeit dahingehend, dass es dafür darauf ankomme, ob der Minderjährige aufgrund seines Entwicklungsstandes in der Lage sei, Wesen, Bedeutung und Tragweite des mit der Beschneidung verbundenen Eingriffs in die eigene körperliche Unversehrtheit zu erfassen.[431]

---

428 BT-Drs. 7/2060; vgl. darüber hinaus für eine Regelung der Einwilligung von Minderjährigen in Schwangerschaftsabbrüche im Strafrecht § 219e StGB-E in BT-Drs. 6/3434.

429 BT-Drs. 7/2060, S. 19.

430 BGBl. I 2012, S. 2749; BT-Drs. 17/11295.

431 BT-Drs. 17/11295, S. 18.

3. § 630d BGB

Eine allgemeine Norm für die Einwilligung wurde kurz darauf mit dem Gesetz zur Verbesserung der Rechte von Patienten und Patientinnen[432] in das BGB eingeführt. Mit diesem Gesetz wurde der Behandlungsvertrag positiv im BGB kodifiziert. Die Einwilligung wurde als vertragliche Pflicht in § 630d BGB geregelt, ohne die Einwilligungsfähigkeit zu konkretisieren. Gleichwohl finden sich in der Gesetzesbegründung einige weitergehende Ausführungen. Der Gesetzgeber hielt hierzu fest, dass die natürliche Willensfähigkeit des Patienten für die Einwilligungsfähigkeit entscheidend sei. Das Einsichtsvermögen und die Urteilskraft des Patienten müssten ausreichen, um die vorherige Aufklärung zu verstehen sowie den Nutzen einer Behandlung gegen Risiken abzuwägen und am Ende eine eigene Entscheidung zu treffen. Die Feststellung obläge dem behandelnden Arzt. Die Einwilligungsfähigkeit sei eine rechtshindernde Einwendung, sodass derjenige sie beweisen müsse, der sich darauf berufe. Eine starre Altersgrenze ließe sich für die Feststellung der Einwilligungsfähigkeit jedenfalls nicht ziehen. Bei Volljährigen sei grundsätzlich von der Einwilligungsfähigkeit auszugehen, wohingegen es bei Minderjährigen auf die Umstände des Einzelfalls ankommen solle, ob er allein einwilligen könne oder ob es zusätzlich der gemeinsamen Einwilligung der Eltern bedürfe. Von der Einwilligungsfähigkeit eines Minderjährigen sei im Regelfall dann auszugehen, wenn er über die behandlungsspezifische natürliche Einsichtsfähigkeit verfügen würde.[433]

III. Literatur

Die Literatur stellt, wie der Gesetzgeber und die Rechtsprechung auch darauf ab, ob der Minderjährige nach seiner geistigen und sittlichen Reife die Bedeutung und Tragweite des Eingriffs beurteilen kann.[434] Ergänzend wird angefügt, dass der Minderjährige in der Lage sein müsse, Tatsachen und Kausalverläufe zu erkennen und zu bewerten, um auf dieser Grundlage eine selbstbestimmte Entscheidung treffen zu können. Als Grundlage müsse der Minderjährige somit mindestens die Risiken und Erfolgschancen samt Nebenwirkungen im Vergleich zur unterlassenen Behandlung erfassen und abwägen können, wodurch er stets eine Wertentscheidung über seine körperliche Integrität und Leben träfe.[435] Auf diese Ausführungen

---

432 BGBl. I 2013, S. 277; BT-Drs. 17/10488.

433 BT-Drs. 17/10488, S. 23.

434 Statt Vieler: *Katzenmeier,* in: Bamberger/Roth, BGB Kommentar, 42. Edition, Stand: 01.11.2016, § 630d, Rz. 13, m.w.N.

435 *Belling,* Die Entscheidungskompetenz für ärztliche Eingriffe bei Minderjährigen, in: FuR 1990, S. 68 (76); *Diederichsen,* Selbstbestimmungsrecht Minderjähriger bei medizinischer Behandlung, in: Müller u. a., Festschrift für Günter Hirsch, 2008, S. 355 (358); *Wölk,* Der minderjährige Patient in der ärztlichen Behandlung, in: MedR 2001, S. 80 (89).

stützt sich auch die oben dargestellte Gesetzesbegründung zu § 630d BGB. Zusätzlich wird ein Abstellen auf die gesamten persönlichen Umstände des Minderjährigen empfohlen, die sich aus dem Alter, dem Beruf und der Ausbildung sowie der persönlichen Entwicklung und der Persönlichkeit des Patienten ergäben.[436]

Für die Feststellung der Einwilligungsfähigkeit werden teilweise, wie in dem oben vorgestellten Referentenentwurf, feste Altersgrenzen als Indizien vorgeschlagen. Als Richtwert wird davon ausgegangen, dass der behandelnde Arzt bei Personen von unter 14 Jahren die Einwilligung des Sorgeberechtigten einholen solle. Ab der Grenze von 14 Jahre komme es auf die Persönlichkeit des Jugendlichen im Hinblick auf den geplanten Eingriff an. Bei Vorliegen der Urteilsfähigkeit werde der Minderjährige Träger der Zustimmungsbefugnis.[437] Zum Teil wird eine Grenze von 16 Jahren vorgeschlagen, die in höchstpersönlichen Bereichen wie der Sexualmedizin niedriger angesetzt sein solle.[438] Für eine Lösung über das Alter wird angeführt, dass der Arzt altruistisch tätig werde und er deshalb vor Fehleinschätzungen geschützt werden müsse, wodurch eine eindeutige Altersstufenlösung empfehlenswert sei.[439]

Gegen ein solches Vorgehen wird angeführt, dass sie wichtige entwicklungspsychologischen Grundlagen nicht berücksichtige. Feste Altersgrenzen würden verkennen, dass die Entwicklungsphasen von Minderjährigen unterschiedlich verlaufen und somit verschiedene Patienten über- sowie unterfordern können.[440] *Diederichsen* bezeichnet die Festlegung des 14. Lebensjahres als unerklärliche „magische Grenze“[441] und hält hierzu fest:

> Für die Grenze von 14 Jahren gibt es keinerlei entwicklungspsychologische Anhaltspunkte; sie trifft den Jugendlichen vielmehr in der Regel mitten in seiner Pubertät. Er wird damit vom Gesetzgeber neben den Schwierigkeiten, die er mit sich selbst hat, auch noch mit Entscheidungskompetenzen belastet, die ihn ganz sicherlich überfordern.[442] (...) Es gibt kaum ein Alter, in welchem der Reifegrad der Jugendlichen

436 *Rüping*, Therapie und Zwang bei Untergebrachten Patienten, in: JZ 1982, S. 744 (745).

437 *Katzenmeier*, in: Laufs/Katzenmeier/Lipp, Arztrecht, 7. Auflage 2015, S. 128; im Ergebnis ähnlich *Kern*, Fremdbestimmung bei der Einwilligung in ärztliche Heileingriffe, in: NJW 1994, S. 753 (755), der zwar fixe Altersgrenzen ablehnt, jedoch bei Minderjährigen unter 14 Jahren automatisch von Einwilligungsunfähigkeit ausgeht.

438 *Deutsch/Spickhoff*, Medizinrecht, 7. Auflage 2014, Rz. 1129.

439 *Eberbach*, Familienrechtliche Aspekte der Humanforschung an Minderjährigen, in: FamRZ 1982, S. 450 (452), der die Feststellung der Einwilligungsfähigkeit jedoch differenzierend vornimmt und z.B. eine Individuallösung für das Humanexperiment vorzieht.

440 *Diederichsen*, Selbstbestimmungsrecht Minderjähriger bei medizinischer Behandlung, in: Müller u. a., Festschrift für Günter Hirsch, 2008, S. 355 (362).

441 Ebenso *Pearce*, Consent to Treatment During Childhood, in: British Journal of Psychiatry 1994, S. 713: „It makes little sense to have a magic age when children suddenly become competent to give consent“.

442 *Diederichsen*, Zur Reform des Eltern-Kind-Verhältnisses, in: FamRZ 1978, S. 461 (464).

> unterschiedlicher ausfällt und in welchem das Kind von größeren Identifizierungsschwierigkeiten erfasst ist, als das Alter um vierzehn – von geschlechtsspezifischen notwendigen Differenzierungen ganz zu schweigen.[443]

Darüber hinaus müsse gesehen werden, dass die Entscheidung über einen medizinischen Eingriff eine sehr enge Verbindung zum Allgemeinen Persönlichkeitsrecht des Minderjährigen aufweise. Gerade deshalb sei es für einen frühreifen einwilligungsfähigen 15 Jährigen schwer erträglich, sich einer Fremdbestimmung zu unterwerfen, nur, weil er das 16. Lebensjahr noch nicht erreicht habe.[444] Dass in einer solchen gesetzlichen Festlegung Willkür liegt, hebt *Finger* bildlich hervor, wenn er schreibt:

> Ohne allzu große Mühen lässt sich das zusammengewürfelte Angebot zudem durch einen ebenso bunten Strauß von Vorschriften mit anderen Altersgrenzen austauschen; vom 7. bis zum 16. Lebensjahr wird nahezu jede einzelne Stufe als auslösendes Moment für wachsende Selbstständigkeiten angesprochen, wobei über die jeweilige entwicklungspsychologische Zuordnung und Absicherung oder sonst überzeugende Gesichtspunkte für die Wahl noch nichts gesagt ist.[445]

Aus diesem Grund wird eine Entscheidung im Einzelfall gefordert, die nicht pauschal auf das Erreichen eines bestimmten Alters abstellt.[446]

IV. Einwilligungsfähigkeit in England

Die vorstehenden Ausführungen zeigen, dass die Einwilligungsfähigkeit in Deutschland zwar auf eine gewisse Formel zurückzuführen ist, gleichwohl erscheinen der konkrete Inhalt und die Anforderungen relativ konturenlos. Um den Blickwinkel der Diskussion zu erweitern, wird im Folgenden der Lösungsansatz des englischen Rechts vergleichender Weise betrachtet.

1. Minderjährige über 16 Jahren

Die Einwilligungsfähigkeit von Minderjährigen, die das 16. Lebensjahr vollendet haben, ist im sogenannten *statute law* geregelt. Im *Family Law Reform Act 1969* hat der Gesetzgeber folgende s 8 (1) erlassen:

> The consent of a minor who has attained the age of sixteen years to any surgical, medical or dental treatment which, in the absence of consent, would constitute a

---

443 *Diederichsen*, Zur Reform des Eltern-Kind-Verhältnisses, in: FamRZ 1978, S. 461 (465).

444 *Wölk*, Der minderjährige Patient in der ärztlichen Behandlung, in: MedR 2001, S. 80 (86).

445 *Finger*, Das neue Recht der elterlichen Sorge, in: JA 1981, S. 641 (644).

446 *Kölch*, Rechtliche und ethische Fragen im klinischen Alltag, in: Gerlach u. a., Neuro-/Psychopharmaka im Kindes- und Jugendalter: Grundlagen und Therapie, 3. Auflage 2016, S. 81 (87).

> trespass to his person, shall be as effective as it would be if he were of full age; and where a minor has by virtue of this section given an effective consent to any treatment it shall not be necessary to obtain any consent for it from his parent or guardian.

Die Regelung enthält zwar keine Definition der Einwilligungsfähigkeit als solche, gleichwohl wurde damit die gesetzliche Vermutung aufgestellt, dass Minderjährige ab der Vollendung des 16. Lebensjahres im gleichen Maße wie Volljährige als einwilligungsfähig gelten. Weitere Konkretisierungen der Einwilligungsfähigkeit und ihrer Feststellung erfolgten durch den *Mental Capacity Act 2005* (kurz: MCA) und den dafür ausgearbeiteten *MCA Code of Practice*. Der MCA wurde verabschiedet, um die Rechte von einwilligungsunfähigen Personen, die mindestens 16 Jahre[447] alt sind, zu stärken. Er umfasst unter anderem die ärztliche Behandlung.[448] Der *MCA Code of Practice* wurde aufgrund von s 42 MCA erlassen und soll als Anleitung und Informationsmöglichkeit zu dem MCA verstanden werden.[449] In s 1 MCA sind die grundlegenden Prinzipien festgelegt, die in der ärztlichen Behandlung von Personen über 16 Jahren gelten. Sobald eine Person dieses Alter erreicht hat, gilt sie solange als einwilligungsfähig bis ihre Einwilligungsunfähigkeit ausdrücklich festgestellt wurde.[450] Unkluge sowie unvernünftige Entscheidungen sind laut dem Gesetzgeber kein Beweis für eine Einwilligungsunfähigkeit.[451] Dahinter steht der Gedanke, dass solche Entscheidungen nach wie vor frei gewählt sein können und nicht unweigerlich das Ergebnis einer psychischen Krankheit oder Geistesbeeinträchtigung sein müssen.[452]

2. *Minderjährige unter 16 Jahren*

Die vorstehenden Ausführungen zeigen, dass sich ein ausdifferenziertes System für die Einwilligungsfähigkeit von Minderjährigen über 16 Jahren ausgebildet hat. Unweigerlich führte die Regelung des s 8 (1) *Family Law Reform Act* 1969 zu der Frage, ob Minderjährige, die das 16. Lebensjahr noch nicht vollendet haben, *ipso jure* als einwilligungsunfähig behandelt werden müssen. Sie wurde durch das *common law* in dem Fall 'Gillick v West Norfolk and Wisbech AHA'[453] entschieden. In ihrer Begründung zum Urteil führten sowohl *Lord Fraser* als auch *Lord Scarman* aus, dass die s 8 des *Family Law Reform Act 1969* die Einwilligungsfähigkeit und Einwilligungsbefugnis von Minderjährigen, die noch keine 16 Jahre alt seien,

---

447 Vgl. Umkehrschluss aus s 2 Abs. 5 lit. b).
448 Vgl. s 5 (1) MCA.
449 *Office of the Public Guardian*, Mental Capacity Act 2005: Code of Practice, 2007, S. 1.
450 Vgl. s 1 (2) MCA.
451 Vgl. s. 1 (4) MCA.
452 *Lock/Sir Munby*, The Test for Capacity, in: Grubb u. a., Principles of medical law, 3. Auflage 2010, S. 473 (483).
453 Gillick v West Norfolk and Wisbech AHA (1986) 1 A.C., S. 112.

offengelassen habe. Dies gehe vor allem aus dem dritten Absatz der s 8 hervor, indem festgehalten wurde:

> (3) Nothing in this section shall be construed as making ineffective any consent which would have been effective if this section had not been enacted.[454]

In Bezug auf starre Altersgrenzen, die dazu verwendet werden, die Einwilligungsfähigkeit festzulegen, führte *Lord Scarman* zunächst ein Argument der Befürworter an. Ihre Notwendigkeit würde häufig mit dem öffentlichen Interesse an der Bestimmtheit von Rechtsnormen begründet. Damit würden jedoch eine Inflexibilität und Starrheit einhergehen, die die Entwicklung des Rechts erschweren und ihm einen verstaubten Stempel aufdrücken würden, obwohl es gerade in diesem Bereich die Fähigkeit zur Entwicklung benötige. Hierzu führte er an, dass die Eltern-Kind-Beziehung ein Feld sei, in dem es um die Ausbildung und Reife der menschlichen Persönlichkeit gehe. Weiter hielt *Lord Scarman* hierzu fest:

> If the law should impose upon the 'process of growing up' fixed limits where nature knows only a continuous process, the price would be artificiality and a lack of realism in an area where the law must be sensitive to human development and social change. If certainty be thought desirable, it is better that the rigid demarcations necessary to achieve it should be laid down by legislation after a full consideration of all the relevant factors than by the courts confides as they are by the forensic process to the evidence adduced by the parties and to whatever may properly fall within the judicial notice of judges. Unless and until Parliament should think fit to intervene, the courts should establish a principle flexible enough to enable justice to be achieved by its application to the particular circumstances proved by the evidence placed before them.[455]

Anschließend nahm er die Ausführung vor, die bis heute die Einwilligungsfähigkeit im *common law*[456] unter dem Begriff *Gillick competence* prägen:

> (...) if and when the child achieves a sufficient understanding and intelligence to enable him or her to understand fully what is proposed. It will be a question of fact whether a child seeking advice has sufficient understanding of what is involved to give a consent valid in law. (...) When applying these conclusions to contraceptive advice and treatment it has to be borne in mind that there is much that has to be understood by a girl under the age of 16 if she is to have legal capacity to consent to such treatment. It is not enough that she should understand the nature of the advice which is

---

454 Gillick v West Norfolk and Wisbech AHA (1986) 1 A.C., S. 112 (167 und 182).

455 Gillick v West Norfolk and Wisbech AHA (1986) 1 A.C., 112 (185f.).

456 Die Ausführungen von *Lord Scarman* und der Begriff *Gillick competence* wurden zum Beispiel vom obersten Gerichtshof in Australien übernommen, vgl. dazu: Secretary, Department of Health and Community Services v JWB (Marion's case) (1992) 175 CLR 218.

> being given: she must also have a sufficient maturity to understand what is involved. There are moral and family questions, especially her relationship with her parents; long-term problems associated with the emotional impact of pregnancy and is termination; and there are risks to health of sexual intercourse at her age, risks which contraception may diminish but cannot eliminate. It follows that a doctor will have to satisfy himself that she is able to appraise these factors before he can safely proceed upon the basis that she has at law capacity to consent to contraceptive treatment.[457]

Mit anderen Worten muss der noch nicht 16 Jahre alte Minderjährige im konkreten Einzelfall[458] zeigen, dass er ausreichende Reife und Intelligenz besitzt, um den Sinn und Zweck sowie die Auswirkungen der Behandlung, samt der Risiken und Alternativen, bewerten zu können.[459]

3. *Anmerkungen*

Im Vergleich zur Einwilligungsfähigkeit in Deutschland lassen sich einige Parallelen aufzeigen, jedoch finden sich auch Unterschiede und Ansatzpunkte zur Kritik.

a. *Altersgrenze*

In zeitlicher Hinsicht verlief die Diskussion um die Altersgrenze in Deutschland und England relativ einheitlich. Zwischen dem *Family Law Reform Act 1969* und dem Versuch des deutschen Gesetzgebers, § 1626a BGB zu erlassen, liegen lediglich fünf Jahre. Dabei hatte der deutsche Gesetzgeber mit 14 Jahren eine niedrigere Grenze als der englische gewählt. In beiden Vorgehen wurde für die Wahl der Altersgrenze angeführt, dass es ein Bedürfnis für Rechtssicherheit gäbe. Die Festsetzung der Höhe der Altersgrenze erfolgte demgegenüber relativ willkürlich.

aa. Überzeugende Absage an exklusive Altersgrenze

Bemerkenswerterweise hat die historische Entwicklung in den zwei Ländern dem Vorhandensein einer exklusiven Altersgrenze eine überzeugende Absage erteilt. Sowohl in England als auch in Deutschland können Minderjährige unabhängig von ihrem Alter als einwilligungsfähig eingestuft werden.[460]

---

457 Gillick v West Norfolk and Wisbech AHA (1986) 1 A.C., 112(189).

458 Vgl. die oben stehenden Ausführungen von *Lord Scarman*: *'It will be a question of fact'.*

459 *Larcher/Hutchinson*, How should paediatricians assess Gillick competence?, in: Archives of Disease in Childhood 2009, S. 307 (308); *Wheeler*, Gillick or Fraser? A plea for consistency over competence in children, in: BMJ 2006, S. 807.

460 Vgl. zu Altergrenzen in weiteren europäischen Staaten: *Nys u. a.*, Minors and Informed Consent: A Comparative Approach, in: European Journal of Health Law 2007, S. 21.

Dass die Einwilligungsfähigkeit von Minderjährigen unter 16 Jahren in England generell sehr umstritten gewesen ist, zeigt sich schon in den unterschiedlichen Urteilen der vorherigen Instanzen. In erster Instanz wurde für eine Einwilligungsfähigkeit von Minderjährigen entschieden, demgegenüber stimmten die drei Richter des *Court of Appeal* einheitlich gegen eine Einwilligungsfähigkeit von Minderjährigen, die noch keine 16 Jahre alt sind. Auch die Entscheidung des *House of Lords* fiel mit drei Stimmen dafür zu zwei Stimmen dagegen sehr knapp aus. In Summe stimmten somit mehr Richter gegen als für die Einwilligungsfähigkeit von Minderjährigen unter 16 Jahren.[461]

Gegen eine exklusive Altersgrenze spricht insbesondere, dass es sich bei der Einwilligungsfähigkeit um einen dynamischen Prozess der Reife und Entwicklung handelt und entsprechende entwicklungspsychologische Grundlagen berücksichtig werden müssen. Dies gründet in Deutschland vor allem auf dem dogmatischen Fundament der Einwilligungsfähigkeit, welche in der Grundrechtsmündigkeit wurzelt. Hierbei handelt es sich um ein relatives Modell, welches von der individuellen Reife des Minderjährigen im konkreten Sachverhalt abhängt. In einem liberalen Staat muss dem Individuum ein möglichst großer autonomer Handlungsspielraum zugebilligt werden. Mithin muss sich der Rahmen der Handlungsmöglichkeiten entsprechend der wachsenden Reife anpassen. Das Recht muss den realen Anforderungen angemessen entgegentreten. Starre Altersgrenzen können einem solchen dynamischen Prozess nicht gerecht werden. Sie simplifizieren und verallgemeinern vielmehr eine komplexe Realität. Dies lässt sich anhand des Beispiels verdeutlichen, dass das Anlegen eines Gipsverbands und das Durchführen einer *Hemisphärektomie*[462] in ihrer Komplexität und Auswirkung völlig wesensverschieden sind. Um sie nachvollziehen zu können, werden unterschiedliche Fähigkeiten beziehungsweise Kapazitäten von dem Minderjährigen abverlangt. Damit die Grundrechtsmündigkeit in der ärztlichen Behandlung tatsächlich mit einer größtmöglichen Autonomie praktiziert werden kann, ist es überzeugend, dass die Einwilligungsfähigkeit an ein altersunabhängiges Konzept geknüpft wird. Minderjährigen muss sukzessiv die Möglichkeit gegeben werden, die Verantwortung für sich selbst zu übernehmen. Dadurch wird der Entwicklung, Entfaltung und Lernfähigkeit des Minderjährigen Rechnung getragen.

bb. Altersgrenze als Vermutung der Einwilligungsfähigkeit?

Im Gegensatz zu Deutschland ist das englische Recht mit der s 8 des *Family Law Reform Act 1969* jedoch nicht ganz frei von Altersgrenzen. Durch die darin enthaltene, positive Feststellung der Einwilligungsfähigkeit in Kombination mit den Grundprinzipien des MCA garantiert das englische Recht Minderjährigen ab 16

---

461 *Fortin*, The Gillick Decision - Not Just a High-Water Mark, in: Gilmore u. a., Landmark cases in family law, 2011, S. 199 (201f.) und Fußnote 22.

462 Neurochirurgischer Eingriff, bei dem eine Großhirnhemisphäre entfernt wird.

Jahren eine sehr große Autonomie im medizinischen Bereich. Solange ihre Einwilligungsunfähigkeit nicht festgestellt wurde, können sie wie Volljährige selbständig entscheiden. Demgegenüber werden Minderjährige unter 16 Jahren grundsätzlich als einwilligungsunfähig betrachtet. Ihre Einwilligungsfähigkeit muss bei jeder Behandlung eigenständig festgestellt werden.

Hier stellt sich nun die Frage, ob eine solche Regelung auch in Deutschland sinnvoll sein könnte, um Minderjährigen, wenigstens ab einem gewissen Alter, größtmögliche Autonomie zu gewähren. Im deutschen Rechtssystem gibt es keine gesetzliche Vermutung die dazu führt, dass Minderjährige *ipso jure* als einwilligungsfähig gelten.

Die unterschiedlichen Lösungsansätze des deutschen und englischen Gesetzgebers erinnern von ihrem Vorgehen her an zwei Konstrukte aus dem öffentlichen Recht: dem präventiven Verbot mit Erlaubnisvorbehalt sowie der Erlaubnis mit Verbotsvorbehalt. Es handelt sich dabei um eine gesetzgeberische Methode, mit der einer unterschiedlichen Risikobewertung von verschiedenen Sachverhalten Rechnung getragen werden soll.

(1.) Vergleich zur Erlaubnis mit Verbotsvorbehalt

Die Erlaubnis mit Verbotsvorbehalt geht von der Maxime aus, dass eine Handlung solange zulässig ist, bis sie ausdrücklich von einer Behörde verboten wird.[463] Sie findet ihre Wurzel vor allem in der Reichweite der Freiheitsgrundrechte, die nur eingeschränkt werden dürfen, wenn der Schutz eines gegenüberstehenden Grundrechts überwiegt. Da die Handlung zunächst grundsätzlich erlaubt ist, geht der Gesetzgeber prinzipiell von einer geringen Risikoeinschätzung und infolgedessen von einem Überwiegen der Autonomie des Individuums aus.[464]

Ein Paradebeispiel der Fallgruppe findet sich im Sozialrecht. Gemäß § 137c Abs. 1 S. 2 SGB V kann der Gemeinsame Bundesausschuss für Behandlungs- und Untersuchungsmethoden eine Richtlinie erlassen, wonach Methoden im Rahmen einer Krankenhausbehandlung nicht mehr zulasten der Krankenkassen erbracht werden dürfen, wenn sie schädlich oder unwirksam sind. In Bezug auf diese Regelung enthält § 137c Abs. 3 SGB V eine Erlaubnis mit Verbotsvorbehalt.[465] Hiernach

---

463 *Clemens*, Grundlegende Fragen des Schiedsverfahrens nach dem KHG: Amtsermittlung/Beibringungsgrundsatz/NUB-Entgelte/Qualitätsprüfung durch Schiedsstelle/behördliche Genehmigung der Schiedssprüche, in: MedR 2012, S. 769 (771), der im Fall von § 137c SGB V damals jedoch noch von einem reinen Verbotsvorbehalt ausging; *Zens u. a.*, Nutzenbewertung von Medizinprodukten, in: Bundesgesundheitsblatt - Gesundheitsforschung - Gesundheitsschutz 2015, S. 240 (241).

464 *Felix*, Innovative Medizin im ambulanten und stationären Bereich "Bekannte Akteure – Neue Fragen", in: MedR 2011, S. 67 (68); *Tonner*, Keine Kostenerstattung für USPIO-MRT in der GKV - keine Spitzenmedizin um jeden Preis, in: Fortschr Röntgenstr 2012, S. 668.

465 BT-Drs. 18/4095, S. 121: „Durch die Ergänzung eines dritten Absatzes in § 137c wird das in der Krankenhausversorgung geltende Prinzip der Erlaubnis mit

dürfen Untersuchungs- und Behandlungsmethoden, zu denen der Gemeinsame Bundesausschuss bisher keine Entscheidung nach Absatz 1 getroffen hat, im Rahmen einer Krankenhausbehandlung angewendet werden, wenn sie das Potential einer erforderlichen Behandlungsalternative bieten und ihre Anwendung nach den Regeln der ärztlichen Kunst erfolgt, sie also insbesondere medizinisch indiziert und notwendig ist. Durch die Notwendigkeit des Darstellens einer erforderlichen Behandlungsalternative und dem Einhalten der ärztlichen Kunst, stellt der Gesetzgeber ein gewisses Schutzniveau des Patienten sicher. Durch die hohen Voraussetzungen wird die körperliche Integrität der Patienten mittelbar durch die Verknüpfung mit dem Sozialrecht geschützt. Dementsprechend gewichtet der Gesetzgeber die Handlungs- und Therapiefreiheit der behandelnden Ärzte höher als die Gefahren für die körperliche Integrität des Patienten sowie der finanziellen Ressourcen der Krankenkassen.

Die Erlaubnis mit Verbotsvorbehalt entspricht ihrer Konstruktion nach dem englischen *statutory law* bei Minderjährigen über 16 Jahren. Ab diesem Zeitpunkt gelten sie im gleichen Maße wie Volljährige als einwilligungsfähig. Ihre Handlungsfreiheit wird erst durch die Einwilligungsunfähigkeitserklärung des Arztes eingeschränkt. Für sie gilt folglich der Grundsatz *in dubio pro libertate*. Durch den Kontrast zu den Minderjährigen, die das 16. Lebensjahr noch nicht vollendet haben, wird deutlich, dass der Gesetzgeber das Risiko der eigenständigen Einwilligung zwischen den beiden Patientengruppen unterschiedlich gewichtet hat. Ab dem 16. Lebensjahr geht der englische Gesetzgeber von einer Vergleichbarkeit der Entscheidungsfähigkeit mit Volljährigen aus. Dementsprechend folgt daraus, dass in seiner Sichtweise ab diesem Alter keine entwicklungsbedingten Defizite mehr vorliegen, die zu einer erhöhten Schutzwürdigkeit führen. Die Risikobewertung fällt mithin anders aus. Konsequenterweise wird die Autonomie stärker gewichtet. Der Vorteil eines solchen Vorgehens liegt in der großen Beachtung der verfassungsrechtlich garantierten Freiheit und dem Vertrauen, welches dem Bürger entgegengebracht wird.

(2.) Vergleich zum Verbot mit Erlaubnisvorbehalt

Demgegenüber verbietet das präventive Verbot mit Erlaubnisvorbehalt eine Handlung solange, bis ihre Zulässigkeit positiv von einer Behörde festgestellt wurde. Entsprechend den Ausführungen des BVerwG gilt dort „gerade nicht das Prinzip, daß alles erlaub ist, was in der Genehmigung nicht verboten ist, sondern es ist verboten, was in der Genehmigung (...) nicht gestattet ist“[466]. Abstrakt liegt

Verbotsvorbehalt konkreter im Gesetz geregelt“; *Felix*, Das Institut für das Entgeltsystem im Krankenhaus (InEK): Ein bedeutsamer Akteur im Kontext der Finanzierung neuer Untersuchungs- und Behandlungsmethoden?, in: MedR 2012, S. 777 (782, FN: 53); *Gräfin von Hardenberg/Wilman*, Individualisierte Medizin als Exklusiv-Medizin?: Versuch einer sozialrechtlichen Einordnung und Bewertung, in: MedR 2013, S. 77 (78 FN: 12).

466 Vgl. BVerwGE 84, 220 (224) = NVwZ 1990, 963 (964).

dem präventiven Verbot mit Erlaubnisvorbehalt der Gedanke zu Grunde, dass die Gefahren eines jeweiligen Vorgangs so hoch eingeschätzt werden, dass die Handlung erst nach einer vorherigen behördlichen Kontrolle und dem Sicherstellen der Voraussetzungen zulässig sein soll. In der vorherigen Abwägung durch den Gesetzgeber überwiegt somit die Schutzpflicht des Staates zugunsten Dritter oder der Person selbst. Man könnte somit von *in dubio pro securitate* sprechen. So enthält zum Beispiel § 4 AtG ein Verbot mit Erlaubnisvorbehalt für die Beförderung von Kernbrennstoffen, um den Transportrisiken der Gefahrenstoffe entgegenzuwirken.[467] Entspricht der jeweilige Transport jedoch den Sicherheitsanforderungen, muss ihm die Genehmigung zur Beförderung erteilt werden. Ein weiteres Exempel findet sich in den §§ 21ff. AMG, wonach Arzneimittel nicht ohne Zulassung in den Verkehr gebracht werden dürfen. Dieses Vorgehen wird als „Schlüsselinstrument der Arzneimittelsicherheit"[468] bezeichnet. Erst wenn das Medikament die Prüfungsverfahren übersteht und seine Schädlichkeit ausgeschlossen ist, darf es als massentaugliches Produkt auf den Markt gebracht werden. Der Sinn und Zweck liegt im Schutz der die Medikamente konsumierenden Patienten.

Der Ansatz spiegelt sich in der Einwilligungsfähigkeit von Minderjährigen in Deutschland generell und bei Minderjährigen in England, die jünger als 16 Jahre sind, wider. Sie dürfen erst eigenständig handeln, wenn ihre Einwilligungsfähigkeit positiv festgestellt wurde. Dem deutschen Ansatz entsprechend kann es sogar dazu kommen, dass Jugendliche trotz eines Alters von 16 oder 17 Jahren aufgrund von entwicklungsbedingten Faktoren als einwilligungsunfähig eingeschätzt werden. Der Arzt übernimmt quasi die Kontrollfunktion der Behörde. Er muss sich über das Vorliegen der Einwilligungsfähigkeit vergewissern und entscheiden. Im Streitfall kann ein Gericht beziehungsweise ein zusätzlicher Sachverständiger hinzugezogen werden. Der initiale Handlungsrahmen unterscheidet sich somit im Vergleich zu englischen Minderjährigen, die das 16. Lebensjahr vollendet haben. Für ein solches Vorgehen kann angeführt werden, dass vorschnelle Behandlungen eines möglicherweise einwilligungsunfähigen Minderjährigen und dementsprechend eine Verletzung von dessen Selbstbestimmungsrecht und der körperlichen Integrität verhindert werden. Dadurch wird auch der Arzt vor einer möglichen Haftung geschützt. Für alle Beteiligten liegt eine gewisse Rechtssicherheit über die Zulässigkeit des Vorgehens vor.

(3.) Zwischenfazit

Der Grund für das unterschiedliche Vorgehen kann in zwei verschiedenen Argumenten liegen. In Deutschland und England können unterschiedliche Auffassungen über das Risiko von entwicklungsbedingten Faktoren ab einem gewissen Alter vorliegen. Alternativ kann das Gewicht der Autonomie als solcher in der

467 *Näser/Paul*, in: Danner/Theobald, Energierecht, 93. Auflage 2017, § 4 AtG, Rz. 12f.
468 *Müller*, in: Klügel u.a., AMG Kommentar, 2. Auflage 2016, § 1 AMG, Rz. 9.

Abwägung grundsätzlich unterschiedlich bewertet werden. Solange der deutsche Rechtsbereich nicht davon ausgeht, dass es ab einem gewissen Alter keine entwicklungsbedingten Risikofaktoren in der Entscheidungsfindung gibt oder mehr Betonung auf das Mindestmaß an notwendiger Autonomie legt, ist es sachgerecht, bei einer besonders schutzwürdigen Patientengruppe von dem Grundsatz *in dubio pro securitate* und einer Konstruktion vergleichbar mit dem Verbot mit Erlaubnisvorbehalt auszugehen. Dementsprechend muss die Einwilligungsfähigkeit stets positiv festgestellt werden.

b. Inhaltliche Anforderungen an Einwilligungsfähigkeit

Einen weiteren, hier zu vergleichenden Aspekt, bilden die inhaltlichen Anforderungen, die an die Einwilligungsfähigkeit von Minderjährigen zu stellen sind. Der BGH macht die Einwilligungsfähigkeit vor allem von der entwicklungsbedingten (geistigen und sittlichen) Reife des Minderjährigen abhängig.

Da in England entwicklungsbedingte Faktoren lediglich bei Minderjährigen unter 16 Jahren berücksichtig werden, sind die Ausführungen von *Lord Scarman*, die unter dem Begriff *Gillick compent* berühmt wurden, besonders relevant für den Vergleich. Wie die Ausführungen zeigen, beziehen sie sich auf die Frage, ob Minderjährige von ihrem Entwicklungsstand her in der Lage sind, den Vorgang nachzuvollziehen.[469] Wenn die Einwilligungsfähigkeit im Hinblick auf entwicklungsbedingte Faktoren für eine konkrete Behandlung erreicht ist, gilt sie als fixer Zustand.[470]

Inhaltlich scheinen sich die Anforderungen des BGH und von *Lord Scarman* zunächst zu decken. Schließlich müssen Minderjährige auch in England zeigen, dass sie ausreichende Reife und Intelligenz besitzen, um die Auswirkungen der Behandlung, samt der Risiken und Alternativen, bewerten zu können. Dies überzeugt, da der ärztliche Eingriff eine Verletzung von höchstpersönlichen Rechtsgütern ist. Daher verwundert es, dass *Lord Scarman* in seinen Anforderungen über die Ausführungen des BGH hinausgeht. Er verlangt für die Einwilligungsfähigkeit, dass Minderjährige intrafamiliäre Konflikte und moralische Fragen in die Abwägung mit einbeziehen. Entsprechende Anforderungen stehen in keinerlei Zusammenhang mit dem Selbstbestimmungsrecht und der körperlichen Integrität, die bei einer ärztlichen Behandlung in Frage stehen, sondern sind nachgeschaltete Fragen. Damit stellt *Lord Scarman* inhaltliche Anforderungen an den Abwägungsprozess,

469 *Lock/Sir Munby*, The Test for Capacity, in: Grubb u. a., Principles of medical law, 3. Auflage 2010, S. 473 (474).

470 In re R. (A Minor) (Wardship: Consent to Treatment) (C.A.) (1992) Fam., 11 (26): „'Gillick competence' is a developmental concept and will not be lost or acquired on a day to day or week to week basis. In the case of mental disability, that disability must be taken into account, particularly where it is fluctuating in its effect"; und auch *Lock/Sir Munby*, The Test for Capacity, in: Grubb u. a., Principles of medical law, 3. Auflage 2010, S. 473 (474).

die bei keinem Volljährigen gestellt werden würden und jegliche dogmatische Basis entbehren. Dies zeigt sich schon anhand von s. 1 (4) MCA, wonach kluge und unvernünftige Entscheidungen keinen Beweis für eine Einwilligungsunfähigkeit darstellen.

Die erhöhten Anforderungen sind lediglich vor dem Hintergrund einer damals noch sehr konservativen Gesellschaft und der speziellen Thematik der Kontrazeption nachzuvollziehen.[471] Mithin sind sie auch nicht verallgemeinerungsfähig für die allgemeine ärztliche Behandlung heutzutage. Wird dieser Gesichtspunkt vernachlässigt, sind die inhaltlichen Anforderungen zwischen England und Deutschland, die an die Einwilligungsfähigkeit von Minderjährigen gestellt werden, sehr ähnlich.

V. Feststellung der Einwilligungsfähigkeit bei psychisch kranken Minderjährigen in Deutschland

Die vorstehende lebhafte Diskussion und unterschiedlichen Ansätze zeigen bereits, wie schwierig die Feststellung der Einwilligungsfähigkeit von Minderjährigen ist. Bereits ohne psychische Krankheiten sind sie eine heterogene Patientenklientel, bei der die kognitiven Voraussetzungen sowie der moralisch-ethische Entwicklungsstand von entwicklungsbedingten Faktoren massiv beeinflusst sein können.[472] Zu den bereits in der Natur der Sache vorhandenen Einschränkungen kommt die psychische Krankheit ergänzend hinzu. Dabei ist jedoch auch zu beachten, dass psychische Krankheiten ebenfalls keine homogene Gruppe darstellen, sondern in ihren Auswirkungen auf die kognitiven Funktionen sehr stark voneinander abweichen können.[473] Damit liegen bei der Patientenklientel in der Kinder- und Jugendpsychiatrie zwei Faktoren vor, die zu einer Einwilligungsunfähigkeit führen können. Die Praxis könnte durch einen sogenannten *status approach*[474] erleichtert werden, indem die Diagnose einer psychischen Krankheit unmittelbar zur Einwilligungsunfähigkeit des Minderjährigen führt.[475] Somit würden jedoch nicht nur sämtliche medizinischen Grundlagen missachtet, sondern vor allem auch die Autonomie und Selbstbestimmung zu Unrecht massiv eingeschränkt. Ferner läge hierin eine in Bezug auf Art. 12 Abs. 2 UN-Behindertenrechtskonvention (kurz: UN-BRK)

---

471 *Lock/Sir Munby*, The Test for Capacity, in: Grubb u. a., Principles of medical law, 3. Auflage 2010, S. 473 (475f.).

472 *Kölch/Fegert*, Patientenautonomie - Minderjährige als Patienten, in: FPR 2007, S. 76.

473 *Appelbaum/Grisso*, The MacArthur Treatment Competence Study. I, in: Law and Human Behavior 1995, S. 105 (111).

474 Vgl. für den Begriff: CRPD/C/GC/1, S. 4.

475 *Batten*, Informed consent by children and adolescents to psychiatric treatment, in: Australian and New Zealand Journal of Psychiatry 1996, S. 623 (628): „Psychiatric illness per se may also interfere with the ability to reach a decision because of the disturbed processes of thought (...)".

nicht zu rechtfertigende Diskriminierung von psychisch kranken Menschen.[476] Es würde verkannt werden, dass die Einwilligungsfähigkeit eine Momentaufnahme ist, die auf einen konkreten Sachverhalt bezogen ist und somit keine dauerhafte Eigenschaft darstellt.[477] Die Stärke der Beeinträchtigung kann über die Dauer der Erkrankung schnell wechseln.[478] Ähnlich wie die Krankheiten selbst in den unterschiedlichsten Facetten auftreten können, kann die Einwilligungsfähigkeit in Bezug auf unterschiedliche Maßnahmen in sehr vielen, fein ausdifferenzierten Schattierungen vorhanden sein.[479] Diese tatsächliche Begebenheit steht in Konflikt dazu, dass die rechtliche Bewertung der Einwilligungsfähigkeit ein Entweder-oder-Zustand ist. Dadurch herrscht für alle Beteiligten in Bezug auf die daran zu knüpfenden Folgen Rechtssicherheit. Für den behandelnden Arzt bestehen jedoch praktische Unsicherheiten, „da solche ‚Alles oder Nichts' Entscheidungen in der Psychiatrie selten möglich sind".[480] Bisher haben weder der Gesetzgeber noch die Rechtsprechung die Voraussetzungen der Einwilligungsunfähigkeitsfeststellung bei psychisch kranken Patienten näher konkretisiert. Deshalb muss hier auf die Ausführungen der forensisch-psychiatrischen Literatur zurückgegriffen werden.

1. *Indizien für Einwilligungsunfähigkeit*

Der Arzt hat die Einwilligungsfähigkeit vor allem im Gespräch mit dem psychisch kranken Patienten festzustellen.[481] Als Faustformel kann dabei festgehalten werden, dass sich akute Auffälligkeiten, die tendenziell eher für eine Zwangsbehandlung sprechen, im Gespräch schneller zeigen als chronische Krankheitsverläufe.[482] In der forensischen Psychiatrie werden als Hinweise, die auf eine krankheitsbedingte Einwilligungsunfähigkeit hindeuten, zum Beispiel genannt, dass dem Betroffenen die Einsicht in die Krankheit fehlt beziehungsweise dass sein Bild über die Krankheit wahnhaft verzerrt ist. Ferner, dass er die gegebenen Informationen nicht versteht und sich so verhält, als sei sein Verhalten zwingend und ohne

---

476 CRPD/C/GC/1, S. 2f. und 4; *Davidson u. a.*, An international comparison of legal frameworks for supported and substitute decision-making in mental health services, in: International Journal of Law and Psychiatry 2016, S. 30 (39).

477 *Foerster/Habermeyer*, Begutachtung bei zivilrechtlichen Fragen, in: Venzlaff u. a., Psychiatrische Begutachtung: ein praktisches Handbuch für Ärzte und Juristen, 6. Auflage 2015, S. 473 (480).

478 *Appelbaum/Grisso*, The MacArthur Treatment Competence Study. I, in: Law and Human Behavior 1995, S. 105 (111f.).

479 *Deutsch/Spickhoff*, Medizinrecht, 7. Auflage 2014, Rz. 1179; *Kern*, Fremdbestimmung bei der Einwilligung in ärztliche Heileingriffe, in: NJW 1994, S. 753 (756).

480 *Habermeyer*, in: Kröber u. a., Forensische Psychiatrie im Privatrecht und Öffentlichen Recht, S. 52.

481 *Janda*, Medizinrecht, 3. Auflage 2016, S. 137.

482 *Dettling*, Anforderungen an die Gesprächsführung mit psychisch kranken Personen, in: FPR 2013, S. 475 (477).

Wahlmöglichkeiten. Darüber hinaus können Zweifel bestehen, wenn der Patient die Information nicht für eine realitätsbezogene und abgewogene Entscheidung nutzen kann oder die Entscheidung auf der Grundlage von für ihn fremden Werten und Haltungen trifft oder der Patient das Ergebnis seiner Entscheidung nicht vermitteln kann.[483]

2. *Kontrolle der kognitiven Funktionsbereiche*

Da die Feststellung der Einwilligungsfähigkeit auf der subjektiven Einschätzung und klinischen Erfahrung des behandelnden Arztes basiert, wurden in der Erwachsenenpsychiatrie strukturierte Testverfahren entwickelt, um die Ergebnisse anhand einer Kontrolle von vier verschiedenen psychischen Funktionsbereichen zu objektivieren.[484] Unabhängig von den Einzelheiten der unterschiedlichen Testverfahren[485] zielen sie alle darauf ab, die Einwilligungsfähigkeit anhand von vier kognitiven Funktionsbereichen zu testen. Bisher gibt es keinen fachärztlichen Standard für die Feststellung bei Minderjährigen. Gleichwohl sollen die vier Punkte auch bei ihnen überprüft werden. Es handelt sich um einen *functional approach*[486], wonach bei Mängeln in einem der Bereiche der Arzt von der Einwilligungsunfähigkeit ausgehen können soll.[487] Die Bereiche finden sich auch in den oben dargestellten Ausführungen der Literatur zur Einwilligungsfähigkeit wieder. Der erste zu prüfende Bereich ist die Frage danach, inwieweit der Patient in der Lage ist, einen bestimmten Sachverhalt zu verstehen, mithin die Problemerfassung

---

483 *Foerster/Habermeyer*, Begutachtung bei zivilrechtlichen Fragen, in: Venzlaff u. a., Psychiatrische Begutachtung: ein praktisches Handbuch für Ärzte und Juristen, 6. Auflage 2015, S. 472 (481); *Gründel*, Einwilligung und Aufklärung bei psychotherapeutischen Behandlungsmaßnahmen, in: NJW 2002, S. 2987 (2988f.); *Kröber*, Psychiatrische Kriterien zur Beurteilung der Einwilligungsfähigkeit, in: Rechtsmedizin 1998, S. 41 (42).

484 *Breden/Vollmann*, The Cognitive Based Approach of Capacity Assessment in Psychiatry: A Philosophical Critique of the MacCAT-T, in: Health Care Analysis 2004, S. 273 (274); eine empirische Studie zur Einwilligungsfähigkeit von Minderjährigen anhand kognitiver Voraussetzungen haben z.B.: *Billick u. a.*, A clinical study of competency to consent to treatment in pediatrics, in: The Journal of the American Academy of Psychiatry and the Law 2001, S. 298; *Weithorn/Campbell*, The Competency of Children and Adolescents to Make Informed Treatment Decisions, in: Child Development 1982, S. 1589, durchgeführt.

485 Wie z.B. dem MacArthur Treatment Competence Assessment Tool-Treatment, dem Hopkins Competency Assessment Test, dem Measure of Competency to Render Informed Treatment Deicision usw.

486 Vgl. für den Begriff: Committee on the Rights of Persons with Disabilities, General comment No. 1, 2014, S. 4.

487 *Foerster/Habermeyer*, Begutachtung bei zivilrechtlichen Fragen, in: Venzlaff u. a., Psychiatrische Begutachtung: ein praktisches Handbuch für Ärzte und Juristen, 6. Auflage 2015, S. 472 (481).

(„Verständnis").[488] Er muss aufnehmen können, welche Behandlungsvarianten aus welchen Gründen gewählt werden und mit welchen Risiken, Nebenwirkungen und sonstigen Auswirkungen das ärztliche Vorgehen verbunden sein kann.[489] Anschließend ist der psychisch Kranke dahingehend zu untersuchen, ob er in der Lage ist, die gegebenen Informationen zu verarbeiten („Verarbeiten").[490] Das heißt, dass der Patient selbstständig die verstandenen Vor- und Nachteile der verschiedenen Behandlungsmöglichkeiten gegenüberstellt und sie gegeneinander abwägt.[491] Dabei ist jedoch zu beachten, dass es jedem Patienten grundsätzlich freigestellt ist, inwieweit er sich mit solchen Belangen beschäftigt. Er kann die Auseinandersetzung damit auch völlig verweigern, ohne dass es Einfluss auf die Einwilligungsfähigkeit hätte. Für die Beurteilung ist an dieser Stelle lediglich entscheidend, ob es krankheitsbedingte Faktoren gibt, aufgrund derer der Patient die Informationen nicht verarbeiten kann.[492] Sofern der Patient den Sachverhalt und die gegebenen Informationen verstehen und verarbeiten kann, stellt sich die Frage, ob er die gegebenen Informationen angemessen bewerten kann („Bewertung").[493] Dafür muss der

488 *Appelbaum/Grisso*, The MacArthur Treatment Competence Study. I, in: Law and Human Behavior 1995, S. 105 (109f.); *Foerster/Habermeyer*, Begutachtung bei zivilrechtlichen Fragen, in: Venzlaff u. a., Psychiatrische Begutachtung: ein praktisches Handbuch für Ärzte und Juristen, 6. Auflage 2015, S. 473 (481); *Kröber*, Psychiatrische Kriterien zur Beurteilung der Einwilligungsfähigkeit, in: Rechtsmedizin 1998, S. 41 (43); *Nedopil u. a.*, Competence to give Informed Consent to Clinical Studies. Statement by the Taskforce on „Ethical and Legal Questions" of the Association for Neuropsychopharmacology and Pharmacopsychiatry („Arbeitsgemeinschaft für Neuropsychopharmakologie und Pharmakopsychiatrie (AGNP)"), in: Pharmacopsychiat. 1999, S. 165 (166).

489 *Schneider u. a.*, Begutachtung psychischer Störungen, 3. Auflage 2015, S. 210.

490 *Foerster/Habermeyer*, Begutachtung bei zivilrechtlichen Fragen, in: Venzlaff u. a., Psychiatrische Begutachtung: ein praktisches Handbuch für Ärzte und Juristen, 6. Auflage 2015, S. 473 (481); *Nedopil u. a.*, Competence to give Informed Consent to Clinical Studies. Statement by the Taskforce on „Ethical and Legal Questions" of the Association for Neuropsychopharmacology and Pharmacopsychiatry („Arbeitsgemeinschaft für Neuropsychopharmakologie und Pharmakopsychiatrie (AGNP)"), in: Pharmacopsychiat. 1999, S. 165 (166).

491 *Schneider u. a.*, Begutachtung psychischer Störungen, 3. Auflage 2015, S. 210.

492 *Kröber*, Psychiatrische Kriterien zur Beurteilung der Einwilligungsfähigkeit, in: Rechtsmedizin 1998, S. 41 (43).

493 *Appelbaum/Grisso*, The MacArthur Treatment Competence Study. I, in: Law and Human Behavior 1995, S. 105 (110); *Foerster/Habermeyer*, Begutachtung bei zivilrechtlichen Fragen, in: Venzlaff u. a., Psychiatrische Begutachtung: ein praktisches Handbuch für Ärzte und Juristen, 6. Auflage 2015, S. 473 (481); *Nedopil u. a.*, Competence to give Informed Consent to Clinical Studies. Statement by the Taskforce on „Ethical and Legal Questions" of the Association for Neuropsychopharmacology and Pharmacopsychiatry („Arbeitsgemeinschaft für Neuropsychopharmakologie und Pharmakopsychiatrie (AGNP)"), in: Pharmacopsychiat. 1999, S. 165 (166); *Rothärmel*

Patient vor allem in der Lage sein, die Konsequenzen der Behandlung und Nichtbehandlung in Bezug richtig einzuordnen und den verschiedenen Informationsbereichen spezifische Bedeutung zukommen zu lassen.[494] Auf der letzten Ebene ist für die Einwilligungsfähigkeit entscheidend, ob der Minderjährige auf der Grundlage seines Verständnisses, der kognitiven Verarbeitung und der subjektiven Bewertung seiner Lage einen eigenen Willen bilden und ihn in eine Handlung umsetzen kann („Bestimmbarkeit des Willens").[495] Diese Fähigkeit ist zum Beispiel besonders oft bei akuten Intoxikationen, ausgeprägten Manien oder schizophrenen Psychosen stark eingeschränkt.[496]

VI. Feststellung der Einwilligungsfähigkeit bei psychisch kranken Minderjährigen in England

Im Gegensatz zum deutschen Recht findet sich hierzu im englischen Rechtsraum eine ausführlichere Auseinandersetzung. Sie wird im Folgenden dargestellt, um erneut Gemeinsamkeiten und Unterschiede herauszuarbeiten.

1. *Minderjährige über 16 Jahre*

Für Minderjährige über 16 Jahren gibt es wiederum einen Anknüpfungspunkt im *statute law*.[497]

---

u. a., Patientenaufklärung, Informationsbedürfnis und Informationspraxis in der Kinder- und Jugendpsychiatrie und Psychotherapie, 2006, S 83.

494 *Kröber*, Psychiatrische Kriterien zur Beurteilung der Einwilligungsfähigkeit, in: Rechtsmedizin 1998, S. 41 (44); *Schneider u. a.*, Begutachtung psychischer Störungen, 3. Auflage 2015, S. 210.

495 *Appelbaum/Grisso*, The MacArthur Treatment Competence Study. I, in: Law and Human Behavior 1995, S. 105 (110); *Foerster/Habermeyer*, Begutachtung bei zivilrechtlichen Fragen, in: Venzlaff u. a., Psychiatrische Begutachtung: ein praktisches Handbuch für Ärzte und Juristen, 6. Auflage 2015, S. 473 (481); *Kröber*, Psychiatrische Kriterien zur Beurteilung der Einwilligungsfähigkeit, in: Rechtsmedizin 1998, S. 41 (44); *Nedopil u. a.*, Competence to give Informed Consent to Clinical Studies. Statement by the Taskforce on „Ethical and Legal Questions" of the Association for Neuropsychopharmacology and Pharmacopsychiatry („Arbeitsgemeinschaft für Neuropsychopharmakologie und Pharmakopsychiatrie (AGNP)"), in: Pharmacopsychiat. 1999, S. 165 (166); *Rothärmel u. a.*, Patientenaufklärung, Informationsbedürfnis und Informationspraxis in der Kinder- und Jugendpsychiatrie und Psychotherapie, 2006, S. 83.

496 *Schneider u. a.*, Begutachtung psychischer Störungen, 3. Auflage 2015, S. 210f.

497 Diese Altersgrenze wird durch einen Umkehrschluss aus s 2 (5) lit. b.) in Verbindung mit s 1 (1) des MAC deutlich; ähnlich auch *Lock/Sir Munby*, The Test for Capacity, in: Grubb u. a., Principles of medical law, 3. Auflage 2010, S. 473 (476).

a. Einwilligungsunfähigkeit im Sinne des MCA

In s 2 (1) MCA findet sich folgende Definition der Einwilligungsunfähigkeit:

> For the purpose of this Act, a person lacks capacity in relation to a matter if at the material time he is unable to make a decision for himself in relation to the matter because of an impairment of, or a disturbance in the functioning of, the mind or brain.

Entsprechend dieser Definition setzt sich der Mangel der Einwilligungsfähigkeit im Sinne des MCA aus zwei Faktoren zusammen. Zunächst muss der Arzt nachweisen, dass der Patient an einer Beeinträchtigung oder einer Störung der Funktion des Geistes oder des Gehirns leidet. Liegt eine solche nicht vor, ist der Patient einwilligungsfähig. Für vorhandene Einschränkungen zählt der *MCA Code of Practice* beispielhaft *'conditions associated with some forms of mental illness'*, Demenz, signifikante Lernschwächen, Langzeitfolgen von Gehirnschäden, physische oder pharmakologisch induzierte Zustände der Verwirrtheit, Schläfrigkeit oder Bewusstlosigkeit sowie Delirien und Folgen von Alkohol oder Drogenkonsum auf.[498]

b. Die vier Prüfungsvoraussetzungen der Entscheidungsunfähigkeit

In einem zweiten Schritt muss der Arzt zeigen, dass gerade die Einschränkung dazu führt, dass der Patient nicht in der Lage ist, die Entscheidung selbständig zu treffen. Die Prüfungsvoraussetzungen von diesem zweiten Schritt hat der Gesetzgeber in s 3 (1) MCA konkretisiert. Dort heißt es:

> For the purpose of section 2, a person is unable to make a decision for himself if he is unable (a) to understand the information relevant to the decision, (b) to retain the information, (c) to use or weigh that information as part of the process of making the decision, or (d) to communicate this decision (whether by talking, using sign language or any other means).

Die Feststellung der Einwilligungsunfähigkeit darf nach dem englischen Recht immer nur die *ultima ratio* darstellen. Deshalb ist der Patient erst als einwilligungsunfähig zu behandeln, wenn alle möglichen Schritte erfolglos begangen wurden, um die Person in ihrer Entscheidung zu unterstützen.[499] Dadurch soll eine möglichst große Entscheidungsfreiheit garantiert und unnötige Eingriffe hierin verhindert werden.[500] Um dies sicherzustellen schlägt der *MCA Code of Practice* Maßnahmen in vier verschiedenen Bereichen vor: *'providing relevant information'*, *'communicating in an appropriate way'*, *'making the person feel at ease'* und *'supporting the person'*.[501]

---

498 *Office of the Public Guardian*, Mental Capacity Act 2005: Code of Practice, 2007, S. 44.
499 Vgl. s 1 (3) MCA.
500 *Office of the Public Guardian*, Mental Capacity Act 2005: Code of Practice, 2007, S. 22.
501 *Office of the Public Guardian*, Mental Capacity Act 2005: Code of Practice, 2007, S. 29ff.

aa. Understand the information relevant to the decision

Die erste Voraussetzung fordert den Arzt dazu auf, die Verständniskapazitäten einer Person zu beurteilen, noch bevor ihr die wesentlichen Informationen mitgeteilt werden.[502] Zu den relevanten Informationen, die der Patient verstehen muss, zählen laut dem MCA die einigermaßen vorhersehbaren Konsequenzen, die mit der Einwilligung sowie der Ablehnung der Behandlung verbunden sind.[503] Die Informationen müssen entsprechend dem *MCA Code of Practice* maßgeschneidert an die individuellen Bedürfnisse und Fähigkeiten des Patienten angepasst werden. Der behandelnde Arzt soll sich die Zeit nehmen alle wichtigen Dinge zu erklären, die für einen *informed consent* notwendig seien. Eine zu detailreiche Information könnte den Patienten verwirren und sei deshalb nicht notwendig. Wenn der Patient zwischen Alternativen wählen könne, müssten die Informationen zu beiden Wegen in einer ausgeglichenen Form dargestellt werden (*'providing relevant information'*).[504]

S 3 (2) MCA hält fest, dass ein Patient als fähig betrachtet werden muss, die entscheidungserheblichen Informationen zu verstehen, solange er in der Lage ist, den Ausführgen zu folgen, die in einer für seine Umstände entsprechenden angemessenen Art dargestellt wurden. Für eine angemessene Form der Kommunikation schlägt der *MCA Code of Practice* vor, dass möglichst einfache Sprache verwendet werden solle und Bilder, Gegenstände oder Illustrationen hinzugezogen werden könnten. Der Arzt soll darauf achten, dass er eine möglichst nachvollziehbare Satzstruktur verwendet und im Zweifel Pausen einlegt um sicherzustellen, dass der Patient ihn versteht. Schwierige Informationen sollen simplifiziert und mehrfach wiederholt werden.[505] Bei ausländischen Patienten soll ein Übersetzer hinzugezogen werden, sofern es notwendig erscheint.[506] Wenn eine Person spezifische kognitive oder kommunikative Einschränkungen aufweist sollte der Arzt zunächst herausfinden, auf welche Weise die Person kommuniziert. Bei hörbehinderten Patienten könnten neben einen professionellen Übersetzer für Gebärdensprache zusätzliche visuelle Hilfen hinzugezogen werden. Möglicherweise könnten auch mechanische Hilfen wie Computer verwendet werden (*'communicating in an appropriate way'*).[507]

An dieser Stelle wird die Systematik des MCA deutlich. Die Anforderungen stehen in einem unmittelbaren Zusammenhang mit dem Prinzip aus s 1 (3) MCA, wonach alle Maßnahmen ausgeschöpft werden müssen, um dem Patienten eine

502 *Office of the Public Guardian*, Mental Capacity Act 2005: Code of Practice, 2007, S. 46.
503 s 3 (4) MAC.
504 *Office of the Public Guardian*, Mental Capacity Act 2005: Code of Practice, 2007, S. 31f.
505 *Office of the Public Guardian*, Mental Capacity Act 2005: Code of Practice, 2007, S. 32.
506 *Office of the Public Guardian*, Mental Capacity Act 2005: Code of Practice, 2007, S. 33.
507 *Office of the Public Guardian*, Mental Capacity Act 2005: Code of Practice, 2007, S. 34.

selbstbestimmte Entscheidung zu ermöglichen.[508] Dies gilt zum Beispiel auch bei einer Person mit einer Angststörung oder Depression, die es schwierig finden könnte, eine Behandlungsentscheidung unmittelbar in einer Sitzung mit den Ärzten zu treffen. Daher könnte sie es vorziehen, die entscheidenden Aufklärungsbögen zunächst in der eigenen Privatsphäre zu lesen. Dort könnte sie in Ruhe zu einer Entscheidung kommen und sie anschließend den Ärzten mitteilen. Ein anderes Beispiel ist, dass eine Person mit einer Lernbehinderung möglicherweise die Informationen vorgelesen, erklärt und anhand von Illustrationen mehrfach vorgestellt bekommen muss.[509]

bb. Retain the information

Die zweite Voraussetzung verlangt, dass der Patient die Information solange behalten können muss, dass er eine wirksame Entscheidung treffen kann.[510] Der Fakt, dass ein Patient in der Lage ist, die relevanten Informationen nur kurzfristig zu behalten, führt nicht unweigerlich zur Einwilligungsunfähigkeit.[511] Beispielhaft können hier Patienten genannt werden, bei denen sich die Einwilligungsfähigkeit und -unfähigkeit abwechseln. Sofern der Patient in einem *lucidum intervallum* die Informationen verstehen und behalten kann, gilt er für den Moment auch als einwilligungsfähig.[512] Zur Unterstützung des Gedächtnisses des Patienten können Videos, Tonbandgeräte, Fotos etc. benutzt werden.[513]

cc. Use or weigh that information as part of the process of making the decision

Der Patient muss auch in der Lage sein, die jeweiligen Gesichtspunkte gegeneinander abzuwägen und selbstbestimmt einer Entscheidung zuzuführen. So kann die psychische Krankheit dazu führen, dass der Patient die Information zwar versteht, sie im Abwägungsprozess jedoch nicht benutzt oder andersrum sich für etwas entscheidet, ohne die Information überhaupt verstanden zu haben. Um dies zu illustrieren nennt der *MCA Code of Practice* eine Patientin, die unter *anorexia nervosa*[514] leidet. Sie kann zwar in der Lage sein, die letalen Konsequenzen ihres Nichtessens

---

508 *Lock/Sir Munby*, The Test for Capacity, in: Grubb u. a., Principles of medical law, 3. Auflage 2010, S. 473 (479).

509 *Office of the Public Guardian*, Mental Capacity Act 2005: Code of Practice, 2007, S. 46.

510 *Office of the Public Guardian*, Mental Capacity Act 2005: Code of Practice, 2007, S. 47.

511 s 3 (3) MAC.

512 *Lock/Sir Munby*, The Test for Capacity, in: Grubb u. a., Principles of medical law, 3. Auflage 2010, S. 473 (480).

513 *Office of the Public Guardian*, Mental Capacity Act 2005: Code of Practice, 2007, S. 47.

514 Verhaltens- beziehungsweise Essstörung, die durch verminderte Nahrungsaufnahme, Erbrechen und weiteren Maßnahmen zu einem gewollten Gewichtsverlust führt.

nachzuvollziehen, gleichwohl kann der krankheitsbedingte Zwang so groß sein, dass sie ihr Verhalten nicht ändern kann.[515]

dd. Communicate this decision

Die vierte Fallgruppe bezieht sich auf äußerst seltene Randerscheinungen. Sie setzt voraus, dass die ersten drei Voraussetzungen erfüllt sind, die Person jedoch physisch nicht in der Lage ist, ihre Entscheidung zu äußern. Neben Personen die bewusstlos sind oder sich im Koma befinden, fallen darunter Patienten mit dem sogenannten *locked-in Syndrom*[516]. Die Voraussetzungen sind für die Fallgruppe jedoch sehr hoch angesetzt. So sollen neben Sprachtherapeuten Experten für nonverbale Kommunikation oder andere Fachleute herangezogen werden. Dadurch kann zum Beispiel nachgewiesen werden, dass sich ein Patient auch über reine Muskelbewegungen verständigen und somit eine eigenständige Entscheidung treffen kann.[517]

c. *Weitere Punkte*

Für die Feststellung der Einwilligungsfähigkeit ist es irrelevant, ob es sich um eine kurzfristige oder dauerhafte Beeinträchtigung oder Störung handelt.[518] Darüber hinaus darf die Beurteilung nicht nur aufgrund des Alters oder des Erscheinungsbildes einer Person erfolgen.[519] Von letzterem sind neben Merkmalen, die mit dem *Down Syndrom* verbunden sind, auch Muskelspasmen umfasst.[520] Ebenso wenig darf der Arzt aus der *"condition"* des Patienten einen unmittelbaren Rückschluss auf die Einwilligungsunfähigkeit ziehen, ohne eine tiefergehende Untersuchung durchzuführen.[521] Damit wollte der Gesetzgeber ausdrücklich körperliche Behinderungen, Lernschwächen und Lernbehinderungen vor dem Stempel der Einwilligungsunfähigkeit schützen.[522] Die Feststellung der Einwilligungsunfähigkeit muss immer unter einer Abwägung der Wahrscheinlichkeiten, die für und gegen diese Unfähigkeit sprechen, vorgenommen werden.[523]

Bei der Begutachtung sollte der Patient möglichst entspannt sein, um eine bestmögliche und abgewogene Entscheidung treffen zu können. Deshalb sind laut dem *MCA Code of Practice* der Ort und die Zeit der Informationsvermittlung besonders

515 *Office of the Public Guardian*, Mental Capacity Act 2005: Code of Practice, 2007, S. 48.
516 Infolge dieser neurologischen Erkrankung ist der Patient bei vollem Bewusstsein komplett bewegungsunfähig, mit Ausnahme der Augen.
517 *Office of the Public Guardian*, Mental Capacity Act 2005: Code of Practice, 2007, S. 49.
518 s 2 (2) MCA.
519 s 2 (3) MCA.
520 *Office of the Public Guardian*, Mental Capacity Act 2005: Code of Practice, 2007, S. 43.
521 s 2 (3) MAC.
522 *Office of the Public Guardian*, Mental Capacity Act 2005: Code of Practice, 2007, S. 43.
523 s 2 (4) MCA.

wichtig. So könnte es zum Beispiel bei medizinischen Entscheidungen hilfreich sein, den Ort zu sehen, an dem die Behandlung vorgenommen wird. Darüber hinaus empfehle es sich, das Aufklärungsgespräch an einem ruhigen Ort erfolgen zu lassen, an dem sämtliche Störgeräusche möglichst ausgeschaltet und die Privatsphäre und Würde des Patienten ausreichend respektiert werden. In Bezug auf den Zeitpunkt sei es wichtig, dass die Zeit gewählt werde, an dem der Patient seine beste Leistungsbereitschaft aufweist - so seien einige Menschen zum Beispiel am Morgen deutlich kooperativer als am Abend. Sofern sich die Einwilligungsfähigkeit einer Person auf absehbare Zeit verbessert – wie zum Beispiel nach dem Abschluss einer Behandlung einer psychotischen Episode – und die Behandlung nicht dringend erfolgen muss, sollte der behandelnde Arzt dem Patienten Zeit für die Entscheidungsfindung geben (*'making the person feel at ease'*).[524] Darüber hinaus wird vorgeschlagen, dass es hilfreich sein könne, eine weitere Person zum Aufklärungsgespräch hinzuzuziehen, da sich manche Menschen mit der Unterstützung von einer vertrauten Person an ihrer Seite in der Entscheidungsfindung wohler fühlen würden. Dabei müsste jedoch stets die Vertraulichkeit des Gesprächs gewahrt bleiben (*'supporting the person'*).[525]

2. Minderjährige unter 16 Jahren

Dieses ausgefeilte System findet bei Minderjährigen unter 16 Jahren keine Anwendung. Das in dem MCA niedergelegte System basiert jedoch auf einem Ansatz, der im *common law* entwickelt wurde und heute noch bei jüngeren Minderjährigen verwendet wird. In dem Urteil *Re C (Adult: Refusal of Medical Treatment)*[526] wurde für die Feststellung der Einwilligungsfähigkeit von Volljährigen folgender *„RE C three-stage test"* entwickelt:

> 'first, comprehending and retraining treatment information, second believing it and third, weighing it in the balance to arrive at choice'[527].

Anschließend wurde der Test von der folgenden Rechtsprechung bestätigt[528] und zusätzlich auf die Feststellung der Einwilligungsfähigkeit von Minderjährigen übertragen.[529] Da sich die Anforderungen im Ergebnis jedoch weitestgehend mit denen des MCA decken, kann hier auf die obigen Ausführungen verwiesen werden.

---

524 *Office of the Public Guardian*, Mental Capacity Act 2005: Code of Practice, 2007, S. 35f.

525 *Office of the Public Guardian*, Mental Capacity Act 2005: Code of Practice, 2007, S. 37f.

526 Re C (Adult: Refusal of Medical Treatment) 1994, 1 All ER 819.

527 Re C (Adult: Refusal of Medical Treatment) 1994, 1 All ER 819 (824).

528 Re MB 1997 2 FLR 426 (433 und 437).

529 Re C (Detention: Medical Treatment) (1997) 2 FLR, 180 (195); RE B (A Minor) (Treatment and Secure Accomodation) (F.D.) (1997) 1 FCR, 618 (625); *Lock/Sir Munby*, The Test for Capacity, in: Grubb u. a., Principles of medical law, 3. Auflage 2010, S. 473

3. *Anmerkungen*

Die vorstehenden Ausführungen zeigen, dass sich sowohl die Rechtsprechung als auch der Gesetzgeber in England mit der Feststellung der Einwilligungsfähigkeit von psychisch kranken Minderjährigen auseinandergesetzt hat. Der "*Gillick competence test*", der "*Three stages test*" und die Anforderungen des MCA betonen die Unterschiede zwischen entwicklungsbedingter und krankheitsbedingter Einwilligungsunfähigkeit. Sie legen konkret fest, wie der Arzt sie festzustellen hat. Vor allem durch den MCA sowie dem dazu gehörenden *MCA Code of Practice* werden ausdrückliche verfahrenstechnische und inhaltliche Anforderungen an die Feststellung der Einwilligungsunfähigkeit durch den Arzt festgelegt.

a. *Notwendiger Zweischritt der Einwilligungsunfähigkeitsfeststellung*

Sowohl der deutsche als auch der englische Ansatz stellen für die Feststellung der Einwilligungsfähigkeit auf eine Betrachtung von vier funktionalen, kognitiven Fähigkeiten in der Entscheidungsfindung ab. Trotz kleiner Unterschiede stellen die meisten Rechtsordnungen auf diese vier Funktionsbereiche ab.[530] Im Gegensatz zu Deutschland fordert der MCA jedoch einen Zweischritt. Der Arzt muss zunächst nachweisen, dass ein "*impairment of, or a disturbance in the functioning of, the mind or brain*" vorliegt. Anschließend muss er zeigen, dass gerade dadurch die Fähigkeit zur Entscheidungsfindung eingeschränkt ist. Der MCA vereint somit den *status approach* mit dem *functional approach.* Damit sind der Begründungsaufwand des Arztes und die notwendige Auseinandersetzung mit dem Patienten größer. Es wird sichergestellt, dass dem Patienten ein möglichst großer Freiraum für individuelle Entscheidungen verbleibt. Subjektiv für den Arzt nicht nachvollziehbare Begründungen dürfen infolgedessen nicht als Argument für eine Einwilligungsunfähigkeit verwendet werden, wenn der Patient keinerlei geistigen Einschränkung unterliegt. Gleiches gilt für das äußere Erscheinungsbild.

b. *Beachtung von entscheidungstheoretischen Grundlagen*

Ein weiterer Aspekt, der sich auch in dem vorherigen Zweischritt zeigt, ist, dass die Einwilligung in einen ärztlichen Heileingriff in der englischen Sprache unter den Begriff des *decision making* fällt. Deshalb finden sich in der rechtswissenschaftlichen Diskussion in England stärkere Bezüge zu entscheidungstheoretischen Gesichtspunkten bei der Feststellung der Einwilligungsfähigkeit. In dem

(476); *Shaw*, Competence and consent to treatment in children and adolescents, in: Advances in Psychiatric Treatment 2001, S. 150 (151).

530 *Appelbaum*, Assesment of Patients' Competece to Consent to Treatment, in: The New England Journal of Medicine 2007, S. 1834 (1835); *Hein u. a.*, Feasibility of an Assessment Tool for Children's Competence to Consent to Predictive Genetic Testing: a Pilot Study, in: Journal of Genetic Counseling 2015, S. 971 (972f.).

MCA beziehungsweise in dem *MCA Code of Practice* wird großer Wert auf die unterstützende Entscheidungsfindung gelegt. Der Arzt wird in der Feststellung der Einwilligungsfähigkeit nicht nur als reine Kontrollinstanz, sondern in erster Linie als helfender Partner im Erhalt der Einwilligungsfähigkeit verstanden.[531] Der MCA und der *MCA Code of Practice* stellen umfassende Ausführungen dazu an, welche Maßnahmen der Arzt ergreifen muss, um die Einwilligungsfähigkeit zu erhalten. Dazu gehören auch entscheidungstheoretische Aspekte wie zum Beispiel *'making the person feel at ease'* oder *'supporting the person'*. Dabei wird das Niveau der einzelnen Stufen der Einwilligungsfähigkeitsfeststellung individuell durch die Kapazitäten des Patienten festgelegt. Dies zeigt sich schon in der Anforderung, dass der Arzt die individuellen Fähigkeiten des Patienten vor der Aufklärung festzustellen hat und es für die Bewertung darauf ankommt, ob der Patient Informationen, die an seine Fähigkeiten angepasst vermittelt wurden, nachvollziehen kann. Dadurch wird auch der Erkenntnis Rechnung getragen, dass Patienten mit Einschränkungen durchaus in der Lage sind, ihre Kompetenzen durch professionelle Unterstützung zu verbessern.[532]

Der Lösungsansatz des englischen Gesetzgebers im MCA beruht in erster Linie auf der Maxime, dass Minderjährige ab der Vollendung des 16. Lebensjahres einwilligungsfähig seien und die Feststellung der Einwilligungsunfähigkeit nur als *ultima ratio* in Betracht komme. Wie bereits weiter oben herausgearbeitet, basiert der deutsche Ansatz demgegenüber auf der Annahme, dass die Einwilligungsfähigkeit grundsätzlich nicht vorhanden ist und stets positiv festgestellt werden muss. Wenn der Arzt zum Ergebnis kommt, dass der Minderjährige einwilligungsunfähig ist, bestätigt er lediglich die gesetzliche Vermutung. Von einer *ultima ratio* kann in diesem Fall nicht gesprochen werden. Das Widerlegen einer gesetzlichen Vermutung und die Aberkennung eines aktiven Rechts, wie es in England bei der Feststellung der Einwilligungsunfähigkeit von Minderjährigen über 16 Jahren der Fall ist, stellt *prima facie* einen intensiveren Eingriff dar. Dies könnte dazu führen, dass Aspekten wie der unterstützenden Entscheidungsfindung von Minderjährigen in England eine höhere Bedeutung zugesprochen werden muss, da der Verlust der Einwilligungsfähigkeit stärker zu gewichten ist. Durch das Vorhandensein der Regelungen zur unterstützenden Entscheidungsfindung ist das Schutzniveau von Minderjährigen über 16 Jahren im Vergleich zu Deutschland vermeintlich höher.

531 Vgl. zum Beispiel *General Medical Council*, Consent: patients and doctors making decisions together, 2008.

532 So z.B. bei Personen mit einer Leseschwäche: *Svensson u. a.*, The Effect of Reading Interventions among Poor Readers at a Forensic Psychiatric Clinic, in: Psychiatry, Psychology and Law 2017, S. 440.

VII. Kritik aus dem Völkerrecht

Beide Rechtsordnungen erfahren gleichwohl Kritik aus dem Völkerrecht, da sie an dem Konzept der Einwilligungsfähigkeit und ihrer Ermittlung durch einen *functional approach* festhalten.

1. Unterstützende anstelle von stellvertretender Entscheidungsfindung

Das *Committee on the Rights of Persons with Disabilities* setzt sich in seinem *General comment No. 1* mit dem Konzept der Einwilligungsfähigkeit, unter Berücksichtigung von Art. 12 Abs. 2 UN-BRK, auseinander. Hierbei handelt es sich um einen Ausschuss, der gemäß Art. 34 UN-BRK gegründet wurde und nach den Art. 35 ff. UN-BRK über die Implementierung der UN-BRK in den Vertragsstaaten wacht. Gegen das Konzept der Einwilligungsfähigkeit führt das *Committee on the Rights of Persons with Disabilities*an:

> (a) it is discriminatorily applied to people with disabilities; and
> (b) it presumes to be able to accurately assess the inner-workings of the human mind and, when the person does not pass the assessment, it then denies him or her a core human right — the right to equal recognition before the law.

Das *Committee* kritisiert darüber hinaus, dass in Modellen, die von der Feststellung der Einwilligungsfähigkeit ausgehen, die Behinderung einer Person oder ihre Fähigkeiten eine Entscheidung zu treffen, als legitime Grundlage verwendet werden würden, um ihre Rechtsfähigkeit zu verneinen. Hierbei handele es sich jedoch um eine diskriminierende Verweigerung der Rechtsfähigkeit, die mit Art 12 UN-BRK nicht vereinbar sei. Dieser Artikel würde vielmehr verlangen, dass die Vertragsstaaten Menschen mit Behinderungen unterstützen, damit sie selbständig von ihrer Rechtsfähigkeit Gebrauch machen können.[533]

In den abschließenden Bemerkungen zum ersten Staatenbericht Deutschlands geht das *Committee* darüber hinaus und hält fest, dass das Betreuungsrecht gegen die UN-BRK verstoße und alle Formen der stellvertretenden Entscheidungsfindung durch ein Modell der unterstützenden Entscheidungsfindung ersetzt werden sollte.[534] Darin wird deutlich, dass der UN-BRK die Idealvorstellung einer *universal capacity*[535] zugrunde liegt, wonach es keine einwilligungsunfähigen Menschen

---

533 CRPD/C/GC/1, S. 4, vgl. für eine ausführliche Kritik auch: *Flynn/Arstein-Kerslake*, The Support Model of Legal Capacity: Fact, Fiction, or Fantasy?, in: Berkeley Journal of International Law 2014, S. 124 (127ff.).

534 CRPD/C/DEU/CO/1, S. 5.

535 *Flynn/Arstein-Kerslake*, The Support Model of Legal Capacity: Fact, Fiction, or Fantasy?, in: Berkeley Journal of International Law 2014, S. 124 (129); *Richardson*, Mental capacity in the shadow of suicide: What can the law do?, in: International Journal of Law in Context 2013, S. 87.

gibt.[536] Vielmehr müssen die Vertragsstaaten der Idee folgend umfassende Unterstützungsmaßnahmen anbieten und diskriminierende Faktoren ausschalten, um sicherzustellen, dass Menschen mit Beeinträchtigungen eigenständig und in vollem Umfang von ihrer Rechtsfähigkeit Gebrauch machen können.[537] Art. 12 Abs. 4 UN-BRK konkretisiert diese Anforderung:

> Die Vertragsstaaten stellen sicher, dass zu allen die Ausübung der Rechts- und Handlungsfähigkeit betreffenden Maßnahmen im Einklang mit den internationalen Menschenrechtsnormen **geeignete und wirksame Sicherungen** vorgesehen werden, **um Missbräuche zu verhindern**. Diese Sicherungen müssen gewährleisten, dass bei den Maßnahmen betreffend die Ausübung der Rechts- und Handlungsfähigkeit **die Rechte, der Wille und die Präferenzen der betreffenden Person geachtet werden**, es **nicht zu Interessenkonflikten** und **missbräuchlicher Einflussnahme** kommt, dass die Maßnahmen **verhältnismäßig** und auf die Umstände der Person **zugeschnitten** sind, dass sie von **möglichst kurzer Dauer** sind und dass sie **einer regelmäßigen Überprüfung** durch eine zuständige, unabhängige und unparteiische Behörde oder gerichtliche Stelle unterliegen. Die Sicherungen müssen **im Hinblick auf das Ausmaß**, in dem diese Maßnahmen die Rechte und Interessen der Person berühren, **verhältnismäßig** sein. (Hervorhebungen nicht im Original)

Der vorliegende Ansatz beruht auf dem Grundsatz der Achtung der Menschenwürde und der individuellen Autonomie, einschließlich der Freiheit, eigene Entscheidungen zu treffen.[538] Hinzu kommt die Behinderungsdefinition aus Art. 1 UN-BRK. Hiernach haben Menschen eine Behinderung, wenn sie körperliche, seelische, geistige oder sonstige Sinnesbeeinträchtigungen aufweisen, die in Wechselwirkung mit verschiedenen Barrieren dazu führen können, dass die Person an der vollen, wirksamen und gleichberechtigten Teilhabe an der Gesellschaft gehindert wird. Entsprechend der Definition folgen die Einschränkungen im Alltag in erster Linie durch die Beschaffenheit der Umwelt. Aus diesem Grund muss das Umfeld bei der unterstützenden Entscheidungsfindung insoweit angepasst werden, dass der Mensch trotz Behinderung im gleichen Maße partizipieren kann[539].

---

536 *Richardson*, Mental capacity in the shadow of suicide: What can the law do?, in: International Journal of Law in Context 2013, S. 87 (92): „In its purest form there is no point beyond which legal capacity is lost. There is no binary divide".

537 *Series*, Relationships, autonomy and legal capacity: Mental capacity and support paradigms, in: International Journal of Law and Psychiatry 2015, S. 80.

538 Vgl. Art. 3 lit. a.) UN-BRK.

539 Jedoch kritisch, wenn es um komplexe und weitrechende Maßnahmen geht und der Patient sich in einem fortgeschrittenen Stadium der Erkrankung befindet: *Bühler/Stolz*, Ärztliche Behandlung und „unterstützende Entscheidungsfindung" - Betreuung entbehrlich?, in: BtPrax 2017, S. 167 (169ff.).

2. *Unterstützende Entscheidungsfindung bei Minderjährigen in Deutschland?*

Hier wird nun die Frage relevant, ob die Ausführungen im vollen Umfang auch für Kinder und Jugendliche mit psychischen Krankheiten gelten. Mit anderen Worten muss untersucht werden, ob das Modell der Einwilligungsfähigkeit von Kindern und Jugendlichen der Vergangenheit zugeordnet werden muss. Das *Committee on the Rights of Persons with Disabilities* hatte sich in dem Staatenbericht ausdrücklich nur zum Betreuungsrecht geäußert.

Gegen das Modell der Einwilligungsfähigkeit bei psychisch kranken Minderjährigen spricht jedenfalls, dass Art. 12 Abs. 2 UN-BRK ein altersunabhängiges Menschenrecht ist.[540] Hinzu kommt, dass Art. 7 Abs. 1 UN-BRK ausdrücklich festhält, dass Kinder mit Behinderungen gleichberechtigt mit anderen Kindern alle Menschenrechte und Grundfreiheiten genießen können sollen. Eine Diskriminierung aufgrund der psychischen Krankheit kommt somit im Vergleich zu nicht behinderten Minderjährigen nicht in Betracht. Insoweit ließen sich die Gedanken des *Committee on the Rights of Persons with Disabilities* auch für die Einwilligungsunfähigkeitsfeststellung bei psychisch kranken Minderjährigen übertragen.

Ein solches Vorgehen überzeugt jedoch nicht. Das Konstrukt der unterstützenden Entscheidungsfindung basiert auf dem Grundsatz der Autonomie. Sie wird in dem Modell als vorhanden vorausgesetzt. Diese Annahme besteht jedoch nicht für Minderjährige. So hält bereits Art. 7 Abs. 3 UN-BRK fest, dass die Meinung von Minderjährigen angemessen und entsprechend ihres Alters und ihrer Reife berücksichtigt werden muss. Die Systematik der UN-BRK weist somit auch für Minderjährige einen relativen Autonomieansatz auf, der auf die Entwicklung des Kindes beziehungsweise Jugendlichen abstellt. Bei dieser Patientenklientel geht es in einem ersten Schritt somit nicht darum, die angenommene Autonomie so weit wie möglich zu erhalten, sondern ein Mindestmaß davon herzustellen. Die Herangehensweisen sind somit diametral. Der Ansatz der unterstützenden Entscheidungsfindung würde dazu führen, dass unabhängig vom Grad der Behinderung, der Entwicklung oder der Reichweite der negativen Konsequenzen, die Entscheidung des Minderjährigen akzeptiert werden müsste.[541] Damit würde verwischt werden, dass die rechtliche Selbständigkeit für Minderjährige einen Prozess der wachsenden Entwicklung darstellt. Entsprechende qualitativen Unterschiede zwischen Minderjährigen und Volljährigen müssen aus systematischen Gesichtspunkten bei einer Übertragung des Modells berücksichtig werden. Sowohl die Eltern als auch der Staat haben gerade eine verfassungsrechtliche Schutzpflicht für den sich entwickelnden Minderjährigen. Sie können nicht einfach ausblenden wie eingeschränkt die Sichtweise des Kindes beziehungsweise Jugendlichen ist und

540 CRPD/G/GC/1, S. 9.

541 *Richardson*, Mental capacity in the shadow of suicide: What can the law do?, in: International Journal of Law in Context 2013, S. 87 (93).

wie fatal die Konsequenzen sein können. In diesem Sinne ist die positive Feststellung der Einwilligungsfähigkeit, gemessen an bestimmten Voraussetzungen, ein Schutzmechanismus, der sich aus der relativen Autonomie des Minderjährigen ergibt. Hierin zeigt sich erneut, dass die deutsche Lösung einen *in dubio pro securitate* Ansatz beinhaltet.

Zu der vorstehenden Überlegung kommt der Aspekt hinzu, dass nach deutschem Verfassungsrecht die Reichweite des Elternrechts im Verhältnis zur wachsenden Fähigkeit des Minderjährigen steht. Es handelt sich mithin um ein relationales Modell, welches sich überschneidende Rechtssphären regelt. Bildlich gesprochen könnte man das Verhältnis in einem Venn-Diagramm darstellen. Um für alle Parteien ein möglichst großes Maß an Autonomie zu ermöglichen, müssen in diesem Verhältnis für alle Parteien klare und sichere Grenze gezogen werden, die dem entwicklungsbedingten Ansatz Rechnung tragen. Bei einer Lösung, die von einer *universal capacity* und unterstützenden Entscheidungsfindung ausgeht, sind diese notwendigen Grenzen gerade nicht vorhanden. Vertreter des Models müssen nämlich eingestehen, dass auf eine stellvertretende Entscheidung nicht in Gänze verzichtet werden kann.[542] Dadurch wird die Trennlinie von notwendiger Unterstützung und Beginn von Zwang unscharf.[543] Demgegenüber ist die Einwilligungsfähigkeit[544] im System der Grundrechtsmündigkeit eine kohärente Lösung, die eine solche Grenzziehung erlaubt. Der Minderjährigenschutz wird sichergestellt, indem ihnen bei Vorliegen der Voraussetzungen ein gebundener Anspruch zusteht, als einwilligungsfähig betrachtet zu werden.

VIII. Einwilligungsfähigkeit im Lichte des entwicklungsbedingten *decision making*

Gleichwohl besteht bei der Feststellung der Einwilligungsfähigkeit die Gefahr, dass faktisch einwilligungsfähige Minderjährige als einwilligungsunfähig beurteilt werden, da der Arzt die Abwägungsentscheidung für unvernünftig oder gar vollkommen abwegig hält.[545] Dies gilt vor allem, wenn Minderjährige die Behandlung ablehnen. Ärzte tendieren nämlich dazu, Minderjährige als einwilligungsfähig zu betrachten, wenn sich die Entscheidung des Kindes oder Jugendlichen mit den eigenen Vorstellungen des Arztes über die Erreichung der besten Interessen des

542 *Weller*, The Convention on the Rights of Persons with Disabilities and the social model of health: new perspectives, in: Journal of Mental Health Law 2011, S. 74(77).

543 *Richardson*, Mental capacity in the shadow of suicide: What can the law do?, in: International Journal of Law in Context 2013, S. 87(93).

544 In Verbindung mit der Diskussion um die Einwilligungsbefugnis.

545 Nicht speziell auf Minderjährige bezogen, sondern allgemein zu dieser Gefahr, da der Doktor überprüfen muss, ob der Patient in der Lage ist die einzelnen Positionen abzuwägen: *Lock/Sir Munby*, The Test for Capacity, in: Grubb u. a., Principles of medical law, 3. Auflage 2010, S. 473 (485f.).

Patienten deckt.[546] Bei psychisch kranken Minderjährigen kann die Krankheit dann schnell als Begründungsreserve herangezogen werden. Um Kinder und Jugendliche vor solchen Gefahren zu schützen, ist es notwendig, sich mit den spezifischen Grundlagen der Entscheidungsfindung von Minderjährigen auseinanderzusetzen und dabei herauszuarbeiten, inwieweit das Modell der unterstützenden Entscheidungsfindung berücksichtigt werden kann. Der Fokus muss dabei im Gegensatz zu Volljährigen nicht auf den Erhalt, sondern auf das Erreichen der Einwilligungsfähigkeit, trotz entwicklungs- und krankheitsbedingter vorhandener Einschränkungen, gelegt werden.

Neben den kognitiven Bereichen nehmen weitere Faktoren Einfluss auf die Einwilligungsfähigkeit, die bei der Beurteilung der Einwilligungsfähigkeit zu berücksichtigen sind.[547] Die Entscheidungsfindung von Minderjährigen kann vor allem durch entwicklungsbedingte und altersspezifische Kontextfaktoren geprägt werden.[548] Aus dem vorherigen Abschnitt geht bereits deutlich hervor, dass die Erkenntnisse des sogenannten *decision making* für die Feststellung der Einwilligungsfähigkeit von großer Bedeutung sind.[549]

1. Decision making

Menschliches Verhalten – und damit auch die Wahl eine medikamentöse Behandlung anzunehmen oder abzulehnen – kann als Ergebnis eines Entscheidungsprozesses (*decision making)* verstanden werden. Um die Struktur dieses Vorganges untersuchen zu können, kann die Entscheidungsfindung in vier Schritte untergliedert werden. Zunächst muss ein Ziel gesetzt werden. In einem zweiten Schritt müssen die Optionen samt ihren gewünschten und unerwünschten Vor- und

546 *Hein u. a.*, Feasibility of an Assessment Tool for Children's Competence to Consent to Predictive Genetic Testing: a Pilot Study, in: Journal of Genetic Counseling 2015, S. 971 (972); *Dies. u. a.*, Accuracy of the MacArthur Competence Assessment Tool for Clinical Research (MacCAT-CR) for Measuring Children's Competence to Consent to Clinical Research, in: JAMA Pediatrics 2014, S. 1147 (1148); *Larcher/Hutchinson*, How should paediatricians assess Gillick competence?, in: Archives of Disease in Childhood 2009, S. 307 (309f.).

547 *Rothärmel u. a.*, Patientenaufklärung, Informationsbedürfnis und Informationspraxis in der Kinder- und Jugendpsychiatrie und Psychotherapie, 2006, S. 75; und mit ausführlicher Kritik an den kognitiven Modellen: *Scott u. a.*, Evaluating Adolescent Decision Making in Legal Contexts, in: Law and Human Behavior 1995, S. 221 (224ff.).

548 *Tan/Fegert*, Capacity and Competence in Child and Adolescent Psychiatry, in: Health Care Analysis 2004, S. 285 (286).

549 Einen ähnlichen Ansatz aus strafrechtlicher Perspektive wählen: *Kambam/Thompson*, The development of decision-making capacities in children and adolescents: Psychological and neurological perspectives and their implications for juvenile defendants, in: Behavioral Sciences & the Law 2009, S. 173.

Nachteile erkannt werden, mit denen das Ziel erreicht werden kann. Anschließend müssen sie gegenübergestellt und je nach Präferenz einer gewissen Rangordnung zugewiesen werden. Abschließend wird die Option gewählt, die in der Rangordnung am höchsten priorisiert worden ist.[550]

Dieser Vorgang kann mit normativen Entscheidungsmodellen dahingehend untersucht werden, welche Wahl eine Person am besten treffen sollte.[551] In solchen Modellen geht es mithin um eine *rational choice*, die durch mathematische Formeln errechnet werden kann.[552] Ergänzend kann der Vorgang aus verhaltenspsychologischer und neurowissenschaftlicher Perspektive dahingehend betrachtet werden, aus welchen Gründen Menschen Entscheidungen treffen.[553] Diese Modelle setzen nicht voraus, dass Menschen immer rational handeln wollen, sondern akzeptieren, dass sie sich bei manchen Entscheidungen auch von ihren Gefühlen und Emotionen leiten lassen möchten und sich darüber hinaus auch nicht immer moralisch verhalten wollen.[554] Die optimale Entscheidung für die Person im Einzelfall muss in dieser Perspektive nicht mit der rational richtigen Entscheidung übereinstimmen. Bis in die 2000er Jahre ging die Verhaltensforschung davon aus, dass Minderjährige im Vergleich zu Erwachsenen kognitive Defizite innerhalb der Entscheidungsfindung aufweisen könnten, sodass lediglich die kognitiven Fähigkeiten im Fokus der Forschung standen.[555] Es wurde zum Beispiel die Ansicht vertreten, dass sich Minderjährige im Vergleich zu Volljährigen den Risiken ihres Handelns nicht im

550 *Byrnes*, The Development of Decision-making, in: Journal of Adolescents Health. 2002, S. 208 (209); *Miller/Drotar*, Decision-Making Competence and Adherence to Treatment in Adolescents with Diabetes, in: Journal of Pediatric Psychology 2006, S. 178.

551 *Furby/Beth-Marom*, Risk Taking in Adolescence: A Decision-Making Perspective, in: Developmental Review 1992, S. 1 (3f.).

552 *Fischhoff*, Assessing adolescent decision-making competence, in: Developmental Review 2008, S. 12 (13).

553 *Furby/Beth-Marom*, Risk Taking in Adolescence: A Decision-Making Perspective, in: Developmental Review 1992, S. 1 (4), die jedoch noch von einem Fünfschritt der Entscheidungsfindung ausgingen.

554 *Fischhoff*, Assessing adolescent decision-making competence, in: Developmental Review 2008, S. 12 (13).

555 *Mann u. a., Adolescent* decision-making: the development of competence, in: Journal of Adolescence 1989, S. 265; allerdings gab es auch Ausnahmen, wie z.B.: *Rolison/Scherman*, Factors influencing Adolescents' Decision to engage in risk-taking Behavior, in: Adolescence 2002, S. 585, die zusätzlich Faktoren wie sensation-seeking und locus of control mit einbeziehen; darüber hinaus gab es auch schon erste Ansätze, die emotionale, soziale und zum Teil auch schon neurowissenschaftliche Kontextfaktoren berücksichtigen wollten: *Scott u. a.*, Evaluating Adolescent Decision Making in Legal Contexts, in: Law and Human Behavior 1995, S. 221; *Steinberg/Cauffmann*, Maturity of Judgment in Adolescence: Psychosocial Factors in Adolescent Decision Making, in: Law and Human Behavior 1996, S. 249; *Steinberg*, Is Decision Making the Right Framework for Research on Adolescent Risk Taking?,

gleichen Maße bewusst seien.[556] Die Annahmen änderten sich unter anderem durch die Forschung von *Reyna & Farley* im Jahr 2006, die zu dem Ergebnis kamen, dass Minderjährige gefährliche Situationen ähnlich bewerten würden, wie Erwachsene und somit keine unmittelbar kognitiv schlechteren Fähigkeiten hätten.[557] Ferner hat sich die Erkenntnis gefestigt, dass Minderjährige ab dem 15. beziehungsweise 16. Lebensjahr im gleichen Maße wie Erwachsene Informationen verarbeiten und Entscheidungen logisch begründen können.[558] In Bezug auf Behandlungsentscheidungen wird zum Teil vertreten, dass Minderjährige ab 14 Jahren unter optimalen Bedingungen in der Lage seien, den Sachverhalt im gleichen Maße wie Volljährige zu verstehen.[559] Andere Studien gehen sogar davon aus, dass die Fähigkeiten zur Entscheidungsfindung in medizinischen Fragestellungen ab dem 11. Lebensjahr vorhanden sein kann.[560]

Durch diesen Wandel wurde der Fokus der Verhaltensforschung nicht mehr auf kognitive Defizite von Minderjährigen, sondern auf die Entscheidung beeinflussenden Faktoren gelegt.[561] So wurde zum Beispiel ausgeführt, dass bereits das Erziehungsverhalten der Eltern die *decision making* Kompetenzen eines Minderjährigen beeinflussen kann. Minderjährige die einen autoritativen Erziehungsstil und eine klare Grenzsetzung erfahren haben, sollen demnach früher in der Lage

in: Romer, Reducing Adolescent Risk: Toward an Integrated Approach, 2003, S. 19 (23f.).

556 *Scott u. a.*, Evaluating Adolescent Decision Making in Legal Contexts, in: Law and Human Behavior 1995, S. 221 (231); *Spear*, The adolescent brain and age-related behavioral manifestations, in: Neuroscience and Biobehavioral Reviews 2000, S. 417 (421ff.).

557 *Reyna/Farley*, Risk and Rationality in Adolescent Decision Making: Implications for Theory, Practice, and Public Policy, in: Psychological Science in the Public Interest 2006, S. 1.

558 *Albert/Steinberg*, Judgment and Decision Making in Adolescence, in: Journal of Research on Adolescence 2011, S. 211 (219); *Aronson*, Brain imaging, culpability and the juvenile death penalty., in: Psychology, Public Policy, and Law 2007, S. 115 (119).

559 *De Vries u. a.*, Pediatric Oncologists´ Attitudes Towards Involving Adolescents in Decision-Making Concerning Reasearch Participation, in: Pediatr Blood Cancer 2010, S. 123; *Field u. a.*, Ethical conduct of clinical research involving children, 2004, S. 182ff; *Joffe u. a.*, Involving children with cancer in decision-making about research participation, in: The Journal of Pediatrics 2006, S. 862 (864).

560 *Hein u. a.*, Accuracy of the MacArthur Competence Assessment Tool for Clinical Research (MacCAT-CR) for Measuring Children's Competence to Consent to Clinical Research, in: JAMA Pediatrics 2014, S. 1147 (1151); *Dies. u. a.*, Key factors in children's competence to consent to clinical research, in: BMC Medical Ethics 2015, S. 1 (3).

561 *Albert/Steinberg*, Judgment and Decision Making in Adolescence, in: Journal of Research on Adolescence 2011, S. 211 (212).

sein, eigenständige und effektive Entscheidungen zu treffen.[562] Gleiches soll für "well protected children raised in an atmosphere of warmth and understanding" gelten.[563] Eine weitere Feststellung ist, dass das menschliche Verhalten vor allem auch durch den sozialen und emotionalen Kontext beeinflusst wird.[564] Entscheidungen, wie die Ablehnung einer Behandlung, stellen folglich einen komplexen und multifaktoriell geprägten Vorgang dar. Hierin spiegelt sich bereits ein Ansatzpunkt für Kritik an dem rein funktional-kognitiven Prüfungsmethoden der Einwilligungsfähigkeit wider. Sie verlangen vom Patienten rationale und bewusste Entscheidungen. Dabei wird jedoch der Einfluss von Emotionen, biographischen, sozialen und sonstigen Kontextfaktoren auf die Entscheidungsfindung weitestgehend außer Acht gelassen.[565] Gerade bei psychisch kranken Minderjährigen wie *anorexia nervosa*-Patienten[566] kann es eine Diskrepanz zwischen dem tatsächlichen Wissen und der Fähigkeit geben, die wahren Wünsche zu äußern. Häufig entspricht der zunächst ausdrücklich geäußerte nicht dem dahinterstehenden tatsächlichen Willen.[567] Eine Verkürzung der Sichtweise auf rein kognitive Voraussetzung entspricht daher nicht der Realität und geht damit fehl. Vielmehr muss die

---

562 *Partridge*, Adolescent Psychological Development, Parenting Styles, and Pediatric Decision Making, in: Journal of Medicine and Philosophy 2010, S. 518 (522ff.).

563 *Tan/Fegert*, Capacity and Competence in Child and Adolescent Psychiatry, in: Health Care Analysis 2004, S. 285 (286).

564 *Albert/Steinberg*, Judgment and Decision Making in Adolescence, in: Journal of Research on Adolescence 2011, S. 211; *Blakemore/Robbins*, Decision-making in the adolescent brain, in: Nature Neuroscience 2012, S. 1184; *Fischhoff*, Assessing adolescent decision-making competence, in: Developmental Review 2008, S. 12 (22); *Kambam/Thompson*, The development of decision-making capacities in children and adolescents: Psychological and neurological perspectives and their implications for juvenile defendants, in: Behavioral Sciences & the Law 2009, S. 173 (174).

565 *Breden/Vollmann*, The Cognitive Based Approach of Capacity Assessment in Psychiatry: A Philosophical Critique of the MacCAT-T, in: Health Care Analysis 2004, S. 273 (276f.); *Elliott*, Caring About Risks: Are Severely Depressed Patients Competent to Consent to Research?, in: Archives of General Psychiatry 1997, S. 113 (116); *Field u. a.*, Ethical conduct of clinical research involving children, 2004, S. 189ff; *Piker*, Balancing Liberation and Protection: A moderate Approach to Adolescent Health Care Decision-Making, in: Bioethics 2011, S. 202 (206f.); *Welie*, Criteria for patient decision making (in)competence: A review of and commentary on some empirical approaches, in: Medicine, Health Care and Philosophy 2001, S. 139 (146f.).

566 *Tan u. a.*, Control and compulsory treatment in anorexia nervosa: The views of patients and parents, in: International Journal of Law and Psychiatry 2003, S. 627; *Turrell u. a.*, Consent to treatment in adolescents with anorexia nervosa, in: International Journal of Eating Disorders 2011, S. 703, setzen sich in ihrer Studie ausführlich mit der Einwilligungsfähigkeit dieser Patientenklientel auseinander.

567 *Tan/Fegert*, Capacity and Competence in Child and Adolescent Psychiatry, in: Health Care Analysis 2004, S. 285 (291).

Einwilligungsfähigkeit zusätzlich an entwicklungsbedingten und situative Faktoren gemessen werden.

2. Neurowissenschaftliche Grundlagen

Um Einflüsse herauszuarbeiten, die sich auf die Entscheidungsfindung und damit die Einwilligungsfähigkeit von Minderjährigen auswirken, sind neurowissenschaftliche Grundlagen essentiell.[568] Der technologische Fortschritt in der Bildgebung, insbesondere der funktionellen Magnetresonanztomographie (kurz: fMRI) sowie der Diffusions-Tensor-Bildgebung (kurz: DTI),[569] hat in den letzten Jahren zu einem sehr großen Anstieg des neurowissenschaftlichen Wissens geführt. Eine grundlegende Erkenntnis der Forschung ist, dass die Gehirnreifung noch bis zur dritten Lebensdekade stattfindet.[570] Die Adoleszenz nimmt in diesem Reifungsprozess eine wichtige Rolle ein.[571] Während einer linearen Zunahme der weißen Substanz kommt es zu einem Abbau von synaptischen Verbindungen (Pruning), zu Veränderungen in den Neurotransmittersystemen und zu einer fortschreitenden Myelinisierung.[572] Demgegenüber nimmt der Reifungsprozesse der grauen

---

568 *Partridge*, Adolescent Psychological Development, Parenting Styles, and Pediatric Decision Making, in: Journal of Medicine and Philosophy 2010, S. 518 (522f.).

569 Vgl. z.B. *Braus u. a.*, Diffusions-Tensor-Bildgebung (DTI) und funktionelle Magnetresonanztomographie (fMRI) erweitern das Methodenspektrum in der psychiatrischen Forschung, in: Der Nervenarzt 2001, S. 384; *Casey u. a.*, The Adolescent Brain, in: Annals of the New York Academy of Sciences 2008, S. 111 (113ff.); *Vloet u. a.*, Bildgebungsbefunde bei Kindern und Jugendlichen mit ADHS, Tic-Störungen und Zwangserkrankungen, in: Zeitschrift für Kinder- und Jugendpsychiatrie und Psychotherapie 2006, S. 343.

570 *Giedd u. a.*, Brain development during childhood and adolescence: a longitudinal MRI study, in: nature neuroscience 1999, S. 861; *Luna u. a.*, Maturation of Widely Distributed Brain Function Subserves Cognitive Development, in: NeuroImage 2001, S. 786; *Sowell u. a.*, In vivo evidence for post-adolescent brain maturation in frontal and striatal regions, in: nature neuroscience 1999, S. 859; *Sowell u. a.*, Localizing Age-Related Changes in Brain Structure between Childhood and Adolescence Using Statistical Parametric Mapping, in: NeuroImage 1999, S. 587; *Sowell u. a.*, Mapping Continued Brain Growth and Gray Matter Density Reduction in Dorsal Frontal Cortex: Inverse Relationships during Postadolescent Brain Maturation, in: The Journal of Neuroscience 2001, S. 8819; *Spear*, The adolescent brain and age-related behavioral manifestations, in: Neuroscience and Biobehavioral Reviews 2000, S. 417 (434ff.).

571 Ausführlich zu den Veränderungsprozessen in dieser Zeit: *Giedd*, The Teen Brain: Insights from Neuroimaging, in: Journal of Adolescent Health 2008, S. 335 (336ff.); *Luna/Sweeney*, The Emergence of Collaborative Brain Function: fMRI Studies of the Development of Response Inhibition, in: Annals of the New York Academy of Sciences 2004, S. 296.

572 *Benes*, Brain Development, VII: Human Brain Growth Spans Decades, in: Am J Psychiatry 1998, S. 1489; *Konrad u. a.*, Hirnentwicklung in der Adoleszenz, in: Deutsches

Materie in den Frontallappen, insbesondere im präfrontalen Cortex, keinen linearen Verlauf.[573] Die neuronalen Unterschiede im Bereich der Frontallappen sind bei Kindern, Adoleszenten und Volljährigen sowohl strukturell als auch funktionell nachweisbar.[574] *Johnsen u.a.* heben die Funktionen dieses Hirnareals hervor, indem sie ausführen:

> The prefrontal cortex coordinates higher-order cognitive processes and executive functioning. Executive functions are a set of supervisory cognitive skills needed for goal-directed behavior, including planning, response inhibition, working memory, and attention. These skills allow an individual to pause long enough to take stock of a situation, assess his or her options, plan a course of action, and execute it. Poor executive functioning leads to difficulty with planning, attention, using feedback, and mental inflexibility, all of which could undermine judgment and decision making.[575]

3. *Kritik an rein neurowissenschaftlichen Ansätzen*

Die Erkenntnisse zeigen bereits, dass die Einwilligungsfähigkeit von Minderjährigen neu betrachtet werden muss. Die neurowissenschaftlichen Ergebnisse werden oft als Hard-Facts und objektive Wahrheit angesehen. Dabei muss jedoch berücksichtigt werden, dass die Ergebnisse der neurowissenschaftlichen Forschung eine zum Teil subjektive Komponente aufweisen, da zum Beispiel die Dicke der zu untersuchenden Gehirnschnitte, die Auflösung oder das Filtern von Störgeräuschen, nach subjektiven Kriterien erfolgt.[576] Darüber hinaus belegen die Ergebnisse

---

Ärzteblatt 2013, S. 425 (426), m.w.N; *Lenroot/Giedd*, Brain development in children and adolescents: Insights from anatomical magnetic resonance imaging, in: Neuroscience & Biobehavioral Reviews 2006, S. 718 (722ff.).

573 *Blakemore/Choudhury*, Development of the adolescent brain: implications for executive function and social cognition, in: Journal of Child Psychology and Psychiatry 2006, S. 296 (297ff.); *Sowell u. a.*, Mapping Continued Brain Growth and Gray Matter Density Reduction in Dorsal Frontal Cortex: Inverse Relationships during Postadolescent Brain Maturation, in: The Journal of Neuroscience 2001, S. 8819.

574 *Casey u. a.*, The Adolescent Brain, in: Annals of the New York Academy of Sciences 2008, S. 111 (122), m.w.N.

575 *Johnson u. a.*, Adolescent Maturity and the Brain: The Promise and Pitfalls of Neuroscience Research in Adolescent Health Policy, in: Journal of Adolescents Health. 2009, S. 216 (218); ähnliche Ausführungen finden sich auch bei: *Blakemore/Choudhury*, Development of the adolescent brain: implications for executive function and social cognition, in: Journal of Child Psychology and Psychiatry 2006, S. 296 (301); vgl. ausführlich zum Begriff des executive functioning: *Anderson u. a.*, Development of Executive Functions Through Late Childhood and Adolescence in an Australian Sample, in: Developmental Neurospychology 2001, S. 385.

576 Mit ausführlicher Kritik: *Aronson*, Brain imaging, culpability and the juvenile death penalty., in: Psychology, Public Policy, and Law 2007, S. 115 (133ff.); *Johnson u. a.*, Adolescent Maturity and the Brain: The Promise and Pitfalls of Neuroscience

zwar, dass sich das Gehirn eines Minderjährigen in der Entwicklung befindet, ab welchem Zeitpunkt es jedoch reif genug ist, um autonome Entscheidungen zu treffen, können die Ergebnisse aus dem Labor nicht belegen.[577] Hinzu kommt, dass Verhalten multifaktoriell beeinflusst wird und alleine neurowissenschaftliche Ansätze isoliert für sich Betrachtet nicht ausreichen können, um das Verhalten zu begründen.[578] Unter Berücksichtigung des derzeitigen Forschungsstandes ist es deshalb noch schwierig alleine aus neurowissenschaftlichen Erkenntnissen, die im Labor gewonnen wurden, einen Rückschluss auf das Verhalten in Alltagssituationen beziehungsweise die Einwilligungsfähigkeit zu ziehen.[579] Gleichwohl verpflichten sie die Rechtswissenschaft zu einem größeren Problembewusstsein im Umgang mit der Festlegung von altersabhängigen Rechten und deren Feststellung.

4. Neurobiologische Verhaltenstheorien

Aus diesem Grund werden im Folgenden neurobiologische Verhaltenstheorien untersucht. Dadurch können vor allem emotionale und soziale Kontextfaktoren herausgearbeitet werden. Die zuvor vorgestellten Erkenntnisse der Neurowissenschaften greifen die Neurobiologen *Casey u.a.*[580] sowie *Steinberg*[581] auf, um

---

Research in Adolescent Health Policy, in: Journal of Adolescents Health. 2009, S. 216 (218).

577 So jedenfalls in Bezug auf die strafrechtliche Schuldfähigkeit: Brain imaging, culpability and the juvenile death penalty., in: Psychology, Public Policy, and Law 2007, S. 115 (117).

578 *Casey u. a.*, The Adolescent Brain, in: Annals of the New York Academy of Sciences 2008, S. 111 (112).

579 *Gkotsi/Gasser*, Neuroscience in forensic psychiatry: From responsibility to dangerousness. Ethical and legal implications of using neuroscience for dangerousness assessments, in: International Journal of Law and Psychiatry 2016, S. 58 (61), im Zusammenhang mit strafrechtlichen Fragen: „Advances in brain imaging have begun to shed light on the biological origins of violence and antisocial behavior, but many researchers advocate caution when it comes to using these methods as prediction tools. Brain images may someday prove useful for forecasting individual behavior, but for today, the tools of neuroscience are still far too crude and our understanding of the brain too imperfect to hold the promise of ‚neuroprediction'."; *Johnson u. a.*, Adolescent Maturity and the Brain: The Promise and Pitfalls of Neuroscience Research in Adolescent Health Policy, in: Journal of Adolescents Health. 2009, S. 216 (219).

580 *Casey u. a.*, The Adolescent Brain, in: Annals of the New York Academy of Sciences 2008, S. 111 (116ff.).

581 *Steinberg*, Risk Taking in Adolescence: New Perspectives From Brain and Behavioral Science, in: Current Directions in Psychological Science 2007, S. 55 (56); dieses Konstrukt weiter vertiefend: *Steinberg*, A social neuroscience perspective on adolescent risk-taking, in: Developmental Review 2008, S. 78 (83ff.).

Unterschiede in der Entscheidungsfindung zwischen Kindern, Adoleszenten und Volljährigen zu begründen.

a. *Casey u.a.*

In ihrem Modell stützen *Casey u.a.* ihre Begründung der Verhaltensunterschiede darauf, dass das limbische System in der Adoleszenz bereits deutlich weiterentwickelt ist, als die präfrontalen Kontrollregionen. Das limbische System ist Teil des Großhirns und setzt sich unter anderem aus dem *Hippocampus*, dem *Gyrus cinguli*, der *Amygdala*[582] sowie den *Corpora mamillaria* zusammen.[583] Diese Bereiche stehen in einem besonderen Zusammenhang mit Emotionen, Motivationen sowie dem Gedächtnis.[584] Ferner dient die *Amygdala* dazu, Gefahren zu entdecken und hilft bei der Entwicklung von Angstverhalten.[585] Aufgrund der stärkeren Reifung des limbischen Systems gehen die Forscher davon aus, dass das Verhalten und die Entscheidungsfindung bei Jugendlichen durch das ausgereifte limbische System stärker beeinflusst wird, als bei Kindern und Erwachsenen, bei denen beide Systeme noch nicht respektiv schon vollständig ausgereift sind.[586] Dies gilt insbesondere in emotional geprägten Situationen. *Casey u.a.* führen dazu aus:

> According to our model, in emotionally salient situations, the more mature limbic system will win over the prefrontal control system. In other words, when a poor decision is made in an emotional context, the adolescent may know better, but the salience of the emotional context biases his or her behavior in opposite direction of the optimal action.[587]

Neben der Anfälligkeit für emotionale Momente wird die Entscheidungsfindung des Adoleszenten vor allem durch eine Art *Reward-System* beeinflusst. Damit der

---

582 Vgl. ausführlich zu diesem Thema auch: *Cunningham u. a.*, Amygdalo-cortical sprouting continues into early adulthood: Implications for the development of normal and abnormal function during adolescence, in: The Journal of Comparative Neurology 2002, S. 116.

583 *Beck u. a.*, Faszinierendes Gehirn, 2016, S. 42.

584 *Benes*, Brain Development, VII: Human Brain Growth Spans Decades, in: Am J Psychiatry 1998, S. 1489; *Lehmann-Horn*, Motorische Systeme, in: Schmidt/Lang, Physiologie des Menschen: mit Pathophysiologie, 30. Auflage 2007, S. 143 (182); *Steinberg*, Risk Taking in Adolescence: New Perspectives From Brain and Behavioral Science, in: Current Directions in Psychological Science 2007, S. 55 (56).

585 *Aronson*, Brain imaging, culpability and the juvenile death penalty., in: Psychology, Public Policy, and Law 2007, S. 115 (122).

586 *Casey u. a.*, The Adolescent Brain, in: Annals of the New York Academy of Sciences 2008, S. 111 (116).

587 *Casey u. a.*, The Adolescent Brain, in: Annals of the New York Academy of Sciences 2008, S. 111 (116f.).

Ansatz von *Casey u.a.* vollständig nachvollzogen werden kann, sind die Ausführungen von *Konrad u.a.* hilfreich. Sie schreiben:

> Dabei sollte beachtet werden, dass Adoleszente nicht per se unfähig sind, rationale Entscheidungen zu treffen, sondern dass in emotionalen Situationen (zum Beispiel bei Anwesenheit von Gleichaltrigen, bei Aussicht auf Belohnung) die Wahrscheinlichkeit zunimmt, dass Belohnung und Emotionen stärker die Handlung beeinflussen als rationale Entscheidungsprozesse.[588]

Um dies zu verdeutlichen, führen *Casey u.a.* folgendes Beispiel an:

> Given evidence of prefrontal regions in guiding appropriate actions in different contexts, immature prefrontal activity might hinder appropriate estimation of future outcomes, especially when making a decision within an emotional context (i.e., heat of the moment). This interpretation is consistent with previous research showing elevated subcortical, relative to cortical, activity when decisions are biased by immediate versus long-term gains.[589]

b. Steinberg

Eine ähnliche Begründung wird auch von *Steinberg* angeführt, um riskantes Verhalten (*risk-taking*)[590] von Jugendlichen zu begründen:

> It appears that heightened risk taking in adolescence is the product of the interaction between two brain networks. The first is a **socioemotional network** that is especially sensitive to social and emotional stimuli, that is particularly important for reward processing, and that is remodeled in early adolescence by the hormonal changes of puberty. It is localized in **limbic and paralimbic areas** of the brain (...). The second network is **a cognitive-control network** that subserves executive functions such as planning, thinking ahead, and self-regulation, and that matures gradually over the course of adolescence and young adulthood largely independently of puberty. The cognitive-control network mainly consists of outer regions of the brain, including the **lateral prefrontal and parietal cortices and those parts of the anterior cingulate cortex** to which they are connected. In many respects, risk taking is the

588 *Konrad u. a.*, Hirnentwicklung in der Adoleszenz, in: Deutsches Ärzteblatt 2013, S. 425 (428).

589 *Casey u. a.*, The Adolescent Brain, in: Annals of the New York Academy of Sciences 2008, S. 111 (118).

590 Vgl. zum engeren Begriff des reckless behavior: *Arnett*, Reckless Behavior in Adolescence: A Developmental Perspective, in: Developmental Review 1992, S. 339; Vgl. weiterführend zum Thema risk-taking: *Reyna/Farley*, Risk and Rationality in Adolescent Decision Making: Implications for Theory, Practice, and Public Policy, in: Psychological Science in the Public Interest 2006, S. 1; *Reyna/Rivers*, Current Theories of Risk and Rational Decision Making, in: Developmental Review 2008, S. 1.

product of a **competition between the socioemotional and cognitive-control networks, and adolescence is a period in which the former abruptly becomes more assertive (i.e., at puberty) while the latter gains strength only gradually, over a longer period of time**. The socioemotional network is not in a state of constantly high activation during adolescence, though. Indeed, when the socioemotional network is not highly activated (for example, when individuals are not emotionally excited or are alone), the cognitive-control network is strong enough to impose regulatory control over impulsive and risky behavior, even in early adolescence. **In the presence of peers or under conditions of emotional arousal, however, the socioemotional network becomes sufficiently activated to diminish the regulatory effectiveness of the cognitive-control network**. Over the course of adolescence, the cognitive-control network matures, so that by adulthood, even under conditions of heightened arousal in the socioemotional network, inclinations toward risk taking can be modulated. **It is important to note that mechanisms underlying the processing of emotional information, social information, and reward are closely interconnected**. Among adolescents, the regions that are activated during exposure to social and emotional stimuli overlap considerably with regions also shown to be sensitive to variations in reward magnitude. This finding may be relevant to understanding why so much adolescent risk taking – like drinking, reckless driving, or delinquency – occurs in groups. Risk taking may be heightened in adolescence because teenagers spend so much time with their peers, and the mere presence of peers makes the rewarding aspects of risky situations more salient by activating the same circuitry that is activated by exposure to nonsocial rewards when individuals are alone. The competitive interaction between the socioemotional and cognitive-control networks has been implicated in a wide range of decision-making contexts, including drug use, social-decision processing, moral judgments, and the valuation of alternative rewards/costs. In all of these contexts, risk taking is associated with relatively greater activation of the socioemotional network.[591] (Hervorhebungen nicht im Original)

Diese Erkenntnis fassen *Albert & Steinberg* in einem späteren Aufsatz wie folgt zusammen:

In sum, to the degree that adolescents are primed to seek out and respond to rewards, and at the same time possess immature self-regulatory skills, the influence of socioemotional stimuli is likely to loom large for their decision making.[592]

591 *Steinberg*, Risk Taking in Adolescence: New Perspectives From Brain and Behavioral Science, in: Current Directions in Psychological Science 2007, S. 55 (56); dieses Konstrukt weiter vertiefend: *Steinberg*, A social neuroscience perspective on adolescent risk-taking, in: Developmental Review 2008, S. 78 (83ff.).

592 *Albert/Steinberg*, Judgment and Decision Making in Adolescence, in: Journal of Research on Adolescence 2011, S. 211 (217).

c. *Zwischenfazit*

Ähnliche Hypothesen wurden zuvor von *Chambers u.a.*[593] sowie von *Dahl*[594] aufgestellt. Ein eigenes Modell haben auch *Somerville u.a.*[595] entwickelt. Durch die Modelle werden drei zusammenhängende, nicht kognitive Faktoren deutlich, die Einfluss auf die Entscheidungsfindung eines Minderjährigen haben:

- Emotional aufgeladene Momente,
- die *Peer-Group*[596],
- Belohnung (*Reward-System*)[597].

5. *Weitere Erkenntnisse der Verhaltensforschung*

Ähnliche Ergebnisse finden sich auch in der psychologischen Verhaltensforschung. In einer Studie von *Peters u.a.* kommen die Forscher zu dem Ergebnis, dass riskantes Verhalten unter anderem durch folgende vier Faktoren beeinflusst sein kann:

---

593 *Chambers u. a.*, Developmental neurocircuitry of motivation in adolescence: A critical period of addiction vulnerability, in: Am J Psychiatry 2003, S. 1041.

594 *Dahl*, Adolescent Brain Development: A Period of Vulnerabilities and Opportunities. Keynote Address, in: Annals of the New York Academy of Sciences 2004, S. 1.

595 *Somerville u. a.*, A time of change: Behavioral and neural correlates of adolescent sensitivity to appetitive and aversive environmental cues, in: Brain and Cognition 2010, S. 124 (127ff.).

596 Aus aktueller, neurowissenschaftlicher Perspektive: *Albert u. a.*, The Teenage Brain: Peer Influences on Adolescent Decision Making, in: Current Directions in Psychological Science 2013, S. 114; *Chein u. a.*, Peers increase adolescent risk taking by enhancing activity in the brain's reward circuitry: Peer influence on risk taking, in: Developmental Science 2011, S. F1; *Grosbras u. a.*, Neural Mechanisms of Resistance to Peer Influence in Early Adolescence, in: Journal of Neuroscience 2007, S. 8040; *Peake u. a.*, Risk-taking and social exclusion in adolescence: Neural mechanisms underlying peer influences on decision-making, in: NeuroImage 2013, S. 23; *Steinberg*, A social neuroscience perspective on adolescent risk-taking, in: Developmental Review 2008, S. 78 (90ff.).

597 *Casey u. a.*, The Adolescent Brain, in: Annals of the New York Academy of Sciences 2008, S. 111 (116); Aus neurobiologischer Sicht ebenfalls ausführlich: *Blakemore/Choudhury*, Development of the adolescent brain: implications for executive function and social cognition, in: Journal of Child Psychology and Psychiatry 2006, S. 1184 (1184ff.); *Galvan u. a.*, Earlier Development of the Accumbens Relative to Orbitofrontal Cortex Might Underlie Risk-Taking Behavior in Adolescents, in: Journal of Neuroscience 2006, S. 6885 (6889); *Van Leijenhorst u. a.*, Adolescent risky decision-making: Neurocognitive development of reward and control regions, in: NeuroImage 2010, S. 345.

> (...) beliefs about immediate gratification and social advantages, peer norms, peer and parental modeling and refusal self-efficacy.[598]

In der Literatur findet sich darüber hinaus die Aussage, dass Adoleszente im Vergleich zu Volljährigen kurzzeitige Auswirkungen tendenziell höher gewichten würden als Langzeitfolgen.[599]

Weitere Ausführungen finden sich insbesondere zum Einfluss der *Peer-Group*.[600] Die Anwesenheit von *Peers* wirkt sich auf die Entscheidungsfindung dahingehend aus, dass Minderjährige riskantere Entscheidungen treffen und ein höheres Risiko eingehen.[601] Ein ähnliches Phänomen wurde in der Literatur dahingehend beschrieben, dass die *peer conformity* dazu führt, dass Minderjährige sowohl ihr Verhalten als auch ihre Einstellung entsprechend ihrer *Peer-Group* ausrichten.[602] Dadurch kann die Entscheidung des Minderjährigen in direkter und indirekter Art und Weise beeinflusst werden. Minderjährige können im Vergleich zu Erwachsenen anfälliger sein, unmittelbaren Druck aus dem Freundeskreis ausgesetzt zu sein und eine Entscheidung dementsprechend auszurichten. Dies kann auch unbewusst, ohne Druck geschehen, wenn der Minderjährige davon ausgeht, dass der Freundeskreis die Entscheidung nicht tolerieren wird.[603] Der Einfluss der *Peer-Group* wird insbesondere im Bereich des aggressiven und rücksichtslosen Verhaltens wie Delinquenz, Substanzmissbrauch, (betrunkenes) Fahren ohne Fahrerlaubnis oder Sex ohne Kontrazeption als groß eingeschätzt.[604]

---

598 *Peters u. a.*, A review of similarities between domain-specific determinants of four health behaviors among adolescents, in: Health Education Research 2008, S. 198 (218).

599 *Greene*, Future-Time Perpective in Adolescence: The Present of Things Future Revisited, in: Journal of Youth and Adolescence 1986, S. 99 (110f.); *Halpern-Flesher/Cauffman*, Costs and benefits of a decision: Decision-making competence in adolescents and adults, in: Applied Developmental Psychology 2001, S. 257 (265).

600 In diesem Zusammenhang ist es auch spannend, den Einfluss der Freunde in Abhängigkeit vom Erziehungsstil der Eltern zu betrachtet, hierfür wird auf: *Bednar/Fisher*, Peer Referencing in Adolescent Decision Making As A Function of Perceives Parenting Style, in: Adolescence 2003, S. 607, verwiesen.

601 *Gardner/Steinberg*, Peer Influence on Risk Taking, Risk Preference, and Risky Decision Making in Adolescence and Adulthood: An Experimental Study., in: Developmental Psychology 2005, S. 625 (632).

602 *Berndt*, Developmental Changes in Conformity to Peers and Parents, in: Developmental Psychology 1979, S. 608 (608ff.); *Sawyer/Stevenson*, Perceived Parental and Peer Disapproval Toward Substances: Influences on Adolescent Decision-Making, in: The Journal of Primary Prevention 2008, S. 465 (473f.).

603 *Scott u. a.*, Evaluating Adolescent Decision Making in Legal Contexts, in: Law and Human Behavior 1995, S. 221 (230).

604 *Arnett*, Reckless Behavior in Adolescence: A Developmental Perspective, in: Developmental Review 1992, S. 339 (354).

Darüber hinaus kann sich der unterbewusste Druck auch auf die Behandlungsbereitschaft eines Minderjährigen auswirken. Um diesen Einfluss zu demonstrieren kann auf den von *Kühnel* wiedergegebenen Erlebnisbericht eines psychisch kranken Jugendlichen zurückgegriffen werden, der sich massiv gegen einen stationären Aufenthalt in der Psychiatrie gewehrt hat. Dort erzählt der Jugendliche:

> Ich habe sie (die Mutter) unter Druck gesetzt, mich wieder mit nach Hause zu nehmen. Wie wäre ich denn dargestanden vor meinen Kollegen, wenn die das erfahren hätten – in der „Psychomühle" gelandet – da wäre ich voll unten durch gewesen. Ich habe meinen Kopf durchgesetzt, ich bin nicht in der Klinik geblieben. Wieder zu Hause herrschte natürlich dicke Luft. Meiner Mutter hat das gar nicht gefallen. Sie hat dann meinen besten Kollegen eingeladen und der hat mit mir geredet. Hat mir gesagt, ich sei in letzter Zeit nicht gut drauf, wäre durcheinander und zu nichts mehr zu gebrauchen, so aggressiv. Die Clique hätte schon über mich geredet. Irgendwie habe ich es ja auch selber gemerkt, wollte es mir aber nicht eingestehen. Ich hätte auch nicht gewusst, wie ich das hätte ändern sollen. Total überrascht hat mich, dass mein Kumpel die „Psychomühle" gar nicht so doof findet wie ich. Er hat mir geraten, ich sollte abklären lassen, was mit mir los sei. Und sie würden mich alle besuchen kommen. Rückblickend gesehen, war das eine gute Entscheidung.[605]

Trotz des starken Einflusses des Freundeskreises wird von *Sawyer & Stevenson* darauf hingewiesen, dass der elterliche Rat nach wie vor ein signifikanter Einflussfaktor in der Entscheidungsfindung sei.[606]

6. *Auswirkungen auf die Einwilligungsfähigkeit bei Zwangsbehandlungen*

Diese Erkenntnisse wirken sich auch auf die Bewertung der Einwilligungsfähigkeit bei Zwangsbehandlungen und insbesondere der notwendigen unterstützenden Entscheidungsfindung durch den Arzt und die Eltern aus. In dem Aufklärungs- und Anamnesegespräch wird der Minderjährige mit seiner psychischen Krankheit konfrontiert. Bis heute unterliegen die Diagnosen der Kinder- und Jugendpsychiatrie sowie der Einsatz von Psychopharmaka einem starken sozialen Stigma.[607]

---

605 *Kühnel*, Der jugendliche Patient – Minderjährig, psychisch krank und selbstbestimmt. Wie passt das zusammen?, in: Meier-Allmendinger/Baumann-Hölzle, Der selbstbestimmte Patient, 2009, S. 83 (96f.).

606 *Sawyer/Stevenson*, Perceived Parental and Peer Disapproval Toward Substances: Influences on Adolescent Decision-Making, in: The Journal of Primary Prevention 2008, S. 465 (473f.); ebenso und mit weiteren Nachweisen: *Field u. a.*, Ethical conduct of clinical research involving children, 2004, S. 190ff.

607 *Trott/Oehler*, Anmerkungen zur Pharmakotherapie in der fachärztlichen ambulanten Versorgung, in: Gerlach u. a., Neuro-/Psychopharmaka im Kindes- und Jugendalter: Grundlagen und Therapie, 3. Auflage 2016, S. 91 (94f.).

Die Akzeptanz der Krankheit wird dem Minderjährigen deshalb zunächst nicht leichtfallen.[608] Er wird sich vielmehr persönlich angegriffen fühlen. Hinzu kommt, dass dem Minderjährigen mitgeteilt wird, dass die Medikamente im Zweifel gegen seinen Willen verabreicht werden. Dadurch wird die Belastungssituation des Gesprächs verstärkt, da sich der Minderjährige in seiner Entscheidung übergangen fühlen kann. Die Situation zeichnet sich somit durch Angst vor der Krankheit, dem körperlichen Eingriff und dem Gefühl aus von den Eltern und dem Arzt verraten zu werden. Es handelt sich um einen in jeder Hinsicht emotional aufgeladenen Moment.

Die oben dargestellten neurobiologischen und psychologischen Verhaltensmodelle zeigen, dass Minderjährige in solchen Situationen dazu tendieren, emotionalere Entscheidungen zu treffen. Beispielsweise können die Nebenwirkungen der Psychopharmaka, wie sexuelle Dysfunktionen oder die akute Gewichtszunahme, bei dem Minderjährigen die Angst hervorrufen, dass er an Akzeptanz im Freundeskreis verliert. Gerade bei Minderjährigen haben Gesundheit und Attraktivität einen hohen Stellenwert. Durch die Einnahme der Medikamente könnten diese Aspekte kurzfristig negativ beeinflusst werden. In der Perspektive des Minderjährigen ist das kurzfristige Ziel der Akzeptanz im Freundeskreis somit leichter und schneller durch die Ablehnung der Behandlung zu erreichen. Das kurzfristige wird dem langfristigen Ziel häufig übergeordnet. Subjektiv wäre die Ablehnung der Behandlung somit die bessere Handlungsoption für den Minderjährigen.

Die hier dargestellten Einflüsse auf die Entscheidungsfindung finden ihren Ursprung in entwicklungsbedingten Faktoren. Keineswegs darf aus dem Reifungsprozess eine Einwilligungsunfähigkeit geschlossen werden, nur weil die Entscheidung des Minderjährigen als unvernünftig betrachtet wird. Dies wäre ein sehr eingriffsintensiver Verstoß gegen das körperliche Selbstbestimmungsrecht des Minderjährigen. Die Ausprägung des Grundrechts fordert vielmehr altersspezifische, subjektive Anforderungen an die Steuerungsfähigkeit. Hierfür können die Grundlagen der unterstützenden Entscheidungsfindung herangezogen werden. Damit muss der die Einwilligungsfähigkeit feststellende Arzt vor allem die Entscheidung beeinflussende Faktoren berücksichtigen und soweit wie möglich ausschalten. Wie dies geschehen kann, zeigt der oben erwähnte Erfahrungsbericht. Anstelle eine freiheitsentziehende Unterbringung anzuordnen wurde die Ablehnungsentscheidung des Minderjährigen zunächst akzeptiert. Anschließend wurde ein Freund eingeladen, damit er dem psychisch kranken Minderjährigen die Angst vor der Ablehnung des Freundeskreises aufgrund der Krankheit oder Medikamente, nehmen kann. Damit wurde der die Entscheidung beeinflussende Faktor der *Peer-Group* ausgeschaltet (*'supporting the person'*). Ferner sah sich der Minderjährige zuhause nichtmehr einem unmittelbaren Entscheidungsdruck ausgesetzt und hatte Zeit, sich mit der Diagnose seiner psychischen Krankheit auseinanderzusetzten

608 *Arango u. a.*, Clinical effectiveness of new generation antipsychotics in adolescent patients, in: European Neuropsychopharmacology 2004, S. 471 (472).

(*'making the person feel at ease'*). Dabei kann ein zusätzliches Gespräch mit den Eltern hilfreich sein (*'supporting the person'*). Dadurch kann die Emotionalität der Entscheidungsfindung reduziert werden. Um dem Minderjährigen eine weitere Basis für seine Entscheidungsfindung in einem ruhigen Moment zu geben ist es sinnvoll, wenn der Arzt ihm Infomaterial mitgibt, welches in einfacher Sprache auf seine Situation zugeschnitten ist.[609] Ein solches Vorgehen kann Einflussfaktoren eliminieren, die vorher aufgrund der Besonderheiten der Situation vorlagen. Infolgedessen steigt die Wahrscheinlichkeit, dass die Entscheidungsfindung des Minderjährigen weniger durch sein ausgereiftes limbisches System beeinflusst wird. Durch ein solches Vorgehen würde dem Selbstbestimmungsrecht des Minderjährigen Rechnung getragen werden, da ihm die Chance gegeben wird eine informierte Entscheidung zu treffen, die nicht durch seinen Entwicklungstand beeinflusst wird. Der Arzt würde damit eine wesentliche Funktion im Sinne einer unterstützenden Entscheidungsfindung in der Herstellung der Einwilligungsfähigkeit übernehmen.

IX. Zwischenfazit

Die vorstehende Darstellung zeigt, dass Einwilligungsfähigkeitsbeeinträchtigungen keine Laborwerte sind. Sie können sich sowohl aus der Entwicklung als auch aus einer psychischen Erkrankung des Minderjährigen ergeben. Zwischen diesen beiden Aspekten muss strikt unterschieden werden.

Gewisse psychische Erkrankungen und Verhaltensmuster geben dem behandelnden Arzt eine Indizienvermutung, die für eine eingeschränkte Einwilligungsfähigkeit spricht.[610] Der Arzt kann die Einschränkungen vor allem dadurch prüfen, indem er den Patienten den Sachverhalt sowie die Folgen der (Nicht-)Behandlung in eigenen Worten wiedergeben lässt. Dies wird neben antriebsverminderten depressiven Patienten vor allem akut psychotisch Erkrankten beziehungsweise solchen Patienten schwerfallen, bei denen die Bewusstseinslage, Orientierung oder das Arbeitsgedächtnis gestört sind.[611] Die Grenzen müssen für jede Behandlung eigens und für jeden Patienten individuell festgestellt werden. Dabei ist vor allem zu beachten, welche Risiken und Gefahren für den Patienten bei der Behandlung

---

609 *Schachter u. a.*, Informed Consent and Stimulant Medication: Adolescents' and Parents' Ability to Understand Information About Benefits and Risks of Stimulant Medication for the Treatment of Attention-Deficit/Hyperactivity Disorder, in: Journal of Child and Adolescent Psychopharmacology 2011, S. 139 (145); *Tan/Fegert*, Capacity and Competence in Child and Adolescent Psychiatry, in: Health Care Analysis 2004, S. 285 (286).

610 *Gründel*, Einwilligung und Aufklärung bei psychotherapeutischen Behandlungsmaßnahmen, in: NJW 2002, S. 2987 (2988).

611 *Weber*, Rechtliche Aspekte der Krisenintervention, in: Psychotherapie 2007, S. 336 (339).

bestehen. Je größer sie sind, desto höher müssen auch die Anforderungen an die Fähigkeiten des psychisch kranken Minderjährigen sein.[612]

In Bezug auf die entwicklungsbedingte Einwilligungsunfähigkeit ist es sachgerecht, dass es keine exklusive Altersgrenze gibt und sie stets positiv festgestellt werden muss. Sofern der Gesetzgeber in Zukunft die Risiken der entwicklungsbedingten Einflüsse auf die Entscheidungsfindung ab einem gewissen Alter anders bewerten sollte, wäre auch eine Lösung wie im englischen *Family Law Reform Act 1969* denkbar. Die verhaltenstheoretische und neurowissenschaftliche Forschung bietet hierfür jedenfalls genug Raum.

Der Vergleich zum englischen Recht hat darüber hinaus deutlich gemacht, dass die Grundlagen des *Decision Making* berücksichtigt werden müssen. Die unterschiedliche Reifung des Gehirns von Kindern, Adoleszenten und Erwachsenen ist jedenfalls ein Faktor, der Einfluss auf die Entscheidungsfindung und damit auf die Einwilligungsfähigkeit hat. Dadurch wird die potenziell steigende Bedeutung von neurowissenschaftlichen Erkenntnissen für die Rechtswissenschaften in der Zukunft deutlich.[613] Gesetze und rechtliche Anforderungen sind Instrumente, mit denen allgemeinverbindliche Regeln geschaffen werden sollen, damit das Zusammenleben einer Vielzahl von Menschen auf einem gewissen Gebiet möglich wird. Durch die Voraussetzungen der Einwilligungsfähigkeit soll allgemeinverbindlich festgelegt werden, ob minderjährige Personen autonom handeln können oder nicht. Diese Regeln wurden zu einem Zeitpunkt entwickelt, in welchem es noch keine oder jedenfalls unausgereifte bildgebenden Verfahren und neurowissenschaftliche Erkenntnisse über die Entscheidungsfindung gab. Sofern der Staat Einfluss auf die Handlungsmöglichkeiten eines Minderjährigen nimmt und sie an kognitive Voraussetzungen knüpft, muss er sich auch mit deren Grundlagen auseinandersetzen. Insoweit können Ansätze, die die Einwilligungsfähigkeit ab dem 14. Lebensjahr aufgrund von § 5 RKEG oder § 19 StGB annehmen[614], schon vom Ansatz her nicht überzeugen, da sie jeder medizinischen sowie entwicklungspsychologischen Grundlage entbehren und es in der Sache um wesensverschiedene Sachverhalte und Entscheidungen geht. Die neurowissenschaftlichen Erkenntnisse der Hirnreifung legen den Schluss nahe, dass die kognitiven Anforderungen an die Einwilligungsfähigkeit von Minderjährigen einer eigenen Dynamik unterliegen und zusätzliche Faktoren wie die Emotionalität des Moments, der Einfluss der

---

612 *Götz*, Ein Plädoyer für die Selbstbestimmung, in: Hilbig-Lugani u. a., Zwischenbilanz: Festschrift für Dagmar Coester-Waltjen zum 70. Geburtstag am 11. Juli 2015, 2015, S. 89 (95f.), m.w.N. *Vollmann*, Einwilligungsfähigkeit als relationales Modell, in: Nervenarzt 2000, S. 709 (711).

613 Ähnlich, aufgrund des Publikationsdatums allerdings noch für eine stärkere Verknüpfung der verhaltenstheoretischen Forschung und Rechtswissenschaft: *Woolard u. a.*, Theoretical and Methodological Issues in Studying Children's Capacities in Legal Contexts, in: Law and Human Behavior 1996, S. 219.

614 So allerdings z.B. *Janda*, Medizinrecht, 3. Auflage 2016, S. 138.

Peers sowie mögliche Belohnungen, die Entscheidung beeinflussen. Die Zwangsbehandlung stellt eine psychische Ausnahmesituation für den minderjährigen Patienten dar, die dazu führt, dass sein ausgereiftes limbisches System die Entscheidungsfindung stärker beeinflusst als sein präfrontaler Kortex. Um das Selbstbestimmungsrecht des Minderjährigen entsprechend zu respektieren, müssen Faktoren ausgeschlossen werden, die die Entscheidungsfindung maßgeblich beeinflussen. Kommt der Minderjährige unter Ausschluss der vorstehenden Faktoren zu einer ausgewogenen Entscheidung, muss sie unabhängig vom Ergebnis respektiert werden. Es gehört gerade zur Freiheit zur Krankheit des einwilligungsfähigen minderjährigen Grundrechtsträgers, dass dieser auch unvernünftige Entscheidungen treffen kann, solange er in der Lage ist, die Konsequenzen seines Verhaltens richtig einzuordnen.[615] Volljährigen wird schließlich auch die Freiheit zugesprochen, unvernünftige Gründe für eine Entscheidung anzuführen.[616] Die Adoleszenz ist nicht nur eine Phase der wachsenden gesellschaftlichen, sondern auch der rechtlichen Autonomie.

Kommt der behandelnde Arzt zu dem Ergebnis der Einwilligungsunfähigkeit, überlagert das fiduziarische Elternrecht die Selbstbestimmung des Minderjährigen, sodass es sachgerecht ist, bei der Entscheidungskompetenz des gesetzlichen Vertreters zu verbleiben. Im Falle der Einwilligungsfähigkeit ist der Minderjährige in der Lage, eigene Entscheidungen zu treffen,[617] sodass er trotz psychischer Krankheit durchaus grundrechtsmündig sein kann.

B. Einwilligungsbefugnis

Aus diesem Grund muss im Folgenden analysiert werden, welche Implikationen sich daraus für die zivilrechtliche Handlungsfähigkeit im Eltern-Kind-Verhältnis ableiten lassen. Dem Minderjährigen steht eine Freiheit zur Krankheit nur zur Verfügung, wenn er aufgrund der Einwilligungsfähigkeit auch selbständig entscheiden kann.

---

615 An Letzterem zweifelnd: *Lorenz*, Das Selbstbestimmungsrecht des einsichtsfähigen Minderjährigen bei Eingriffen in die körperliche Integrität, in: NZFam 2017, S. 782 (784): „Muss doch der Minderjährige, der zwar einsichtsfähig ist, aber uU altersbedingt die Konsequenzen seiner Entscheidung nicht zu Ende durchdacht hat, auch die Folgen seiner Entscheidung allein tragen".

616 So auch ausdrücklich zur Ablehnung einer Behandlung: *Ekman Ladd/Forman*, Adolescent Decision-Making: Giving Weight to Age-Specific Values, in: Theoretical Medicine 1995, S. 333 (343).

617 *WHO*, Materialsammlung zu psychischer Gesundheit, Menschenrechten und Gesetzgebung, 2005, S. 86.

I. Rechtsprechung

1. Alleinentscheidungsbefugnis des Minderjährigen

In der oben bereits erwähnten Entscheidung aus dem Jahr 1958 sprach der BGH dem minderjährigen Patienten eine Alleinentscheidungsbefugnis zu. In Bezug auf das Verhältnis zur elterlichen Personensorge führte der BGH aus:

> Dem Bestimmungsrecht des Minderjährigen über seine körperliche Unversehrtheit in dem vorstehend abgegrenzten Rahmen steht das elterliche Personensorgerecht (§ 1626 Abs. 2 BGB) **jedenfalls dann nicht entgegen, wenn**, wie im vorliegenden Falle, die Einholung der elterlichen Zustimmung undurchführbar ist und der Minderjährige unmittelbar vor der Vollendung des 21. Lebensjahres steht. Für ganz besonders gelagerte Fälle lässt auch die oben angeführte Entscheidung (RG, Warn. 11, 398), die Möglichkeit einer Ausnahme von dem Erfordernis der Zustimmung des gesetzlichen Vertreters offen.[618] (Hervorhebungen nicht im Original)

Dabei muss beachtet werden, dass der BGH den Ausschluss der Personensorge in einem Konditionalsatz formuliert und mit der besonderen Situation des Falles, (dass die elterliche Zustimmung faktisch nicht einholbar gewesen ist) argumentiert hat. Dies zeigt sich auch in dem darauffolgenden Satz, in dem der BGH als Beleg für mögliche Ausnahmen von der Zustimmung der Eltern eine Entscheidung des RG nennt und von „ganz besonders gelagerten Fällen" sprach.

2. Zusätzliche Einwilligung der Eltern erforderlich

1971 folgten zwei weitere richtungsweisende Urteile. In einer Entscheidung vom 20. Juni 1971 ging es um eine 17 Jahre alte Patientin, bei der eine Kleinhirnarteriographie durch Punktion der *arteria vertebralis* durchgeführt wurde. Die allein personensorgeberechtigte Mutter der Patientin hatte stellvertretend für ihre Tochter in die Behandlung eingewilligt. Bei der Punktion entstand ein umfangreicher Bluterguss, infolgedessen eine linke Halbseitenlähmung bei der Patientin auftrat. Die Patientin wurde dadurch erwerbsunfähig. Um in dem Prozess die Rechtswidrigkeit des ärztlichen Eingriffs zu begründen, argumentierte die klagende Partei damit, dass die Patientin einwilligungsfähig gewesen sei. Infolgedessen hätte sie alleine oder jedenfalls zusammen mit ihrer Mutter einwilligen müssen.[619] Auf diese Ausführungen ging der BGH jedoch nur kurz ein und hielt fest, dass die Frage offenbleiben könne.

Zur Entscheidung kam es in einem Urteil vom 16. November 1971. Hier entschied der BGH, dass die alleinige Einwilligung einer 16 Jahre alten Patientin in der Regel nicht ausreiche, um einen einerseits zwar unwichtigen, gleichwohl aber

618 BGHZ 29, 33 (37) = NJW 1959, 811.
619 Zum Ganzen: BGH, NJW 1971, 1887.

nicht dringlichen ärztlichen Eingriff zu rechtfertigen (konkret ging es um eine Warzenentfernung im Chaoul´schen Nahstrahlverfahren). Aus dem Institut der Personensorge ließe sich eine allgemeine Auffassung der Rechtsordnung ableiten, die dafürspreche, dass Minderjährige unter 18 Jahren allgemein schutzbedürftig seien. Folglich sei davon auszugehen, dass ein Minderjähriger auch außerhalb des rechtsgeschäftlichen Bereichs, bei wichtigen Entscheidungen der Unterstützung durch die vom Gesetz als überlegen vorgestellte Einsichts- und Urteilsfähigkeit der Eltern oder des gesetzlichen Vertreters, bedürfe.[620]

Diese Entscheidung wurde im Anschluss vom OLG Hamm aufgegriffen und dahingehend ausgelegt, dass Minderjährige grundsätzlich nicht in ärztliche Heileingriffe einwilligen können.[621] Das OLG Hamm ging somit von einem Alleinentscheidungsrecht der Eltern aus.

3. Vetorecht des Minderjährigen bei relativ indizierten Eingriffen

Das neueste Urteil zur Einwilligungsbefugnis stammt aus dem Jahr 2006. Dort kam der BGH zu dem Ergebnis, dass einwilligungsfähigen minderjährigen Patienten ein Veto gegen die elterliche Einwilligung zustünde, wenn es sich um einen relativ indizierten Eingriff handele, der mit der Möglichkeit erheblicher Folgen für die künftige Lebensgestaltung des Minderjährigen verbunden ist.[622] Über die Reichweite oder die Auswirkungen des Vetos sagte der BGH jedoch nichts aus. Damit geht die aktuelle Rechtsprechung jedenfalls nicht von einer Alleinentscheidungsbefugnis beziehungsweise einer Teilmündigkeit des einwilligungsfähigen Minderjährigen aus.

II. Gesetzgeber

Nachdem die Entwicklung der Rechtsprechung aufgezeigt wurde, wird im nachstehenden Abschnitt die Auseinandersetzung des Gesetzgebers mit der Einwilligungsbefugnis dargestellt.

1. § 1626a BGB-E

a. Entwurfsinhalt

In dem Entwurf des § 1626a BGB-E legte der Gesetzgeber neben der Einwilligungsfähigkeit auch den Entscheidungsmodus der Einwilligungsbefugnis fest. Dem Minderjährigen wurde mit dem ersten Halbsatz ein Alleinentscheidungsrecht zugesprochen. Interessanterweise legte der zweite Halbsatz der Norm jedoch fest, dass daneben die Befugnis der Eltern in eine Heilbehandlung einzuwilligen unberührt

620 Zum Ganzen: BGH, NJW 1972, 335 (337) = FamRZ 1972, 89 (90).
621 OLG Hamm, NJW 1998, 3424 (3425).
622 BGH, NJW 2007, 217 = FamRZ 2007, 130.

bleibe.[623] Durch diese Formulierung gestand der Gesetzgeber den Sorgeberechtigten zusätzlich eine Einwilligungsbefugnis zu, die neben der des Minderjährigen bestehen bleiben sollte. Es waren somit zwei eigenständige Alleinentscheidungsrechte und keine kumulative Einwilligungsbefugnis geregelt.

Seine Entscheidung für die entsprechende Ausgestaltung hat der Gesetzgeber ausführlich in der Entwurfsbegründung dargestellt. Der Entwurf begann dafür mit der dogmatischen Grundlage der Fremdbestimmung bei Heileingriffen. Die Verfasser führten hierzu aus, dass Minderjährige auch Grundrechtsträger seien und eine Einschränkung der Grundrechtsausübung durch das Elternrecht verfassungsrechtlich nur insoweit zulässig sei, als die Hilfs- und Schutzbedürftigkeit des Minderjährigen dies rechtfertige. Daher könne ein einwilligungsfähiger Minderjähriger nicht von der Entscheidung über Eingriffe in seine Gesundheit oder körperliche Integrität zugunsten einer Fremdbestimmung der Eltern ausgeschlossen werden. Da die Voraussetzungen und der Umfang über ein solches Entscheidungsrecht jedoch in der Literatur und Rechtsprechung stark umstritten seien, erschiene eine Festlegung gewisser Richtlinien durch das Gesetz geboten.[624]

Anschließend ging der Gesetzgeber verschiedene Lösungsmöglichkeiten durch, die einem solchen Entscheidungsrecht Rechnung tragen würden. Zunächst begann er mit der Frage nach einer reinen Selbstbestimmung des Minderjährigen, ohne Rücksicht auf die Sorgeberechtigten. Damit setzte sich der Gesetzgeber zunächst mit einer Teilmündigkeit des Minderjährigen für Heileingriffe auseinander, die zu einem Erlöschen der Personensorge führen würde. Eine solche Regelung sei jedoch problematisch, da hierin eine partielle Beseitigung der elterlichen Sorge in einem ihrer wesentlichen und wichtigen Kernbereiche läge. Eine solche Teilmündigkeit sei insoweit kritisch zu bewerten, als dass der Minderjährige auch in diesen Fällen auf elterliche Hilfe und Schutz angewiesen sein könne. Wenn der Minderjährige eine notwendige Heilmaßnahme verweigere, müsse sie unterbleiben und könne nicht durch das Vormundschaftsgericht (heute Familiengericht) ersetzt werden. Die Fallgruppe wäre vom Schutzniveau somit anders zu bewerten, als wenn die Eltern aus gleicher Motivlage eine Heilbehandlung ablehnten.[625]

Nachdem die Nachteile der freien Selbstbestimmung skizziert wurden, gingen die Entwurfsverfasser auf differenzierende Lösungsmöglichkeiten ein, die das Selbstbestimmungsrecht des Minderjährigen und die elterliche Sorge ausgewogen berücksichtigen sollten. Zunächst nannten sie eine Regelung, die die Kompetenz zur Abgabe der Einwilligungserklärung grundsätzlich den Eltern zuwies und von einem gewissen Lebensalter des Kindes an ebenso den Eltern und dem einsichtsfähigen Minderjährigen zur gemeinschaftlichen Ausübung einräumt. Bei Meinungsverschiedenheiten könnte dann das Vormundschaftsgericht (heute Familiengericht) auf Antrag oder von Amts wegen die fehlende Zustimmung ersetzen. Der Vorteil

623 Vgl. zum Ganzen: BT-Drs. 7/2060, S. 4.
624 Vgl. zum Ganzen: BT-Drs. 7/2060, S. 17 f.
625 Vgl. zum Ganzen: BT-Drs. 7/2060, S. 18.

einer solchen Lösung läge darin, dass der Minderjährige früh an Selbstständigkeit und Verantwortung gewöhnt werde. Sie böte sich vor allem bei der ärztlichen Heilbehandlung an. Für Fälle in denen es eines schnellen Handels bedürfte, sei die Lösung jedoch eher weniger geeignet. Die Entscheidung sei schwerfällig, weil drei, mindestens aber zwei gleichlautende Erklärungen dem Arzt gegenüber abgegeben oder fehlende Einwilligungserklärungen durch das Familiengericht ersetzt werden müssten. Ferner bestünde die Gefahr, dass das Familiengericht bei Meinungsverschiedenheiten in die Familie hineinregiere, wodurch der Familienfrieden gestört werden könne.[626]

Aufgrund dieser Bedenken hatte der Entwurf einen anderen Weg gewählt. Da der Minderjährige bis zur Volljährigkeit der elterlichen Sorge bedürfe – wenn auch mit steigendem Alter in abnehmenden Umfang – solle die Einwilligungskompetenz der Eltern in vollem Umfang beibehalten werden. Daneben trete jedoch unabhängig von ihr die Einwilligungsbefugnis eines Minderjährigen, der das 14. Lebensjahr vollendet hat. Der Vorteil läge darin, dass sowohl Elternrecht als auch Selbstbestimmungsrecht entsprechend gewürdigt würden und Meinungsverschiedenheiten ohne familiengerichtliche Hilfe gelöst werden könnten. Bei Weigerung des mindestens 14 Jahre alten Kindes könnte die Einwilligung in notwendige Heileingriffe von den Sorgeberechtigten gegenüber dem Arzt abgegeben werden. Lehnen die Eltern einen Eingriff ab, könnte der Minderjährige bei Einwilligungsfähigkeit die Einwilligung selbst erklären. Bei einwilligungsunfähigen Kindern obläge die Einwilligung dann alleine den Sorgeberechtigten. Falls diese in eine notwendige Heilbehandlung nicht einwilligen sollten, könnte die Erklärung gemäß § 1666 BGB ersetzt werden.[627]

b. Kritik an dem Entwurf

In dem hier vorgestellten Entwurf kommt die potenzielle Vielfalt an Lösungsmöglichkeiten zum Vorschein. Eine solche wurde auch in der daran geübten Kritik deutlich. Der Bundesrat forderte die Streichung des § 1626a BGB und begründete dies wie folgt:

> Diese Bestimmung stellt einen bedenklichen Eingriff in einen wesentlichen Bereich der elterlichen Sorge dar. Sie kann dazu führen, daß das zwar einsichtsfähige, aber schutzbedürftige Kind der elterlichen Hilfe und Unterstützung entbehren muß. Es gehört zudem mit zu den schwierigsten Problemen im Verhältnis Arzt und Patient, den Grund, die Bedeutung und die Folgen einer ärztlichen Heilbehandlung einzusehen. Die Regelung des Entwurfs, der die Möglichkeit einer Teilmündigkeit in diesem Bereich aus guten Gründen verneint hat, birgt für das Kind kaum zu übersehende Risiken, belastet das Verhältnis Arzt-Eltern und führt in der Praxis, wie die durchweg

626 Vgl. zum Ganzen: BT-Drs. 7/2060, S. 18.
627 Vgl. zum Ganzen: BT-Drs. 7/2060, S. 18.

ablehnenden Stellungnahmen der Gerichte gezeigt haben, zu einer erheblichen Rechtsunsicherheit.[628]

In der Literatur wurde demgegenüber ausgeführt, dass es besonders problematisch sei, dass sich der Minderjährige der elterlichen Entscheidung fügen müsse und er sich hiergegen nicht zur Wehr setzen könne. Im Zweifel müsse er damit eine Behandlung über sich ergehen lassen, die er ausdrücklich ablehne.[629] Eine rechtzeitige Missbrauchskontrolle erscheine praktisch ausgeschlossen, sofern dem Kind nicht wenigstens ein Veto gegen die elterliche Entscheidung zugebilligt würde.[630] Der Entwurf sei auch nicht konsistent, da er dem Minderjährigen nicht das Recht gebe, den Behandlungsvertrag abzuschließen, sodass die Einwilligungs- und Geschäftsfähigkeit auseinandergingen.[631]

2. *§ 1631d BGB*

Im Gegensatz zu dem gescheiterten § 1626a BGB-E wurde § 1631d BGB Gesetz. Die Norm war eine Reaktion auf eine Entscheidung des LG Köln.[632] Sie regelt den Inhalt der Personensorge und dessen Grenzen nur für den umgrenzten Spezialfall der religiös motivierten Beschneidung bei einwilligungsunfähigen Minderjährigen und entfaltet somit keine Wirkung für die medizinisch indizierte Zirkumzision. Ferner regelt sie auch nicht das Verhältnis der Einwilligung von personensorgeberechtigten Eltern und einwilligungsfähigem Minderjährigen. Der Gesetzesentwurf hielt ausdrücklich fest, dass die Rechtslage für diese Fallgruppen unberührt bleiben solle.[633]

3. *§ 630d BGB*

Da der im Sorgerecht geregelte § 1631d BGB auf einen Spezialfall beschränkt ist und keinerlei sonstige Wirkung entfaltet, muss die allgemeine Regelung des § 630d BGB näher betrachtet werden. Mit § 630d Abs. 1 S. 1 BGB hat der Gesetzgeber den bekannten Grundsatz festgelegt, dass die Einwilligung vom Patienten selbst zu erteilen ist. In Satz 2 findet sich das entsprechende Gegenstück, dass die Einwilligung im Falle der Einwilligungsunfähigkeit von einem hierzu Berechtigten zu erteilen ist. Die Einwilligung wird in diesem Fall somit ersetzt. Neben den klassischen Grundkonstellationen beinhaltet § 630d Abs. 1 S. 4 BGB Ausnahmefälle, in denen eine Behandlung auch ohne vorherige Einwilligung durchgeführt werden kann. Dies setzt voraus, dass es sich um eine unaufschiebbare Maßnahme

---

628 BT-Drs. 7/2060, S. 51.
629 *Knöpfel*, Zur Neuordnung des elterlichen Sorgerechts, in: FamRZ 1977, S. 600 (608).
630 *Lüderitz*, Elterliche Sorge als privates Recht, in: AcP 1978, S. 263 (278).
631 *Bosch*, Volljährigkeit - Ehemündigkeit - Elterliche Sorge, in: FamRZ 1973, S. 489 (507).
632 LG Köln, NJW 2012, 2128.
633 BT-Drs. 17/11295, S. 17.

handelt, für die eine Einwilligung nicht rechtzeitig eingeholt werden kann und die Behandlung dem mutmaßlichen Willen des Patienten entspricht. In dem Referentenentwurf führten die Verfasser aus, dass eine unaufschiebbare Maßnahme insbesondere bei einem dringlichen Notfall denkbar sei, bei dem durch einen Aufschub Gefahren für das Leben oder für die Gesundheit des Patienten drohen würden. Der Inhalt des hierfür maßgeblichen mutmaßlichen Willens sei primär aus den persönlichen Umständen des Betroffenen und seinen individuellen Interessen Wünschen, Bedürfnissen und Wertevorstellungen zu ermitteln, sodass objektive Kriterien, wie ein verständiger durchschnittlicher Patient üblicherweise entscheiden würde, in den Hintergrund treten würden.[634] Als vierte Regelung hat der Gesetzgeber in § 630d Abs. 1 S. 3 BGB festgelegt, dass daneben bestehende zusätzliche Voraussetzungen aus anderen Normen unberührt bleiben. Beispielhaft ist hier § 1906a Abs. 3 BGB zu nennen, der für die stationäre Zwangsbehandlung von Betreuten ein gerichtliches Genehmigungserfordernis konstatiert. Eine ausdrückliche Regelung der Einwilligungsbefugnis von einwilligungsfähigen Minderjährigen enthält die Norm nicht.

III. Literatur

Deshalb sollen die in der Literatur vertretenen Ansichten betrachtet werden.

1. Alleinentscheidungskompetenz des Minderjährigen

Vielfach wird eine Alleinentscheidungskompetenz des einwilligungsfähigen Minderjährigen angenommen.[635] Dies wird damit begründet, dass die Handlungszuständigkeit mit zunehmenden Alter in höchstpersönlichen Angelegenheiten auf das einsichts- und urteilsfähige Kind überginge. Weder die starren Grenzen noch das Schema der Regelungen über die Geschäftsfähigkeit würden hierzu passen. Ferner sei die Anwendung davon unangemessen.[636] Hinzu käme, dass sich auch im

---

634 BT-Drs. 17/10488, S. 24.

635 *Deutsch/Spickhoff*, Medizinrecht, 7. Auflage 2014, Rz. 1127; *Fröschle*, Familienrecht, 3. Auflage 2017, Rz. 394; *Götz*, Ein Plädoyer für die Selbstbestimmung, in: Hilbig-Lugani u. a., Zwischenbilanz: Festschrift für Dagmar Coester-Waltjen zum 70. Geburtstag am 11. Juli 2015, 2015, S. 89 (95); *Huber*, in: MüKo BGB, Familienrecht II, 7. Auflage 2017, § 1626 Rz. 42; *Hoffmann*, Personensorge, 2. Auflage 2013, § 9, Rz. 9; *Kern*, Fremdbestimmung bei der Einwilligung in ärztliche Heileingriffe, in: NJW 1994, S. 753 (755); *Muscheler*, Familienrecht, 4. Auflage 2017, § 36, Rz. 624; *Schnoor u. a.*, Rechtliche Zulässigkeit von Zwangsmaßnahmen in der Kinder- und Jugendpsychiatrie, in: Praxis der Kinderpsychologie und Kinderpsychiatrie 2006, S. 814 (818).

636 *Klinkhammer*, Beschneidung männlicher Kleinkinder und gesetzliche Vertretung durch die Eltern, in: FamRZ 2012, S. 613 (614); *Götz*, Ein Plädoyer für die Selbstbestimmung, in: Hilbig-Lugani u. a., Zwischenbilanz: Festschrift für Dagmar Coester-Waltjen zum 70. Geburtstag am 11. Juli 2015, 2015, S. 89.

Eltern-(einsichtsfähiges) Kind-Verhältnis niemand zum Richter in der Frage aufschwingen dürfe, unter welchen Umständen ein anderer vernünftigerweise bereit sein sollte, seine persönliche Unversehrtheit zu opfern, um dadurch wieder gesund zu werden. Eine Behandlung gegen den Willen des Minderjährigen scheide somit aufgrund der Grundrechtsgarantie aus Art. 2 Abs. 2 S. 1 GG aus.[637] Mit anderen Worten entsteht die alleinige Einwilligungsbefugnis aus der Grundrechtsmündigkeit des Patienten, sodass er von seinen Freiheitsrechten auch selbstständig Gebrauch machen können soll.[638] Teilweise wird von einer solchen Alleinentscheidungskompetenz nur ausgegangen, wenn die Einholung der Personensorgeberechtigten aufgrund besonderer Umstände nicht einholbar oder die Versagung der Zustimmung von einer pflichtgemäßen, missbrauchsfreien Ausübung des Personensorgerechts nicht mehr umfasst sei, da in allen anderen Fällen das Personensorgerecht die Selbstbestimmung des Minderjährigen überlagere.[639] Daneben wird von einer grundsätzlichen Alleinentscheidungskompetenz des Minderjährigen ausgegangen, die jedoch bei besonders gravierenden Situationen und verschiebbaren Behandlungen sowie bei solchen, die medizinisch nicht indiziert aber mit größeren Risiken verbunden seien, eingeschränkt werden müsste.[640] In neuerer Zeit stützen sich immer mehr Autoren auf die Entstehungsgeschichte des § 630d BGB und halten fest, dass der Gesetzgeber hiermit eine eindeutige Alleinentscheidungskompetenz des Minderjährigen getroffen habe. Dies sei daraus abzuleiten, dass der Gesetzgeber bewusst auf die Einwilligung des Patienten abgestellt und nur für den Fall der Einwilligungsunfähigkeit eine Vertretung vorgesehen habe.[641]

Die Auswirkungen des Alleinentscheidungsrechts in Bezug auf die elterliche Sorge werden auch in der Literatur uneinheitlich beantwortet. Bei vorliegender Einsichts- und Urteilsfähigkeit wird sie zum Teil mit einer dem Elternrecht ausschließenden Wirkung angenommen.[642] Andere Ansichten vertreten, dass die

---

637 *Belling*, Die Entscheidungskompetenz für ärztliche Eingriffe bei Minderjährigen, in: FuR 1990, S. 68 (76).

638 *Rehborn/Gescher*, in: Ermann u.a., BGB Kommentar I, 15. Auflage 2017, § 630d, Rz. 7.

639 *Wendtland*, in: Bamberger/Roth, BGB Kommentar, 42. Edition, Stand: 01.02.2017, § 107, Rz. 2.

640 *Coester-Waltjen*, Reichweite und Grenzen der Patientenautonomie von Jungen und Alten - Ein Vergleich, in: MedR 2012, S. 553 (559).

641 *Hoffmann*, Zwangsbehandlung Minderjähriger vor dem Hintergrund der jüngeren Rechtsprechung des BVerfG und des BGH, in: NZFam 2015, S. 985 (986); *Kreße*, Aufklärung und Einwilligung beim Vertrag über die ärztliche Behandlung einwilligungsunfähiger Patienten, in: MedR 2015, S. 91 (94).

642 *Berger/Mansel*, in: Jauernig, BGB Kommentar, 16. Auflage 2015, § 1626, Rz. 4; *Huber*, in: MüKo BGB, Familienrecht II, 7. Auflage 2017, § 1626, Rz. 29; *Götz*, in: Palandt, BGB Kommentar, 76. Auflage 2017, § 1626, Rz. 10 und § 1629, Rz. 4; *Gernhuber/Coester-Waltjen*, Familienrecht, 6. Auflage 2010, § 57, Rz. 78ff; *Peschel-Gutzeit*, in: Staudinger, BGB Kommentar IV, Elterliche Sorge 1- Inhaberschaft und Inhalt, 2015, § 1626, Rz. 90ff, die dies jedoch nur für geringfügige Eingriffe annimmt und das Personensorgerecht bei schwerwiegenden Eingriffen weiter fortbestehen lassen will.

Alleinentscheidungskompetenz nicht zwangsläufig zu einem Erlöschen der Elternverantwortung im medizinischen Bereich führen solle. Die Eltern seien vielmehr berechtigt und verpflichtet den Minderjährigen bei der Entscheidungsfindung zu unterstützen, sodass sie auch hinreichend informiert und aufgeklärt werden müssten.[643]

2. *Vetorecht und gemeinsame Einwilligungsbefugnis*

Zum Teil wird aufgrund der sozialrechtlichen Bestimmungen von einem grundsätzlichen Alleinentscheidungsrecht des Minderjährigen ausgegangen, dem jedoch analog § 36 Abs. 2 SGB I ein elterliches Widerspruchsrecht entgegen steht. Ein solches würde voraussetzen, dass der Minderjährige nicht alleine über das Arztgeheimnis verfügen könne, sondern dass dem Erziehungsberechtigten auch ein Informationsrecht zustehen würde. Dadurch soll eine angepasste Erziehung ermöglicht werden, die dem Selbstbestimmungsrecht des Minderjährigen und gleichzeitig dem elterlichen Informations- und Kontrollbedürfnis Rechnung trägt.[644]

Häufig wird von einer gemeinsamen Entscheidungsbefugnis des Minderjährigen und der Sorgeberechtigten ausgegangen.[645] Der Vorteil wird darin gesehen, dass dem behandelnden Arzt das Risiko der falschen Beurteilung der Einwilligungsfähigkeit genommen werden würde. Der Arzt würde im Haftungsprozess damit nicht mehr die Beweislast für die Einwilligungsfähigkeit tragen müssen und das Familiengericht könnte im Konfliktfall samt seinen Aufklärungsmitteln hinzugezogen werden.[646] Bei alltäglichen Eingriffen könnte die Praxis bei alleinigem Erscheinen des Minderjährigen von einer Einwilligung der Sorgeberechtigten in den Eingriff ausgegangen werden, bei komplexeren Eingriffen müsse sich der Arzt nach der Aufklärung aller Beteiligten um die Einwilligung aller versichern. Das Selbstbestimmungsrecht und das Recht auf körperliche Gesundheit des einsichtsfähigen Minderjährigen würden es auch in dieser Konstruktion verbieten, eine Behandlung ohne oder gegen den Willen des Minderjährigen durchzuführen.[647]

---

643 *Belling*, Die Entscheidungskompetenz für ärztliche Eingriffe bei Minderjährigen, in: FuR 1990, S. 68 (76).

644 *Lüderitz*, Elterliche Sorge als privates Recht, in: AcP 1978, S. 263 (277f.).

645 *Büte*, in: Johannsen/Henrich, Familienrecht, 6. Auflage 2015, § 1666 BGB, Rz. 32; *Dethloff*, Familienrecht, 31. Auflage 2015, § 13, Rz. 61; *Lang*, in: Münchener Anwaltshandbuch Familienrecht, 4. Auflage 2014, § 13, Rz. 83; *Kölch*, Rechtliche und ethische Fragen im klinischen Alltag, in: Gerlach u. a., Neuro-/Psychopharmaka im Kindes- und Jugendalter: Grundlagen und Therapie, 3. Auflage 2016, S. 81 (87); *Nebendahl*, Selbstbestimmungsrecht und rechtfertigende Einwilligung des Minderjährigen bei medizinischen Eingriffen, in: MedR 2009, S. 197 (202).

646 *Olzen*, in: MüKo BGB, Familienrecht II, 7. Auflage 2017, § 1666, Rz. 79; *Diederichsen*, Selbstbestimmungsrecht Minderjähriger bei medizinischer Behandlung, in: Müller u. a., Festschrift für Günter Hirsch, 2008, S. 355 (362f.).

647 *Diederichsen*, Selbstbestimmungsrecht Minderjähriger bei medizinischer Behandlung, in: Müller u. a., Festschrift für Günter Hirsch, 2008, S. 355 (361f.).

Wieder andere Auffassungen schließen sich der Ansicht des BGH an und sprechen dem Minderjährigen in dem Fall eines relativ indizierten Eingriffs lediglich ein Vetorecht gegen die Entscheidung der Eltern zu.[648] Dies wird unter anderem damit begründet, dass eine weitergehende Einschränkung des Elternrechts aus Art. 6 Abs. 2 S. 1 GG wegen des Gesetzesvorbehaltes allein dem Gesetzgeber obläge, der eine solche Konkretisierung jedoch noch nicht vorgenommen habe.[649] Dass es gleichwohl eines Vetorechtes bedürfte, ergäbe sich aus § 1626 Abs. 2 BGB und damit dem Persönlichkeitsrecht des Kindes, welches eine dem Sorgerecht immanente Schranke sei.[650] Gegen die Alleinentscheidungsbefugnis wird zum Teil auch angeführt, dass dadurch wenig Rechtssicherheit für den praktizierenden Arzt bestünde und der Minderjährige nicht über deliktische Ansprüche entscheiden dürfe, wenn er sonst für alle anderen nachteiligen Geschäfte die Zustimmung des gesetzlichen Vertreters bedürfe.[651]

Daneben wurde auch die Auffassung vertreten, dass die Gesundheitsfürsorge ein so wichtiger Teilbereich sei, dass die Verantwortung der Eltern hierfür nicht geschwächt werden sollte. Eine kumulative Einwilligungsanforderung würde im Ergebnis viele notwendige Heilbehandlungen verhindern, sodass den Eltern eine Alleinentscheidungsbefugnis zuzubilligen sei.[652]

IV. Zwischenfazit

Die Gesetzgebungsgeschichte sowie die Entwicklung der Rechtsprechung und die Auseinandersetzung in der Literatur zeigen, dass in den letzten 50 Jahren von der Teilmündigkeit des Minderjährigen bis zum Alleinentscheidungsrecht der Sorgeberechtigten alles vertreten wurde. Das Destillat der wissenschaftlichen Auseinandersetzung mit der Einwilligungsbefugnis sind die Grundpfeiler der Diskussion. Im Wesentlichen geht es um eine Abwägung der Konstanten: Selbstbestimmungsfähigkeit des Minderjährigen, Verantwortung der Sorgeberechtigten für ihr Kind, das Kindeswohl und die Schutzbedürftigkeit des behandelnden Arztes. Je nach subjektiver Gewichtung der einzelnen Parameter lässt sich jedoch nahezu jede Position überzeugend vertreten. Darin spiegelt sich auch das Problem des *status quo* der Einwilligungsbefugnis von Minderjährigen wider. Sowohl 1958, 1972 als auch heute stellt sie mit der Einwilligungsfähigkeit zusammen ein essentielles

---

648 *Ellenberger*, in: Palandt, BGB Kommentar, 76. Auflage 2017, Überblick vor § 104, Rz. 8; *Thinesse-Wiehofsky*, Arzthaftung und Pflegeschäden, in: Jahnke/Burmann, Handbuch des Personenschadensrechts, 2016, 1. Kapitel, Rz. 340; *Quaas/Zuck*, Medizinrecht, 3. Auflage 2014, § 14, Rz. 21.

649 *Lipp*, in: Laufs/Katzenmeier/Lipp, Arztrecht, 7. Auflage 2015, Kap. VI, Rz. 183 m.w.N.; *Ders.*, Anmerkungen zu BGH, Urt. v. 10.10.2006 - VI ZR 74/05, in: MedR 2008, S. 289 (293).

650 *Lipp*, in: Laufs/Katzenmeier/Lipp, Arztrecht, 7. Auflage 2015, Kap. VI, Rz. 183.

651 *Lang*, in: Münchener Anwaltshandbuch Familienrecht, § 13, Rz. 82.

652 *Knöpfel*, Zur Neuordnung des elterlichen Sorgerechts, in: FamRZ 1977, S. 600 (605).

Problem der Arzthaftung dar. Der Streit weist zugleich eine hohe Bedeutung für den Schutz aller Beteiligten auf. Gleichwohl haben sich die Argumente und Positionen in den letzten Jahrzehnten im Kern kaum weiterentwickelt. Neuerungen sind aufgrund der festgefahrenen Argumente und deren Gewichtung subjektiver Natur auch nicht zu erwarten. Das Spielfeld, in dem die Diskussion stattfindet, ist damit erschöpfend abgesteckt.

§ 630 d BGB hat die Einwilligungsbefugnis von Minderjährigen nicht geregelt.[653] Dies wird auch durch das in der Einleitung von Kapitel 5 wiedergegebene Zitat der Bundesregierung deutlich. Dort hat sie ausdrücklich ausgeführt, dass die Einwilligung von Minderjährigen in ärztliche Eingriffe bisher noch ungeklärt ist.[654]

In der Praxis stellt für alle Beteiligten die Rechtsprechung des BGH damit die haftungsrechtliche Grundlage für die Bewertung der Rechtmäßigkeit einer sorgerechtlichen Zwangsbehandlung bei einwilligungsfähigen Minderjährigen dar.[655] Deren konkreter Inhalt ist jedoch nicht eindeutig feststellbar.[656] Der Entscheidung von 2006, folgend besteht für sie keine Teilmündigkeit im medizinischen Bereich. Minderjährige können den Eltern lediglich ein Veto entgegenhalten. Das Vetorecht ist jedoch begrenzt auf die Fallgruppe des relativ indizierten Eingriffs, der Folgen für die weitere Lebensplanung des Minderjährigen hat. Bei absolut indizierten Eingriffen besteht damit eine Alleinentscheidungskompetenz der Sorgeberechtigten. Die Vernunfthoheit der Eltern überlagert *de lege lata* die Freiheit zur Krankheit des einwilligungsfähigen Minderjährigen. Die für die betreuungsrechtliche und öffentlich rechtliche Zwangsbehandlung bestehende Grenze der Freiheit zur Krankheit gilt somit nicht gegenüber den Eltern.

C. Fazit

Die Grundrechtsmündigkeit von Minderjährigen beeinflusst deren zivilrechtliche Handlungsfähigkeit. Die Freiheit zur Krankheit wird maßgeblich durch den Streit um die Einwilligungsfähigkeit und Einwilligungsbefugnis von dieser Patientenklientel ausgestaltet.

Die vorstehende Untersuchung hat in Bezug auf die Einwilligungsfähigkeit gezeigt, dass es keine psychische Krankheit gibt, die unmittelbar zum Erlöschen der Einwilligungsfähigkeit eines Minderjährigen führt. Die Diagnose einer psychischen Krankheit stellt lediglich ein Indiz dafür dar, dass die Einwilligungsfähigkeit

653 *Lorenz*, Das Selbstbestimmungsrecht des einsichtsfähigen Minderjährigen bei Eingriffen in die körperliche Integrität, in: NZFam 2017, S. 782 (783).

654 BT-Drs. 18/11741, S. 31.

655 *Götz*, Ein Plädoyer für die Selbstbestimmung, in: Hilbig-Lugani u. a., Zwischenbilanz: Festschrift für Dagmar Coester-Waltjen zum 70. Geburtstag am 11. Juli 2015, 2015, S. 89 (100).

656 *Lorenz*, Das Selbstbestimmungsrecht des einsichtsfähigen Minderjährigen bei Eingriffen in die körperliche Integrität, in: NZFam 2017, S. 782 (783).

möglicherweise nicht gegeben ist. Gleiches gilt für entwicklungsbedingte Faktoren. Es gibt somit durchaus einwilligungsfähige, psychisch kranke minderjährige Patienten in der Kinder- und Jugendpsychiatrie.

Die aktuelle Lösung der Einwilligungsbefugnis von einwilligungsfähigen Minderjährigen ist aus teleologischen Gesichtspunkten unbefriedigend. Der Sinn und Zweck der elterlichen Verantwortung und damit auch deren Legitimation stellvertretend für den Minderjährigen tätig zu werden, gründet in der Schutzbedürftigkeit des Minderjährigen. An einer solchen Schutzbedürftigkeit fehlt es gerade, wenn der Minderjährige einsichtsfähig ist. Überwindet er die hohe Hürde, ist er in der Lage, die Behandlung und ihre Folgen im gleichen Maße einzuordnen wie ein Volljähriger. Damit liegen die wesentlichen Voraussetzungen vor, die für eine Grundrechtsmündigkeit notwendig sind. Eine Differenzierung der Schutzbedürftigkeit aufgrund des 18. Lebensjahres kann vor dem Hintergrund der Gehirnreifung, die noch bis in die dritte Lebensdekade fortdauert, nicht überzeugen. Aus entwicklungsbiologischen Gesichtspunkten ist das 18. Lebensjahr völlig willkürlich als Grenze der rechtlichen Reife gewählt. Insoweit ist es überzeugender, von einer Grundrechtsmündigkeit und somit einer Teilmündigkeit des einwilligungsfähigen Minderjährigen in medizinischen Fragen auszugehen. Die Vernunfthoheit der Eltern muss dementsprechend *de lege ferenda* der Freiheit zur Krankheit des einwilligungsfähigen minderjährigen Grundrechtsträgers weichen, sodass eine Zwangsbehandlung nicht mehr möglich ist. Dieser Ansicht wird von *Lorenz* entgegengehalten:

> Unterstellt, der Minderjährige ist einsichtsfähig und verweigert seine Behandlung oder etwa auch eine Zwangsernährung, könnten Eltern bei Absolutsetzung des Selbstbestimmungsrechts des Minderjährigen ihre erzieherische Aufgabe nicht mehr ausreichend wahrnehmen; eine Verselbstständigung des Kindes zu einer eigenverantwortlichen Persönlichkeit nach dem Leitbild des BGB kann im äußersten Fall scheitern am angenommenen Recht des Kindes auf Krankheit. In diesem Konflikt zwischen Wohl und Willen des Minderjährigen muss sich daher sein Wohl durchsetzen können.[657]

Dabei wird die trotz des Selbstbestimmungsrechts des Minderjährigen vorhandene Rolle und Aufgabe der Eltern verkannt. Zwar liegt die Entscheidung im Ergebnis beim Minderjährigen, gleichwohl können die Eltern nach wie vor den Entscheidungsprozess beeinflussen und begleiten. Eine solche Aufgabe und Pflicht der Sorgeberechtigten entfällt nicht durch die Autonomie des Minderjährigen. Es wurde bereits unter Kapitel 5, A, XIII. darauf hingewiesen, dass der elterliche Rat ein entscheidender Faktor im *decision making* von Minderjährigen ist. Gerade bei Patienten der Kinder- und Jugendpsychiatrie sind die Familientherapie und die Einbindung des Umfeldes von wesentlicher Bedeutung. Zwang darf in diesem

---

657 *Lorenz*, Das Selbstbestimmungsrecht des einsichtsfähigen Minderjährigen bei Eingriffen in die körperliche Integrität, in: NZFam 2017, S. 782 (786).

Kontext immer nur die *ultima ratio* darstellen. Daher müssen dem einsichtsfähigen Minderjährigen durch das Umfeld alle möglichen Hilfen und Unterstützungen geboten werden, um im Ergebnis zu einer ausgewogenen und für ihn gesunden Entscheidung zu kommen. Dadurch werden sein Wille und sein Wohl im ausgleichenden Maße berücksichtigt. Entspricht die Entscheidung danach jedoch nicht der Auffassung der Eltern, müssen sie dies respektieren. Dabei muss auch beachtet werden, dass eine zivilrechtliche Begrenzung der elterlichen Rechte nicht unweigerlich zum Unmöglichwerden der Zwangsbehandlung in Ausnahmesituationen führt. In Einzelfällen kommt nach wie vor ein Vorgehen gemäß § 34 StGB in Betracht.

Damit der einwilligungsfähige Minderjährige von seiner Teilmündigkeit praktisch Gebrauch machen kann, muss die Geschäftsfähigkeit für den Behandlungsvertrag entsprechend angepasst werden, damit die Sorgeberechtigten die Teilmündigkeit im Bereich der Einwilligung nicht durch die Verweigerung der Zustimmung zu dem Behandlungsvertrag unterlaufen können.

Die Schutzpflicht des Staates verdichtet sich hiernach umso mehr, da das kodifizierte Sorgerecht einwilligungsfähige Minderjährige aktuell nicht hinreichend vor psychiatrischen Zwangsbehandlungen schützt. Sie müssen im Moment darauf vertrauen, dass die behandelnden Ärzte aufgrund der Diagnose oder der erkannten Einwilligungsfähigkeit eine Zwangsbehandlung nicht in Betracht ziehen. Im Rahmen der bereits mehrfach erwähnten kleinen Anfrage der Abgeordneten der Fraktion BÜNDNIS 90/DIE GRÜNEN wurde die Bundesregierung gefragt, welche Maßnahmen sie ergreife, um Zwangsmaßnahmen gegenüber einwilligungsfähigen Minderjährigen zu verhindern. Für freiheitsentziehende Maßnahmen führte die Bundesregierung einen richterlichen Genehmigungsvorbehalt an. Demgegenüber verwies sie für die ärztliche Zwangsbehandlung auf die Textpassage, in der sie ausführte, dass dieser Themenbereich aufgrund der Komplexität der Einwilligungsthematik zum jetzigen Zeitpunkt nicht geregelt werde.[658] Das Kontrollerfordernis, welches die Anwendung von Zwang bei einwilligungsfähigen Minderjährigen verhindern soll, besteht somit nicht bei der Zwangsbehandlung. Damit nimmt die Bundesregierung die Möglichkeit der Zwangsbehandlung von einwilligungsfähigen Minderjährigen bewusst in Kauf. Die sorgerechtliche Zwangsbehandlung eines einwilligungsfähigen Minderjährigen darf *de lege ferenda* nicht mehr möglich sein. Damit dies verhindert wird, bedürfen einwilligungsfähige Minderjährige eines besonderen Schutzes.

658 BT-Drs. 18/11741, S. 15f.

6. Kapitel: Schutz des Kindes durch § 1666 BGB?

§ 1666 BGB stellt die einfachrechtliche Generalklausel des staatlichen Wächteramtes dar.[659] Diese Norm ermöglicht ein staatliches Eingreifen in die Eltern-Kind-Beziehung im Einzelfall und erlaubt eine zeitweise Unterbrechung oder Ersetzung der elterlichen Sorge, vgl. § 1696 Abs. 2 BGB. Sie ist damit der gesetzliche Hebel, über den konkrete Zwangsbehandlungen *de lege lata* staatlich kontrolliert werden können. Der Sinn und Zweck des Einschreitens liegt alleine im Schutz des Minderjährigen und nicht darin, die Eltern zu bestrafen oder zu belehren.[660] Sind die Tatbestandsvoraussetzungen nicht erfüllt, steht dem Familiengericht keine Kompetenz zum Einschreiten gegen die Sorgeberechtigten zu. Deshalb werden zunächst die Tatbestandsvoraussetzungen untersucht (A.). Daran anknüpfend werden die Rechtsfolgen von § 1666 BGB und somit die Handlungsmöglichkeiten des Staates aufgezeigt (B.). Um den zusätzlichen Schutzgehalt hervorzuheben, werden anschließend die mit dem § 1666 BGB verknüpften Verfahrensrechte des Minderjährigen dargestellt (C.).

A. Voraussetzungen

Damit das Familiengericht eingreifen kann, müssen das körperliche, geistige oder seelische Wohl des Kindes gefährdet und die Eltern nicht gewillt oder nicht in der Lage sein, die Gefahr abzuwenden. Im Gegensatz zum Gesetzgeber, der die Kindeswohlgefährdung aus der abstrakt-generellen Perspektive betrachtet, geht es bei der Kindeswohlgefährdung im Zusammenhang mit dem § 1666 BGB um die Bewertung einer konkreten Maßnahme durch die Judikative. Dadurch können in der Bewertung situationsspezifische Faktoren des Einzelfalls berücksichtigt werden, die der Gesetzgeber in seiner abstrakt-generellen Perspektive außer Betracht lassen muss.

I. Kindeswohl

Bei dem abstrakten Begriff des Kindeswohls handelt es sich um das „Herzstück“[661] der Generalklausel, deren Gefährdung die Legitimation für das staatliche Eingreifen in die Eltern-Kind-Beziehung darstellt. Die Aufzählung des körperlichen,

659 *Budzikiewicz*, in: Jauernig, BGB Kommentar, 16. Auflage 2015, Anm. zu den §§ 1666-1667, Rz. 1; *Götz*, in: Palandt, BGB Kommentar, 76. Auflage 2017, § 1666, Rz. 1.
660 *Döll*, in: Erman u.a., BGB Kommentar II, 15. Auflage 2017, § 1666, Rz. 1.
661 *Ziegler*, in: Prütting/Wegen/Weinreich, BGB Kommentar, 12. Auflage 2017, § 1666, Rz. 1.

geistigen und seelischen Wohls soll hervorheben, dass der Sinn und Zweck dieser Norm auf einen umfassenden Schutz der Entwicklung des Kindes angelegt ist.[662]

Der BGH orientiert sich für die einfachrechtliche Bestimmung des Kindeswohls an bestimmten Kategorien. Er stellt auf die Eignung der Eltern zur Erziehung, die Bindung des Kindes zu seinen Eltern und Geschwistern, die Prinzipien der Förderung und der Kontinuität sowie die Beachtung des Kindeswillens unabhängig von dessen Alter, ab.[663] Dabei handelt es sich nicht um Tatbestandsmerkmale, die kumulativ nebeneinander stehen, sondern um Aspekte, die im Einzelfall mehr oder weniger von Bedeutung für die Beurteilung des Kindeswohls sein sollen.[664] Entscheidend ist, dass dem Kind eine gleichmäßige und stetige Versorgung zu Teil wird, die die Entwicklung und Ausbildung einer eigenen Persönlichkeit ermöglicht.[665]

II. Gefährdungsbegriff

Das Kindeswohl muss im konkreten Einzelfall durch die elterliche Einwilligung in die Zwangsbehandlung gefährdet sein.

1. Allgemeines

Für eine Definition des Gefährdungsbegriffs kann im Wesentlichen auf die Ausführungen unter Kapitel 4, A., III. verwiesen werden. Ergänzend ist hinzuzufügen, dass eine Gefährdung erst recht vorliegt, wenn die Schädigung des Kindes bereits eingetreten ist und diese weiterhin fortbesteht.[666] Die Erheblichkeitsschwelle ist demgegenüber nicht schon dann erfüllt, wenn die Eltern nicht die bestmögliche Förderung des Kindes wahrnehmen.[667] Im medizinischen Bereich kann eine Kindeswohlgefährdung sowohl durch das Unterlassen einer Behandlung[668] als auch durch die Einwilligung in übermäßige ärztliche Eingriffe entstehen.

---

662 *Götz,* in: Palandt, BGB Kommentar, 76. Auflage 2017, § 1666, Rz. 7.
663 BGH, NJW 2012, 151 (153).
664 BGHZ 185, 272 (279) = NJW 2010, 2805 (2806).
665 BGH, NJW-RR 1990, 258 = FamRZ 1990, 392 (393).
666 BVerfG, NJW 2015 223 (223f.) = FamRZ 2015, 112; *Britz,* Kindesgrundrechte und Elterngrundrecht: Fremdunterbringung von Kindern in der verfassungsgerichtlichen Kontrolle, in: FamRZ 2015, S. 793 (797).
667 BVerfG, NJW 2015, 223 = FamRZ 2015, 112 (113).
668 BayOLG, FamRZ 1976, 43 (44); 1995, 1437; OLG Celle, NJW 1995, 792; *Götz,* in: Palandt, BGB Kommentar, 76. Auflage 2017, § 1666, Rz. 11; *Remschmidt/Mattejat,* in: Kröber u. a., Forensische Psychiatrie im Privatrecht und Öffentlichen Recht, S. 104; *Ziegler,* in: Prütting/Wegen/Weinreich, BGB Kommentar, 12. Auflage 2017, § 1666, Rz. 5.

2. *Kindeswohlgefährdung durch Unterlassen der Zwangsbehandlung*

Sofern bei einem Kind oder Jugendlichen Anzeichen für eine psychische Krankheit vorliegen, in deren Folge dem Minderjährigen erhebliche Gefahren für den Leib oder das Leben drohen, muss eine psychiatrische Untersuchung und wenn deren Voraussetzungen vorliegen auch eine (Zwangs-)Behandlung ermöglicht werden. Weigern sich die Eltern, ihr Kind einer solchen zuzuführen beziehungsweise die Einwilligung hierzu zu erteilen, liegt eine Gefährdung des Kindeswohls vor.[669] Eine Kindeswohlgefährdung wird im Rahmen einer krankheitsbedingten Fremdgefährdung nicht nur in der strafrechtlichen Schuld, sondern auch in der emotionalen Last gesehen, eine andere Person aufgrund einer psychischen Erkrankung schwer verletzt oder getötet zu haben.[670] Die Notwendigkeit einer Behandlung gilt im Rahmen der Kindeswohlgefährdung vor allem, wenn eine Chronifizierung der Erkrankung infolge einer unterlassenen Behandlung möglich erscheint.[671] Darüber hinaus liegt eine Kindeswohlgefährdung durch Unterlassen vor, wenn die Sorgeberechtigten nicht in der Lage sind, den krankhaften Zustand des Kindes einzuschätzen und aus diesem Grund die (Zwangs-)Behandlung des Minderjährigen in einer Kinder- und Jugendpsychiatrie untersagen.[672]

Ebenso kann das Unterlassen einer teilstationären Versorgung durch eine kinder- und jugendpsychiatrischen Einrichtung einen Fall des § 1666 BGB darstellen, wenn der Minderjährige nicht stationär behandelt wird, sondern im elterlichen Haushalt verbleiben soll.[673] Eine Gefährdung liegt darüber hinaus vor, wenn die Eltern eine ärztlich verordnete Medikation dem Kind nicht verabreicht haben und eine Verschlimmerung des gesundheitlichen Zustandes aufgrund der Verzögerung der Gabe von notwendigen Medikamenten möglich erscheint.[674]

3. *MAS-Kriterien als Systematisierungshilfe für die Kindeswohlgefährdung durch Unterlassen*

Die Bewertung der Kindeswohlgefährdung durch Unterlassen der (Zwangs-) Behandlung steht vor dem Problem, dass unter dem abstrakten Rechtsbegriff ein vielfältiger Sachverhalt subsumiert werden muss. Das „Multiaxiale Klassifikationsschema für psychische Störungen des Kinder- und Jugendalters" (MAS) könnte bei

669 KG Berlin, FamRZ 1972, 646 (646f.).
670 OLG Brandenburg, BeckRS 2013, 19329.
671 OLG Brandenburg, BeckRS 2013, 19329: in diesem Fall bedurfte es einer stationären Versorgung durch die Kinder- und Jugendpsychiatrie.
672 So jedenfalls in Bezug auf eine freiheitsentziehende Unterbringung: BayOLG, FamRZ 1999, 1145 (1145f.). In diesem Fall litt das Kind an einer hyperkinetischen Störung des Sozialverhaltens, die zu einer neurotischen Verarbeitung der Realität mit Angst- und Zwangssymptomen geführt hat.
673 OLG Köln, FamRZ 2009, 129 (129f.).
674 KG Berlin, NJW-RR 1990, 716.

Sachverhalten, in denen es um die unterlassene medizinische Versorgung von psychisch kranken Minderjährigen geht, als Hilfsmittel dienlich sein. Das MAS ist ein Schema, welches dem behandelnden Psychiater die Diagnosestellung erleichtern soll, indem komplexe Sachverhalte auf unterschiedlichen Achsen abgebildet werden, sodass ein möglichst eindeutiges Bild an klinisch relevanten Informationen zur Verfügung steht.[675] Die Klassifikation zielt damit darauf ab, das Vorhandensein oder Nicht-Vorhandensein unterschiedlicher Faktoren (Krankheiten des Minderjährigen und psychosoziale Kontextfaktoren) zu erfassen, unabhängig davon, ob sie der praktische Arzt als ursächlich für die psychiatrische Störung ansieht.[676]

Beide Aspekte sind auch für den Juristen von entscheidender Bedeutung, wenn es um die Bewertung der Kindeswohlgefährdung geht. Um den Begriff operationaler zu machen könnte die Zielrichtung der MAS hilfreich sein. Der Vorschlag soll nicht dahingehend verstanden werden, dass der Jurist eine medizinische Untersuchung anhand der Achsen vornimmt. Hierfür fehlt dem Juristen eindeutig die Sachkompetenz. Es soll lediglich die Struktur und Systematisierung des Schemas übernommen werden, damit der Tatrichter die bei der Kindeswohlgefährdung zu beachtende komplexe Realität und die darauf beruhende rechtliche Bewertung besser handhaben kann. Viele der hierfür relevanten Informationen können sich bereits aus der Aktenlage ergeben.

Aus diesem Grund wird im Folgenden der Aufbau des Schemas erklärt. In den ersten vier Achsen setzt sich die Klassifikation mit Einschränkungen des Kindes (psychiatrische Diagnose, Entwicklungsverzögerung, Intelligenzniveau und organische Erkrankungen) auseinander. Wird in diesem Bereich eine Diagnose positiv gestellt, bedarf der Minderjährige aus medizinischer Sicht professioneller Hilfen.[677] Für den Juristen folgt daraus, dass es den Personensorgeberechtigten obliegt, dem Minderjährigen die entscheidenden Mittel und Hilfen zu gewähren. Bleiben sie untätig, liegt jedenfalls ein erstes Indiz für eine Kindeswohlgefährdung vor, die unter Berücksichtigung der weiteren Gesamtumstände zu untersuchen ist.

Auf der fünften Achse („Assoziierte aktuelle abnorme psychosoziale Umstände") geht es um daneben bestehende Risikofaktoren, die zu einer psychischen Krankheit und ggfs. damit zu einer Kindeswohlgefährdung führen können.[678] Es handelt

---

675 *Remschmidt u. a.*, Multiaxiales Klassifikationsschema für psychische Störungen des Kindes- und Jugendalters nach ICD-10 der WHO, 6. Auflage 2012, S. 9.

676 *Bölte*, Die ICF und ihre Relevanz für die Kinder- und Jugendpsychiatrie, in: Zeitschrift für Kinder- und Jugendpsychiatrie und Psychotherapie 2009, S. 495; *Remschmidt u. a.*, Multiaxiales Klassifikationsschema für psychische Störungen des Kindes- und Jugendalters nach ICD-10 der WHO, 6. Auflage 2012, S. 10.

677 *Kircher*, Gefährdung des Kindeswohls aus kinder- und jugendpsychiatrischer Sicht, in: NZFam 2016, S. 600 (601).

678 *Kircher*, Gefährdung des Kindeswohls aus kinder- und jugendpsychiatrischer Sicht, in: NZFam 2016, S. 600 (602); *Remschmidt u. a.*, Multiaxiales Klassifikationsschema für psychische Störungen des Kindes- und Jugendalters nach ICD-10 der WHO, 6. Auflage 2012, S. 333.

sich dabei um Faktoren, die in der Regel in den letzten sechs Monaten vor einer Behandlung vorgelegen haben müssen, die auf die psychosoziale Situation des Kindes abstellen und stark von durchschnittlichen Faktoren abweichen.[679]

Zu den MAS-Kriterien zählen:

0. Keine deutlich gestörten oder inadäquaten psychosozialen Umstände
1. Abnorme intrafamiliäre Beziehungen (Mangel an Wärme in der Eltern-Kind-Beziehung; Disharmonie in der Familie zwischen Erwachsenen; Feindliche Ablehnung oder Sündenbockzuweisung gegenüber dem Kind; körperliche Misshandlungen oder sexueller Missbrauch innerhalb der Familie)
2. Psychische Störung, abweichendes Verhalten, Behinderung bei Eltern oder Geschwistern
3. Inadäquate oder verzerrte intrafamiliäre Kommunikation
4. Abnorme Erziehungsbedingungen (elterliche Überfürsorge; unzureichende elterliche Aufsicht und Steuerung; Erziehung, die eine unzureichende Erfahrung vermittelt; unangemessene Anforderungen und Nötigung durch die Eltern)
5. Abnorme unmittelbare Umgebung (Erziehung in einer Institution; Abweichende Elternsituation; isolierte Familie, Lebensbedingungen mit möglicher psychosozialer Gefährdung)
6. Akute belastende Lebensereignisse (Verlust einer liebevollen Beziehung; bedrohliche Umstände infolge von Fremdunterbringung; negativ veränderte familiäre Beziehungen durch neue Familienmitglieder; Ereignisse, die zur Herabsetzung der Selbstachtung führen; sexueller Missbrauch außerhalb der Familie; unmittelbare beängstigende Erlebnisse)
7. Gesellschaftliche Belastungsfaktoren (Verfolgung oder Diskriminierung; Migration oder soziale Verpflanzung)
8. Chronische zwischenmenschliche Belastung in Zusammenhang mit Schule und Arbeit (Streitbeziehung mit Schülern oder Mitarbeitern; Sündenbockzuweisung durch Lehrer; Allgemeine Unruhe in der Schule/Arbeitssituation)
9. Belastende Lebensereignisse (Institutionelle Erziehung; bedrohliche Umstände infolge von Fremdunterbringung; Abhängige Ereignisse, die zur Herabsetzung der Selbstachtung führen).[680]

---

679 *Beck/Warnke*, Jugendhilfebedarf nach stationärer kinder- und jugendpsychiatrischer Behandlung, in: Zeitschrift für Kinder- und Jugendpsychiatrie und Psychotherapie 2009, S. 57 (62); *Kircher*, Gefährdung des Kindeswohls aus kinder- und jugendpsychiatrischer Sicht, in: NZFam 2016, S. 600 (602); *Remschmidt u. a.*, Multiaxiales Klassifikationsschema für psychische Störungen des Kindes- und Jugendalters nach ICD-10 der WHO, 6. Auflage 2012, S. 334.

680 *Remschmidt u. a.*, Multiaxiales Klassifikationsschema für psychische Störungen des Kindes- und Jugendalters nach ICD-10 der WHO, 6. Auflage 2012, S. 331f.

Treten mehrere Risikofaktoren kumulativ auf, ist ein weiteres Indiz dafür gegeben, dass eine kinder- und jugendpsychiatrische Störung vorliegt.[681] Wenn die Sorgeberechtigten in diesem Fall nicht aktiv werden, liegt die Möglichkeit einer Kindeswohlgefährdung nahe. Der Tatrichter muss dann das Risiko einer Nichtbehandlung im Vergleich zu den Erfolgsaussichten einer Behandlung abwägen.[682] Sprechen die besseren Gründe für eine Behandlung, kann das Familiengericht entsprechende Maßnahmen ergreifen.

4. *Kindeswohlgefährdung durch Einwilligung in eine Zwangsbehandlung*

In der ethischen Ausrichtung des Arztberufes haben das Wohl des Patienten und dessen Wille die oberste Priorität. Bei der Zwangsbehandlung wird der Wille zurückgestellt, da das Wohl des Patienten höher gewichtet wird. Sowohl der Arzt, als auch die Eltern zielen somit bei der Einwilligung in eine Zwangsbehandlung auf die Heilung des Gesundheitszustandes ab. Dadurch soll Schaden vom Patienten abgewendet werden. Gleichwohl müssen dabei auch die (möglichen) schädlichen Auswirkungen der Zwangsbehandlung berücksichtig werden. Die elterliche Einwilligung in eine psychotrope Zwangsbehandlung von einwilligungsfähigen Minderjährigen stellt stets eine nicht zu rechtfertigende Kindeswohlgefährdung dar. An dieser Stelle kann daher auf die Ausführungen im Fazit zu Kapitel 4, B. verwiesen werden:

> Im Ergebnis zeigt die Untersuchung, dass die subjektive und körperliche Eingriffsintensität bei der Zwangsbehandlung von Kindern und Jugendlichen deutlich höher einzustufen ist als bei Volljährigen, bei denen das BVerfG die Zwangsbehandlung als besonders schwerwiegenden Eingriff in die körperliche Integrität und das Allgemeine Persönlichkeitsrecht bezeichnet hat. Aufgrund der Schwere des Schadensausmaßes sinken die Anforderungen an die Eintrittswahrscheinlichkeit. An dieser Stelle ist erneut auf die obigen Ausführungen hinzuweisen, dass die statistisch unsichere Datengrundlage zu einer zusätzlich, verstärkten Vermutung führt, dass eine Kindeswohlgefährdung vorliegt. Diese Kombination führt dazu, dass die psychotrope Zwangsbehandlung eindeutig als Kindeswohlgefährdung eingeordnet werden muss. Dass dieser Eingriff in der Absicht vorgenommen wird, den Minderjährigen zu heilen, ist für diese Bewertung zunächst irrelevant.

Bei einwilligungsunfähigen Minderjährigen können die Eltern im Rahmen ihrer Gesundheitsfürsorge jedoch nach wie vor in eine Zwangsbehandlung einwilligen. Dort kann das Unterlassen im Zweifel eine Kindeswohlgefährdung darstellen.

---

681 *Beck/Warnke*, Jugendhilfebedarf nach stationärer kinder- und jugendpsychiatrischer Behandlung, in: Zeitschrift für Kinder- und Jugendpsychiatrie und Psychotherapie 2009, S. 57 (62).

682 *Olzen*, in: MüKo BGB, Schuldrecht BT III, 7. Auflage 2017, § 1666, Rz. 82.

Dabei ist jedoch zu berücksichtigen, dass auch die zwanghafte Anwendung von psychotropen Medikamenten eine Kindeswohlgefährdung darstellen kann, sodass es in jedem Fall einer gerichtlichen Kontrolle bedarf. Aus kinderschutzrechtlicher Perspektive wird die Vermutung für eine Kindeswohlgefährdung umso stärker bestätigt, je weniger sich die Eltern mit dem komplexen Sachverhalt auseinandersetzen. Willigen sie ohne ausreichende Informationen oder ohne eine Abwägung der Situation in eine Zwangsbehandlung ein, besteht jedenfalls der verstärkte Anlass zur Sorge, dass eine Kindeswohlgefährdung vorliegt. Gleiches gilt, wenn sich die Sorgeberechtigten vorschnell für eine Zwangsbehandlung entscheiden, obwohl es weniger eingriffsintensive und gleich effektive Behandlungsmöglichkeiten gibt. Eine Kindeswohlgefährdung besteht daneben auch dann, wenn die erwarteten Nebenwirkungen im Vergleich zum wahrscheinlichen Nutzen der Behandlung überwiegen und die Sorgeberechtigten sie dennoch durchführen lassen wollen. Darüber hinaus liegt eine Kindeswohlgefährdung vor, wenn die Eltern eine Zwangsbehandlung vornehmen lassen, ohne den Minderjährigen im Voraus an der Entscheidung beteiligt zu haben, da eine solche Beteiligung unter Berücksichtigung der höchstpersönlichen Auswirkungen der Zwangsbehandlung durch das wachsende Selbstbestimmungsrecht notwendig ist. Dies gilt vor allem vor dem Hintergrund, dass das subjektive Empfinden der Beteiligten über die Form der Beteiligung an einer Zwangsbehandlung stark auseinandergeht. Von einer Kindeswohlgefährdung kann erst Recht gesprochen werden, wenn der Minderjährige ein Depot-Medikament bereits gegen seinen Willen verabreicht bekommen hat und die ersten Nebenwirkungen, ohne den erwarteten Nutzen, auftreten.

III. Fehlender Elternwille oder mangelnde Fähigkeit

Neben der Kindeswohlgefährdung bedarf es als weitere Voraussetzung einer verschuldensunabhängigen[683] Unfähigkeit der Eltern die Gefahr abzuwehren. Alternativ reicht auch ein fehlender Wille zur Gefahrenabwehr. Bis zum Jahr 2008 setzte § 1666 Abs. 1 BGB a.F. eine Kindeswohlgefährdung durch ein Fehlverhalten der Eltern in Form einer missbräuchlichen Ausübung der elterlichen Sorge, der Vernachlässigung des Kindes oder eines unverschuldeten Versagens voraus. Diese Voraussetzung wurde durch das Gesetz zur Erleichterung familiengerichtlicher Maßnahmen bei Gefährdung des Kindeswohls[684] gestrichen, da in der Praxis erhebliche Beweisschwierigkeiten für das Vorliegen eines konkreten Fehlverhaltens und dessen Kausalität für die Kindeswohlgefährdung bestanden.[685] Für das Einschreiten des Familiengerichts ist es somit irrelevant, ob das Verhalten der Eltern pflichtwidrig war oder nicht.[686]

683 *Budzikiewicz*, in: Jauernig, BGB Kommentar, 16. Auflage 2015, Anm. zu den §§ 1666-1667, Rz. 6.
684 BGBl. I 2008, S. 1188; BT-Drs. 16/6815.
685 BT-Drs. 16/6815, S. 10.
686 *Döll*, in: Erman u.a., BGB Kommentar II, 15. Auflage 2017, § 1666, Rz. 4.

B. Rechtsfolge: Maßnahme zur Gefahrenabwehr

Sofern eine Gefährdung des Kindeswohls durch die Durchführung oder das Unterlassen einer Zwangsbehandlung besteht, hat das Familiengericht die Maßnahmen zu treffen, die zur Gefahrenabwehr erforderlich sind. Der Staat kann sowohl gegen die Sorgeberechtigten als auch gegen Dritte vorgehen.[687] In § 1666 Abs. 3 BGB findet sich ein nicht abschließender (vgl. Wortlaut „insbesondere“) Katalog an Maßnahmen[688], die das Familiengericht im Falle einer Gefährdung des Kindeswohls vornehmen kann.

I. Bindung an den Grundsatz der Verhältnismäßigkeit

Bevor im Folgenden auf die Maßnahmen im Einzelnen eingegangen wird, ist darauf hinzuweisen, dass das Familiengericht bei der Auswahl eines bestimmten Vorgehens zwei wesentliche Aspekte beachten muss, die die Systematik des § 1666 BGB prägen.

Es wurde bereits festgestellt, dass Kinder kein Recht auf eine perfekte Erziehung durch ihre Eltern haben (vgl. dazu Kapitel 4, A., I.). Das gehört gewissermaßen zum Lebensrisiko eines jeden Menschen. Der Staat ist deshalb auch auf die reine Gefahrenabwehr beschränkt, sodass andere Maßnahmen nicht in Betracht kommen.[689]

Aufgrund der unmittelbaren Grundrechtsbindung des Staates aus Art. 1 Abs. 3 GG ist das Familiengericht bei der Auswahl und Ausführung an den Grundsatz der Verhältnismäßigkeit gebunden.[690] Daraus folgt, dass eine jede Maßnahme geeignet und erforderlich sein muss, um die Gefahr vom Kind abzuwehren und dabei nicht in unangemessener Art und Weise in das Elternrecht eingreifen darf. Aus diesem Grund unterliegt der staatliche Eingriff einem Stufenschema. Um dem Vorrang der elterlichen Erziehung aus Art. 6 Abs. 2 S. 1 GG genügend Rechnung zu tragen, muss das Gericht zunächst Maßnahmen ergreifen, die darauf abzielen, den Eltern zu helfen und sie zu unterstützen.[691] Dies gilt insbesondere in Bezug darauf, ein verantwortungsbewusstes Verhalten der Eltern wiederherzustellen.[692] Weitergehende Maßnahmen wie die (teilweise) Entziehung des Sorgerechts sind folglich erst dann verhältnismäßig, wenn die milderen Maßnahmen keinen Erfolg versprechen.[693]

Demgegenüber schließt die Kooperation der Eltern nicht immer ein Vorgehen nach § 1666 Abs. 3 BGB aus. In einem Fall sah das OLG Hamm eine Maßnahme

687 Vgl. § 1666 Abs. 4 BGB.
688 BGH, NJW 2017, 1032 = FamRZ 2017, 212.
689 OLG Hamm, FamRZ 2004, 1664; *Ziegler,* in: Prütting/Wegen/Weinreich, BGB Kommentar, 12. Auflage 2017, § 1666, Rz. 3.
690 BVerfGE 24, 119 (145) = FamRZ 1968, 578 (584).
691 BVerfGE 24, 119 (145) = FamRZ 1968, 578 (584).
692 BVerfG, FamRZ 1989, 145 (146).
693 BVerfGE 24, 119 (145) = FamRZ 1968, 578 (584).

nach § 1666 Abs. 3 BGB als verhältnismäßig an, in dem die Eltern einer Fremdunterbringung des Minderjährigen zugestimmt hatten, da davon ausgegangen werden musste, dass die Zustimmung von den Sorgeberechtigten widerrufen wird.[694] Die Verhältnismäßigkeit beruhte unter anderem darauf, dass mit dem Entzug der Einwilligung die Unterbringung sofort zu beenden gewesen wäre und der Minderjährige in sein ursprüngliches Gefährdungsmilieu hätte zurückgeführt werden müssen.[695]

Bei der Bewertung der Verhältnismäßigkeit ist darüber hinaus zu berücksichtigen, dass sich ein Eingriff in das Eltern-Kind-Verhältnis auf alle Beteiligten auswirkt. Es wird nicht nur die Kompetenz der Erziehungsberechtigten in Frage gestellt, sondern auch den Kindern vorgeführt, dass die Eltern nicht in der Lage sind, die eigene Entwicklung zu unterstützen. Vor allem bei kleineren Kindern fehlt häufig eine kritische Distanz zum Fehlverhalten der Eltern, wohingegen die Identifizierung mit ihnen stark ausgeprägt sein kann, da sie Angst vor dem Verlust der Eltern haben und sich der Unsicherheit der instabilen Beziehung bewusst sind.[696] Dies kann aus kinder- und jugendpsychiatrischer Sicht dazu führen, dass die in der kindlichen Entwicklung stets vorhandene Repräsentanz der Eltern destabilisiert und der Selbstwert des Minderjährigen beeinträchtigt wird.[697] In juristischen Termini läge darin eine Verletzung des allgemeinen Persönlichkeitsrechts.

II. Maßnahmenkatalog des § 1666 Abs. 3 BGB

Neben diesen Grenzen des familiengerichtlichen Handelns ergeben sich die möglichen Maßnahmen aus dem Katalog des § 1666 Abs. 3 BGB. Dazu gehört die Anweisung an die Eltern,[698] öffentliche Hilfen wie zum Beispiel Leistungen der Kinder- und Jugendhilfe sowie der Gesundheitsfürsorge in Anspruch zu nehmen (§ 1666 Abs. 3 Nr. 1 BGB). Diese Maßnahme ist vor allem im Bereich der unterlassenen Zwangsbehandlung von Bedeutung. Ist die Anweisung den Minderjährigen in der Kinder- und Jugendpsychiatrie untersuchen und behandeln zu lassen ausweglos, kann das Gericht einen intensiveren Eingriff vornehmen. Ein solcher wäre, die Erklärungen des Inhabers der elterlichen Sorge nach § 1666 Abs. 3 Nr. 5 BGB zu ersetzen. Im Fall der unterlassenen Einwilligung in eine (Zwangs-)Behandlung

---

694 OLG Hamm, FamRZ 2011, 1603.

695 OLG Hamm, FamRZ 2012, 1954 (1955).

696 *Kircher*, Gefährdung des Kindeswohls aus kinder- und jugendpsychiatrischer Sicht, in: NZFam 2016, S. 600.

697 *Kircher*, Gefährdung des Kindeswohls aus kinder- und jugendpsychiatrischer Sicht, in: NZFam 2016, S. 600.

698 *Götz*, in: Palandt, BGB Kommentar, 76. Auflage 2017, § 1666, Rz. 34; *Ziegler*, in: Prütting/Wegen/Weinreich, BGB Kommentar, 12. Auflage 2017, § 1666, Rz. 36.

kann die Einwilligung vom Familiengericht ersetzt werden.[699] Um die Zwangsbehandlung anschließend tatsächlich durchführen zu können, muss das Aufenthaltsbestimmungsrechts der Sorgeberechtigten zusätzlich entzogen werden.[700] Die gesetzliche Regelung dieser Möglichkeit führt dazu, dass der teilweise Entzug des Sorgerechtes (der in § 1666 Abs. 3 Nr. 6 BGB geregelt ist) und die Bestellung eines Ergänzungspflegers für die Gesundheitsfürsorge häufig nicht mehr durchgeführt werden müssen.[701]

Im gleichen Maße kann das Familiengericht über § 1666 Abs. 3 Nr. 5 BGB die bestehende Einwilligung der Eltern in eine Zwangsbehandlung des Minderjährigen widerrufen.

III. Auswirkungen des Streits um die Einwilligungsbefugnis

An dieser Stelle werden die unterschiedlichen Theorien zur Einwilligungsbefugnis einwilligungsfähiger Minderjähriger relevant. Ein Einschreiten des Familiengerichts kommt nur in Betracht, wenn es sich um eine sorgerechtliche Maßnahme handelt. Bei einwilligungsfähigen und damit grundrechtsmündigen Minderjährigen erlischt die elterliche Sorge im Bereich der Gesundheitsfürsorge. Insoweit können auch keine elterlichen Maßnahmen ersetzt werden. Eine familiengerichtliche Ersetzung der elterlichen Einwilligung in die Zwangsbehandlung eines einwilligungsfähigen Minderjährigen kommt somit nicht in Betracht.

C. Verfahren

Um die Wirksamkeit und die Vorteile des § 1666 BGB zu ermitteln, ist es sinnvoll die Verfahrensvorschriften näher darzustellen.

I. Amtsermittlungsgrundsatz

Damit das Familiengericht tätig wird, bedarf es keines förmlichen Antrages, sondern es wird vielmehr von Amtswegen tätig, § 26 FamFG.[702] Dadurch soll dem besonderen Fürsorgecharakter des Verfahrens Rechnung getragen werden. Würde der Beginn des Verfahrens von einem förmlichen Antragerfordernis abhängen,

---

699 *Döll,* in: Erman u.a., BGB Kommentar II, 15. Auflage 2017, § 1666, Rz. 15d; *Götz,* in: Palandt, BGB Kommentar, 76. Auflage 2017, § 1666, Rz. 37; *Ziegler,* in: Prütting/Wegen/Weinreich, BGB Kommentar, 12. Auflage 2017, § 1666, Rz. 36.

700 OLG Rostock, FamRZ 2011, 1873 (1874).

701 *Götz,* in: Palandt, BGB Kommentar, 76. Auflage 2017, § 1666, Rz. 37; *Ziegler,* in: Prütting/Wegen/Weinreich, BGB Kommentar, 12. Auflage 2017, § 1666, Rz. 36.

702 *Döll,* in: Erman u.a., BGB Kommentar II, 15. Auflage 2017, § 1666, Rz. 25; *Götz,* in: Palandt, BGB Kommentar, 76. Auflage 2017, § 1666, Rz. 43.

läge der Schutz des Minderjährigen im Belieben des Antragsstellers und könnte somit nicht oder nicht rechtzeitig erfolgen.[703]

Nach § 24 Abs. 1 FamFG kann die Einleitung des Verfahrens auch von Dritten angeregt werden. Infolgedessen kann auch der behandelnde Arzt in einem Konflikt zwischen Eltern und Kindern das Verfahren einleiten.[704] In der Praxis geschieht dies oft durch das Jugendamt oder den Träger der freien Jugendhilfe, die in Kontakt zu den Minderjährigen und deren Eltern stehen.[705] Gleichwohl entscheidet alleine der Tatrichter über das Vorliegen der Kindeswohlgefährdung.[706] Er hat nach § 26 FamFG den Sachverhalt eigenständig zu ermitteln. Es besteht folglich eine Amtsermittlungspflicht, die es ausschließt, dass sich der Tatrichter alleine auf die vom Jugendamt zugeführten Gutachten stützt.[707] Der BGH führt zur Amtsermittlungspflicht aus:

> Der Amtsermittlungsgrundsatz verpflichtet das Gericht, im Rahmen pflichtgemäßen Ermessens alle zur Aufklärung des Sachverhalts dienlichen Ermittlungen anzustellen. Zwar braucht nicht jeder nur denkbaren Möglichkeit nachgegangen zu werden. Eine Aufklärungs- und Ermittlungspflicht besteht jedoch insoweit, als das Vorbringen der Betroffenen und der Sachverhalt als solcher bei sorgfältiger Prüfung hierzu Anlass geben. Die Ermittlungen sind erst dann abzuschließen, wenn von weiteren Ermittlungen ein sachdienliches, die Entscheidung beeinflussendes Ergebnis nicht mehr zu erwarten ist. Besondere Anforderungen an die tatrichterliche Sachaufklärung gelten in kindschaftsrechtlichen Familiensachen und insbesondere in Verfahren betreffend die Entziehung der elterlichen Sorge gem. § 1666 BGB. Denn die verfassungsrechtliche Dimension von Art. 6 Abs. 2, 3 GG beeinflusst auch das Verfahrensrecht und seine Handhabung im Kindschaftsverfahren. Das gerichtliche Verfahren muss in seiner Ausgestaltung dem Gebot effektiven Grundrechtsschutzes entsprechen, weshalb insbesondere die zur Verfügung stehenden Aufklärungs- und Prüfungsmöglichkeiten ausgeschöpft werden müssen. Das bedeutet nicht nur, dass die Verfahrensgestaltung den Elternrechten Rechnung tragen muss. Vielmehr steht das Verfahrensrecht auch unter dem Primat des Kindeswohls, zu dessen Schutz der Staat im Rahmen seines Wächteramts gem. Art. 6 Abs. 2 S. 2 GG verpflichtet ist. Die Gerichte müssen ihr Verfahren so gestalten, dass sie möglichst zuverlässig die Grundlage einer am Kindeswohl orientierten Entscheidung erkennen können.[708]

---

703 So jedenfalls zum § 1631b Abs. 2 BGB: BT-Drs. 18/11278, S. 16.

704 *Lorenz*, Das Selbstbestimmungsrecht des einsichtsfähigen Minderjährigen bei Eingriffen in die körperliche Integrität, in: NZFam 2017, S. 782 (787).

705 *Döll*, in: Erman u.a., BGB Kommentar II, 15. Auflage 2017, § 1666, Rz. 25.

706 BGH, NJW-RR 1990, 258 = FamRZ 1990, 392.

707 *Döll*, in: Erman u.a., BGB Kommentar II, 15. Auflage 2017, § 1666, Rz. 27.

708 BGHZ 184, 269 (277f.) = NJW 2010, 1351 (1353).

II. Beteiligungsrechte

Neben den Amtsermittlungsgrundsatz treten Beteiligungsrechte des Minderjährigen im Verfahren nach § 1666 BGB hinzu, die den Schutz des Minderjährigen sicherstellen sollen. Sie werden im Folgenden nur kurz dargestellt, da dies schon ausreicht, um die Auswirkungen des Verfahrens nach § 1666 BGB zu verdeutlichen. Weitere Ausführungen zum Verfahrensrecht finden sich unter Kapitel 8.

Nach § 157 Abs. 1 FamFG soll das Familiengericht sowohl mit den Eltern als auch mit dem Minderjährigen absprechen, mit welchen Mitteln der Gefährdung des Kindeswohls begegnet werden kann und welche Folgen die Nichtannahme notwendiger Hilfen haben kann. Grundsätzlichen haben die Eltern zu dem Erörterungstermin gemeinsam zu erscheinen. Neben der Erörterung hat das Familiengericht gemäß § 157 Abs. 3 FamFG unverzüglich den Erlass einer einstweiligen Anordnung zu prüfen.

Über § 158 Abs. 1 FamFG kann das Familiengericht mit dem Verfahrensbeistand eine zusätzliche Person zum Schutz des Minderjährigen in das Verfahren einbringen, soweit es zur Wahrnehmung seiner Interessen erforderlich ist. Im Absatz 2 der Norm werden Beispiele aufgezählt, in deren Regel dies der Fall ist. Nach § 158 Abs. 2 Nr. 1 sollte ein Verfahrenspfleger bestellt werden, wenn das Interesse des Kindes zu dem seiner gesetzlichen Vertreter in erheblichem Gegensatz steht. Davon ist bei der Zwangsbehandlung auszugehen (vgl. für weitere Ausführungen zum Verfahrensbeistand Kapitel 8, E.).

Neben dem Erörterungstermin und dem Recht auf einen Verfahrenspfleger hat das gefährdete, bereits 14-jährige Kind gemäß § 159 Abs. 1 FamFG ein Anhörungsrecht. Dieses steht gemäß § 159 Abs. 2 FamFG auch jüngeren Kinder zu, wenn die Neigungen, Bindungen oder der Wille des Kindes für die Entscheidung von Bedeutung sind oder wenn sonstige Gründe dafürsprechen. Das Familiengericht darf von der persönlichen Anhörung lediglich dann absehen, wenn schwerwiegende Gründe vorliegen. Bei Gefahr in Verzug ist die Anhörung gemäß § 159 Abs. 3 S. 2 FamFG unverzüglich nachzuholen.

Die Verfahrenseröffnung wirkt sich jedoch nicht nur auf den Minderjährigen und dessen Rechte aus, sondern auch auf die Sorgeberechtigten. Das Familiengericht muss neben dem Minderjährigen gemäß § 160 FamFG zusätzlich auch die Eltern persönlich anhören. Hierfür gelten die gleichen Ausnahmen wie bei der Anhörung des Minderjährigen.

Neben den Verfahrenspfleger treten im Verfahren des § 1666 BGB weitere Akteure hinzu. Nach § 162 Abs. 2 FamFG ist das Jugendamt zu beteiligen und nach § 163 Abs. 1 FamFG muss das Gutachten über die Kindeswohlgefährdung von einem Sachverständigen erteilt werden, der mindestens über eine psychologische, psychotherapeutische, kinder- und jugendpsychiatrische, psychiatrische, ärztliche oder im Sinne des Gesetzes gleichgestellte Ausbildung verfügt (vgl. dazu ausführlich Kapitel 7, B., II. sowie Kapitel 8, F.).

D. Fazit

Die Kontrollbefugnis ist eine wesentliche Einrichtung des staatlichen Wächteramtes, wie sich im Sinn und Zweck des alleinigen Schutzes des Minderjährigen, zeigt. § 1666 BGB ist sowohl von den Tatbestandsvoraussetzungen als auch von der Rechtsfolgenseite her darauf ausgelegt, die elterliche Sorge im Bereich der Zwangsbehandlung zu begrenzen. Eine Kindeswohlgefährdung kann durch die Einwilligung in eine Zwangsbehandlung sowie durch das Unterlassen einer ebensolchen vorliegen.

Für den psychisch kranken Minderjährigen bietet die Verfahrenseröffnung diverse Vorteile. Der Amtsermittlungsgrundsatz führt zur systematischen Aufbereitung des komplexen Sachverhaltes und zu einer unmittelbaren Gegenüberstellung der Vor- und Nachteile. Der Vorgang kann durch die Anwendung der MAS-Kriterien bei Unterlassen der Behandlung noch verbessert werden. Die Auseinandersetzung mit der vielseitigen Realität wird somit nicht nur den Eltern aufgebürdet, sondern verteilt sich auf unterschiedliche Stellen. Die emotional häufig stark belasteten und überforderten Eltern werden entlastet, indem die Entscheidung in dem Konflikt zwischen der bestmöglichen medizinischen Versorgung und dem Schutz des Kindes vor übermäßigen ärztlichen Eingriffen nicht ihnen alleine auferlegt wird.[709] Dies gilt insbesondere bei stationären und tagesklinischen Versorgungen, bei denen die Eltern nahezu keine Kontrollmöglichkeit über den Vorgang haben. Die Entlastung wird für die Eltern gerade in Verfahrensbereichen deutlich, in denen Gutachten angefertigt werden. Die Entscheidung wird dann durch eine zusätzliche fachärztliche Meinung unterstützt. Darüber hinaus wird dadurch insbesondere die Feststellung der Einwilligungsfähigkeit institutionalisiert und einwilligungsfähige Minderjährige geschützt (vgl. dazu Kapitel 7, B., II. sowie Kapitel 8, F.). Darin zeigt sich, dass die Verfahren in erster Linie dazu dienen sollen, das Elternrecht zu stärken und nicht zu schwächen und gleichzeitig den Minderjährigen zu schützen. Für ihn bringen die Verfahrensrechte auch noch weitere Vorteile. Mit der Anhörung wird sichergestellt, dass der Minderjährige seine Meinung über die Zwangsbehandlung äußern kann. Ihm wird dadurch das Gefühl gegeben, an der Entscheidung beteiligt gewesen zu sein. Dies steigert die Akzeptanz des Ergebnisses. Dadurch wird vor allem auch die Eingriffsintensität der Zwangsanwendung verringert, wie die vorstehenden Ausführungen im Rahmen der Eingriffsintensität (unter: Kapitel 4, B., II., 1.) zeigen. Darüber hinaus wird dadurch die Anforderung des Art. 12 UN-Kinderrechtskonvention (kurz: UN-KRK) umgesetzt. Gemäß Art. 12 Abs. 1 UN-KRK sichern die Vertragsstaaten dem Kind, das fähig ist, sich eine eigene Meinung zu bilden, das Recht zu, seine Meinung in allen ihn berührenden Angelegenheiten frei zu äußern, und seine Meinung angemessen und entsprechend seinem Alter und seiner Reife, zu berücksichtigen. Hierfür muss dem Kind gemäß dem Absatz 2 insbesondere Gelegenheit gegeben

709 BT-Plenarprotokoll 18/221, S. 22363.

werden, in allen ihn berührenden Gerichts- oder Verwaltungsverfahren entweder unmittelbar oder durch einen Vertreter oder eine geeignete Stelle im Einklang mit den innerstaatlichen Verfahrensvorschriften gehört zu werden. Auf die Einwilligungsfähigkeit kommt es hierbei nicht an. Diese Partizipationsrechte sind besonders bei Kindern- und Jugendlichen wichtig, die in einem Interessenkonflikt zu ihren Eltern stehen und bei denen insgesamt eine hohe Belastungssituation vorliegt.[710] Die Eltern werden darüber hinaus auch unmittelbar dazu gebracht, sich mit den Vor- und Nachteilen der Zwangsbehandlung auseinander zu setzten. Der Impetus des Anhörungsgesprächs kann den Eltern helfen, zusätzliche Perspektiven und Gesichtspunkte zum Thema zu erhalten und den eigenen Standpunkt zu überdenken.

Durch die Kombination aus Amtsermittlungsgrundsatz und sonstigen Verfahrensrechten schafft § 1666 BGB eine Struktur, die grundsätzlich zu einem effektiven Schutz des Minderjährigen bei der Zwangsbehandlung führen kann. Der Schutz des Minderjährigen wird jedoch erst erreicht, wenn das Familiengericht tatsächlich tätig wird und das Verfahren einleitet. Hierfür muss das Familiengericht Kenntnis von der drohenden Kindeswohlgefährdung erhalten. Eine generelle Überprüfung von medizinischen Maßnahmen findet jedoch nicht statt. Hierzu gibt es bei der allgemeinen ärztlichen Behandlung, in deren Durchführung sowohl die Eltern als auch der Minderjährige einwilligen, auch keinen Grund. Bei Meinungsverschiedenheiten ist die Situation jedoch anders zu bewerten. Im Falle der psychotropen Zwangsbehandlung liegt eine völlig andere Eingriffsintensität, als bei der von beiden Parteien konsentierten Behandlung, vor. Gleichwohl kommt es in der Praxis nur selten vor, dass bei Meinungsverschiedenheiten zwischen Eltern und Kindern im medizinischen Bereich das Familiengericht kontaktiert wird.[711] Damit stehen die Vorteile des § 1666 BGB weder den Eltern noch dem zwangsbehandelten Kind zur Verfügung. Das Kind wird erheblichen Eingriffen in die körperliche Integrität und das Allgemeine Persönlichkeitsrecht nahezu schutzlos ausgesetzt. Eine Missbrauchskontrolle kommt damit praktisch zu einem zu späten Zeitpunkt.[712] Insbesondere bei Minderjährigen die einwilligungsfähig sind, ist dieser Vorgang sehr bedenklich.

---

710 *Fegert*, Selbst- und Mitbestimmung von Kindern und Jugendlichen mit psychischen Problemen und seelischer Behinderung, in: Aktion Psychisch Kranke u. a., Selbsthilfe - Selbstbestimmung - Partizipation, 2016, S. 73 (78).

711 *Olzen*, in: MüKo BGB, Schuldrecht BT III, 7. Auflage 2017, § 1666, Rz. 78; *Veit*, in: Bamberger/Roth, BGB Kommentar, 42. Edition, Stand: 01.02.2017, § 1631b, Rz. 20.

712 Dieser Kritikpunkt an der Zwangsbehandlung wurde schon von *Lüderitz*, Elterliche Sorge als privates Recht, in: AcP 1978, S. 263 (278); und zuletzt von *Lorenz*, Das Selbstbestimmungsrecht des einsichtsfähigen Minderjährigen bei Eingriffen in die körperliche Integrität, in: NZFam 2017, S. 782 (786) angeführt.

7. Kapitel: Zulässigkeit der Zwangsbehandlung in unterschiedlichen Einrichtungsformen

Die Gesetzgebungsgeschichte des § 1631b Abs. 2 BGB hat die Diskussion um sorgerechtlichen Zwang gegenüber Minderjährigen in unterschiedlichen Einrichtungsformen angestoßen (vgl. dazu Kapitel 3, C. I. und IV.). Da die Fragestellung im Zusammenhang mit Zwangsbehandlungen von Minderjährigen jedoch bisher kaum beachtet wurde und die Zwangsbehandlung in allen Versorgungsformen *de lege lata* für rechtmäßig befunden wird (vgl. dazu Kapitel 2, D. und E.), untersucht das folgende Kapitel die Zulässigkeit von sorgerechtlichen Behandlungen gegen den Willen des Minderjährigen in den unterschiedlichen Einrichtungsformen der Kinder- und Jugendpsychiatrie. Im Gegensatz zum Sorgerecht wurde diese Fragestellung im Betreuungsrecht sehr kontrovers diskutiert. Die betreuungsrechtlichen Regelungen unterlagen im Laufe der Zeit verschiedenen Vorgaben. Diese Entwicklung kann als Erkenntnisquelle für die sorgerechtliche Diskussion herangezogen werden. Im Folgenden wird deshalb deren historische Entwicklung dargestellt (A.) und anschließend untersucht, inwieweit die Gründe und Argumente die zu Einschränkungen der Zwangsbehandlung im Betreuungsrecht geführt haben, Gültigkeit im Sorgerecht beanspruchen (B.). Die Ergebnisse der Gegenüberstellung werden anschließend in einem Zwischenergebnis zusammengefasst (C.).

A. Historische Entwicklung im Betreuungsrecht

Die Zulässigkeit der betreuungsrechtlichen Zwangsbehandlung in unterschiedlichen Einrichtungen der Psychiatrie wurde nicht nur vom Gesetzgeber, sondern auch vom BGH und BVerfG beeinflusst.

I. BGHZ 145, 297 = NJW 2001, 888

Das Verbot der ambulanten Zwangsbehandlung durch den BGH war die erste Entscheidung, die im Jahr 2000 Aufsehen erregte.

1. Sachverhalt

In dem Fall ging es um eine vormundschaftsgerichtliche Genehmigung einer ambulanten Zwangsbehandlung sowie der zwangsweisen Zuführung zur Behandlung. Der Patient war an einer chronischen schizophrenen Psychose erkrankt und hatte bereits mehrere freiheitsentziehende Unterbringungen hinter sich. Das

Vormundschaftsgericht genehmigte, dass der Patient alle zwei Wochen unter der Anwendung von Gewalt einer geschlossenen Station eines psychiatrischen Krankenhauses zugeführt werden solle. Dort sollte er jeweils für die Dauer der zwangsweisen Verabreichung der Depotspritze kurzfristig untergebracht werden.

2. Ergebnis[713]

In seiner Entscheidung untersuchte der BGH, ob das Betreuungsrecht eine Ermächtigungsgrundlage aufweist, anhand derer die Maßnahmen genehmigt werden können. Dafür analysierte er neben § 1906 Abs. 2 in Verbindung mit § 1906 Abs. 1 Nr. 2 BGB a.F. auch § 1906 Abs. 4 BGB a.F. sowie die Regelungen des FGG. Dabei kam der BGH jedoch zu dem Ergebnis, dass weder die ambulante Zwangsbehandlung, für deren Dauer der Patient kurzfristig untergebracht werden soll, noch die Zuführung zur Behandlung eine freiheitsentziehende Unterbringung oder unterbringungsähnliche Maßnahme darstellen würden. Dementsprechend fehlte es an einer gesetzlichen Grundlage, um diese Maßnahmen anzuordnen beziehungsweise durchzuführen.[714]

a. Keine direkte oder analoge Anwendung von §§ 1906 Abs. 2 i.V.m. 1906 Abs. 1 Nr. 2 BGB a.F. und § 1906 Abs. 4 BGB a.F.

Der Ansatz, dass die ambulante Zwangsbehandlung über eine kurzfristige freiheitsentziehende Unterbringung gerechtfertigt werde, sei – so der BGH – nicht mit dem engen Unterbringungsbegriff des Betreuungsrechts vereinbar. Genauso wenig sei für eine solche Auslegung die Voraussetzung erfüllt, dass die Maßnahme auf eine gewisse Dauer angelegt sein müsse.

Darüber hinaus käme eine unterbringungsähnliche Maßnahme unter Berücksichtigung des Sinn und Zwecks von Ihnen auch nicht in Betracht. Das gerichtliche Genehmigungserfordernis solcher Maßnahmen sei darauf ausgelegt, die körperliche Bewegungsfreiheit und die Entschließungsfreiheit zur Fortbewegung im Sinne der Aufenthaltsfreiheit zu schützen. Diese wären im vorliegenden Fall jedoch nicht beeinträchtigt gewesen. Eine entsprechende Anwendung der Normen scheitere ebenfalls am Wortlaut der betreuungsrechtlichen Regelungen sowie an deren Sinn und Zweck.[715]

Ferner ließe sich eine analoge Anwendung auch nicht mit dem Argument rechtfertigen, dass die ambulante Zwangsbehandlung sowie die Zuführung dazu im Vergleich zur Behandlung unter freiheitsentziehenden Bedingungen ein milderes Mittel darstellen. Vielmehr seien beide Maßnahmen sowohl vom Sinn und Zweck

---

713 Vgl. zu einem ähnlichen Fall im Anschluss: OLG Bremen, NJW-RR 2006, 75, bei dem die Unterbringung ebenfalls jeweils für einen Tag genehmigt wurde, um das Verbot der ambulanten Zwangsbehandlung zu umgehen.

714 BGHZ 145, 297 = NJW 2001, 888.

715 BGHZ 145, 297 (300ff.) = NJW 2001, 888 (889).

her als auch von ihrer Eingriffsintensität andere Maßnahmen als die Zwangsbehandlung im Rahmen einer freiheitsentziehenden Unterbringung.[716]

b. Gesetzliche Grundlage im Verfahrensrecht?

Nachdem der BGH eine unmittelbare und entsprechende Anwendung der betreuungsrechtlichen Normen abgelehnt hatte, setzte er sich mit den verfahrensrechtlichen Vorschriften des (damals noch geltenden) FGG auseinander, um herauszufinden, ob sie eine entsprechende Ermächtigungsgrundlage enthalten. Er kam dabei jedoch zu dem Ergebnis, dass auch die Regelungen des FGG eine Anwendung von Zwang bei beiden Maßnahmen nicht zulassen würden.[717]

c. Gesetzgeberischer Wille, Zweckmäßigkeit und Rolle des ehrenamtlichen Betreuers

Anschließend führte der BGH aus, dass er nicht verkenne, dass das Fehlen einer Zwangsbefugnis dazu führen könne, dass ein Betreuter einen erneuten Krankheitsschub erleide und dann möglicherweise für längere Zeit untergebracht werden müsse. Im Einzelfall könne es daher sinnvoll erscheinen und gegebenenfalls auch im Interesse des Betreuten liegen, dass der Betreuer in eine Behandlung auch gegen seinen Willen einwilligen könne. Allerdings sei diese Problematik bereits zum Zeitpunkt des Gesetzgebungsverfahrens bekannt gewesen. Es müsse daher von den Gerichten respektiert werden, dass sich der Gesetzgeber bewusst gegen eine Regelung entschieden habe.[718]

Die verfassungsrechtlich garantierten Rechte von Betreuten dürften nicht aus Zweckmäßigkeitserwägungen missachtet werden, auch wenn sie möglicherweise im wohlverstandenen Interesse der Betreuten liegen. Darüber hinaus wies der BGH darauf hin, dass es gerade den ehrenamtlich Tätigen nicht zugemutet werden könne, ohne verlässliche Kriterien zu entscheiden, ob die Anwendung unmittelbaren Zwangs in einer bestimmten Situation rechtmäßig ist oder nicht.[719]

II. BT-Drs. 15/4874

Nachdem der BGH die ambulante Zwangsbehandlung verboten hatte, unternahm der Bundesrat mit dem Entwurf eines Gesetzes zur Änderung des Betreuungsrechts einen Versuch, die Zuführung zur ambulanten Zwangsbehandlung gesetzlich zu regeln. Der Entwurf enthielt folgende Norm:

716 BGHZ 145, 297 (305) = NJW 2001, 888 (890).
717 BGHZ 145, 297 (306ff.) = NJW 2001, 888 (890f.).
718 BGHZ 145, 297 (309f.) = NJW 2001, 888 (891) und ebenso, NJOZ 2008, 1890 (1896f.) = FamRZ 2008, 866 (868).
719 BGHZ 145, 297 (310) = NJW 2001, 888 (891).

> § 1906a- Genehmigung des Vormundschaftsgerichts bei der zwangsweisen Zuführung zur ärztlichen Heilbehandlung
> Eine zwangsweise Zuführung des Betreuten zur ambulanten ärztlichen Heilbehandlung durch den Betreuer ist nur zulässig, solange sie zum Wohl des Betreuten notwendig ist, weil
> der Betreute auf Grund einer psychischen Krankheit oder geistigen oder seelischen Behinderung die Notwendigkeit der Behandlung nicht erkennen oder nicht nach dieser Einsicht handeln kann und
> die Gefahr besteht, dass er sich der notwendigen ambulanten ärztlichen Heilbehandlung entzieht.
> Die zwangsweise Zuführung ist nur mit Genehmigung des Vormundschaftsgerichts zulässig. § 1906 Abs. 3 und 5 Satz 1 gilt entsprechend.[720]

Der Vorschlag ist jedoch nie Gesetz geworden. Im Gesetzgebungsverfahren hatte die damalige Bundesregierung ausgeführt, dass die Notwendigkeit einer solchen Regelung bereits zweifelhaft sei und dass darüber hinaus die Gefahr bestünde, dass zu ihrer Durchsetzung weitere Zwangsbefugnisse des Betreuers, wie das Betreten der Wohnung, notwendig werden würden. Darüber hinaus stelle die Zwangsbehandlung einen schwerwiegenden Eingriff dar, der Auswirkungen auf die private Lebensgestaltung des Patienten habe. Der pauschale Richtervorbehalt im Vorhinein führe möglicherweise dazu, dass er ausgehöhlt werde. Vom Sinn und Zweck her sei der Richtervorbehalt darauf ausgelegt, dass besonders relevante Grundrechtseingriffe insbesondere auf ihre Erforderlichkeit und Verhältnismäßigkeit im engeren Sinne zum Zeitpunkt des Eingriffs überprüft werden. Durch pauschale Genehmigungen im Vorhinein würde jedoch gerade verhindert werden, dass sich der Richter im konkreten Zeitpunkt der Durchführung der Zwangsbehandlung nochmals Gedanken über die tatsächliche Erforderlichkeit der zwangsweisen Durchführung der Maßnahme mache. Vielmehr werde diese Entscheidung auf den Betreuer übertragen, der weder Organ der Rechtspflege noch staatlicher Hoheitsträger sei.[721]

Die Regelung wurde nach der Anhörung von Sachverständigen[722] ebenfalls vom Rechtsausschuss abgelehnt.[723] In der Beratung im Bundestag wurde weiter angeführt, dass die Ablehnung der ambulanten Zwangsbehandlung rechtsstaatlich unverzichtbar sei[724] und dass die ambulante Zwangsbehandlung einer modernen Psychiatrie widerspreche, die auf ein kooperatives Patientenverhältnis setze. Psychisch Kranke bräuchten in ihrem Zuhause vertrauensvolle Unterstützung sowie

---

720 BT-Drs. 15/2494, S. 7, 30.

721 BT-Drs. 15/2494, S. 47.

722 Vgl. ausführlich dazu das Protokoll der 49. Sitzung des Rechtsausschusses des Deutschen Bundestags, 15. Wahlperiode, v. 26. Mai 2004, S. 72ff.

723 BT-Drs. 15/4874, S. 8, 27.

724 BT-Plenarprotokoll, 15/158, S. 14831.

Hilfe und gerade keinen staatlich verordneten Zwang[725]. Dementsprechend wurde die Einführung des vom Bundesrat vorgeschlagenen § 1906a BGB abgelehnt.

III. BGHZ 193, 337 = NJW 2012, 2967

Eine nächste Änderung der Zulässigkeit der Zwangsbehandlung folgte im Jahr 2012. Die Rechtsprechung stütze die Rechtmäßigkeit der Zwangsbehandlung bis dahin auf § 1906 Abs. 1 Nr. 2 BGB a.F.[726] Am 20. Juni 2012 wich der BGH in zwei Beschlüssen von dieser Rechtsprechung ab. Er entschied, dass es unter Berücksichtigung der Rechtsprechung des BVerfG zur Zwangsbehandlung im Maßregelvollzug gegenwärtig an einer den verfassungsrechtlichen Anforderungen genügenden gesetzlichen Grundlage für eine betreuungsrechtliche Zwangsbehandlung fehle. Deshalb dürfe der Betreuer bis zur gesetzlichen Regelung keine Zwangsbehandlungen mehr veranlassen.[727] Nach dem Verbot der ambulanten Zwangsbehandlung im Jahr 2000 wurde mit diesen Beschlüssen die Zwangsbehandlung generell in allen Einrichtungsformen für unzulässig erklärt.

IV. Protokoll der 105. Sitzung des Rechtsausschusses des Deutschen Bundestags, 17. Wahlperiode, v. 10.12.2012 (im Zusammenhang mit BT-Drs. 17/11513)

Auf die Änderung der Rechtsprechung reagiert die Legislative mit dem Gesetz zur Regelung der betreuungsrechtlichen Einwilligung in eine ärztliche Zwangsmaßnahme[728]. Um seiner Schutzpflicht zugunsten der psychisch Kranken vor ihrer Krankheit gerecht zu werden, hat der Gesetzgeber die betreuungsrechtlichen Normen an die Anforderungen des BVerfG angepasst. Im Gesetzgebungsverfahren wurde auch die Möglichkeit der ambulanten Zwangsbehandlung besprochen.[729]

In der Sachverständigenanhörung wurde von dem Sachverständigen *Lipp* dagegen zunächst die Entscheidung des BGH aus dem Jahr 2000 angeführt. Der BGH habe die ambulante Zwangsbehandlung gerade als andere und nicht als mildere Maßnahme im Vergleich zur geschlossenen Unterbringung bezeichnet. Ferner habe sich der Bundestag im Jahr 2005 bewusst gegen die ambulante Zwangsbehandlung entschieden und eine Änderung in der Perspektive des Gesetzgebers sei nicht ersichtlich.[730] Darüber hinaus habe das Verbot der ambulanten Zwangsbehandlung

---

725 BT-Plenarprotokoll, 15/158, S. 14830.

726 BGHZ 170, 243 = NJW 2007, 1277.

727 BGHZ 193, 337 = NJW 2012, 2967; sowie BGH, Beschluss vom 20. Juni 2012 – XII ZB 130/12, IBRRS 2012, 2793 = BeckRS 2012, 15563.

728 BGBl. I 2013, S. 266; BT-Drs. 17/11513.

729 Vgl. ausführlich Protokoll der 105. Sitzung des Rechtsausschusses des Deutschen Bundestags, 17. Wahlperiode, v. 10. Dezember 2012.

730 Protokoll der 105. Sitzung des Rechtsausschusses des Deutschen Bundestags, 17. Wahlperiode, v. 10. Dezember 2012, S. 17.

in der Praxis zu keinen unerträglichen Zuständen geführt, sodass keine Dringlichkeit für eine Zulässigkeit dieses Vorgangs bestünde.[731] Vom Sachverständigen *Marschner* wurde schließlich angeführt, dass zum Beispiel Pflegeheime für ambulante Zwangsbehandlungen nicht ausgestattet seien und deshalb der Verweis in ein psychiatrisches Krankenhaus für die Behandlung durchaus sinnvoll sei.[732]

Demgegenüber griff der Abgeordnete *Henke* in seiner Frage an den Sachverständigen *Dodegge* das Problem der somatischen Zwangsbehandlungen auf. Hierfür führte er das Beispiel eines Betreuten mit Down-Syndrom an. Dieser benötigte eine sanierende Behandlung seiner Zähne, lehnte die Behandlung jedoch ab. Infolgedessen musste der zum Betreuer bestellte Vater mit der Zwangsbehandlung warten, bis der Sohn in eine lebensbedrohliche Situation kam. Eine ambulante Behandlung hätte ohne Probleme stattfinden können und hätte den Eintritt der lebensbedrohlichen Situation verhindert. Anschließend griff er Beispiele wie die ambulante Dialyse oder Insulinspritze auf, die der Patient aufgrund seiner Einwilligungsunfähigkeit vergesse beziehungsweise nicht nehmen wolle. Ebenso nannte er das Beispiel eines Patienten, der eine akute Blinddarmentzündung habe, jedoch aufgrund seiner Krankheit davon ausgehe, dass ihm der Blinddarm bereits entfernt wurde und er deshalb eine *Appendektomie* ablehne. Seiner Auffassung nach sei in diesen Fällen eine Verknüpfung der Zwangsbehandlung mit der Unterbringung überhaupt nicht erforderlich. Er könne nicht nachvollziehen, warum die nicht notwendige Unterbringung und damit ein zusätzlicher Grundrechtseingriff konstitutiv für die Rechtmäßigkeit der erforderlichen Zwangsbehandlung sei.[733]

Daraufhin antwortete der Sachverständige *Dodegge*, dass es ein Irrsinn sei, Menschen, die somatisch erkrankt seien, in eine psychiatrische Klinik einweisen zu lassen, um sie dort zwangsbehandeln zu können. Die Frage, ob man die nicht notwendige Unterbringung tatsächlich als Voraussetzung wolle, müssten die Politiker und Abgeordneten entscheiden. Die Auswirkungen in der Praxis seien teilweise dramatisch. Es müsse jedenfalls überlegt werden, ob nicht wenigstens ein kleiner Teilbereich eröffnet wird, sodass man im Notfall nicht warten müsse, bis wirklich die Existenz und das Leben gefährdet seien, um eingreifen zu können.[734]

Daraufhin antwortete der Vorsitzende *S. Kauder*:

> Was ambulant möglich ist, kann man nicht stationär machen, ist mein Zwischenergebnis. Deswegen müssen wir juristisch eine Lösung finden! Das kann man mit dem Regel-Ausnahme-Prinzip machen: „Ausnahmsweise ist auch eine ambulante

---

731 Protokoll der 105. Sitzung des Rechtsausschusses des Deutschen Bundestags, 17. Wahlperiode, v. 10. Dezember 2012, S. 35.

732 Protokoll der 105. Sitzung des Rechtsausschusses des Deutschen Bundestags, 17. Wahlperiode, v. 10. Dezember 2012, S. 32.

733 Protokoll der 105. Sitzung des Rechtsausschusses des Deutschen Bundestags, 17. Wahlperiode, v. 10. Dezember 2012, S. 49f.

734 Protokoll der 105. Sitzung des Rechtsausschusses des Deutschen Bundestags, 17. Wahlperiode, v. 10. Dezember 2012, S. 51f.

> Behandlung möglich, wenn es stationär nicht notwendig ist." Da müssen wir uns einmal zusammensetzen und darüber nachdenken. Das geht juristisch![735]

Anschließend ging Herr *Marschner* darauf ein, dass in der psychiatrischen Wissenschaft und Praxis erhebliche Skepsis gegenüber ambulanten Zwangsbehandlungen von psychischen Krankheiten beständen. In Bezug auf somatische Zwangsbehandlung führte er weiter aus, dass diese dennoch in einem psychiatrischen Krankenhaus stattfinden müsse, da dort Fachleute seien, die die Einwilligungsunfähigkeit qualifiziert beurteilen könnten. Denn der Auslöser für die Zwangsbehandlung sei nicht nur die somatische Krankheit, sondern die psychische Erkrankung, die zur Einwilligungsunfähigkeit führe. Sowohl bei der Zwangsbehandlung der Anlasserkrankung als auch einer somatischen Krankheit, könne die Unterbringung im Zweifel noch am Tag der Aufnahme entfallen, wenn sich das Problem erledigt habe.[736]

Infolgedessen hatte der Gesetzgeber an der Verbindung der Zwangsbehandlung mit einer freiheitsentziehenden Unterbringung festgehalten. Ab dem Jahr 2013 sah die Nummer 3 des neu eingefügten Abs. 3 des § 1906 BGB a.F. folgende Regelung vor:

> (3) Widerspricht eine ärztliche Maßnahme nach Absatz 1 Nummer 2 dem natürlichen Willen des Betreuten (ärztliche Zwangsmaßnahme), so kann der Betreuer in sie nur einwilligen, wenn (...)
>
> 3. die ärztliche Zwangsmaßnahme im Rahmen der Unterbringung nach Absatz 1 zum Wohl des Betreuten erforderlich ist, um einen drohenden erheblichen gesundheitlichen Schaden abzuwenden, (...).

Es entsprach somit auch im Jahr 2013 dem Willen des Gesetzgebers, dass die Zwangsbehandlung nur im Rahmen einer freiheitsentziehenden Unterbringung stattfinden soll. Damit war eine doppelte Prüfung der Zwangsbehandlung vorgesehen. Der Gesetzgeber wollte, dass in einem ersten Schritt nur die freiheitsentziehende Unterbringung zum Zwecke der Zwangsbehandlung geprüft und genehmigt wird. Anschließend und erst, wenn sämtliche Maßnahmen während dieser Unterbringung keinen Erfolg versprachen, durfte in einem zweiten Schritt die Zwangsbehandlung beantragt werden.

---

735 Protokoll der 105. Sitzung des Rechtsausschusses des Deutschen Bundestags, 17. Wahlperiode, v. 10. Dezember 2012, S. 52.

736 Protokoll der 105. Sitzung des Rechtsausschusses des Deutschen Bundestags, 17. Wahlperiode, v. 10. Dezember 2012, S. 62.

V. Beschluss des BVerfG vom 26.07.2016 – Az.: 1 BvL 8/15 = BVerfGE 142, 313 = NJW 2017, 53 = BeckRS 2016, 50313

Im Sommer 2016 lag die Frage nach der Zulässigkeit der Begrenzung der Zwangsbehandlung auf die freiheitsentziehende Unterbringung dem BVerfG zur Entscheidung vor. Hierbei handelte es sich um eine Vorlage des BGH, welche fragte, ob es mit dem Gleichheitssatz aus Art. 3 Abs. 1 GG zu vereinbaren sei, dass Patienten, die zwar stationär untergebracht seien, sich der Behandlung jedoch räumlich nicht entziehen wollen oder hierzu körperlich nicht in der Lage seien, für eine zulässige Zwangsbehandlung freiheitsentziehend untergebracht werden müssen.[737] Um die grundsätzliche Verfassungsmäßigkeit des § 1906 BGB a.F. ging es bei der Vorlage somit nicht. Das BVerfG kam zu dem Ergebnis, dass § 1906 BGB a.F. mit der Verknüpfung von Zwangsbehandlung und geschlossenen Unterbringung, bereits unter Berücksichtigung der staatlichen Schutzpflicht für den Leib und das Leben des Patienten eine Schutzlücke aufweisen würde. Folglich musste das BVerfG nicht auf den Gleichheitssatz aus Art. 3 GG zurückgreifen. In diesem Zusammenhang führte das BVerfG aus:

> Hiernach verstößt es gegen die Schutzpflicht des Staates aus Art. 2 Abs. 2 S. 1 GG, dass nach geltendem Betreuungsrecht für nicht einsichtsfähige Betreute, denen aufgrund einer Erkrankung eine erhebliche gesundheitliche Beeinträchtigung droht und die mit guten Erfolgsaussichten durch eine Maßnahme behandelt werden können, die mit verhältnismäßig geringen Belastungen einhergeht, keine Möglichkeit besteht, sie notfalls auch gegen ihren natürlichen Willen zu behandeln, wenn sie sich **in stationärer Behandlung** befinden, **aber aus eigener Kraft der notwendigen Behandlung nicht entziehen und deshalb nicht freiheitsentziehend untergebracht werden können** (...). Keiner Entscheidung bedarf schließlich, ob die Rechtslage auch insofern der Schutzpflicht des Staates aus Art. 2 Abs. 2 S. 1 GG nicht genügt, als § 1906 BGB mit der Beschränkung der ärztlichen Zwangsbehandlung auf freiheitsentziehend Untergebrachte nicht nur die stationär Behandelten, sondern – aufgrund bewusster gesetzgeberischer Entscheidung (...) – auch alle anderen Betreuten in **ambulanter Behandlung** von dieser Möglichkeit ausschließt. Der Ausschluss dieser Gruppe ist **nicht Gegenstand** der Vorlage. Die Vorlage kann auch nicht ohne Weiteres darauf erstreckt werden (...), **weil die Nichtberücksichtigung der Betreuten in ambulanter Behandlung bei der Möglichkeit der ärztlichen Zwangsbehandlung auf Sachgründen beruht, deren Tragfähigkeit nicht von vornherein von der Hand zu weisen ist** (..). **Außerdem werden ambulant Betreute in schwerwiegenden Fällen letztlich nicht schutzlos gelassen, weil sie nach einer Unterbringung bei Erfüllung der Voraussetzungen des § 1906 I Nr. 2BGB dann doch einer Zwangsbehandlung unterzogen werden können.** Damit führt diese Konstellation auf eine Reihe zusätzlicher verfassungsrechtlicher Fragen, die gegen eine schlichte

737 BGH, NJW 2015, 2528 = FamRZ 2015, 1484.

Erstreckung der Normenkontrolle hierauf über die Vorlagefrage hinaus sprechen.[738] (Hervorhebungen nicht im Original)

VI. BT-Drs. 18/11240

Infolge dieser Rechtsprechung hat der Gesetzgeber mit dem nun geltenden § 1906a BGB die Zwangsbehandlung von der freiheitsentziehenden Unterbringung getrennt, eine eigenständige Norm dafür vorgesehen und in Absatz 4 eine Regelung der zwangsweisen Zuführung zum Klinikaufenthalt geschaffen. § 1906a Abs. 1 S. 1 Nr. 7 BGB setzt als Zulässigkeitsvoraussetzung der Zwangsbehandlung nur noch voraus, dass die ärztliche Zwangsmaßnahme im Rahmen eines stationären Aufenthalts in einem Krankenhaus, in dem die gebotene medizinische Versorgung des Betreuten einschließlich einer erforderlichen Nachbehandlung sichergestellt ist, durchgeführt wird. Das Krankenhaus muss somit für die Zwangsbehandlung von einwilligungsunfähigen Patienten geeignet sein. Die Zwangsbehandlung ist folglich nicht in jedem Krankenhaus zulässig. Dadurch sollte die vom BVerfG betonte Schutzlücke für Personen, die sich aus eigener Kraft der notwendigen Behandlung nicht entziehen und deshalb nicht freiheitsentziehend untergebracht werden können oder die sich freiwillig auf einer offenen Station befinden, geschlossen werden.[739]

1. *Argumente der Bundesregierung gegen ambulante Zwangsbehandlungen*

In dem Gesetzgebungsentwurf führte die Bundesregierung aus, dass die ambulante Zwangsbehandlung nach wie vor gesetzlich ausgeschlossen bleiben solle. Sie sei mit dem Grundsatz, dass ärztliche Zwangsmaßnahmen wegen des mit ihnen verbundenen schwerwiegenden Eingriffs in die körperliche Unversehrtheit und die freie Selbstbestimmung der Betroffenen nur als letztes Mittel in Betracht kommen und auf ein unvermeidbares Mindestmaß zu reduzieren seien, unvereinbar. Mit der Zulassung der ambulanten Zwangsbehandlung im psychiatrischen Bereich – zum Beispiel durch eine Depotmedikation mit Neuroleptika – bestünde die Gefahr, dass solche möglicherweise traumatisierenden Zwangsbehandlungen in der Praxis regelmäßig ohne ausreichende Prüfung von weniger eingriffsintensiven Alternativen und damit auch in vermeidbaren Fällen durchgeführt werden könnten. Ambulante Zwangsbehandlungen widersprächen vielmehr den Grundsätzen einer modernen Psychiatrie, wonach Menschen mit psychischen Krankheiten gerade in ihrem Wohn- und sonstigem persönlichen Umfeld vertrauensvolle Unterstützung und Hilfe und nicht staatlich genehmigten Zwang benötigen würden. Eine auf Vertrauen gegründete und auf Kooperation mit dem Patienten ausgerichtete

738 BVerfGE 142, 313 (351) = NJW 2017, 53 (59) = BeckRS 2016, 50313 Rz 100.
739 BT-Drs. 18/11240, S. 13.

ambulante psychiatrische Versorgung, die auf Ausübung von Zwang verzichte, stelle ein wesentliches Element eines auf die Vermeidung von Zwang ausgerichteten psychiatrischen Hilfesystems dar. Ambulante Zwangsbehandlungen würden das Ziel, Zwang im psychiatrischen Hilfesystem so weit wie möglich zu vermeiden, konterkarieren. Darüber hinaus solle durch die Kopplung der ärztlichen Zwangsmaßnahme an eine stationäre Behandlung des Betroffenen sichergestellt werden, dass die gebotene sorgfältige Prüfung der Voraussetzungen der ärztlichen Zwangsmaßnahme erfolgt. Dabei gehe es nicht nur um die Frage, ob die ärztliche Behandlung als solche durchzuführen sei, sondern es müsse auch geprüft werden, ob gerade die zwangsweise Durchführung der Behandlung notwendig und verhältnismäßig sei, um die sorgfältige Prüfung der Einwilligungsfähigkeit, der Wünsche und des Willens des Betroffenen gemäß § 1901a BGB und dem Vorhandensein von weniger belastenden Alternativen. Diese Aufgabe sollte von einem mutliprofessionellen Team, dem auch das Pflegepersonal angehören sollte, durchgeführt werden. Gegebenenfalls könnte eine Ethikberatung hinzugezogen werden. Schließlich könne nur bei einer stationären Behandlung davon ausgegangen werden, dass die im jeweiligen Einzelfall medizinisch oder psychologisch erforderliche Begleitung und Pflege des Betroffenen vor und vor allem nach der Behandlung gesichert sei.[740]

2. *Kritik am Gesetzgebungsentwurf*

Das gesetzgeberische Vorgehen wurde im Gesetzgebungsverfahren kritisiert. Die Abgeordnete *Klein-Schmeink* führte zum Beispiel an, dass es kritisch zu bewerten sei, dass mit der Gesetzesänderung Zwangsbehandlungen psychiatrischer Erkrankungen auf offenen psychiatrischen Stationen ermöglicht werden würden. Sie könnten sich nicht nur negativ auf das Klima der offenen Stationen auswirken, sondern bringen auch die Gefahr, dass psychisch kranke Menschen davon abgeschreckt würden, sich freiwillig in die stationäre Behandlung zu begeben.[741] Aus diesem Grund wäre es sinnvoll gewesen, eine entsprechende Anwendung des § 1906 Abs. 3 BGB für stationär behandelte Personen festzulegen, die sich einer Zwangsbehandlung räumlich nicht entziehen können, anstatt die Zwangsbehandlung von der Unterbringung zu entkoppeln. Darüber hinaus bestehe die Gefahr, dass die Anwendung von Zwang in der Psychiatrie über das Erforderliche und das vom BVerfG geforderte Maß hinaus ausgeweitet werde. Es sei jedoch positiv zu bewerten, dass die ambulante Zwangsbehandlung nach wie vor ausgeschlossen ist, da sich Menschen in ihrem Zuhause sicher fühlen müssten.[742]

Eine konträre Position der Kritik nahm der Bundesrat ein, welcher in seiner Stellungnahme ausführte:

740 Vgl. zum Ganzen: BT-Drs. 18/11240, S. 15 und zusammenfassend S. 20.
741 BT-Plenarprotokoll 18/221, S. 22335.
742 BT-Plenarprotokoll 18/240, S. 24683.

> Der Bundesrat bittet, im weiteren Gesetzgebungsverfahren die Entscheidung zu überprüfen, wonach ärztliche Zwangsbehandlungen ausschließlich und ausnahmslos im Rahmen eines vollstationären Krankenhausaufenthalts und nicht auch in einer sonstigen Einrichtung, in der die medizinische Versorgung des Betroffenen sichergestellt ist, durchgeführt werden können. Die generelle Unzulässigkeit von Zwangsbehandlungen außerhalb vollstationärer Krankenhausaufenthalte führt vorhersehbar zu weiteren Schutzlücken oder zu vermeidbaren und verfassungsrechtlich bedenklichen Belastungen der Betreuten.[743]

Seine Auffassung begründete der Bundesrat damit, dass es nicht ausnahmslos gelte, dass eine vollstationäre Versorgung die beste Gewähr dafür biete, dass die gebotene medizinische Versorgung des Betreuten einschließlich einer erforderlichen Behandlung sichergestellt sei. Vor allem bei Betreuten, die sich aufgrund einer fortgeschrittenen Demenz in einem Pflegeheim befänden, würden die im Gesetzentwurf vorgesehenen Regelungen dazu führen, dass diese nicht nur gegen ihren natürlichen Willen behandelt, sondern auch gegen ihren natürlichen Willen in ein Krankenhaus verbracht werden müssen, selbst wenn es sich bei der Zwangsbehandlung um eine weitgehend ungefährliche, erwartungsgemäß komplikationslose Maßnahme handele. Die Verbringung in ein Krankenhaus und der dortige Aufenthalt könnten dann mit wesentlich größeren Belastungen einhergehen als die eigentliche Zwangsbehandlung, wie die Gabe eines „harmlosen" Medikaments. Im Einzelfall könne der Ortswechsel und der Aufenthalt in einer Klinik mit der hohen Patienten- und Ärztefluktuation für den Betreuten wesentlich eingreifender sein als der Verbleib in der gewohnten Umgebung des Heimes, in der der Betreute von vertrauten Personen versorgt werde. Solche zusätzlichen Belastungen seien keineswegs immer gerechtfertigt. Sie seien zum Beispiel dann nicht gerechtfertigt, wenn aufgrund der Art der medizinisch indizierten Behandlung keine weiteren Nachwirkungen zu erwarten sind oder das Pflegeheim die gebotene medizinische Versorgung einschließlich der erforderlich Nachbehandlung genauso sicherstellen kann wie das Krankenhaus. In diesen Fällen wäre es mit unverhältnismäßigen Belastungen für den Betreuten verbunden, wenn er nur um die Entsprechung eines Leitbilds des Gesetzgebers Willen in ein Krankenhaus verbracht und dort vollstationär aufgenommen werden müsste. Das gelte umso mehr, als der Begriff „stationär" unklar sei und nahelegen würde, dass der Betroffene auch über die Zeit des Eingriffs hinaus ohne zwingenden medizinischen Grund im Krankenhaus verbleiben müsse. Der Bundesrat hält es demzufolge für maßgebend für den Ort der Durchführung der Zwangsbehandlung, dass die gebotene medizinische Versorgung einschließlich der erforderlichen Nachbehandlung sichergestellt ist. Sofern dies auch in anderen Einrichtungen möglich ist, verlange der Verhältnismäßigkeitsgrundsatz, dass der Ort mit den geringsten Belastungen gewählt werde.

---

743 BT-Drs. 18/11617, S. 4.

Folglich müssten Zwangsbehandlungen auch in anderen Einrichtungen möglich sein.[744]

3. *Antwort der Bundesregierung*

Für die Antwort der Bundesregierung kann im Ergebnis auf die obigen Ausführungen der Bundesregierung im Gesetzgebungsentwurf verwiesen werden. Ergänzend ging die Bundesregierung jedoch darauf ein, dass ärztliche Zwangsmaßnahmen vielfach vermieden werden könnten, wenn Heimbewohner mit Demenz, mit einer geistigen Behinderung oder mit einer psychischen Krankheit in der Einrichtung eine vertrauensvolle Unterstützung erhalten und unter Verwendung der erforderlichen Zeit von der Notwendigkeit der ärztlichen Maßnahme überzeugt werden können. Solche Bemühungen würden jedoch gerade unterlaufen, wenn ärztliche Zwangsmaßnahmen zugelassen werden würden. Darüber hinaus sollen Heimbewohner denselben Schutz erfahren, wie Menschen in ihrem privaten Lebensumfeld, indem sie eine vertrauensvolle Unterstützung erhalten. Schutzlücken seien nicht erkennbar, da die Behandlungen ebenso gut stationär durchgeführt werden können. Ambulante Zwangsbehandlungen seien der Rechtsprechung des BGH entsprechend gerade andere und keine milderen Mittel. Darüber hinaus habe das BVerfG ausdrücklich keine Entscheidung über die verfassungsrechtliche Zulässigkeit des Ausschlusses der ambulanten Zwangsbehandlung getroffen, sondern vielmehr festgestellt, dass der Ausschluss auf Sachgründen beruhe, deren Tragfähigkeit nicht von vornherein von der Hand zu weisen seien.[745]

4. *Zwangsweise Verbringung zu einem stationären Krankenhausaufenthalt*

Durch § 1906 Abs. 4 BGB wird nun auch die zwangsweise Verbringung zum stationären Krankenhausaufenthalt der gerichtlichen Genehmigungsbefugnis unterstellt. Damit wird das Aufenthaltsbestimmungsrecht des Betreuers im Bereich der Zuführung zu ärztlichen Behandlungen konkretisiert.

Die Voraussetzungen der Genehmigung ergeben sich durch einen Verweis auf die freiheitsentziehende Unterbringung. Entsprechend § 1906 Abs. 1 Nr. 2 BGB ist die zwangsweise Verbringung nur zulässig, wenn der Aufenthalt im Krankenhaus einer ärztlichen Behandlung dienen soll. Damit soll der bei der Zwangsbehandlung unter freiheitsentziehenden Bedingungen geltende doppelte Richtervorbehalt auch bei der stationären Zwangsbehandlung gelten. Dementsprechend wird zunächst nur eine Genehmigung erteilt, die sich auf das Verbringen ins Krankenhaus bezieht. Ein solches Vorgehen beruht auf der Idee, dass sich nach erfolgter Verbringung die Situation ergeben kann, dass der Betreute der Behandlung zustimmt. Zwang wäre

744 BT-Drs. 18/11617, S. 4f.
745 BT-Drs. 18/11617, S. 8f.

dann nicht mehr erforderlich. Darum soll erst in einem zweiten Genehmigungsverfahren überprüft werden, ob die Einwilligung in eine ärztliche Zwangsmaßnahme erteilt werden darf.[746] Dieses Vorgehen wird als „substanzieller Schutz zur Vermeidung von ärztlichen Zwangsbehandlung“ verstanden und soll insbesondere der befürchteten Ausweitung von ärztlichen Zwangsmaßnahmen entgegengehalten werden.[747] In erster Linie wird in der zusätzlichen Genehmigungspflicht eine weitere Hürde der Zwangsbehandlung gesehen.[748]

B. Sorgerecht

Im Folgenden werden nun die Argumente, die zur Entwicklung des § 1906a Abs. 1 S. 1 Nr. 7 BGB geführt haben, auf die sorgerechtliche Diskussion übertragen. Dabei wird zwischen der ambulanten Zwangsbehandlung (I.) und der Verknüpfung von Zwangsbehandlungen und anderen Einrichtungsformen der Kinder- und Jugendpsychiatrie (II.) unterschieden.

I. Ambulante Versorgung

Gegen die ambulante Zwangsbehandlung wurden viele verschiedene Argumente angeführt.

1. Historische/Rechtsstaatliche Argumente

Die zuvor genannten historischen beziehungsweise rechtsstaatlichen Argumente stützen sich jeweils darauf, dass sich der Gesetzgeber (1989, 2005, 2017) sowie der BGH (2000) bewusst gegen eine ambulante Zwangsbehandlung entschieden haben.

Sie können auf die sorgerechtliche Zwangsbehandlung nicht übertragen werden. Hier haben sich weder die Rechtsprechung noch der Gesetzgeber mit dem Problem der ambulanten Zwangsbehandlung auseinandergesetzt.

2. Systematisches Argument

Im Zusammenhang mit dem Verhältnismäßigkeitsgrundsatz hatte der BGH angeführt, dass die ambulante Zwangsbehandlung im Vergleich zum stationären oder freiheitsentziehenden Krankenhausrahmen, eine andere, wesensverschiedene Maßnahme darstellt.[749] Darauf stütze sich nicht nur der Gesetzgeber, sondern auch das BVerfG.[750]

746 BT-Drs. 18/12842, S. 8.
747 BT-Plenarprotokoll, 18/240, S. 24680.
748 BT-Plenarprotokoll, 18/240, S. 24681.
749 BGHZ 145, 297 = NJW 2001, 888.
750 BVerfGE 142, 313 (351) = NJW 2017, 53 (59) = BeckRS 2016, 50313 Rz 100.

Dieses Argument knüpft an den tatsächlichen Vorgang der Zwangsbehandlung sowie die Unterschiede zwischen den Versorgungsformen an. Es bezieht sich nicht auf das die Zwangsbehandlung erfahrende Rechtssubjekt oder den einwilligenden Stellvertreter. Insoweit können altersbedingte Gründe oder Erwägungen, die auf die unterschiedliche Begründung des Sorgerechts- und Betreuungsverhältnisses abstellen, nicht zu einer sachgerechten anderen Bewertung im Sorgerecht führen. Folglich stellt die ambulante Zwangsbehandlung auch gegenüber Minderjährigen im Sorgerecht eine andere Maßnahme als die Zwangsbehandlung im stationären oder freiheitsentziehenden Bereich dar. Systematisch folgt daraus, dass der Gesetzgeber beide Maßnahmen als verschiedene Vorgänge betrachten muss und sie in der Bewertung des Eingriffs nicht einheitlich betrachten darf. Daraus lässt sich jedoch noch kein Rückschluss auf die Zulässigkeit der ambulanten Zwangsbehandlung im Sorgerecht ziehen.

3. Ehrenamtlich Tätigen ist die Prüfung der Rechtmäßigkeit in diesem Bereich nicht zumutbar

Ein Argument, das der BGH gegen die Zulässigkeit der ambulanten Zwangsbehandlung von Volljährigen angeführt hatte, war, dass es den ehrenamtlich tätigen Betreuern nicht zugemutet werden könne, in den Situationen der ambulanten Zwangsbehandlung, die Rechtmäßigkeit des Vorgangs zu überprüfen. Es handelt sich damit um ein Argument, welches auf die Person des Stellvertreters abstellt.

Der Hintergrund und die Begründung des Betreuer-Betreuten-Verhältnisses sind im Vergleich zum Eltern-Kind-Verhältnis stark wesensverschieden. Die elterliche Beziehung zum Kind beruht auf einer natürlichen Verbindung. Die Geburt sowie die Schutzlosigkeit des Kindes lösen den Rechtsreflex einer unmittelbaren und zunächst absoluten Verantwortung aus, die proportional mit der steigenden Autonomie des Kindes abnimmt. Zu der Elternverantwortung zählt es auch, schwerwiegende Entscheidungen im Bereich der Gesundheitsfürsorge zu treffen (vgl. zum Ganzen Kapitel 4, A., I.). Ihnen obliegt es zum Beispiel, über das Aufrechterhalten lebenserhaltender Maßnahmen[751] oder der Durchführung von Notoperationen nach einem Unfall des Kindes zu entscheiden. Beide Maßnahmen können von erheblichen Auswirkungen auf die Gesundheit und das Leben des Kindes sein. Diese Aufgabe zählt zu ihrer aus Art. 6 Abs. 2 S. 1 folgenden Verantwortung für das Kind. Die verfassungsrechtliche Elternpflicht führt dazu, dass Eltern ein höheres Maß an Verantwortung zugemutet werden kann und muss, als es bei ehrenamtlichen Betreuern der Fall ist, die sich freiwillig für die Aufgabe melden. Das Argument kann somit nicht gegen die sorgerechtliche, ambulante Zwangsbehandlung angeführt werden. Deshalb müssen weitere Argumente untersucht werden, die im Betreuungsrecht zu einer Unzulässigkeit der ambulanten Zwangsbehandlung geführt haben.

751 OLG Brandenburg, FamRZ 2000, 1033.

4. *Unvereinbar mit* ultima ratio-*Gedanken*

Ein wesentlicher Aspekt, warum sich der Gesetzgeber für ein Verbot der ambulanten Zwangsbehandlung entschieden hat, ist das Argument, dass die ambulante Zwangsbehandlung mit dem *ultima ratio*-Gedanken und der Idee, dass die Zwangsbehandlung auf ein unvermeidbares Mindestmaß zu reduzieren ist, nicht vereinbar sei. Vor allem im psychiatrischen Bereich mit der Depotmedikation von Neuroleptika bestünde die Gefahr, dass die Zwangsbehandlung regelmäßig ohne ausreichende Prüfung von weniger eingriffsintensiven Alternativen und damit auch in vermeidbaren Fällen durchgeführt werden könnte. Darüber hinaus sei zu befürchten, dass die Voraussetzungen, vor allem die Einwilligungsfähigkeit sowie der Wunsch und Wille des Patienten nicht ausreichend überprüft werden würden. Diese Überprüfung wird im Betreuungsrecht zunächst von dem Betreuer des Patienten und im Anschluss durch einen Richter vorgenommen.

Demgegenüber übernehmen im Sorgerecht aktuell die Eltern die alleinige Verantwortung für die Prüfung der Voraussetzungen – gegebenenfalls in Absprache mit dem die Zwangsbehandlung durchführenden Arzt. Eine gerichtliche Kontrolle des Vorgangs kommt im Voraus erst durch das Verfahren des § 1666 BGB oder nachträglich durch eine delikts- oder strafrechtliche Klage des Minderjährigen in Betracht. Diese Freiheit entspricht auch grundsätzlich dem verfassungsrechtlich geschützten Elternrecht. Hier gehört es in Teilen dazu, dass dem Kind auch Nachteile durch die Entscheidung der Eltern entstehen können.

Gleichwohl ändert dies nichts daran, dass der Grundsatz der Verhältnismäßigkeit auch bei der sorgerechtlichen Zwangsbehandlung eine materielle Voraussetzung darstellt. Dass die Eltern dem Kind keine optimale Erziehung bieten müssen, kann die *ultima ratio* Anforderung nicht in ihrem Prüfungsumfang schmälern. Die Zweckmäßigkeit eines Vorgangs reicht nicht aus, um ihn verfassungsrechtlich zu rechtfertigen. Dabei ist zu beachten, dass psychisch kranke Kinder und Jugendliche einer besonderen Zuwendung und Aufmerksamkeit bedürfen. Die Pflege und Erziehung braucht in solchen Phasen viel Geduld und fordert zeitliche sowie emotionale Ressourcen. Fortschritte werden von Rückschläge begleitet. Die Probleme können sich auf die ganze Familie auswirken, sodass auch andere Beziehungen unter der Situation leiden. In solchen Fällen können Überforderung und Frustration eintreten und dazu führen, dass vorschnell weniger zeitaufwendigere und vermeintlich weniger anstrengende Maßnahmen gewählt werden. Es muss jedoch gerade eine vorschnelle Anwendung von Medikamenten verhindert werden, nur um Auffälligkeiten und Probleme möglichst schnell zu lösen. Die mögliche kurzfristige Effektivität darf in Anbetracht der Auswirkungen und statistischen Unsicherheiten des Off-Label-Use in der Abwägung nicht gegenüber gleich effektiven, aber zeitlich komplexeren Lösungen vorgezogen werden.

a. Gesetzgebungsgeschichte des § 1631b Abs. 1 BGB

Dass auch im Sorgerecht die Gefahr besteht, dass die Eltern Alternativen nicht ausreichend prüfen und dass es dadurch zu einer Kindeswohlgefährdung kommen kann, zeigt die Gesetzgebungsgeschichte des § 1631b Abs. 1 BGB. Diese Norm stellt heutzutage die speziellere Regelung im Verhältnis zu § 1666 BGB dar.[752] Die Gründe, warum der Gesetzgeber in der freiheitsentziehenden Unterbringung eine Kindeswohlgefährdung gesehen und sie einer familiengerichtlichen Kontrolle unterstellt hat, ergeben sich aus der Gesetzgebungshistorie.

Für das Verständnis der Entwicklung ist zunächst eine Entscheidung des BVerfG aus dem Jahre 1960 maßgeblich.[753] In diesem Beschluss kam das BVerfG zu dem Ergebnis, dass die vormundschaftsrechtliche freiheitsentziehende Unterbringung aufgrund der unmittelbaren Wirkung von Art. 104 Abs. 2 S. 2 GG einer gerichtlichen Genehmigungsbefugnis unterstellt werden müsse. Demgegenüber ließ das BVerfG ausdrücklich offen, ob Art. 104 Abs. 2 S. 2 GG und damit das gerichtliche Genehmigungserfordernis für Freiheitsentziehungen auch bei Maßnahmen im Rahmen der elterlichen Gewalt wirksam werde. Im Gegensatz zu einem Vormund, der seine Gewalt über den Mündel aufgrund eines staatlichen Hoheitsakts ausübe, beruhe die elterliche Gewalt auf einem natürlichen Verhältnis der Eltern zu ihren Kindern, welches kraft Gesetzes unmittelbar gelte.[754] Infolgedessen wurde zunächst eine Norm für die vormundschaftsrechtliche Zwangsbehandlung geschaffen. Die sorgerechtliche Zwangsbehandlung blieb demgegenüber ungeregelt.

20 Jahre später entschied sich der Gesetzgeber in Anbetracht der Schwere des Eingriffs dazu, die freiheitsentziehende Unterbringung durch die Sorgeberechtigten einem gerichtlichen Genehmigungserfordernis und damit der staatlichen Kontrolle zu unterstellen.[755] Neben der Eingriffsintensität entschied sich der Gesetzgeber für eine gesetzliche Beschränkung des Aufenthaltsbestimmungsrechts der Sorgeberechtigten, um ein Abschieben schwer erziehbarer Kinder und Jugendlicher in geschlossene Heime und Anstalten zu verhindern,[756] soweit eine Problemlösung durch mildere Mittel möglich erscheint.[757] Der Gesetzgeber ging damit davon aus, dass § 1666 BGB keinen ausreichenden Schutz des Minderjährigen vor so schwerwiegenden Eingriffen durch die Sorgeberechtigten sicherstellt.[758] Darüber hinaus zeigen die Ausführungen, dass eine Alternativensuche durch die Eltern nicht immer im ausreichenden Maße stattfindet und dass die Minderjährigen vor einer frühzeitigen Anwendung der freiheitsentziehenden Unterbringung zu schützen sind. Diese Gedanken zeigen in Kombination mit der Gesetzesbegründung des

752 *Götz,* in: Palandt, BGB Kommentar, 76. Auflage 2017, § 1666, Rz. 2.
753 BVerfGE 10, 302 = NJW 1960, 811.
754 BVerfGE 10, 302 (328) = NJW 1960, 811 (813).
755 BT-Drs. 8/2788, S. 50.
756 BT-Drs. 8/2788, S. 51.
757 BT-Drs. 8/2788, S. 38; BT-Drs. 16/6815, S. 8.
758 BT-Drs. 8/2788, S. 51.

§ 1906a BGB, dass der *ultima ratio* Grundsatz auch bei der sorgerechtlichen ambulanten Zwangsbehandlung in Gefahr ist.

b. Faktische Bedenken an der Einhaltung des ultima ratio Gedankens

Zweifel, dass der *ultima ratio* Gedanke praktisch durch die Eltern eingehalten wird, ergeben sich auch aus Sachverständigenaussagen und der Gesetzesbegründung zu § 1631b Abs. 2 BGB.

So führte *Schalast* als Vertreter der Rheinischen Gesellschaft für soziale Psychiatrie e.V. in einer öffentlichen Sitzung des Ausschusses für Arbeit, Gesundheit und Soziales im Rahmen des Gesetzgebungsverfahrens zum PsychKG NRW aus:

> (...) Ich kann aber trotzdem ergänzen, dass wir natürlich das Problem sehen, dass gerade die psychisch sehr gefährdeten, kranken, instabilen Kinder und Jugendlichen auch oft sehr inkompetente Eltern haben. Das muss man ernsthaft so sagen. Wir sähen es doch eigentlich als sehr sinnvoll an, wenn auch in solchen Fällen eine gerichtliche Überprüfung von Zwangsmaßnahmen erfolgen würde.[759]

Die von *Schalast* geäußerten Bedenken werden auch von *Rothärmel u.a.* geteilt:

> Partizipation von Minderjährigen macht gerade im Kontext der Kinder- und Jugendpsychiatrie unserer Meinung nach Sinn, da diese sehr häufig mit dysfunktionalen Eltern-Kind-Beziehungen zu tun hat, wo die Interessen des Kindes und seiner Eltern konfligieren oder wo beispielsweise die Pathologie des Kindes von den Kommunikations- und Interaktionsstrukturen in der Familie mit bedingt ist. Dass Eltern die Interessen ihrer Kinder jeweils angemessen vertreten, davon kann nicht ohne weiteres ausgegangen werden.[760]

Ebenso führt die Bundesregierung im Gesetzgebungsverfahren zum § 1631b Abs. 2 BGB aus:

> Die Eltern befinden sich bei der Entscheidung über freiheitsentziehende Maßnahmen häufig in einer **besonderen Belastungssituation. Nicht selten ist die Eltern-Kind-Beziehung Teil der Probleme des Kindes.** Hinzu kommt, dass insbesondere Einrichtungen der Kinder- und Jugendhilfe sowie der Behindertenhilfe die Aufnahme von „schwierigen" Jugendlichen zum Teil ablehnen, wenn die Eltern nicht generell in freiheitsentziehende Maßnahmen einwilligen. Wollen **Eltern, die oftmals mit ihrem Kind überfordert sind,** dieses also in eine solche Einrichtung geben, sehen sie sich dem „Zwang zur Unterschrift" ausgesetzt. Sie können sich mithin in einem **erheblichen Interessenkonflikt** befinden, weil sie einerseits die Grundrechte ihres Kindes schützen sollen und andererseits erreichen möchten, dass ihr Kind behandelt

---

759 Protokoll der 109. Sitzung des Ausschusses für Arbeit, Gesundheit und Soziales, 16. Wahlperiode, v. 31. August 2016, LT NRW - APr. 16/1391, S. 20.

760 *Rothärmel u. a.*, Patientenaufklärung, Informationsbedürfnis und Informationspraxis in der Kinder- und Jugendpsychiatrie und Psychotherapie, 2006, S. 255.

> beziehungsweise fachgerecht betreut wird. In dieser Situation werden oftmals **pauschal weitreichende Vollmachten** beziehungsweise Einwilligungen erteilt, **deren Ausübung im Einzelfall von den Eltern nicht kontrolliert und hinterfragt wird oder nicht werden kann.** Eltern geraten in solchen Situationen unter Druck, und es besteht die Gefahr, dass sie die Einwilligung in freiheitsentziehende Maßnahmen auch erteilen, wo solche vermieden werden könnten.[761] (Hervorhebung nicht im Original)

In der Literatur wird darüber hinaus festgehalten, dass der messbare elterliche Stress, der vor allem Auswirkungen auf die Qualität des Umgangs mit dem Kind hat, durch die psychische Krankheit des Minderjährigen beeinflusst und die Eltern-Kind-Beziehung durch die psychische Krankheit belastet wird.[762]

Die Ausgangslage und Überforderung ist bei der psychotropen Zwangsbehandlung und freiheitsentziehenden Unterbringung die Gleiche. Es geht um die gleiche Patientenklientel, mit denselben Einschränkungen. Diese Ausführungen zeigen, dass das Ideal der elterlichen Fürsorge, insbesondere bei psychisch kranken Kindern häufig faktisch nicht realisiert wird. An dieser Stelle wird für den das Wächteramt ausübenden Staat das Grundrecht des Kindes auf staatliche Gewährleistung elterlicher Pflege und Erziehung, welches aus Art. 2 Abs. 1 in Verbindung mit Art. 6 Abs. 2 S. 1 GG abgeleitet wird,[763] relevant. *Britz* führt hierzu aus:

> Dieses Grundrecht gebietet nicht, ein Kind um jeden Preis bei seinen, sei es auch noch so schlechten Eltern, aufwachsen zu lassen. Das Grundrecht verpflichtet den Staat vielmehr, nach Möglichkeit dafür zu sorgen, dass Eltern, die ihrer Elternverantwortung derzeit nicht ohne Weiteres gerecht werden, in die Lage versetzt werden, ihr Kind doch hinreichend verantwortungsvoll zu versorgen und zu erziehen. Der Staat muss den Eltern insoweit um des Kindeswillen helfen, ihre Erziehungsfähigkeit zu erhalten oder zurückzugewinnen.[764]

761 BT-Drs. 18/11278, S. 15.

762 *Deater-Deckard*, Parenting Stress and Child Adjustment: Some Old Hypotheses and New Questions, in: Clin Psychol Sci Prac 1998, S. 314; *Irlbauer-Müller u. a.*, Elterliche Belastung und die Zuverlässigkeit von Elternangaben in der Diagnostik psychisch und verhaltensauffälliger Kinder und Jugendlicher, in: Zeitschrift für Kinder- und Jugendpsychiatrie und Psychotherapie 2017, S. 303 (304); *Kötter u. a.*, Mütterliche Depressivität, Erziehung und kindliche Erlebens- und Verhaltensprobleme, in: Kindheit und Entwicklung 2010, S. 109; *Mothander/Moe*, Self-reported depressive symptoms and parental stress in mothers and fathers who bring their infants to an infant mental health clinic, in: Nordic Journal of Psychiatry 2010, S. 310; *Tervo*, Developmental and Behavior Problems Predict Parenting Stress in Young Children With Global Delay, in: Journal of Child Neurology 2012, S. 291.

763 BVerfGE 133, 59 = NJW 2013, 847.

764 *Britz*, Kinderschutz - aktuelle verfassungsrechtliche Leitlinie, in: NZFam 2016, S. 1113 (1115).

Insoweit darf der Staat die Eltern in einer solch besonderen Belastungssituation nicht alleine lassen. Das Verbot der ambulanten Zwangsbehandlung nimmt den Eltern die Last, sich spontan für oder gegen eine ambulante Zwangsbehandlung entscheiden zu müssen. Vielmehr wird ihnen der Weg aufgezeigt, wie sie eine verantwortungsvolle Versorgung für Ihr Kind ergreifen können – nämlich es zunächst stationär in ein Krankenhaus zu bringen, ohne die Behandlung ambulant mit Zwang durchzuführen. Dadurch erfüllt der staatliche Wächter auch den Anspruch des Kindes auf Schutz durch den Staat, welcher ihm als Grundrechtsträger zusteht.[765]

c. *Prüfung der Einwilligungsfähigkeit*

Dass die Zulässigkeit der ambulanten Zwangsbehandlung aus der kindesschutzrechtlichen Perspektive bedenklich ist, wird durch die Ausführungen in Kapitel 4, C. verdeutlicht. Die Einwilligungsfähigkeit stellt eine wesentliche Grenze der Zulässigkeit der Zwangsbehandlung dar. Diese festzustellen, ist bei Minderjährigen ohnehin mit erheblichen Problemen behaftet. Bei psychisch kranken Minderjährigen ist der Aufwand umso größer. Es ist rechtlich nicht gestattet, aufgrund der Krankheit unmittelbar von der Einwilligungsunfähigkeit auszugehen. Vor allem die neurowissenschaftlichen und verhaltenstheoretischen Erkenntnisse im Bereich des *Decision Making* und die Grundlagen der unterstützenden Entscheidungsfindung geben der Prüfung der Einwilligungsfähigkeit bei Zwangsbehandlungen eine Struktur vor. Die Einflussfaktoren emotionale Erregungsmomente und *Peers* müssen zunächst ausgeschaltet respektive hinzugezogen werden, bevor endgültig über die Einwilligungsfähigkeit entschieden wird. Damit bedarf die Feststellung der Einwilligungsfähigkeit viel Zeit und Beobachtung. Der Rahmen einer ambulanten Zwangsbehandlung ist nicht dafür ausgelegt, um die Einwilligungsfähigkeit sachgerecht feststellen zu können[766], beziehungsweise die unterstützende Entscheidungsfindung sinnvoll zu praktizieren. Der in Kapitel 4, C. herausgearbeitete notwendige Schutz von einwilligungsfähigen Minderjährigen führt dazu, dass die ambulante Zwangsbehandlung in Zukunft verboten werden muss.

5. *Verstoß gegen das System der modernen Psychiatrie*

Als weiteres Argument gegen die ambulante Zwangsbehandlung wurde der Widerspruch zum System der modernen Psychiatrie angeführt. Eine auf Vertrauen gegründete und auf Kooperation mit dem Patienten ausgerichtete ambulante

765 BVerfGE 24, 119 (144) = NJW 1968, 2233 (2235); 60, 79 (88) = NJW 1982, 1379.

766 *Lipp*, Stellungnahme zum Gesetzentwurf der Bundesregierung zur Änderung der materiellen Zulässigkeitsvoraussetzungen von ärztlichen Zwangsmaßnahmen und zur Stärkung des Selbstbestimmungsrechts von Betreuten, S. 4, abrufbar unter: https://www.bundestag.de/blob/504230/d0452f63f209adfbeecbc76890e2d987/lipp-data.pdf, zuletzt abgerufen am: 11. November 2017.

psychiatrische Versorgung, die auf Ausübung von Zwang verzichte, stelle ein wesentliches Element eines auf die Vermeidung von Zwang ausgerichteten psychiatrischen Hilfesystems dar. Ambulante Zwangsbehandlungen würden das Ziel, Zwang im psychiatrischen Hilfesystem so weit wie möglich zu vermeiden, konterkarieren. Darüber hinaus sollen Menschen mit psychischen Krankheiten gerade in ihrem Wohn- und sonstigem persönlichen Umfeld vertrauensvolle Unterstützung und Hilfe erfahren und gerade nicht staatlich genehmigten Zwang.

Diese Gedanken sind auch auf die Kinder- und Jugendpsychiatrie zu übertragen. Im Rahmen der bereits mehrfach erwähnten kleinen Anfrage der Grünen wurde der Bundesregierung die Frage gestellt, auf welche Weise sie sich dafür einsetzen werde, dass einsichtsfähige Jugendliche nicht zivilrechtlichen Zwangsmaßnahmen ausgesetzt werden. Daraufhin antwortete sie, dass die Jugendämter im Rahmen der Hilfeplanung darauf hinarbeiten würden, eine Unterbringung beispielsweise in einer therapeutischen oder andersartigen geeigneten Einrichtung umzusetzen und dort pädagogische und therapeutische Interventionen anzuwenden, die einen Freiheitsentzug nicht erfordern würden. Die Mitwirkungsbereitschaft des Jugendlichen werde dabei entsprechend genutzt und gestärkt. Zwang gegenüber Kindern und Jugendlichen könnte darüber hinaus durch eine Vielzahl von Maßnahmen vermieden werden, die zu einem erheblichen Teil schon vor der Aufnahme in das Krankenhaus einsetzen würden. Beispiele hierfür seien eine engmaschige und niederschwellige Betreuung, die Einbeziehung des persönlichen Umfelds des Kindes oder des Jugendlichen sowie eine Vielzahl deeskalierender Maßnahmen. Gerade die ambulante und stationäre medizinische Versorgung müsse gestärkt werden, um die gesundheitliche Situation der jungen Patienten bereits im Vorfeld einer möglichen Gefährdung zu stabilisieren und akute Krisensituationen zu vermeiden.[767]

Darin wird deutlich, dass auch bei psychisch kranken Kindern und Jugendlichen die ambulanten Angebote genutzt werden sollen, um Zwang zu vermeiden. Es würde auch hier der Idee dieser Einrichtungsform widersprechen, wenn Minderjährige dort mit Zwang behandelt werden könnten. Dementsprechend weist die Bundesregierung auch darauf hin, dass die Mitwirkungsbereitschaft des Jugendlichen genutzt und gestärkt werden soll. Die Anwendung von Zwang, die sich gerade gegen den Willen und die Mitwirkung des Minderjährigen richtet, stellt das genaue Gegenteil dar. Darüber hinaus hat die Bundesregierung als Maßnahmen zur Vermeidung des Zwangs ausgeführt, dass das persönliche Umfeld mit einbezogen werden soll. Gerade psychisch kranke Minderjährige bedürfen einer besonderen Unterstützung durch sie umgebende Systeme, wie die Familie.[768] In ihrer unveröffentlichten Stellungnahme zum Gesetzentwurf der Bundesregierung zur Änderung der materiellen Zulässigkeitsvoraussetzungen von ärztlichen Zwangsmaßnahmen und zur Stärkung des Selbstbestimmungsrechts von Betreuten, weist

767 BT-Drs. 18/11741, S. 15f.
768 BT-Drs. 18/9528, S. 46.

die Betreuungsrichterin *Loer* zurecht darauf hin, dass Personen in ihrem Zuhause nicht in der Erwartung leben sollten, zwangsbehandelt zu werden. Insbesondere das Verhältnis zum täglichen Pflegepersonal würde erheblich belastet werden, wenn sich dieses, an ärztlichen Zwangsmaßnahmen beteiligten sollte.[769] Die sorgerechtliche ambulante Zwangsbehandlung ermöglicht jedoch gerade die Anwendung von Zwang im persönlichen Umfeld. Folglich widerspricht sie der Idee der Aufgabe der ambulanten Versorgung auch von Kindern und Jugendlichen.

6. *Keine Schutzlücke*

Ein weiteres Argument war, dass es zu keiner Schutzlücke der psychisch kranken Personen kommen würde und die ambulante Zwangsbehandlung deshalb nicht notwendig sei. Die Praxis des Betreuungsrechts hat bereits gezeigt, dass es zu keinerlei unzumutbaren Ergebnissen kam.

Selbiges gilt auch in der Kinder- und Jugendpsychiatrie. Kapitel 1, D. hat bereits gezeigt, dass es dort eine vielfältige Versorgungsstruktur gibt. Neben den Fachkliniken gibt es Fachabteilungen, die sich um die adäquate Versorgung des Kindes und des Jugendlichen kümmern können. Darüber hinaus wurde gerade der ambulante Bereich durch das Gesetz zur Weiterentwicklung der Versorgung und der Vergütung für psychiatrische und psychosomatische Leistungen[770] gestärkt. Mit § 39 Abs. 1 S. 4 und 5 SGB V wurde die stationsäquivalente Behandlung eingeführt. Diese umfasst eine psychiatrische Behandlung im häuslichen Umfeld durch mobile ärztlich geleitete multiprofessionelle Behandlungsteams (vgl. § 39 Abs. 1 S. 4 SGB V). Sie soll hinsichtlich der Inhalte sowie der Flexibilität und Komplexität der Behandlung einer vollstationären Behandlung entsprechen (vgl. § 39 Abs. 1 S. 4 SGB V). Dadurch soll eine konstante therapeutische Beziehung unter Einbeziehung des sozialen Umfelds gefördert werden, sodass ein reibungsloser Übergang von stationärer zur ambulanten Versorgung ermöglicht wird.[771] Gerade die gesteigerte Personalstruktur und Flexibilität der Behandlung kann dazu beitragen, dass Zwang im ambulanten Setting entbehrlich wird, da der Fokus dadurch auf Vermeidungsstrategien gelegt werden kann. Insofern kommt es auch bei Minderjährigen zu keiner Schutzlücke im Versorgungssystem, wenn die ambulante Zwangsbehandlung nicht mehr zulässig wäre.

---

769 *Loer*, Unveröffentlichte Stellungnahme zum Gesetzentwurf der Bundesregierung zur Änderung der materiellen Zulässigkeitsvoraussetzungen von ärztlichen Zwangsmaßnahmen und zur Stärkung des Selbstbestimmungsrechts von Betreuten vom 20. 02. 2017, S. 1.

770 BGBl I 2016, S. 2986; BT-Drs. 18/9528.

771 BT-Drs. 18/9528, S. 46.

7. *Zwischenergebnis*

Die ambulante Zwangsbehandlung muss auch im Sorgerecht durch den Gesetzgeber als eigenständige Maßnahme betrachtet werden. Ein großer Teil der Argumente, die zum Verbot der ambulanten Zwangsbehandlung im Betreuungsrecht geführt haben, gilt im gleichen Maße im Sorgerecht und der Kinder- und Jugendpsychiatrie. Es handelt sich um Argumente, die nicht auf der Begründung des Stellvertreterverhältnisses beruhen. Systemspezifische Argumente, die für eine unterschiedliche Bewertung der ambulanten Zwangsbehandlung von Minderjährigen und Volljährigen sprechen, liegen mithin nicht vor. Deshalb darf die ambulante Zwangsbehandlung *de lege ferenda* nicht mehr zulässig sein.

II. Zwangsbehandlung in anderen Einrichtungsformen

Nachdem soeben festgestellt wurde, dass die ambulante Zwangsbehandlung *de lege ferenda* nicht mehr zulässig sein darf, müssen notwendige Beschränkungen auch in anderen Einrichtungsformen untersucht werden. Um sich dieser Frage zu nähern, ist es sinnvoll, die verschiedenen Konstellationen der sorgerechtlichen Zwangsbehandlung aufzugreifen.

1. *Einwilligungsunfähiger Minderjähriger ohne psychische Erkrankung, somatische Zwangsbehandlung*

In der ersten Konstellation ist der Patient ein psychisch gesunder sechs Jahre alter Junge, der wegen seines altersbedingten Entwicklungsstatus offensichtlich einwilligungsunfähig ist. Bei ihm wird eine Behandlung aufgrund einer somatischen Erkrankung notwendig. Der Minderjährige lehnt die Behandlung jedoch ab. Der Zuständigkeitsbereich der Kinder- und Jugendpsychiatrie ist hier in keiner Weise berührt. Die Feststellung der Einwilligungsunfähigkeit sollte in diesem offensichtlichen Fall durch jeden Pädiater erfolgen können. Die Verknüpfung der Zwangsbehandlung mit einer freiheitsentziehenden Unterbringung oder einer kinder- und jugendpsychiatrischen Station wäre somit weder aufgrund der Indikation noch der notwendigen Expertise der behandelnden Ärzte gerechtfertigt. Vielmehr würde sie nur die Auswahl an möglichen Behandlungsorten massiv einschränken. Die Wahl des behandelnden Krankenhauses ist jedoch gerade Teil der elterlichen Fürsorge. Das grundrechtlich geschützte Elternrecht würde hier durch eine Begrenzung auf ein Krankenhaus, welches eine kinder- und jugendpsychiatrische Station besitzt, ungerechtfertigt beeinträchtigt werden. Wie der Abgeordnete *Henke* und der Sachverständige *Dodegge* im Jahr 2012 zur Betreuungsrechtsänderung ausgeführt haben, würde das Erfordernis einer freiheitsentziehenden Unterbringung eine zusätzliche Rechtsgutsverletzung bedeuten. Hier stellt die stationäre Zwangsbehandlung die eindeutig mildere Maßnahme dar, die gleich geeignet ist der Krankheit im erforderlichen und angemessenen Maß zu begegnen. Eine ambulante Zwangsbehandlung bleibt auch hier aus den oben genannten Gründen rechtswidrig.

2. *Einwilligungsfähigkeit aufgrund einer psychischen Krankheit umstritten, somatische Zwangsbehandlung*

In diesem Beispiel geht es um einen depressiven 17 Jahre alten Patienten, der an einer akuten Blinddarmentzündung leidet, die operativ behandelt werden muss. Der Minderjährige lehnt die Behandlung jedoch ab.

Die Zwangsbehandlung soll wie in der ersten Fallkategorie erfolgen, um eine somatische Krankheit zu kurieren. Im Gegensatz dazu ist der Patient jedoch deutlich älter und psychisch krank. Die vorliegende Fallgruppe wird somit um das Problem der Einwilligungsfähigkeit erweitert. Aufgrund seines Alters spricht vieles dafür, dass der Minderjährige bereits einwilligungsfähig ist. Gleichwohl besteht die Möglichkeit, dass der Minderjährige aufgrund seines entwicklungsbedingten oder krankhaften Zustandes einwilligungsunfähig ist. Das Kriterium der Einwilligungsfähigkeit ist die weichenstellende Voraussetzung für die rechtlichen Konsequenzen. Ist der Minderjährige einwilligungsfähig, dürfen und können die Eltern nicht in die Zwangsbehandlung einwilligen. Die behandelnden Ärzte müssten vielmehr warten, bis eine Notsituation eintritt, die ein Vorgehen nach § 34 StGB rechtfertigt. Im Falle der Einwilligungsunfähigkeit würde die Entscheidungsbefugnis auf die Eltern übergehen. Sie könnten wirksam einwilligen, sodass sich das ärztliche Vorgehen nicht nur auf § 34 StGB stützen müsste.

Diese rechtlichen Konsequenzen verdeutlichen, dass die Feststellung der Einwilligungsfähigkeit zwingend sachgerecht und fundiert erfolgen muss, damit das Selbstbestimmungsrecht und die körperliche Integrität des Minderjährigen nicht rechtswidrig verletzt werden. Ansonsten würde eine Kindeswohlgefährdung eintreten. In Kapitel 5 wurde bereits die besondere Schutzbedürftigkeit des einwilligungsfähigen Minderjährigen vor Zwangsbehandlungen hervorgehoben. Da es im vorliegenden Fall um einen operativen Eingriff geht, würde die Feststellung der Einwilligungsfähigkeit von einem Chirurgen vorgenommen werden. Es ist jedoch zu bezweifeln, dass die chirurgische Facharztausbildung einen Arzt in die Lage versetzt, die Einwilligungsfähigkeit eines psychisch kranken 17-jährigen fachlich sachgerecht zu beurteilen.[772] Diese schwierige Aufgabe ist vielmehr einem Facharzt für Kinder- und Jugendpsychiatrie zuzuweisen. Um der drohenden Kindeswohlgefährdung entgegenzutreten ist es notwendig, die zulässige Versorgungsform der Zwangsbehandlung davon abhängig zu machen, dass ein Kinder- und Jugendpsychiater hinzugezogen werden kann. Das ist zum Beispiel in einem Allgemeinkrankenhaus möglich, welches eine kinder- und jugendpsychiatrische

772 *Lorenz*, Das Selbstbestimmungsrecht des einsichtsfähigen Minderjährigen bei Eingriffen in die körperliche Integrität, in: NZFam 2017, S. 782 (785): „Im Rahmen medizinischer Eingriffe kann natürlich der behandelnde Arzt die notwendige Einsichtsfähigkeit des Minderjährigen prüfen. Allerdings stellt sich der Einwand, dass er uU nicht die Anforderungen erfüllt, die ein Sachverständiger erfüllen müsste, der über die Einwilligungsfähigkeit eines Erwachsenen urteilen müsste".

Station besitzt. Darüber hinaus muss berücksichtigt werden, dass dem Kinder- und Jugendpsychiater vermutlich die Sachkompetenz fehlen wird, über die Notwendigkeit des chirurgischen Eingriffs zu urteilen.[773] Insoweit muss der behandelnde Chirurg hierzu Stellung nehmen. Damit bedarf einer doppelten ärztlichen Prüfung der Voraussetzungen für die Zwangsbehandlung. Dies verdeutlicht die Notwendigkeit der Beschränkung der Zwangsbehandlung auf stationäre Aufenthalte in geeigneten Krankenhäusern. Ansonsten wäre eine solche doppelte Prüfung der Voraussetzungen nicht möglich.

3. Einwilligungsfähigkeit aufgrund einer psychischen Krankheit umstritten, psychiatrische Zwangsbehandlung

In der dritten Fallgruppe geht es wieder um einen 17 Jahre alten Patienten. Er ist an Schizophrenie erkrankt. Infolge der Krankheit tritt bei ihm eine wahnhafte Episode auf, in der er jegliche Nahrungs- und Flüssigkeitsaufnahme verweigert, da er davon überzeugt ist, dass Essen und Trinken vergiftet sind. Der Vergiftungswahn bessert sich langsam. Daneben bestehen jedoch, ohne Besserung, Momente, in denen er leicht erregbar ist und zu delinquentem Verhalten tendiert. Der Patient lehnt die Verabreichung von Psychopharmaka ab.

In dieser Fallgruppe liegt keine somatische Krankheit vor, sodass es ausschließlich um die psychiatrische Behandlung der Schizophrenie geht. Damit ist der psychiatrische Fachbereich indiziert.

a. Einwilligungsfähigkeit

Die Notwendigkeit des Fachbereichs ergibt sich aus der Diagnose und aus dem Schutz der Einwilligungsfähigkeit. Insoweit kann auf die obigen Ausführungen zur Notwendigkeit der sachgerechten Feststellung der Einwilligungsfähigkeit verwiesen werden. Dabei muss insbesondere berücksichtigt werden, dass delinquentes Verhalten bei Jugendlichen in Teilen auch bei normaler und gesunder Entwicklung auftreten kann (vgl. dazu Kapitel 5, A., VIII.) und somit keine unmittelbare Folge der Schizophrenie sein muss. Dadurch wird bereits deutlich, dass die psychotrope Zwangsbehandlung nur in einer Einrichtung stattfinden kann, welche dafür geeignet ist.

---

773 So jedenfalls bei der somatischen Zwangsbehandlung im Betreuungsrecht: *Lipp*, Stellungnahme zum Gesetzentwurf der Bundesregierung zur Änderung der materiellen Zulässigkeitsvoraussetzungen von ärztlichen Zwangsmaßnahmen und zur Stärkung des Selbstbestimmungsrechts von Betreuten, S. 7, abrufbar unter: https://www.bundestag.de/blob/504230/d0452f63f209adfbeecbc76890e2d987/lipp-data.pdf, zuletzt abgerufen am: 11. November 2017; ebenso wie: *Loer*, Unveröffentlichte Stellungnahme zum Gesetzentwurf der Bundesregierung zur Änderung der materiellen Zulässigkeitsvoraussetzungen von ärztlichen Zwangsmaßnahmen und zur Stärkung des Selbstbestimmungsrechts von Betreuten vom 20. 02. 2017, S. 4.

b. Transitionspsychiatrie

Im Idealfall sollte auf eine transitionspsychiatrische Einrichtung zurückgegriffen werden, um das Selbstbestimmungsrecht des Minderjährigen ausreichend zu berücksichtigen. Transitionsmodelle sind die Folge der Erkenntnis, dass die rechtliche Trennung zwischen Minderjährigen und Volljährigen nicht der medizinischen und entwicklungspsychologischen Realität entspricht. Wie auch schon unter Kapitel 5, A., VIII., 2. hervorgehoben wurde, zeigt die neurowissenschaftliche Forschung, dass die Entwicklung des menschlichen Gehirns noch nicht mit der Volljährigkeit abgeschlossen ist.[774] Die Adoleszenzphase ist neben der rein körperlichen Veränderung die Phase der stärksten sozialen Veränderung des Menschen. Sie ist heutzutage geprägt durch eine längere Zeit der Ausbildung, verbunden mit Wohnortwechseln, neuen sozialen Kontakten und Änderungen der Weltanschauung.[775] Wie bereits erwähnt, entsteht etwa die Hälfte der psychischen Erkrankungen im Jugendalter und setzt sich im Erwachsenenalter fort.[776] Dabei ist die Adoleszenz die Phase im Leben von Minderjährigen, in der sie besonders anfällig für die Entwicklung und Chronifizierung von psychischen Krankheiten sind.[777] Die Patienten, die zunächst in der Kinder- und Jugendpsychiatrie behandelt wurden, werden damit zu Patienten der Erwachsenenpsychiatrie. Beide Konzeptionen unterscheiden sich. Die Kinder- und Jugendpsychiatrie ist darauf ausgelegt, entwicklungsspezifische Faktoren im Krankheitsbild und der Behandlung einzubeziehen. Die Eltern sind häufig Teil des Therapiekonzeptes. In der Erwachsenenpsychiatrie hingegen steht die Autonomie und Selbstverantwortung des Patienten mehr im Fokus.[778] Die Reife des Patienten sowie dessen altersbedingte Bedürfnisse

---

774 *Herpertz-Dahlmann/Herpertz*, Kinder-, Jugend- und Erwachsenenpsychiatrie: Eine Kooperation über die Lebensspanne, in: Der Nervenarzt 2010, S. 1298 (1302).

775 Zum Ganzen ausführlich: *Arnett*, Emerging adulthood: A theory of development from the late teens through the twenties, in: American Psychologist 2000, S. 469 (469ff.).

776 *Lambert u. a.*, Die psychische Gesundheit von Kindern, Jugendlichen und jungen Erwachsenen – Teil 1: Häufigkeit, Störungspersistenz, Belastungsfaktoren, Service-Inanspruchnahme und Behandlungsverzögerung mit Konsequenzen, in: Fortschritte der Neurologie Psychiatrie 2013, S. 614 (615); *Singh/Tuomainen*, Transition from child to adult mental health services: needs, barriers, experiences and new models of care, in: World Psychiatry 2015, S. 358 (358f).

777 *Fegert u. a.*, Übergang zwischen Jugend- und Erwachsenenalter, in: Psychotherapeut 2017, S. 34.

778 *Fegert u. a.*, Übergang zwischen Jugend- und Erwachsenenalter, in: Psychotherapeut 2017, S. 34 (35); *Herpertz-Dahlmann/Herpertz*, Kinder-, Jugend- und Erwachsenenpsychiatrie: Eine Kooperation über die Lebensspanne, in: Der Nervenarzt 2010, S. 1298 (1302).

werden im Vergleich zu der Kinder- und Jugendpsychiatrie nur wenig berücksichtigt.[779] Adoleszente stehen damit bildlich gesprochen zwischen den Stühlen. Bisher ist diese Schnittstelle beziehungsweise der Übergang innerhalb der Institutionen nur unzureichend geregelt.[780] Häufig kommt es zu Behandlungsabbrüchen.[781] Um dem entgegenzuwirken, wird eine stärkere Verknüpfung der Erwachsenenpsychiatrie und der Kinder- und Jugendpsychiatrie im ambulanten, teilstationären und stationären Bereich gefordert.[782]

c. *Psychotrope Zwangsbehandlung verknüpft mit freiheitsentziehender Unterbringung?*

Unter Berücksichtigung der Gesetzgebungsgeschichte des § 1906a BGB stellt sich nun die Frage, ob eine psychotrope Zwangsbehandlung sinnvollerweise mit einer freiheitsentziehenden Unterbringung zu verknüpfen ist.

aa. Eingriffsintensität der psychotropen Zwangsbehandlung

Dafür spricht die Eingriffsintensität der psychotropen Zwangsbehandlung. In Kapitel 4, B. wurde herausgearbeitet, dass der Vorgang bei Minderjährigen mit einer sehr hohen Belastung der körperlichen Integrität und des Allgemeine Selbstbestimmungsrechts verbunden ist. Sowohl der Off-Label-Use als auch entwicklungsbedingte Faktoren führen dazu, dass der Eingriff bei dieser Patientenklientel wesentlich höher eingestuft werden muss, als es bei Volljährigen der Fall ist. Darüber hinaus ist eine Besonderheit dieser Fallgruppe, dass sie mit einem sehr intensiven Eingriff in das Allgemeine Persönlichkeitsrecht verbunden ist (vgl. dazu allgemein Kapitel 2, A. sowie speziell für Kinder und Jugendliche Kapitel 4, B., II., 5.). Ein solch starker Eingriff in das Allgemeine Persönlichkeitsrecht liegt bei somatischen Zwangsbehandlungen nicht vor. Zwar verletzt. die Gabe von Schilddrüsenmedikamenten oder eine chirurgische Entfernung des *Appendix* gegen den Willen die körperliche Integrität und das Selbstbestimmung des Patienten darüber.

---

779 *Mayr u. a.*, Transitionspsychiatrie der Adoleszenz und des jungen Erwachsenenalters, in: Zeitschrift für Psychiatrie, Psychologie und Psychotherapie 2015, S. 155 (159).

780 *Fegert u. a.*, Übergang zwischen Jugend- und Erwachsenenalter: Herausforderungen für die Transitionspsychiatrie, in: Zeitschrift für Kinder- und Jugendpsychiatrie und Psychotherapie 2017, S. 80 (80ff.); *Karow u. a.*, Die psychische Gesundheit von Kindern, Jugendlichen und jungen Erwachsenen – Teil 2: Krankheitslast, Defizite des deutschen Versorgungssystems, Effektivität und Effizienz von „Early Intervention Services“, in: Fortschritte der Neurologie · Psychiatrie 2013, S. 628 (630).

781 *Singh/Tuomainen*, Transition from child to adult mental health services: needs, barriers, experiences and new models of care, in: World Psychiatry 2015, S. 358.

782 Statt Vieler: *Fegert u. a.*, Übergang zwischen Jugend- und Erwachsenenalter: Herausforderungen für die Transitionspsychiatrie, in: Zeitschrift für Kinder- und Jugendpsychiatrie und Psychotherapie 2017, S. 80 (80ff.).

Gleichwohl fehlt hier der Eingriff in die seelischen Abläufe. Damit ist die psychotrope Zwangsbehandlung bei der Bewertung der Kindeswohlgefährdung als eigenständige und eingriffsintensivere Maßnahme im Vergleich zu somatischen Zwangsbehandlungen des Minderjährigen zu bewerten.

bb. Freiheitsentziehende Station im Gegensatz zur offenen Station

Aufgrund der unterschiedlichen Eingriffsintensität ist es sachgerecht, gesteigerte Schutzvorkehrungen zu treffen. Sie könnten in einer Begrenzung der Zulässigkeit der psychotropen Zwangsbehandlung auf geschlossenen Stationen zu suchen sein. Geschlossene beziehungsweise geschützte Stationen sind die Paradebeispiele für eine Anwendung des § 1631b Abs. 1 BGB. Sie beschränken den Bewegungsradius des Patienten auf gewisse Räume. Ein Kontakt zu Personen außerhalb der Station ist nicht oder nur eingeschränkt möglich.[783] Diese Stationen dienen der akuten Krisenintervention und sollen eine ordnungsgemäße Diagnostik der Krankheit und Überwachung des Patienten ermöglichen.[784] Baulich zeichnen sich die Stationen durch eine geschlossene Eingangstür aus, die gegebenenfalls durch Personenschleusen und Sicherheitsfenster unterstützt werden kann. Darüber hinaus können Notfallsysteme gegen das Aufbrechen von Fenstern oder Notfallknöpfe im Therapeutenzimmer vorhanden sein. Um eine sachgerechte Überwachung und Betreuung zu garantieren, ist die Personaldichte auf geschlossenen Stationen am höchsten.[785] Der Anwendungsbereich und der Sinn und Zweck von geschlossenen Stationen ist somit klassisch auf die Patientenklientel der Kinder- und Jugendpsychiatrie ausgelegt, bei dem Zwang erforderlich wird. Gerade die Überwachung erlaubt eine notwendige und sachgerechte Kontrolle der Wirkung und Nebenwirkung der Psychopharmaka. Darüber hinaus ist die Station von ihrer Sicherheitsausstattung darauf ausgelegt, mit aggressiven und sich weigernden Patienten umzugehen.[786]

Demgegenüber stellen offene Stationen den Kontrastpunkt zu geschlossenen Stationen dar. Sie schränken den Bewegungsradius des Patienten durch ihre Bauart nicht ein. Der Patient kann sich auf solchen Stationen, dem gesamten Klinikgelände und auch außerhalb frei bewegen. Einschränkungen ergeben sich für die Patienten jedoch durch die Aufsichtspflicht des Personals und die personell begrenzten Kapazitäten. Beispielhaft seien hier das Verbot genannt, sich ab einer gewissen Uhrzeit im Hof aufzuhalten oder die Aufforderung, sich beim Verlassen

783 *Kemper*, in: Schulze u.a., BGB Kommentar, 9. Auflage 2017, § 1631b, Rz. 2.

784 *Schnoor u. a.*, Rechtliche Zulässigkeit von Zwangsmaßnahmen in der Kinder- und Jugendpsychiatrie, in: Praxis der Kinderpsychologie und Kinderpsychiatrie 2006, S. 814 (819).

785 *Steger*, Freiheitsentziehende Maßnahmen in Kliniken der Kinder- und Jugendpsychiatrie und Psychotherapie, 2005S. 27f.

786 Vgl. zu dieser Anforderung aus menschenrechtlicher Sicht: *WHO*, Materialsammlung zu psychischer Gesundheit, Menschenrechten und Gesetzgebung, 2005, S. 51.

der Station bei den zuständigen Pflegekräften abzumelden.[787] Darin zeigt sich, dass die offenen Stationen den Patienten deutlich mehr Autonomie gewähren. Ihnen wird damit ein gewisser Vertrauensbonus gewährt, weil die Erwartung vorhanden ist, dass sie damit verantwortungsvoll und im Sinne der eigenen Gesundheit umgehen. Diese Erwartung ist im Ergebnis auch berechtigt, da sich die Patienten freiwillig auf der Station aufhalten. Sie bringen den behandelnden Ärzten und dem Pflegepersonal eine gewisse Compliance entgegen. Die reine Anwesenheit auf der offenen Station steht symbolisch schon für eine grundsätzliche Behandlungsbereitschaft. Die zwangsweise Verabreichung von Psychopharmaka würde einer solchen Idee widersprechen. Aus therapeutischen Gründen müssen die Räume der offenen Station daher frei von psychiatrischen Zwangsbehandlungen bleiben. Ansonsten droht die Gefahr, dass sich immer weniger Patienten freiwillig in die stationäre psychiatrische Behandlung begeben.[788]

C. Fazit

Die Gesetzgebungsgeschichte des § 1906a Abs. 1 S. 1 Nr. 7 BGB hat viele Argumente für einen differenzierten Umgang mit der Zwangsbehandlung in verschiedenen Einrichtungsformen hervorgebracht. Eine vergleichbare Auseinandersetzung hat es in der Kinder- und Jugendpsychiatrie nicht gegeben. Dies ist unzureichend. Die Untersuchung der betreuungsrechtlichen Diskussion hat gezeigt, dass viele Argumente auch auf den Umgang mit der Zwangsbehandlung im Sorgerecht übertragen werden können. Sie stützen sich in der Regel auf die *ultima ratio*-Funktion der Zwangsbehandlung, die Rolle der modernen Psychiatrie, die darauf ausgelegt ist, Zwang zu vermeiden sowie auf die zweifelhafte Notwendigkeit der Zwangsbehandlung in manchen Einrichtungsformen. Diese Argumente bestehen unabhängig von dem Verhältnis der stellvertretenden Person zum Zwang Erfahrenden. Sie beruhen vielmehr auf Voraussetzungen, die ebenso bei der sorgerechtlichen Zwangsbehandlung gelten.

Das erste Ergebnis des vorstehenden Vergleichs ist, dass die ambulante Zwangsbehandlung *de lege ferenda* nicht mehr zulässig sein darf. In Bezug auf die Zulässigkeit der Zwangsbehandlung in anderen Einrichtungsformen muss zwischen der somatischen und der psychiatrischen Zwangsbehandlung unterschieden werden. Um das Selbstbestimmungsrecht insbesondere von einwilligungsfähigen Minderjährigen zu wahren, dürfen somatische Zwangsbehandlungen nur durchgeführt

787 *Schnoor u. a.*, Rechtliche Zulässigkeit von Zwangsmaßnahmen in der Kinder- und Jugendpsychiatrie, in: Praxis der Kinderpsychologie und Kinderpsychiatrie 2006, S. 814 (822).

788 *Loer*, Unveröffentlichte Stellungnahme zum Gesetzentwurf der Bundesregierung zur Änderung der materiellen Zulässigkeitsvoraussetzungen von ärztlichen Zwangsmaßnahmen und zur Stärkung des Selbstbestimmungsrechts von Betreuten vom 20. 02. 2017, S. 2 und 4; ebenso BT-Plenarprotokoll 18/221, S. 22335.

werden, wenn die Einwilligungsfähigkeit durch das Krankenhauspersonal sachgerecht bewertet werden kann. Insoweit bedarf es einer doppelten fachärztlichen Prüfung. Der die somatische Krankheit behandelnde Arzt muss die Notwendigkeit der Zwangsbehandlung beurteilen und der Kinder- und Jugendpsychiater muss sich mit der Einwilligungsfähigkeit auseinandersetzen. Die Einrichtung muss somit in der Lage sein, die Bewertung von einem Kinder- und Jugendpsychiater vornehmen zu lassen. Die Zwangsbehandlung kann im Rahmen einer offen stationären Versorgung erfolgen. Demgegenüber muss die psychiatrische Zwangsbehandlung an eine freiheitsentziehende Unterbringung gekoppelt werden. Sie ist auf offen psychiatrischen Stationen nicht zulässig.

8. Kapitel: Weitere formelle und materielle Grenzen der Zwangsbehandlung

Wie bereits zuvor mehrfach herausgearbeitet, wollte der Gesetzgeber mit § 1631b Abs. 2 BGB einen Gleichlauf von Kindes- und Erwachsenenschutz schaffen.[789] § 167 Abs. 1 FamFG verweist für freiheitsentziehende Unterbringungen sowie freiheitsentziehende Maßnahmen die gegen den Willen eines Minderjährigen durchgeführt werden auf das Verfahrensrecht, welches auch bei Volljährigen zur Anwendung kommt (§§ 312ff. FamFG). Sowohl die materiellen als auch die formellen Voraussetzungen der sorgerechtlichen Zwangsbehandlung wurden bisher nicht angepasst. Um dadurch entstehende Lücken im Schutzniveau des aktuellen Sorgerechts bei Zwangsbehandlungen sowie einen entsprechenden Reformbedarf aufzuzeigen, werden diese Regeln dem Betreuungsrecht samt dem bei der Zwangsbehandlung von Volljährigen anwendbaren Verfahrensrecht gegenübergestellt. Die formellen und materiellen Voraussetzungen der Zwangsbehandlung von Volljährigen wurde stets an die Rechtsprechung des BVerfG angepasst.[790]

A. Überzeugungsversuch

Dieses hatte ausgeführt, dass aufgrund des *ultima ratio* Gedankens der Zwangsbehandlung der ernsthafte und mit dem nötigen Zeitaufwand und ohne Ausübung unzulässigen Drucks durchgeführte Versuch vorangehen muss, das Vertrauen des Patienten auf Zustimmung zur Medikation zu erreichen und zwar unabhängig von dessen Einwilligungsfähigkeit.[791]

I. Betreuungsrecht

§ 1906a Abs. 1 S. 1 Nr. 4 sieht dementsprechend vor, dass eine Zwangsbehandlung nur zulässig ist, wenn zuvor ernsthaft, mit dem nötigen Zeitaufwand und ohne Ausübung unzulässigen Drucks versucht wurde, den Betreuten von der Notwendigkeit der ärztlichen Maßnahme zu überzeugen. Die Vorgängervorschrift § 1906 Abs. 3 S. 1 Nr. 2 BGB a.F. hatte lediglich festgehalten, dass zuvor versucht werden müsse, den Betreuten von der Notwendigkeit der ärztlichen Maßnahme zu

789 BT-Drs. 18/11278, S. 10.

790 Der Gesetzgeber hat das Betreuungsrecht stets der Rechtsprechung des BVerfG sowie des BGH entsprechend angepasst: BT-Drs. 17/11513, infolge von BGHZ 193, 337 = NJW 2012, 2967; BT-Drs. 18/11240, S. 1, aufgrund von BVerfGE 142, 313 = NJW 2017, 53 = BeckRS 2016, 50313; und BT-Drs. 15/4874, S. 8 wegen BGHZ 145, 297 = NJW 2001, 888, dieser Gesetzgebungsvorschlag ist jedoch gescheitert.

791 BVerfGE 128, 282 (309f.) = NJW 2011, 2113 (2116); BeckRS 2017, 120797, Rz. 34.

überzeugen. Damit wurde die Vorschrift in ihrer Neufassung sprachlich präziser gefasst und der Wortlaut der Rechtsprechung des BVerfG übernommen. Die Korrektur sollte eine klarstellende Funktion haben,[792] sodass dem Gespräch in Zukunft noch mehr Wirksamkeit zukommt.[793]

Wie effektiv, aber auch mühsam und zeitaufwändig ein solches Gespräch sein kann, zeigt das Sachverständigengutachten von Herrn *Zinkler* zur Betreuungsrechtsänderung aus dem Jahr 2017. In diesem berichtet er, dass in der Heidenheimer Klinik für Psychiatrie, Psychotherapie und Psychosomatik seit 2011 bei insgesamt über 7.000 stationären Behandlungen nur eine gerichtlich genehmigte (somatische!) Zwangsbehandlung durchgeführt wurde. Von dem Fall abgesehen, sei es nach langen Verhandlungen in allen anderen Fällen zu einvernehmlichen Behandlungen gekommen.[794] Die Bedeutung des Überzeugungsversuchs kann daher nicht überschätzt werden.

II. Sorgerecht

Im Sorgerecht wird die Forderung nach einem hinreichenden Überzeugungsversuch bisher aus § 1626 Abs. 2 BGB abgeleitet (vgl. dazu Kapitel 2, D., I., 2., b.). Hiernach müssen die Eltern die wachsende Fähigkeit und das wachsende Bedürfnis des Kindes zu selbstständigem, verantwortungsbewusstem Handeln berücksichtigen. Sie müssen mit dem Kind Fragen der elterlichen Sorge besprechen, soweit es nach dessen Entwicklungsstand angezeigt ist. Rein formal ist die Voraussetzung damit auch im Sorgerecht erfüllt. Dabei steht die Notwendigkeit der Aussprache jedoch in Abhängigkeit vom Entwicklungsstand des Kindes. In Zweifelsfällen könnte der Überzeugungsversuch nach § 1626 Abs. 2 BGB entfallen. Das BVerfG hatte jedoch ausdrücklich ausgeführt, dass das Gespräch unabhängig von der Einwilligungsfähigkeit geführt werden muss. Darüber hinaus muss berücksichtigt werden, dass der Überzeugungsversuch als wesentliche Maßnahme zur Verwirklichung des *ultima ratio* Gedankens dient. Da das Elternrecht in erster Linie fiduziarischer Natur ist, müssen sie auch die entsprechende Zeit und Mühen aufwenden, um den Minderjährigen von der Sinnhaftigkeit des Vorgehens zu überzeugen. Minderjährige müssen schließlich auch vor vorschnellen Zwangsbehandlungen geschützt werden. Aus kinderschutzrechtlicher Perspektive ist es daher sinnvoll, die Voraussetzungen konkret im Gesetz zu regeln, um den notwendigen Schutzgehalt bewusst hervorzuheben. Eine Einschränkung des Elternrechts läge durch

792 BT-Drs. 18/11240, S. 20.

793 BT-Plenarprotokoll 18/240, S. 24681.

794 *Zinkler*, Stellungnahme zum Gesetzesentwurf der Bundesregierung - Entwurf eines Gesetzes zur Änderung der materiellen Zulässigkeitsvoraussetzungen von ärztlichen Zwangsmaßnahmen und zur Stärkung des Selbstbestimmungsrechts von Betreuten - BT-Drucksache 18/11240, S. 2, abrufbar unter: http://www.antipsychiatrieverlag.de/artikel/recht/pdf/zinkler-1906a.pdf, zuletzt abgerufen am: 11. November 2017.

eine solche Ausgestaltung nicht vor, da es sich lediglich um die Präzisierung einer ohnehin schon bestehenden Voraussetzung handelt.

B. Aufklärung des einwilligungsunfähigen Patienten

Neben dem hinreichenden Überzeugungsversuch hatte das BVerfG ausgeführt, dass auch bei einem einwilligungsunfähigen Patienten eine ärztliche Aufklärung über die beabsichtigte Maßnahme nicht von vornherein entbehrlich sei. Zwar sei eine Einwilligung in diesem Fall funktionslos, gleichwohl dürfe ein Einwilligungsunfähiger nicht über das Ob und Wie einer Behandlung, der er unterzogen wird, im Unklaren gelassen werden.[795] Die Anforderung wurde vom Gesetzgeber im neuen Behandlungsvertragsrecht aufgegriffen und in § 630e Abs. 5 BGB kodifiziert. Sie gilt unabhängig davon, ob es sich um einen minder- oder volljährigen Patienten handelt. Dass auch psychisch kranke Kinder und Jugendliche aufgeklärt werden müssen, ergibt sich aus ihrer wachsenden Autonomie, Würde und Selbstbestimmung. Insoweit sind dem Minderjährigen die wesentlichen Umstände, die für eine Einwilligung notwendig sind, entsprechend seinem Verständnis zu erläutern, soweit er aufgrund seines Entwicklungsstandes und seiner Verständnismöglichkeit in der Lage ist, die Erklärung aufzunehmen. Grundsätzlich stimmt damit die Ausgangslage bei der Aufklärung zwischen Sorge- und Betreuungsrecht überein.

Zum Inhalt führte das BVerfG aus, dass die Aufklärung in einer Weise konkretisiert sein müsse, die die Wahrung der Verhältnismäßigkeit des Eingriffs sichere und eine hierauf gerichtete Überprüfung ermögliche. Weiterhin müsse sich die Konkretisierung bei einer Zwangsbehandlung mit Antipsychotika darauf beziehen, auf welche Dauer die Behandlung geplant sei. Dies erfordere der Grundsatz der Verhältnismäßigkeit nicht nur im Hinblick darauf, dass die Wahrscheinlichkeit bestimmter Nebenwirkungen von der Verabreichungsdauer abhänge, sondern auch zur Sicherung wiederkehrender umfassender Prüfung der Maßnahme.[796]

I. Gesteigerte Aufklärungspflicht bei der Off-Label-Behandlung

Im Bereich der Kinder- und Jugendpsychiatrie kommt jedoch ein Aspekt hinzu, welcher in der Rechtsprechung des BVerfG nicht thematisiert wurde. Die meisten Medikamente werden im Rahmen eines individuellen Heilversuchs außerhalb ihres Zulassungsbereichs angewendet. Dies führt zu einem gesteigerten Aufklärungsmaßstab.[797] Die erhöhten Anforderungen beruhen auf den Risiken und Nebenwirkung der Verordnung sowie auf dem gesteigerten Sorgfaltsmaßstab.

795 BVerfGE 128, 282 (310) = NJW 2011, 2113 (2116).
796 BVerfGE 128, 282 (310) = NJW 2011, 2113 (2117).
797 Zu den allgemeinen Anforderungen einer Aufklärung bei der Therapie mit Medikamenten, vgl.: BGHZ 162, 320 = NJW 2005, 1716; sowie zusammenfassend: *Stöhr*, Arzthaftungsrechtliche Probleme im Arzneimittelrecht, in: GesR 2011, S. 193 (195f.).

Der Arzt muss den Patienten durch die Aufklärung in die Lage versetzen, eine fundierte und sachgerechte Entscheidung über den Einsatz des Medikaments treffen zu können. Dazu gehört, dass der Patient vor der Anwendung sowohl über die fehlende Zulassung als auch unmissverständlich über die mit der Gabe verbundenen unbekannte Risiken – die der Arzt zum aktuellen Zeitpunkt nicht ausschließen kann – aufzuklären ist.[798] Dabei muss der Arzt den Patienten jedoch nicht über jede bloße Vermutung informieren. Vielmehr muss sich die Vermutung soweit konkretisiert haben, dass sie als wesentlicher Teil für eine Entscheidungsfindung des Patienten angesehen wird.[799] Darüber hinaus soll der Arzt den Patienten darüber aufklären, aufgrund welcher Erkenntnisse er den Therapieweg außerhalb des Zulassungsbereichs gewählt hat.[800] Sofern gleichwertige Behandlungsalternativen bestehen, die mit unterschiedlichen Risiken, Belastungen und Erfolgschancen verbunden sind, muss der Arzt den Patienten über die verschiedenen Möglichkeiten in Kenntnis setzen, um dessen Selbstbestimmungsrecht zu wahren.[801] Zusätzlich soll der Patient darüber aufgeklärt werden, dass die verschuldensunabhängige Haftung des Medikamentenherstellers nach dem AMG entfällt, wenn sich das Unternehmen gegen einen ärztlichen Gebrauch außerhalb der arzneimittelrechtlichen Zulassung öffentlich ausgesprochen hat.[802] Darüber hinaus soll der Arzt zusätzlich

---

798 BGHZ 168, 103 (9) = NJW 2006, 2477 (2478); 172, 1 (13) = NJW 2007, 2767 (2770); *Hart*, Heilversuch, Entwicklung therapeutischer Strategien, klinische Prüfung und Humanexperiment, in: MedR 1994, S. 94 (101); *Ders./Mühlbauer*, Unsicherheit in der Pädiatrie durch Off-Label-Use von Arzneimitteln, in: ZEFQ 2008, S. 37 (40); *Kölch*, Rechtliche und ethische Fragen im klinischen Alltag, in: Gerlach u. a., Neuro-/Psychopharmaka im Kindes- und Jugendalter: Grundlagen und Therapie, 3. Auflage 2016, S. 81 (89); *Müller*, Die Rechtsproblematik des Off-Label-Use, 2009, S. 80; *Rumetsch*, Medizinische Eingriffe bei Minderjährigen: eine rechtsvergleichende Untersuchung zum Schweizer und deutschen Recht, 2013, S. 160; *Stöhr*, Arzthaftungsrechtliche Probleme im Arzneimittelrecht, in: GesR 2011, S. 193 (196f.).

799 BGHZ 168, 103 (110) = NJW 2006, 2477 (2479).

800 *Schweim/Behles*, Off-Label-Use oder von der Notwendigkeit der Arzneimittelzulassung, in: Bundesgesundheitsbl. - Gesundheitsforsch. - Gesundheitsschutz 2003, S. 499(501).

801 BGHZ 168, 103 (108) = NJW 2006, 2477 (2478); *Hart*, Heilversuch, Entwicklung therapeutischer Strategien, klinische Prüfung und Humanexperiment, in: MedR 1994, S. 94 (102); *Kölch*, Rechtliche und ethische Fragen im klinischen Alltag, in: Gerlach u. a., Neuro-/Psychopharmaka im Kindes- und Jugendalter: Grundlagen und Therapie, 3. Auflage 2016, S. 81 (89); *Müller*, Die Rechtsproblematik des Off-Label-Use, 2009, S. 79f; *Stöhr*, Arzthaftungsrechtliche Probleme im Arzneimittelrecht, in: GesR 2011, S. 193(198).

802 *Hart/Mühlbauer*, Unsicherheit in der Pädiatrie durch Off-Label-Use von Arzneimitteln, in: ZEFQ 2008, S. 37 (40); *Thinesse-Wiehofsky*, Arzthaftung und Pflegeschäden, in: Jahnke/Burmann, Handbuch des Personenschadensrechts, 2016, 1. Kapitel, Rz. 378.

auf seine eigene Haftung aufmerksam machen.[803] Als letztes zusätzliches Kriterium hat er den Patienten darüber aufzuklären, dass die gesetzliche Krankenversicherung die Kosten möglicherweise nicht übernimmt und dass der Patient im Falle der Verweigerung die Wahl hat, das Medikament auf eigene Kosten zu erhalten.[804]

II. Medikamentöse Aufklärung findet häufig nicht oder nicht ausreichend statt

Den Ausgangspunkt für eine kritische Bewertung der tatsächlich stattfindenden Aufklärung in der Praxis stellen Studien über die medikamentöse Aufklärung dar.

1. Kinder- und Jugendpsychiatrie

Rothärmel u.a. kommen in einer empirischen Untersuchung in der Kinder- und Jugendpsychiatrie zu dem Ergebnis, dass eine Aufklärung über die Nebenwirkungen und Langzeitfolgen von den verabreichten Psychopharmaka in nur 44 % der Fälle stattgefunden hat. Darüber hinaus lag die Aufklärungsquote über alternative Medikamente bei nur 24 %.[805]

2. Erwachsenenpsychiatrie

Zu einem ähnlichen Ergebnis kommen *Wetterling u.a.* in der Erwachsenenpsychiatrie. In einer von ihnen durchgeführten Studie kannten nur 51,2 % der Patienten den Namen der verabreichten Medikation sowie 58,4 % die Wirkung und lediglich 29,9 % die Nebenwirkungen des Psychopharmakons. Dabei wurde die Kenntnis der Nebenwirkung angenommen, wenn die Patienten mindestens eine der häufigen Nebenwirkungen kannten. In der Studie gab etwa nur die Hälfte der Patienten an, sich ausreichend über die Medikamente informiert zu fühlen. Jeder Fünfte hatte das Gefühl, nicht ausreichend aufgeklärt worden zu sein beziehungsweise dass die

---

803 *Schweim/Behles*, Off-Label-Use oder von der Notwendigkeit der Arzneimittelzulassung, in: Bundesgesundheitsbl. - Gesundheitsforsch. - Gesundheitsschutz 2003, S. 499 (501).

804 *Konradt*, Der Arzthaftungsfall aus der Sicht des Patienten, in: Ehlers/Broglie, Arzthaftungsrecht, 5. Auflage 2014, Rz. 230; *Kölch*, Rechtliche und ethische Fragen im klinischen Alltag, in: Gerlach u. a., Neuro-/Psychopharmaka im Kindes- und Jugendalter: Grundlagen und Therapie, 3. Auflage 2016, S. 81 (89); *Müller*, Die Rechtsproblematik des Off-Label-Use, 2009, S. 81f; *Rumetsch*, Medizinische Eingriffe bei Minderjährigen: eine rechtsvergleichende Untersuchung zum Schweizer und deutschen Recht, 2013, S. 163f; *Stöhr*, Arzthaftungsrechtliche Probleme im Arzneimittelrecht, in: GesR 2011, S. 193 (194); *Walter*, Off-Label-Use: Die Haftung des verordnenden Arztes, in: NZS 2011, S. 361 (363).

805 *Rothärmel u. a.*, Patientenaufklärung, Informationsbedürfnis und Informationspraxis in der Kinder- und Jugendpsychiatrie und Psychotherapie, 2006, S. 163.

Aufklärung nicht verständlich ausgeführt wurde. Dies wurde vor allem in Bezug auf die Nebenwirkungen angenommen.[806] Ein ähnliches Ergebnis ergibt sich aus einer Studie von *Linden & Chaskel*, wonach sich 40 % der Patienten nicht ausreichend über die Medikamente informiert fühlten und eine gleiche Anzahl an Patienten nicht einmal eine Nebenwirkung der angewendeten Medikamente aufzählen konnte.[807] Ebenso bedenklich ist das Ergebnis von einer Studie die *La Roche & Ernst* durchgeführt haben. In dieser Studie konnten lediglich 7,5 % der Befragten mindestens eine Nebenwirkung der angewendeten Medikamente aufzählen, 73 % waren demgegenüber dazu nicht in der Lage.[808]

Im anglo-amerikanischen Raum werden zum Teil noch drastischere Zahlen genannt. *Geller* kommt in einer Studie am *Northhampton State Hospital* zu dem Ergebnis, dass lediglich 8,4 % der 281 befragten Patienten den Namen des verabreichten Medikaments inhaltlich richtig sowie die Häufigkeit der Einnahme und dessen gewünschte Wirkung wiedergeben konnten.[809] Ähnlich schlecht sind die Ergebnisse von *Macpherson u.a.* die feststellen, dass 72 % der befragten Patienten ihre Medikation nicht verstanden haben.[810] *Brown u.a.* kommen zu dem Ergebnis, dass 83 % der befragten Patienten nicht in der Lage waren, mindestens eine Nebenwirkung der angewendeten Psychopharmaka zu identifizieren.[811] In einer in Saudi-Arabien durchgeführten Studie konnten lediglich 37 % der Patienten die Nebenwirkungen der von ihnen eingenommenen Psychopharmaka ausreichend wiedergeben. 55 % waren dazu nicht ausreichend in der Lage und weitere 8 % der Befragten gaben an, dass sie keinerlei Informationen wiedergeben könnten. Gleichwohl wussten 85 % der Befragten, in welcher Regelmäßigkeit sie das Psychopharmakon einnehmen müssen.[812]

---

806 *Wetterling u. a.*, Aufklärung über Medikamente, in: Psychiatrische Praxis 2002, S. 235 (237f.).

807 *Linden/Chaskel*, Information and Consent in Schizophrenic Patiens in Long-term Treatment, in: Schizophrenia Bulletin 1981, S. 372 (376).

808 *La Roche/Ernst*, Die psychiatrische Klinikbehandlung im Urteil von 200 Kranken und ihren 15 Ärzten, in: Arch. Psychiat. Nervenkr. 1975, S. 107 (112).

809 *Geller*, State Hospital Patients and Their Medication - Do They Know What They Take?, in: Am J Psychiatry 1982, S. 611 (613).

810 *Macpherson u. a.*, Long-Term Psychiatric Patiens Understanding of Neuroleptic Medication, in: Hospital and Community Psychiatry 1993, S. 71 (72).

811 *Brown u. a.*, Association Between Type of Medication Instruction and Patients` Knowledge, Side Effects, and Compliance, in: Hospital and Community Psychiatry 1987, S. 55 (59).

812 *Shahin Habashi/Ballas Daly*, Knowledge, attitudes and beliefs about psychotropic medication among Saudi hospitalized psychiatric patients, in: International Journal of Nursing Studies 1999, S. 51 (52).

3. *Zwischenfazit*

In erster Linie wird durch die Studien deutlich, dass die mangelnde Kenntnis der Patienten über die angewendeten Psychopharmaka ein Problem ist, mit dem die Rechtsordnungen weltweit umgehen müssen und welches sich auf alle Altersklassen bezieht. Die medikamentöse Aufklärung erfüllt hiernach – sofern sie überhaupt durchgeführt wird – nicht ihren Zweck, nämlich dem Patienten die Möglichkeit zu geben, eine Entscheidung zu treffen, die auf einer fundierten Wissensgrundlage basiert. Viele Patienten kennen bereits bei zugelassenen Medikamenten in einer konsentierten Behandlung nicht einmal eine Nebenwirkung. Im Rahmen einer Zwangsanwendung, bei der der Patient aufgrund der Situation nicht völlig zugänglich für die Information ist, wirkt diese Forderung wie eine Leerformel. Selbstverständlich muss der Kenntnisstand des Patienten auch vor dem Hintergrund seiner psychischen Krankheit gesehen werden. Sie kann die kognitiven Fähigkeiten stark einschränken und muss als limitierender Faktor betrachtet werden. Nichtsdestotrotz wäre eine solche Darstellung verkürzt. Die mangelnde Kenntnis kann im gleichen Maße auf einer fehlenden oder mangelhaft durchgeführten Aufklärung durch die Ärzte beruhen.

III. Fehlende Beteiligungskompensation

Ein weiterer Kritikpunkt ist in dem gesenkten Umfang der Aufklärung des einwilligungsunfähigen Patienten zu sehen. Dieser hängt von seinem Zustand ab. Dem steht jedoch der gesteigerte Aufklärungsmaßstab bei der Off-Label-Behandlung entgegen. Bereits der konsentierten Behandlung stehen dem Off-Label-Use viele Bedenken gegenüber. Dabei werden die damit verbundenen Risiken und Nebenwirkungen aufgrund einer ordnungsgemäßen und in den Anforderungen gesteigerten Aufklärung und Einwilligung des einwilligungsfähigen Patienten kompensiert. Mit anderen Worten ist die Off-Label-Behandlung nur zulässig, weil der vollständig informierte und selbstbestimmte Patient mit den Risiken dieses Vorgangs einverstanden ist. Der gesteigerte Haftungsmaßstab für die Ärzte schützt damit die körperliche Integrität und Selbstbestimmung des Patienten. Die Entscheidung für die Anwendung des Medikaments außerhalb des Anwendungsbereichs entspricht (im juristischen Idealbild) somit dem Selbstbestimmungsrecht des „wissenden" Patienten. Dass diese Vorstellung in der Praxis an ihre Grenzen stößt, wird durch die vorstehenden Studien zur medikamentösen Aufklärung deutlich.

Unabhängig davon liegt das Einverständnis des Patienten in die erhöhten Risiken und Nebenwirkung bei der Zwangsbehandlung jedoch gerade nicht vor. Vielmehr möchte sich der Patient dem Vorgang nicht aussetzen – ansonsten läge *per definitionem* keine Zwangsbehandlung vor. Die Behandlung erfolgt auf der Einwilligung eines Stellvertreters. Damit weichen die einwilligende und die von den Nebenwirkungen und Gefahren betroffene Person voneinander ab. Für Letztere bestehen keinerlei Einflussmöglichkeiten. Im Ergebnis macht es aktuell für die Beteiligung des Minderjährigen keinen Unterschied, ob er mit Medikamenten innerhalb oder außerhalb des Zulassungsbereichs zwangsbehandelt wird. Beide Maßnahmen unterscheiden sich jedoch erheblich in ihren Risiken. Damit werden wesensverschiedene Maßnahmen willkürlich gleichbehandelt. Um das Selbstbestimmungsrecht des Minderjährigen zu schützen, müssen die gesteigerten Risiken auch durch eine entsprechend erhöhte Beteiligung kompensiert werden. Nur so kann ein an objektiven Maßstäben orientierter Kindesschutz erfolgen.

Dafür spricht auch Art. 12 Abs. 1 der UN-Kinderrechtskonvention. Hiernach muss die Meinung des Kindes, welches fähig ist, sich eine eigene Meinung zu bilden, in allen ihn berührenden Angelegenheiten angemessen und entsprechend seinem Alter und seiner Reife berücksichtigt werden. Die Angemessenheit kann nur gewahrt werden, wenn wesensverschiedene Sachverhalte vom Recht als solche auch behandelt werden.

Durch die Einwilligung in eine Off-Label-Zwangsbehandlung setzten die Sorgeberechtigten jedenfalls den ersten Schritt für eine mögliche Gefährdung des Minderjährigen durch die Psychopharmaka (vgl. dafür ausführlich Kapitel 4). Dies gilt unabhängig davon, dass sie mit der Absicht handeln, dem kranken Minderjährigen zu helfen. Gerade bei einwilligungsfähigen Minderjährigen, die *de lege lata* aufgrund der elterlichen Einwilligung zwangsbehandelt werden können, ist die Diskrepanz von Risiken und möglicher Beteiligung besonders bedenklich. Das Recht muss einwilligungsfähigen und einwilligungsunfähigen Kindern und Jugendlichen bei der Off-Label-(Zwangs-)Behandlung einen gewissen Schutz vor den Eltern und dem Arzt durch eine gesteigerte Partizipation garantieren.

IV. Kompensation durch Therapeutisches Drug-Monitoring?

Eine solche Kompensationsmöglichkeit könnte das Therapeutische Drug-Monitoring (TDM) darstellen.

1. Anwendungsbereich und Hintergrund

Die Methode wird bei der Off-Label-Behandlung von Minderjährigen sowohl von den Leitlinien als auch von der Literatur empfohlen und gehört bei der Anwendung von Lithium bereits zum Facharztstandard.[813] Darüber hinaus führt die *best*

813 *Baumann u. a.*, The AGNP-TDM Expert Group Consensus Guidelines: Therapeutic Drug Monitoring in Psychiatry, in: Pharmacopsychiat. 2004, S. 243 (253); *Hiemke u. a.*, AGNP Consensus Guidelines for Therapeuthic Drug Monitoring in Psychiatry: Update 2011, in: Pharmacopsychiat. 2011, S. 195 (213); *Egberts u. a.*, Therapeutic Drug Monitoring in Child and Adolesent Psychiatry, in: Pharmacopsychiat. 2011, S. 249 (251); *Karwautz u. a.*, Qualitätssicherung in der kinder- und jugendpsychiatrischen Psychopharmakotherapie, in: pädiatrie & pädologie 2011, S. 10 (11); *Gerlach u. a.*, Therapeutisches Drug-Monitoring in der Kinder- und Jugendpsychiatrie – Grundlagen und praktische Empfehlungen, in: Zeitschrift für Kinder- und Jugendpsychiatrie und Psychotherapie 2006, S. 5 (7 und 9).

practice-Richtlinie an, dass das TDM bei Verdacht auf *non-adherence* für jedes Medikament und jeden Patienten sinnvoll sei.[814] Eine stärkere Form der nicht vorhandenen Therapietreue als die Ablehnung der Behandlung kann es nicht geben. Dieses Vorgehen bietet sich vor allem bei ambivalenten Patienten an, die teilweise das Medikament freiwillig einnehmen und in anderen Momenten die Einnahme verweigern. Somit liegen bei der Zwangsbehandlung von Minderjährigen zwei Indikatoren vor, die für die Anwendung des TDM sprechen.

Das TDM beruht auf der, bereits unter Kapitel 4, B., II., 3. erwähnten Annahme, dass die Wirkstoffkonzentration im Blutplasma und -serum einen Rückschluss auf die Wirkstoffkonzentration im Gehirn, dem Wirkungsort des Psychopharmakons, zulässt.[815] Für jeden Wirkstoff gibt es aufgrund dieses Zusammenhangs ein sogenanntes „Therapeutisches Fenster", welches die Wirkstoffkonzentration für eine wahrscheinlich optimale therapeutische Wirkung aber auch mögliche Neben- und toxische Wirkungen festlegt.[816] Durch das Verfahren kann somit eine Kontrolle der Über- und Unterdosierung des Psychopharmakons, individuell für jeden Patienten, vorgenommen werden. Damit zielt die Methode darauf ab, die Wirkung des Medikaments zu optimieren und gleichzeitig die Nebenwirkungen zu minimieren.[817]

2. Verfahrensschritte

Das TDM setzt sich aus mehreren Verfahrensschritten zusammen, die in einer *best practice*-Richtlinie aus dem Jahr 2004 festgelegt wurden. Die Richtlinie wurde 2011 aktualisiert.[818] In einem ersten Schritt muss der behandelnde Arzt Blutproben gewinnen. Sie sollten dem nüchternen Patienten am besten 12 Stunden nach

---

814 *Hiemke u. a.*, AGNP Consensus Guidelines for Therapeuthic Drug Monitoring in Psychiatry: Update 2011, in: Pharmacopsychiat. 2011, S. 195 (210).

815 *Gerlach u. a.*, Entwicklungspsychopharmakologie, in: Gerlach u. a., Neuro-/Psychopharmaka im Kindes- und Jugendalter: Grundlagen und Therapie, 3. Auflage 2016, S. 71 (75); *Ders. u. a.*, Therapeutisches Drug-Monitoring in der Kinder- und Jugendpsychiatrie – Grundlagen und praktische Empfehlungen, in: Zeitschrift für Kinder- und Jugendpsychiatrie und Psychotherapie 2006, S. 5 (7); *Hiemke*, Pharmakokinetik, Pharmakodynamik und Interaktionen, in: Benkert u. a., Psychopharmakologischer Leitfaden für Psychologen und Psychotherapeuten, 3. Auflage 2016, S. 11 (19); *Karwautz u. a.*, Qualitätssicherung in der kinder- und jugendpsychiatrischen Psychopharmakotherapie, in: pädiatrie & pädologie 2011, S. 10 (11).

816 *Baumann u. a.*, The AGNP-TDM Expert Group Consensus Guidelines: Therapeutic Drug Monitoring in Psychiatry, in: Pharmacopsychiat. 2004, S. 243 (246); *Hiemke u. a.*, AGNP Consensus Guidelines for Therapeuthic Drug Monitoring in Psychiatry: Update 2011, in: Pharmacopsychiat. 2011, S. 195 (204).

817 *Karwautz u. a.*, Qualitätssicherung in der kinder- und jugendpsychiatrischen Psychopharmakotherapie, in: pädiatrie & pädologie 2011, S. 210.

818 Vgl. ausführlich zu den einzelnen Verfahrensschritten *Hiemke u. a.*, AGNP Consensus Guidelines for Therapeuthic Drug Monitoring in Psychiatry: Update 2011, in: Pharmacopsychiat. 2011, S. 195 (213ff.).

der letzten Medikamentengabe entnommen werden.[819] Dabei kann es vorkommen, dass eine Blutprobe nicht ausreicht, sondern dass mehrere Proben über einen längeren Zeitraum gewonnen werden müssen.[820] Gleichzeitig muss der behandelnde Arzt ein Antragsformular ausfüllen. Der Schein beinhaltet persönliche Daten wie das Alter, Geschlecht und Körpergewicht/-größe des Patienten und Daten über die angewendete Medikation (Datum und Uhrzeit der Blutabnahme und letzten Medikation, Tagesdosis, Verteilung, Beginn der Medikation und der aktuellen Dosierung und Begleitmedikation) sowie Daten über die Krankheit (Diagnose, Begleiterkrankung), den Grund der Anforderung usw.[821] Anschließend müssen sowohl die Blutproben als auch der Begleitschein einem Labor zugeschickt werden, welches die Proben untersucht und auswertet.[822] Die Ergebnisse samt Interpretation müssen anschließend an den behandelnden Arzt zurückgeschickt werden. Dieser muss sich daraufhin mit den Ergebnissen der Auswertung auseinandersetzen und die bisher gegebene Dosis im Bedarfsfall anpassen.

3. Grenzen des TDM bei Zwangsbehandlungen

Das „Therapeutische Fenster" ist für Kinder und Jugendliche bisher unzureichend untersucht, auch wenn es dazu bereits erste Studien gibt.[823] Aktuell wird die Datenlage zur Arzneimittelsicherheit und Beurteilung der Wirksamkeit einer Psychopharmakotherapie als mangelhaft bewertet.[824] Um diesem Zustand abzuhelfen, hat

---

819 *Gerlach u. a.*, Therapeutisches Drug-Monitoring in der Kinder- und Jugendpsychiatrie – Grundlagen und praktische Empfehlungen, in: Zeitschrift für Kinder- und Jugendpsychiatrie und Psychotherapie 2006, S. 5 (11).

820 *Hiemke u. a.*, AGNP Consensus Guidelines for Therapeuthic Drug Monitoring in Psychiatry: Update 2011, in: Pharmacopsychiat. 2011, S. 195 (213).

821 *Gerlach u. a.*, Entwicklungspsychopharmakologie, in: Gerlach u. a., Neuro-/Psychopharmaka im Kindes- und Jugendalter: Grundlagen und Therapie, 3. Auflage 2016, S. 71 (75); *Gerlach u. a.*, Therapeutisches Drug-Monitoring in der Kinder- und Jugendpsychiatrie – Grundlagen und praktische Empfehlungen, in: Zeitschrift für Kinder- und Jugendpsychiatrie und Psychotherapie 2006, S. 5 (11).

822 *Gerlach u. a.*, Therapeutisches Drug-Monitoring in der Kinder- und Jugendpsychiatrie – Grundlagen und praktische Empfehlungen, in: Zeitschrift für Kinder- und Jugendpsychiatrie und Psychotherapie 2006, S. 5 (11f).

823 *Hiemke u. a.*, AGNP Consensus Guidelines for Therapeuthic Drug Monitoring in Psychiatry: Update 2011, in: Pharmacopsychiat. 2011, S. 195 (210); so z.B: *Kölch u. a.*, Therapeutic Drug Monitoring of Children and Adolescents Treated with Fluoxetine, in: Pharmacopsychiat. 2012, S. 72; *Taurines u. a.*, The Relation Between Dosage, Serum Concentrations, and Clinical Outcome in Children and Adolescents Treated With Sertraline: A Naturalistic Study, in: The Drug Monit 2013, S. 84; *Wohkittel u. a.*, Relationship between clozapine dose, serum concentration, and clinical outcome in children and adolescents in clinical practice, in: J Neural Transm 2016, S. 1021.

824 *Gerlach u. a.*, Entwicklungspsychopharmakologie, in: Gerlach u. a., Neuro-/Psychopharmaka im Kindes- und Jugendalter: Grundlagen und Therapie, 3. Auflage 2016, S. 71 (78).

sich mit der Unterstützung des BfArM ein Netzwerk zwischen deutschen, österreichischen und schweizerischen Kliniken ausgebildet, um Referenzwerte für Minderjährige über einen längeren Zeitraum zu sammeln.[825] Damit kommt dem TDM in der Zukunft eine wichtige Funktion bei der Pharamakovigilanz und damit der systematischen Überwachung von Psychopharmaka zu.[826] Bislang sind dem TDM in der individuellen Anwendung aufgrund der Datenlage jedoch Grenzen gesetzt.

Darüber hinaus ist es problematisch, dass das TDM mit einer Blutabnahme verbunden ist. Wenn der Patient bereits die Einnahme der Medikamente ablehnt, wird er häufig auch die Entnahme des Bluts ablehnen. Sofern das Blut gewonnen werden soll, würde bei Ablehnung eine erneute Zwangsbehandlung erforderlich werden. Der Grund für diese Zwangsbehandlung läge dann in den Gefahren und Risiken, die aus der ersten Zwangsbehandlung resultieren würden, die ursprünglich darauf ausgerichtet war – und nach wie vor ist – den Patienten zu heilen. Folglich muss bei der Bewertung der Kindeswohlgefährdung durch die erste Zwangsbehandlung berücksichtigt werden, dass sie gegebenenfalls eine zweite Zwangsbehandlung auslöst. Ob vor diesem Hintergrund die beiden Zwangsbehandlungen zulässig sind, sollte im Einzelfall genau geprüft und kritisch betrachtet werden. Das TDM ist im Ergebnis somit nur geeignet, sofern der die psychotrope Zwangsbehandlung ablehnende Patient mit der Blutentnahme für das Monitoring einverstanden ist.

Insofern ist es zu bedauern, dass andere Analysemethoden als die Blutproben bisher kaum zur Verfügung stehen. Eine Analyse von Haaren oder Urin sind bei Psychopharmaka nicht etabliert.[827] Zwar besteht die Möglichkeit, Speichel, dessen Entnahme weniger invasiv wäre als eine Blutentnahme, zu analysieren, gleichwohl ist dabei zu beachten, dass es erhebliche Nachweisprobleme über die Konzentration des Psychopharmakons geben kann.[828]

4. *Kein Beteiligungsrecht*

Hinzu kommt auch, dass das TDM ein methodisches Verfahren ist, um die bestehenden Gefahren der psychotropen Off-Label-Medikation einzugrenzen. Es kommt erst nach der Verabreichung des Medikaments zum Einsatz. Das TDM schützt somit lediglich die körperliche Integrität des Patienten im Nachhinein. Demgegenüber zielt die Aufklärung darauf ab, das körperliche Selbstbestimmungsrecht zu

825 http://www.tdm-kjp.de, zuletzt abgerufen am: 11. November 2017; *Egberts u. a.*, Pharmacovigilance in children and adolescents with psychiatric disorders, in: Pharmacopsychiat. 2014, S. 47.

826 *Gerlach u. a.*, Entwicklungspsychopharmakologie, in: Gerlach u. a., Neuro-/Psychopharmaka im Kindes- und Jugendalter: Grundlagen und Therapie, 3. Auflage 2016, S. 71 (77).

827 *Hiemke u. a.*, AGNP Consensus Guidelines for Therapeuthic Drug Monitoring in Psychiatry: Update 2011, in: Pharmacopsychiat. 2011, S. 195 (215).

828 *Hiemke u. a.*, AGNP Consensus Guidelines for Therapeuthic Drug Monitoring in Psychiatry: Update 2011, in: Pharmacopsychiat. 2011, S. 195 (215).

schützen. Es ist ein Instrument, um die zwischen dem Arzt und Patienten bestehenden Informationsasymmetrien abzubauen. Dadurch soll dem Patienten eine ausreichende Wissensgrundlage vermittelt werden, um sich selbstbestimmt für oder gegen einen Eingriff in die körperliche Integrität zu entscheiden. Insofern steht bei der Aufklärung zunächst die Selbstbestimmung im Vordergrund, wodurch die körperliche Integrität mittelbar mit geschützt wird.

Die Aufklärung und das TDM zielen somit auf den Schutz unterschiedlicher Rechtsgüter ab. Eine Kompensation des Selbstbestimmungsrechts findet durch das TDM nicht statt. Sowohl die Aufklärung als auch die Einwilligung sind echte Beteiligungs- und Einflussrechte des Patienten. Die Bedenken des Off-Label-Use werden in erster Linie durch diese beiden Einflüsse ausgeglichen. Das TDM stellt demgegenüber kein Beteiligungsrecht, sondern nur eine nachträgliche Kontrollmöglichkeit der Nebenwirkungen dar. Damit müssen andere Beteiligungsformen geschaffen werden, um die Verletzung des Selbstbestimmungsrechts des Minderjährigen bei der Off-Label-Zwangsbehandlung auszugleichen.

C. Weitere Konsequenzen des Grundsatzes der Verhältnismäßigkeit

Neben dem hinreichenden Überzeugungsversuch sowie der notwendigen Aufklärung hatte das BVerfG einige Ausführungen im Zusammenhang mit dem Grundsatz der Verhältnismäßigkeit gemacht, die im Folgenden nur kurz angesprochen werden sollen.

I. Dauer, Auswahl und Dosierung der Medikation

Das BVerfG hatte ausgeführt, dass sich der Grundsatz der Verhältnismäßigkeit auf die Dauer der Maßnahme auswirke und dass darüber hinaus Auswirkungen auf die Auswahl und Dosierung der Medikation vorlägen.[829]

Der Grundsatz der Verhältnismäßigkeit gilt auch bei der sorgerechtlichen Zwangsbehandlung. Deshalb ist eine solche auch nur solange zulässig, wie es der Krankheitszustand des Minderjährigen verlangt. Sobald die Gabe der Medikation auch ohne die Anwendung von Zwang erfolgen kann, ist eine Zwangsbehandlung nicht mehr zulässig.[830] Darüber hinaus kommt eine Off-Label-Behandlung nicht in Betracht, solange zugelassene Präparate angewendet werden können. Bei der Off-Label-Anwendung sind die rechtlichen Anforderungen im Rahmen des Facharztstandards an die Sorgfalt etwas geringer als im Zusammenhang mit dem individuellen Heilversuch. Die Dosierung hat sich aufgrund der in Kapitel 4, B.

829 BVerfGE 128, 282 (310) = NJW 2011, 2113 (2116).

830 *WHO*, Materialsammlung zu psychischer Gesundheit, Menschenrechten und Gesetzgebung, 2005, S. 54.

dargestellten Spezifika von Psychopharmaka eher am unteren als am oberen Rand zu orientieren.

II. Zwangsbehandlung, um Umgang und Erziehung zu erleichtern

Das BVerfG hat im Zusammenhang mit der *ultima ratio* Funktion ausgeführt, dass Maßnahmen, die nur die Betreuung des Patienten erleichtern und den notwendigen Aufwand mindern sollen, nicht zulässig seien.[831]

In der Eltern-Kind-Beziehung bedarf es für diese Begrenzung keines Rückgriffs auf den Grundsatz der Verhältnismäßigkeit. Die Einschränkung ergibt sich bereits im Voraus aus der Systematik der elterlichen Sorge. Die Zulässigkeit der elterlichen Einwilligung leitet sich aus § 1629 BGB sowie der Gesundheitsfürsorge ab. Die Gesundheitsfürsorge ist jedoch auf medizinische Maßnahmen begrenzt, die den pathologischen Zustand des Minderjährigen verbessern oder zumindest gleich halten sollen. Nur aus dieser Zielrichtung ist eine Zwangsbehandlung zulässig. Maßnahmen, die die Erziehung erleichtern sollen, zählen jedoch gerade nicht zur Gesundheitsfürsorge, sondern zum Erziehungsrecht. Rein pädagogische psychotrope Zwangsbehandlungen verstoßen damit gegen die Grundlagen der elterlichen Sorge. Sie stellen eine Kindeswohlgefährdung dar. Als wesentliche Voraussetzung muss die Zwangsbehandlung jedoch dem Wohl des Kindes dienlich sein. Insoweit fehlt es bereits an der materiellen Voraussetzung.

D. Rechtsschutz vor vollendeten Tatsachen

Nachdem exemplarisch einige materielle Voraussetzungen verglichen wurden, wird der Fokus nun auf die formellen Voraussetzungen gelegt. Das BVerfG hat in diesem Zusammenhang ausgeführt, dass sich für die Behandlung im Rahmen einer geschlossenen Unterbringung aus den Grundrechten Anforderungen an das Verfahren der Behörden und Gerichte ergäben, auf die der Untergebrachte in besonderem Maße angewiesen sei.[832] Aus der Garantie effektiven Rechtsschutzes (Art. 19 Abs. 4 GG) in Verbindung mit dem Grundrecht auf körperliche Unversehrtheit (Art. 2 Abs. 2 S. 1 GG) folge, dass eine planmäßig absehbare Behandlung dem Patienten angekündigt werden müsse, damit dieser Rechtsschutz hiergegen ersuchen könne, unabhängig davon, ob dessen Betreuer eingewilligt habe. Der Untergebrachte müsse insbesondere Gelegenheit haben, vor der Schaffung von vollendeten Tatsachen eine gerichtliche Entscheidung herbeizuführen.[833] In der

831 BVerfGE 128, 282 (309) = NJW 2011, 2113 (2116).

832 BVerfGE 128, 282 (311) = NJW 2011, 2113 (2117) mit Verweis auf BVerfGE 52, 380 (389f.); 101, 106 (122); 124, 43 (70).

833 BVerfGE 128, 282 (311f.) = NJW 2011, 2113 (2117); BeckRS 2017, 120797, Rz. 33.

vorherigen Ankündigung liege eine wesentliche verfahrensrechtliche Sicherung des Betroffenen vor der Zwangsbehandlung.[834]

I. Betreuungsrecht

Im Betreuungsrecht wird die Anforderung durch § 1906a Abs. 2 BGB und das flankierende Verfahrensrecht geschützt. Bereits das Faktum, dass ein Gericht über die Zulässigkeit der Maßnahme im Voraus zu entscheiden hat, gibt dem Betroffenen einen gewissen Rechtsschutz. Darüber hinaus ist der Betroffene gemäß § 9 Abs. 1 Nr. 1 in Verbindung mit § 316 FamFG ohne Rücksicht auf seine Geschäftsfähigkeit verfahrensfähig. Er kann somit gegen den vom Gericht getroffenen Beschluss gemäß § 58ff. FamFG Beschwerde einlegen. Dabei erleichtert § 336 FamFG diesen Vorgang, indem der Betroffene die Beschwerde auch bei dem Amtsgericht einlegen kann, in dessen Bezirk er untergebracht ist. Im Falle der Erledigung vor der Hauptsache, steht dem Betreuten die Möglichkeit der Fortsetzungsfeststellungsklage gemäß § 62 FamFG zur Verfügung.

II. Sorgerecht

In der Eltern-Kind-Beziehung gilt Art. 19 Abs. 4 GG jedoch nicht. Der Artikel schützt schon seinem Wortlaut nach ausschließlich vor Eingriffen der öffentlichen Gewalt. Der Rechtsschutz vor der psychotropen Zwangsbehandlung in der Eltern-Psychiatrie-Kind-Beziehung wird demgegenüber durch den aus dem Rechtsstaatsprinzip in Verbindung mit den Grundrechten (also hier Art. 2 Abs. 2 S. 1 GG und dem APR) abgeleiteten Allgemeinen Justizgewährungsanspruch ausgestaltet.[835] Inhaltlich entspricht er den Kernbereichen des Art. 19 Abs. 4 GG und unterscheidet sich maßgeblich nur in dem Anwendungsbereich.[836] Er ist die Grundlage des Rechtsschutzes in zivilen Angelegenheiten und sichert, dass ein Gericht verbindlich über das Bestehen von Rechten und Pflichten zwischen Privatpersonen entscheidet. Aus ihm leitet sich insbesondere die Garantie des effektiven und wirkungsvollen Rechtsschutzes in Zivilangelegenheiten ab.[837]

Insoweit entspricht es der verfassungsrechtlichen Anforderung, dass der Minderjährige Rechtsschutz gegen die sorgerechtliche Zwangsbehandlung suchen kann. Dem Minderjährigen müssen daher auch im Sorgerecht absehbare Zwangsbehandlungen im Voraus angekündigt werden.

Problematisch erscheint jedoch, dass sich der Minderjährige mit dem Rechtsschutz gegen eine Entscheidung der Eltern richtet. Dabei besteht die Gefahr, dass

834 BVerfGE 142, 313 (344) = NJW 2017, 53 (57) = BeckRS 2016, 50313, Rz. 85.
835 BVerfGE 88, 118 (123f.) = NJW 1993, 1635; 93, 99 (107) = NJW 1995, 3173; *Morlok/Michael*, Staatsorganisationsrecht, 3. Auflage 2017, Rz. 358.
836 BVerfGE 107, 395 (403) = NJW 2003, 1924 (1925).
837 BVerfGE 88, 118 (123) = NJW 1993, 1635.

die Garantie des effektiven Rechtsschutzes im *status quo* der sorgerechtlichen, psychotropen Zwangsbehandlung praktisch ins Leere läuft.

Im Gegensatz zu den Maßnahmen des § 1631b BGB gibt es im Sorgerecht keine vorherige gerichtliche Kontrolle des Vorgangs. Eine solche findet nur statt, wenn ein Verfahren gemäß § 1666 BGB eingeleitet wird. Dieses Vorgehen setzt jedoch voraus, dass der psychisch kranke Minderjährige in der Lage ist, aktiv diejenigen Maßnahmen zu ergreifen, die für ein Einschalten der Justiz notwendig wären oder dass das Gericht auf anderem Wege von der geplanten Zwangsbehandlung erfährt. Dass der Minderjährige selbstständig das Gericht informiert, wird umso unwahrscheinlicher, je jünger er ist. Dies liegt nicht nur an Loyalitätskonflikten gegenüber den Sorgeberechtigten, sondern vor allem auch an der fehlenden Erfahrung und dem fehlenden Wissen über solche Möglichkeiten. Die psychische Krankheit kommt erschwerend und einschränkend hinzu. Darüber hinaus liegt die Vermutung nahe, dass weder die Ärzte, die eine Zwangsbehandlung durchführen wollen, noch die Eltern, die in die Zwangsbehandlung einwilligen, ein entsprechendes Verfahren gegen sich einleiten würden. Demnach findet der Minderjährige vor der psychotropen Zwangsbehandlung keinen vorherigen Rechtsschutz. Dessen Allgemeiner Justizgewährungsanspruch wird bei diesem Vorgang wesentlich geringer geschützt, als bei freiheitsentziehenden Maßnahmen und der freiheitsentziehenden Unterbringung. Dort werden die betreuungsrechtlichen Verfahrensregeln gemäß § 167 FamFG entsprechend angewendet. Darüber hinaus ist das Schutzniveau deutlich geringer als bei zwangsbehandelten Volljährigen.

Sofern ein Verfahren nach § 1666 BGB nicht eingeleitet wird, erhält der Minderjährige lediglich die Möglichkeit, über eine Klage wegen Körperverletzung und Verletzung des Allgemeinen Persönlichkeitsrechts Rechtsschutz zu suchen. Eine solche nachträgliche gerichtliche Kontrolle kann dem Minderjährigen zwar die Bestätigung geben, dass das Vorgehen der Eltern und Ärzte nicht rechtmäßig gewesen ist. Das Eintreten von schweren, erheblichen Eingriffen in die körperliche Integrität sowie das Allgemeine Persönlichkeitsrecht wird dadurch jedoch nicht verhindert. Rechtsschutz vor dem Eintritt von vollendeten Tatsachen soll jedoch gerade den grundrechtlich sensiblen Bereich vor solchen Eingriffen schützen. Insoweit ist es auch bei der psychotropen Zwangsbehandlung sinnvoll, das Schutzniveau anzugleichen. Inwieweit die Systematik der Eltern-Kind-Beziehung zu einer anderen juristischen Bewertung bei der Zwangsbehandlung führen kann, ist vor dem Hintergrund des vorhandenen § 1631b BGB und § 167 FamFG nicht ersichtlich. Entsprechend seiner Gesetzgebungsgeschichte sollte gerade ein Gleichlauf von Minderjährigen- und Volljährigenschutz hergestellt werden. Darüber hinaus muss auch beachtet werden, dass ein einfaches, abruptes Absetzen der Medikamente nicht möglich ist, sondern zum Teil mit erheblichen Entzugserscheinungen verbunden sein kann (vgl. dazu beispielhaft die Ausführungen zu den Benzodiazepinen unter Kapitel 4, B., II., 4., a., cc). Die Auswirkungen der Medikamentengabe sind damit nicht nur sehr folgenreich, sondern haben auch entsprechend lange Nachwirkungen. Die Folgen des Eintritts von vollendeten Tatsachen sind somit sehr weitreichend und hören nicht mit dem Absetzen der Medikamente auf. Dies verdeutlicht, warum der Rechtsschutz über § 1666 BGB alleine nicht ausreicht, um dem Allgemeinen Justizgewährungsanspruch des Minderjährigen bei der psychotropen Zwangsbehandlung Rechnung zu tragen. Gegen die Entscheidung zur Zwangsbehandlung Widerspruch einlegen zu können und sie überprüfen zu lassen, zählt in menschenrechtlicher Hinsicht, zu den wesentlichen verfahrensrechtlichen Sicherungen zum Schutz von psychisch kranken Patienten.[838]

E. Verfahrenspfleger und -beistand

Sofern es zu einem gerichtlichen Verfahren kommt, unterstützt das FamFG die verfahrensrechtliche Position des Betroffenen, indem zusätzliche Personen in das Verfahren mit einbezogen werden. Das BVerfG hatte hierzu ausgeführt, dass der Betreute auch in Fällen, in denen die Einwilligung eines gesetzlichen Vertreters vorläge, Rechtsschutz vor vollendeten Tatsachen suchen müsse. Hier müsse der insoweit von verfassungswegen verfahrensfähige Betroffene zumindest, erforderlichenfalls mit Hilfe eines Verfahrenspflegers, rechtzeitig gegen die Erteilung der Einwilligung vorgehen können.[839]

I. Bei Betreuten

Gemäß § 317 Abs. 1 S. 3 FamFG ist bei der Genehmigung einer Einwilligung in eine ärztliche Zwangsmaßnahme oder deren Anordnung die Bestellung eines Verfahrenspflegers stets erforderlich. Die obligatorische Bestellung eines Pflegers war zuvor in § 312 S. 3 FamFG a.F. geregelt. Mit der Norm wurde die Beschlussempfehlung des Rechtsausschusses übernommen, um dem besonderen Schutzbedürfnis des Zwangsbehandelten Rechnung zu tragen.[840] Dieser Änderungsvorschlag beruhte auf der Sachverständigenanhörung, die in der 105. Sitzung des Rechtsausschusses des Deutschen Bundestages in der 17. Wahlperiode durchgeführt wurde. In diesem Rahmen wurde von *Grotkopp* darauf hingewiesen, dass ein Verfahrenspfleger eine zusätzliche Sicherung des Verfahrens darstellt.[841] *Lipp* hob die Rolle hervor, indem er ausführte:

> Der Aufgabenbereich des Verfahrenspflegers ist die Interessenvertretung und Fürsprecher des Betroffenen im Verfahren zu sein, und zwar gerade in den Fällen, in denen der Betroffene höchstwahrscheinlich nicht selbst in der Lage ist, sich rechtliches Gehör zu verschaffen. Das gilt natürlich gerade in den Situationen, über die wir hier sprechen. Wir sprechen von Menschen, denen wir jedenfalls *prima facie*

---

838 *WHO*, Materialsammlung zu psychischer Gesundheit, Menschenrechten und Gesetzgebung, 2005, S. 5.
839 BVerfGE 128, 282 (312) = NJW 2011, 2113 (2017)
840 BT-Drs. 17/12086, S. 5 und 11.
841 Protokoll der 105. Sitzung des Rechtsausschusses des Deutschen Bundestags, 17. Wahlperiode, v. 10. Dezember 2012, S. 43.

> bescheinigen, dass sie einwilligungsunfähig, also so schwer psychisch krank sind, dass eine Zwangsbehandlung überlegt wird – und das ist eigentlich nachgerade der prototypische Fall, in dem man einen Verfahrenspfleger bestellen muss. Und insofern meine ich, dass man da nicht mit der allgemeinen Regelung hinkommt, sondern das auch ausdrücklich sagen muss. Im Unterschied zum Betreuer ist dieser Verfahrenspfleger eine eigenständige Person im Verfahren (...)[842]

Dementsprechend steht dem Verfahrenspfleger gemäß § 335 Abs. 2 FamFG das Recht der Beschwerde zur Verfügung. Die Rolle des Verfahrenspflegers für den Schutz der Grundrechte des bei der Zwangsbehandlung besonders schutzwürden Patienten wurde im Jahr 2017 durch § 62 Abs. 3 FamFG erweitert. Nun kann er auch eine Fortsetzungsfeststellungsbeschwerde durchführen.[843]

II. Bei Minderjährigen

Im Gegensatz zu autonomen Volljährigen muss bei Minderjährigen berücksichtigt werden, dass grundsätzlich die verfahrensrechtliche Position durch die Eltern gestärkt wird. Da die Verbindung zu ihren Kindern eine natürliche ist, entspricht es dem fiduziarischen Ideal der elterlichen Fürsorge, dass die Eltern diese Aufgabe verantwortungsbewusst und am besten wahrnehmen. Insoweit kann und muss ihnen mehr Verantwortung zustehen als dem familienexternen Betreuer. Dieses Ideal und die Neutralität werden jedoch vom Gesetzgeber hinterfragt, wenn es um eine Kontroverse zwischen den Sorgeberechtigten und dem Minderjährigen geht. Deshalb ist die Bestellung eines Verfahrensbeistandes gemäß § 158 Abs. 2 Nr. 1 FamFG in der Regel erforderlich, wenn das Interesse des Kindes zu dem seiner gesetzlichen Vertreter in erheblichem Gegensatz steht. Die Interessen des Minderjährigen müssen gerade im besonders grundrechtsrelevanten Bereich durch den Verfahrensbeistand geschützt werden.[844] Die interessenwahrende Schutzfunktion des Verfahrensbeistandes zeigt sich plakativ darin, dass er sich als „Kinder- und Jugendanwalt" bezeichnen darf, auch wenn er keine Anwaltszulassung hat[845] und in dem Fakt, dass er befugt ist, Verfassungsbeschwerde einzulegen, um damit in seinem eigenen Namen fremde Rechte geltend zu machen.[846]

Zwar stellt die sorgerechtliche psychotrope Zwangsbehandlung einen besonders grundrechtsrelevanten Bereich dar, gleichwohl kommt der Minderjährige lediglich in Verfahren des § 1666 BGB in den Genuss der interessenwahrenden

---

842 Protokoll der 105. Sitzung des Rechtsausschusses des Deutschen Bundestags, 17. Wahlperiode, v. 10. Dezember 2012, S. 33.

843 BT-Drs. 18/12842, S. 9.

844 BT-Drs. 18/11278, S. 19.

845 OLG Düsseldorf, GRUR-RS 2015, 07168, insoweit auch im Gesetzgebungsverfahren BT-Plenarprotokoll 18/243, S. 25057: „Ein Verfahrensbeistand ist, wie die Rechtspolitiker wissen, der Anwalt des Kindes".

846 BVerfG, NJW 2017, 1295 = FamRZ 2017, 524 (526).

Schutzfunktion des Verfahrensbeistandes. Die Verfahren finden jedoch nur in den seltensten Fällen statt. Demgegenüber ist die Bestellung des Verfahrensbeistands gemäß mit § 167 Abs. 1 S. 3 FamFG bei der sorgerechtlichen freiheitsentziehenden Unterbringung und bei freiheitsentziehenden Maßnahmen[847] verpflichtend. In diesen Fällen soll der Verfahrensbeistand durch das Wahrnehmen von Vor-Ort-Terminen sowie durch Gespräche mit dem Minderjährigen und der Einrichtung feststellen, was das Beste für den psychisch kranken Patienten ist. Dadurch sollen nicht nur die Eltern von ihrer Verantwortung entlastet, sondern dem Familiengericht eine zusätzliche Hilfe bei der Entscheidung zugesprochen werden.[848] Der Verfahrensbeistand soll dem Gericht ermöglichen, ein umfassendes Bild von dem Minderjährigen zu erhalten.[849]

Die schwere Belastung der Eltern besteht jedoch unabhängig davon, ob der Minderjährige gegen seinen Willen mit Medikamenten behandelt oder sediert werden soll. Bereits die Anwendung von Zwang sowie die Nebenwirkungen der Medikamente versetzen die Eltern in einen starken Gewissenskonflikt. Es ist daher nicht ersichtlich, warum die familienrechtliche Dogmatik bei gleicher Ausgangslage zu einem verminderten Schutz der Kindesinteressen führen sollte. Bereits aus dem Völkerrecht ergibt sich, dass eine unabhängige Person hinzugezogen werden soll, wenn zwischen Eltern und Kindern Interessenkonflikte bestehen.[850] Dabei muss auch die Gesetzgebungsgeschichte des § 1631b BGB berücksichtig werden, die zu einer Angleichung des Minderjährigen- und Volljährigenschutzes führen sollte. Zum Betreuungsrecht hatte *Lipp* ausgeführt, dass die Bestellung eines Verfahrenspflegers gerade Personen helfen soll, die sich selbst nicht rechtliches Gehör verschaffen können. Personen, die auf den ersten Blick einwilligungsunfähig wirken und deshalb zwangsbehandelt werden sollen, seien der „prototypische Fall" für die Bestellung eines Verfahrenspflegers. Der vorstehende Abschnitt hat gezeigt, mit welchen Schwierigkeiten der Rechtsschutz des Minderjährigen vor der sorgerechtlichen Zwangsbehandlung verbunden ist. Es ist deshalb nicht davon auszugehen, dass der Minderjährige sein rechtliches Gehör wahren kann. Dadurch wird deutlich, dass es auch bei der psychotropen Zwangsbehandlung einer verpflichtenden Hinzuziehung des Verfahrenspflegers bedarf, um die Eltern zu entlasten und die Interessen des Minderjährigen effektiv zu schützen. Dies zeigt auch, dass das Verfahrensrecht eine wesentliche Bedeutung für den Grundrechtsschutz des Minderjährigen hat. In der Rechtsprechung des BVerfG wird die Notwendigkeit

---

847 Diese neue Entwicklung begrüßend *Schepker/Brünger*, Freiheitsentziehung und Freiheitsbeschränkung – der Gesetzentwurf zum § 1631b BGB, in: Zeitschrift für Kinder- und Jugendpsychiatrie und Psychotherapie 2017, S. 160 (162).

848 BT-Plenarprotokoll 18/243, S. 25057.

849 *Götz*, Fortschritt im Kindesschutz - Genehmigungsvorbehalt jetzt auch für freiheitsentziehende Maßnahmen bei Kindern, in: FamRZ 2017, S. 1289 (1292).

850 *WHO*, Materialsammlung zu psychischer Gesundheit, Menschenrechten und Gesetzgebung, 2005, S. 86.

des Verfahrensrechts bei Interessenkonflikten zwischen Kindern und Eltern immer wichtiger.[851]

F. Zusätzliche ärztliche Expertise

Das BVerfG hatte darüber hinaus betont, dass die Hinzuziehung eines neutralen, unabhängigen Sachverständigen zum Verfahren eine wesentliche Sicherung des Schutzes vom Betroffenen darstelle.[852]

I. Im Betreuungsrecht

§ 321 Abs. 1 FamFG konkretisiert die Amtsermittlungspflicht aus § 26 FamFG im Bereich von Unterbringungsmaßnahmen. Hiernach hat vor einer Unterbringungsmaßnahme eine förmliche Beweisaufnahme durch die Einholung eines Gutachtens über die Notwendigkeit der Maßnahme stattzufinden. Das Gutachten dient zur sorgfältigen Aufklärung des Sachverhalts, insbesondere zur Feststellung der medizinischen Voraussetzungen des Vorgangs.[853] Es soll dem Gericht dabei helfen, die entscheidungserheblichen Tatsachen zu ermitteln.[854] In diesem Sinne soll das Gutachten dem Tatrichter eine nachvollziehbare und überprüfbare Grundlage für seine Entscheidung geben.[855] Es muss dementsprechend auf der Grundlage von objektivierbaren und konkreten Anhaltspunkten erstellt werden.[856] Dabei muss das Gutachten auf wissenschaftlicher Basis zu allen materiellen Voraussetzungen der Zwangsmaßnahme Stellung beziehen, insbesondere auch zur krankheitsbedingten Einwilligungsunfähigkeit des Patienten sowie zur Alternativlosigkeit des Vorgehens.[857]

Um das Gutachten zu erstellen, hat der Arzt den Patienten persönlich zu untersuchen oder zu befragen (§ 321 Abs. 1 S. 2 FamFG). Dementsprechend ist eine Anfertigung von Gutachten, die auf der reinen Aktenlage basieren, nicht zulässig.[858] Eine Exploration am Fenster, weil der Betroffene dem Gutachter den Zutritt verweigert, reicht ebenso wenig aus.[859] Vielmehr verlangt § 321 FamFG, dass sich der Sachverständige mit dem Betroffenen gezielt trifft, um das Gutachten erstellen

---

851 *Salgo*, Anmerkungen zu BVerfG, FamRZ 2017, 213, in: FamRZ 2017, S. 531.

852 BVerfGE 142, 313 (344) = NJW 2017, 53 (57) = BeckRS 2016, 50313, Rz. 85.

853 BGH, NJW-RR 2013, 193 (194) = FamRZ 2013, 211 (212); 2014, 642 (643) = FamRZ 2014, 649 (650); 2016, 257 (258) = FamRZ 2015, 2156.

854 *Sternal*, in: Keidel, FamFG, 19. Auflage 2017, § 30, Rz. 6.

855 OLG Düsseldorf, FamRZ 1993, 1224 (1225); BayOLG, FamRZ 1995, 695 (696).

856 BGH, NJW-RR 2014, 641 = FGPrax 2014, 181.

857 Vgl. zu den inhaltlichen Voraussetzungen im Einzelnen: *Budde*, in: Keidel, FamFG, 19. Auflage 2017, § 321, Rz. 7f. *Dodegge*, in: Schulte-Bunert/Weinreich, FamFG, 5. Auflage 2016, § 321, Rz. 5f.

858 OLG Brandenburg, FamRZ 2001, 40.

859 OLG Köln, FamRZ 2001, 310.

zu können. Vorherige Gespräche mit dem Betroffenen aus anderem Anlass stellen keine ausreichende Grundlage für eine Gutachtenerstellung dar.[860] Gemäß Absatz 1 S. 4 soll der das Gutachten erstellende Arzt Facharzt für Psychiatrie sein. Bei der Genehmigung einer Zwangsbehandlung soll der Sachverständige nicht der zwangsbehandelnde Arzt sein, vgl. § 321 Abs. 1 S. 5 FamFG. Mit der letzten Voraussetzung werden die Anforderungen des BVerfG umgesetzt, wodurch eine unvoreingenommene ärztliche Begutachtung sichergestellt werden soll.[861] Damit gilt bei der Bewertung der Zwangsbehandlung ein ärztliches „Vier-Augen-Prinzip".[862] Dieses Vorgehen ist notwendig, da im psychiatrischen Bereich erhebliche Unterschiede und Unsicherheiten darüber bestehen, wann eine Person tatsächlich einwilligungsunfähig ist, unter welchen Voraussetzungen eine krankheitsbedingte Einsichtsunfähigkeit vorliegt oder wann eine Zwangsbehandlung grundsätzlich möglich ist. Durch das Vier-Augen-Prinzip wird die Qualität der Entscheidung gesteigert, da zwei Fachärzte inhaltlich und fachlich übereinstimmen müssen. Darüber hinaus kann das Hinzuziehen eines zweiten begutachtenden Arztes in der Praxis einen zwangsvermeidenden Effekt haben.[863]

II. Im Sorgerecht

1. Fachärztliches Gutachten bei freiheitsentziehender Unterbringung

Durch den Verweis aus § 167 Abs. 1 S. 1 FamFG auf die Vorschriften zur Unterbringung von Betreuten, muss auch bei der freiheitsentziehenden Unterbringung von Minderjährigen ein ärztliches Gutachten erstellt werden. Insoweit gilt das zuvor zu § 321 FamFG Gesagte. Abweichend davon legt § 167 Abs. 6 S. 1 FamFG fest, dass der Sachverständige ein Facharzt für Kinder- und Jugendpsychiatrie und -psychotherapie sein soll. Dies ist auch sachgerecht, da es sich bei der Patientenklientel, die zwangsweise untergebracht werden soll, um eine psychiatrische Hochrisikogruppe handelt, die einer entsprechenden psychiatrischen Begutachtung bedarf.[864]

2. Fachärztliches Zeugnis bei freiheitsentziehenden Maßnahmen

Nach 167 Abs. 6 S. 3 HS. 1 FamFG genügt bei gerichtlichen Verfahren, in denen es um die Genehmigung von freiheitsentziehenden Maßnahmen geht, anstelle eines Sachverständigengutachtens ein ärztliches Zeugnis. Der das Zeugnis erstellende Arzt sollte entsprechend dem zweiten Halbsatz ein Facharzt für Kinder- und

860 OLG Köln, FamRZ 1999, 873.
861 BT-Drs. 17/12086, S. 11.
862 BT-Drs. 17/12086, S. 10.
863 Vgl. zum Vorstehenden: Protokoll der 105. Sitzung des Rechtsausschusses des Deutschen Bundestags, 17. Wahlperiode, v. 10. Dezember 2012, S. 34.
864 BT-Drs. 16/6308, S. 243.

Jugendpsychiatrie und -psychotherapie sein. Aus der Gesetzesbegründung ergibt sich, dass ein Zeugnis nach Aktenlage nicht ausreicht. Der das Gutachten erstellende Arzt ist deshalb dazu angehalten, den Minderjährigen in eigener Person zu untersuchen und zu befragen.[865]

Im Gesetzgebungsverfahren wurde kritisiert, dass kein Sachverständigengutachten gefordert wird. Ein ärztliches Zeugnis würde nicht ausreichen und berge das Risiko, dass die gesetzliche Neuregelung ins Leere laufe.[866] Dass ein ärztliches Zeugnis nicht genüge, wird unter anderem auch darauf gestützt, dass die freiheitsentziehenden Maßnahmen häufig auch schwerer wiegen können als freiheitsentziehende Unterbringungen.[867] Um dies zu verhindern, sollte die Qualität des Zeugnisses einem Gutachten entsprechen.[868] Für die jeweiligen Anforderungen kann auf die Praxis von § 281 FamFG zurückgegriffen werden.[869] Alternativ könnte die ausdrückliche Festlegung von Anforderungen an das ärztliche Gutachten bei freiheitsentziehenden Maßnahmen sinnvoll sein.[870]

3. Zwangsbehandlung

Dieser wesentliche Verfahrensschutz fehlt für die sorgerechtliche Zwangsbehandlung von Minderjährigen. Die Analyse hat hervorgehoben, dass die psychotrope Zwangsbehandlung mit erheblichen negativen Auswirkungen für den Minderjährigen verbunden sein kann – unabhängig davon, dass sie zum Zwecke der Heilung angewendet wird. Sie greift damit sehr stark in einen sensiblen Bereich der Grundrechte ein. Die Eltern sind häufig nicht in der Lage, die Einwilligungsfähigkeit oder die weiteren medizinischen Grundlagen, die eine Zwangsbehandlung erforderlich machen, selbstständig zu prüfen. Den meisten Eltern wird hierzu die fachliche Expertise fehlen. Sie müssen sich daher auf die Empfehlung des behandelnden Arztes verlassen. Die obenstehenden Ausführungen zum Betreuungsrecht haben jedoch gezeigt, dass gerade der psychiatrische Bereich, in dem Zwang angewendet werden soll, ein Paradebeispiel für die Anwendung eines „Vier-Augen-Prinzips" ist und dass die zweite Begutachtung dazu dienen kann, Zwang zu vermeiden. Beide Aspekte können im kinder- und jugendpsychiatrischen Bereich dabei helfen, der durch die psychotrope Zwangsbehandlung drohenden Kindeswohlgefährdung entgegenzutreten. Das Vorliegen der Einwilligungsunfähigkeit und der weiteren Voraussetzungen der Zwangsbehandlung sind für die juristische Bewertung des

865 BT-Drs. 18/11278, S. 19.

866 BT-Drs. 18/221, S. 22366.

867 *Götz,* Fortschritt im Kindesschutz - Genehmigungsvorbehalt jetzt auch für freiheitsentziehende Maßnahmen bei Kindern, in: FamRZ 2017, S. 1289 (1292).

868 *Dodegge,* in: Schulte-Bunert/Weinreich, FamFG, 5. Auflage 2016, § 321, Rz. 16; *Roth,* in: Prütting/Helms, FamFG, 3. Auflage 2014, § 321, Rz. 7.

869 *Budde,* in: Keidel, FamFG, 19. Auflage 2017, § 321, Rz. 9.

870 *Götz,* Fortschritt im Kindesschutz - Genehmigungsvorbehalt jetzt auch für freiheitsentziehende Maßnahmen bei Kindern, in: FamRZ 2017, S. 1289 (1294).

Vorganges von erheblicher Bedeutung. Die Bedeutung eines ärztlichen Gutachtens wird vor allem im Bereich der Verhältnismäßigkeit deutlich. Entsprechend der Rechtsprechung des BVerfG folgt aus der notwendigen Angemessenheit der Medikation, dass der Nutzen der Medikation nicht den möglichen Schaden der Nichtbehandlung überwiegen darf. Im Hinblick auf die bestehenden Prognoseunsicherheiten und sonstigen methodischen Schwierigkeiten des hierfür erforderlichen Vergleichs träfe es laut BVerfG die grundrechtlichen Anforderungen, wenn in medizinischen Fachkreisen ein deutlich feststellbares Überwiegen des Nutzens gefordert werde.[871] Der Verhältnismäßigkeitsgrundsatz gilt ebenso in der Kinder- und Jugendpsychiatrie, sodass auch hier ein deutliches Überwiegen des Nutzens festgestellt werden muss. Bei der Bewertung kommt es auf die drohende erhebliche Gesundheitsbeeinträchtigung, eine nicht zu eingriffsintensive Behandlung und hohe Erfolgsaussichten zugunsten der Behandlung an. Aufgrund der vielfältigen Anwendungsbereiche sei die Evidenz des Abwägungsergebnisses vor allem auf der Anwendungsebene im Einzelfall zu suchen.[872] In Kapitel 4 B. wurde bereits herausgearbeitet, dass die Prognoseunsicherheiten aufgrund des Off-Label-Use in der Kinder- und Jugendpsychiatrie wesentlich ausgeprägter sind als bei Volljährigen. Die wissenschaftliche Grundlage, auf der die Anwendung der Medikamente außerhalb des Anwendungsbereichs beruht, ist deutlich unausgereifter, als es bei zugelassenen Präparaten in der Erwachsenenpsychiatrie der Fall ist. Es gibt keine Studien, die die statistischen Risiken oder den Nutzen der Anwendung festlegen. Hinzukommen entwicklungsbedingte Faktoren, die die Einschätzung zusätzlich erschweren. Aus diesem Grund ist auch der Sorgfaltsmaßstab und damit das mögliche Haftungsrisiko des Arztes erhöht. Die Bewertung der psychotropen Off-Label-Zwangsbehandlung im konkreten Einzelfall erfordert eine fundierte und differenzierende wissenschaftliche Auseinandersetzung. Um das Haftungsrisiko für den Arzt zu senken, ist es daher sinnvoll, wenn ein neutraler Gutachter aus demselben Fachbereich zum gleichen Ergebnis kommt. Dadurch würden auch die körperliche Integrität und allgemeine Selbstbestimmung des Minderjährigen und damit das Kindeswohl geschützt werden. Das Gutachten muss sich in Bezug auf die Medikation neben der Angabe des Arzneimittels beziehungsweise des Wirkstoffs, der Dosierung und Verabreichungshäufigkeit auf eine alternative Medikation für den Fall der mangelnden Wirksamkeit oder Unverträglichkeit beziehen.[873] Darüber hinaus muss es sich intensiv mit der wissenschaftlichen Grund- und Datenlage zu der Anwendung des Medikaments außerhalb des Zulassungsbereichs auseinandersetzen. Da sich die Wirkungen und Nebenwirkungen des Medikaments tatsächlich erst in der Anwendung zeigen, muss das Gutachten dem behandelnden Arzt einen

871 BVerfGE 128, 282 (311) = NJW 2011, 2113 (2117); BeckRS 2017, 120797, Rz. 34.
872 BVerfGE 142, 313 (343) = NJW 2017, 53 (57) = BeckRS 2016, 50313, Rz. 83.
873 BGHZ 166, 141 (154) = NJW 2006, 1277 (1281).

gewissen Spielraum überlassen, um die Medikation im Bedarfsfall wechseln zu können.[874]

Die in § 167 Abs. 1 S. 2 FamFG vorgesehene Ausnahme, dass das Gutachten auch durch einen Psychotherapeuten, Psychologen, Pädagogen oder Sozialpädagogen vorgenommen werden kann, greift für die psychotrope Zwangsbehandlung von Minderjährigen nicht, da sie entsprechend der Gesetzesbegründung nur für Fälle von eindeutigen Erziehungsdefiziten vorgesehen ist, in denen kein psychiatrischer Hintergrund im Raum steht.[875] Die Qualifikation des Sachverständigen als Facharzt für Kinder- und Jugendpsychiatrie und -psychotherapie ist somit nur entbehrlich, wenn es um rein pädagogisch gelagerte Problemfelder geht.[876] Die sorgerechtliche Zwangsbehandlung aufgrund pädagogischer Probleme ist nicht zulässig.

Für die Notwendigkeit einer doppelten gutachterlichen Prüfung bei der somatischen Zwangsbehandlung und vor allem die Bedeutung des Gutachtens bei der Feststellung der Einwilligungsfähigkeit wird auf die Ausführungen unter Kapitel 7, B., II. verwiesen.

G. Weitere verfahrensrechtliche Anforderungen

I. Anordnung und Überwachung durch einen Arzt

Das BVerfG hat ausgeführt, dass die Anordnung und Überwachung der Medikation durch einen Arzt erfolgen muss, da nur dies den völkerrechtlichen Maßgaben, den internationalen Standards in Menschenrechtsfragen und den fachlichen Standards der Psychiatrie entspräche.[877] Hierbei handele es sich um eine wesentliche, verfahrensrechtliche Sicherung des Betroffenen.[878] Darüber hinaus folge aus der notwendigen Erforderlichkeit der Zwangsbehandlung, dass begleitende Kontrollen durchgeführt werden müssen.[879]

Dass die Anordnung nur durch einen Arzt erfolgen darf, ergibt sich im Betreuungsrecht aus dem Wortlaut des § 1906a Abs. 2 BGB, welcher von der Genehmigung einer ärztlichen Maßnahme spricht. Mithin sind nicht-ärztliche Maßnahmen nicht genehmigungsfähig. Im Sorgerecht ergibt sich die Anforderung aus dem Kindeswohlgedanken. Eine Verabreichung von Psychopharmaka, die nicht von ausgebildeten Ärzten erfolgt, würde dem völlig widersprechen.

---

874 *Budde,* in: Keidel, FamFG, 19. Auflage 2017, § 323, Rz. 7.

875 BT-Drs. 16/6308, S. 432.

876 OLG Saarbrücken, FamRZ 2010 1920 (1921f.).

877 BVerfGE 128, 282 (313) = NJW 2011, 2113 (2117); so auch BGHZ 193, 337 (351f.) = NJW 2012, 2967 (2971); BeckRS 2017, 120797, Rz. 33; vgl. insoweit auch *WHO*, Materialsammlung zu psychischer Gesundheit, Menschenrechten und Gesetzgebung, 2005, S. 47.

878 BVerfGE 142, 313 (344) = NJW 2017, 53 (57) = BeckRS 2016, 50313, Rz. 85.

879 BVerfGE 128, 282 (310) = NJW 2011, 2113 (2116).

Das Erfordernis einer Überwachung der Medikation durch einen Arzt gilt im Sorgerecht aufgrund der Anwendung der Medikamente außerhalb ihres Zulassungsbereichs und der damit verbundenen Risiken erst recht. Eine ärztliche Kontrollmöglichkeit der Medikation wäre das bereits erwähnte Therapeutische Drug Monitoring (Kapitel 8, B., IV.). Darüber hinaus werden EKG[880] oder EEG und Blutdruckmessungen sowie die Kontrolle der Größte und des Gewichtes durchgeführt.[881] Für Patienten, bei denen diese Kontrollen im Einverständnis erfolgen können, sind die Verfahren praktisch sehr gut, um die körperliche Integrität zu schützen. Der Arzt und die Eltern richten die Therapie entsprechend der Ergebnisse aus und reagieren auf Veränderungen.

Unabhängig davon muss jedoch beachtet werden, dass die Missachtung des Selbstbestimmungsrechts des Minderjährigen sowie die Einhaltung von Verfahrensgarantien und die Aufrechterhaltung der Tatbestandsvoraussetzungen der Zwangsbehandlung von der Qualitätskontrolle nicht erfasst werden. Sie gehören jedoch im gleichen Maße zur medikamentösen Zwangsbehandlung wie der Schutz der körperlichen Integrität und müssen somit im gleichen Maße überprüft und gesichert werden. Hier bietet sich aufgrund der Konfliktsituation zwischen Eltern und Kindern eine neutrale Kontrollinstanz an. Eine solche Lösung empfiehlt sich gerade für Situationen, in denen die Eltern-Kind-Beziehung dysfunktional ist.

II. Dokumentation

Das BVerfG hat in Bezug auf die Dokumentation ausgeführt, dass alle gegen den Willen des Untergebrachten ergriffenen Behandlungsmaßnahmen, einschließlich ihres Zwangscharakters, der Durchsetzungsweise, der maßgeblichen Gründe und der Wirkungsüberwachung, dokumentiert werden müssen.[882] Die Dokumentation sei zur Sicherung der Verhältnismäßigkeit geboten. Nur auf ihrer Grundlage bliebe fachgerechtes und verhältnismäßiges Handeln unter der für Kliniken typischen Bedingungen gesichert, dass die zuständigen Akteure wechseln. Dies gelte erst recht für Behandlungen, die sich über einen längeren Zeitraum erstrecken und dabei den Grundsatz der Verhältnismäßigkeit nur unter der Voraussetzung wahren, dass die Auswirkungen im Zeitverlauf beobachtet und aus den Ergebnissen dieser Beobachtung die fälligen Konsequenzen gezogen werden. Hinzu komme, dass die Dokumentation auch ein unentbehrliches Mittel der systematischen

---

880 *Roessner u. a.*, Need for a more developmental perspective: QTc prolongation under psychotropic medication, in: European Child & Adolescent Psychiatry 2017, S. 871 (872).

881 *Kölch*, Rechtliche und ethische Fragen im klinischen Alltag, in: Gerlach u. a., Neuro-/Psychopharmaka im Kindes- und Jugendalter: Grundlagen und Therapie, 3. Auflage 2016, S. 81 (87).

882 BVerfGE, BeckRS 2017, 120797, Rz. 33.

verbesserungsorientierten Qualitätskontrolle und Evaluation sei.[883] Hierbei handele es sich um eine notwendige, verfahrensrechtliche Sicherung des Betroffenen.[884]

1. *§ 630f Abs. 2 BGB*

Ärztliche Dokumentationspflichten ergeben sich aus § 630f. Abs. 2 BGB. Die Anforderung aus dem Behandlungsvertrag gilt unabhängig davon, ob ein Minderjähriger oder Volljähriger behandelt wird. Hiernach muss der behandelnde Arzt sämtliche aus fachlicher Sicht für die derzeitige und künftige Behandlung wesentlichen Maßnahmen und deren Ergebnisse aufzeichnen. Darunter fallen neben der Anamnese und Diagnose vor allem alle Befunde, Therapien und ihre Wirkungen, Eingriffe und ihre Wirkungen sowie die Einwilligungen und Aufklärungen – oder deren Fehlen. In entsprechender Anwendung der Rechtsprechung des BVerfG müssen mithin alle gegen den Willen des Minderjährigen ergriffenen Behandlungsmaßnahmen, einschließlich ihres Zwangscharakters, der Durchsetzungsweise, der maßgeblichen Gründe und der Wirkungsüberwachung dokumentiert werden. Darüber hinaus muss die Diagnose, die zu der Anwendung des Zwangs führt, schriftlich begründet werden. Damit muss auch dokumentiert werden, wenn sich das Krankheitsbild ändert und welche Nebenwirkungen im Einzelfall auftreten.[885] Insofern stimmen die Dokumentationsanforderungen, die sich aus dem Behandlungsvertrag ableiten, zwischen der sorgerechtlichen und betreuungsrechtlichen Zwangsbehandlung überein. Das Schutzniveau ist hier grundsätzlich vergleichbar.

2. *§ 323 Abs. 2 FamFG*

Verfahrensrechtlich wird die Dokumentation der ärztlichen Zwangsbehandlung von Betreuten in § 323 Abs. 2 FamFG erwähnt. § 323 Abs. 1 FamFG nennt den notwendigen Inhalt des gerichtlichen Beschlusstenors bei Unterbringungsentscheidungen. Seit dem Jahr 2013 setzt der neu eingefügte Absatz 2 voraus, dass die Beschlussformel bei der Genehmigung einer Einwilligung in eine ärztliche Zwangsmaßnahme auch Angaben zur Durchführung und Dokumentation dieser Maßnahme in der Verantwortung eines Arztes enthalten muss. Durch die Dokumentation soll die Rechtsverfolgung bei Verstößen erleichtert werden, indem eine nachträgliche Rechtsverfolgung möglich wird.[886] Fehlen die Festlegungen im Beschlusstenor, ist die ärztliche Zwangsbehandlung entsprechend der Rechtsprechung des BGH insgesamt rechtswidrig und der Betroffene in seinen Rechten

---

883 BVerfGE 128, 282 (313f.) = NJW 2011, 2113 (2117f.).
884 BVerfGE 142, 313 (344) = NJW 2017, 53 (57) = BeckRS 2016, 50313, Rz. 85.
885 *Dodegge,* in: Schulte-Bunert/Weinreich, FamFG, 5. Auflage 2016, § 323, Rz. 10.
886 *Budde,* in: Keidel, FamFG, 19. Auflage 2017, § 323, Rz. 8; *Roth,* in: Prütting/Helms, FamFG, 3. Auflage 2014, § 323, Rz. 6a.

verletzt, unabhängig von den aus dem zivilen Behandlungsvertrag folgenden Pflichten.[887] Damit droht dem Arzt eine Haftung gemäß § 823 Abs. 1 BGB.

Angaben zum Umfang der im Tenor festzulegenden Dokumentationspflicht oder wie sie auszuformulieren ist, enthält der Wortlaut des § 323 Abs. 2 FamFG jedoch nicht. Ebenso wenig ergeben sich nähere inhaltliche Anforderungen aus der Gesetzesbegründung. Dort wurde lediglich auf einen Beschluss des BGH[888] verwiesen und ausgeführt, dass der neue Absatz 2 den Anforderungen dieser Rechtsprechung genügen würde.[889] In dem in der Gesetzesbegründung erwähnten Beschluss hatte der BGH ausgeführt, dass sich im FamFG weder Vorschriften fänden, die den Arzt zur Dokumentation der Maßnahme verpflichten würden, noch enthalte es Bestimmungen, wonach die Maßnahme nur auf Anordnung und unter der Leitung eines Arztes durchgeführt werden dürfe. Dass die behandelnde Klinik beide Aspekte regelmäßig aus eigenem Interesse beachte und der Arzt berufsrechtlich zur Dokumentation verpflichtet sei, genüge nicht, um den vom BVerfG herausgestellten verfahrensrechtlichen Anforderungen zu genügen.[890] Inhaltliche Anforderungen an die Konkretisierung der Dokumentationsanforderungen im Beschlusstenor lassen sich somit auch nicht aus der Entscheidung ableiten. Es ist damit unklar, was der Tenor im Einzelnen in Bezug auf die Dokumentation enthalten muss.[891] Deshalb wird zum Teil gefordert, dass das Gericht eine „lückenlose Dokumentation“ anordnen solle.[892] Inwieweit eine solche Ergänzung einen Mehrwert bringen soll ist jedoch fraglich. Der Arzt wird bereits aus § 630f BGB zur Dokumentation verpflichtet. Dabei sind auch die Ausführungen des BVerfG zum Umfang der Dokumentationspflicht zu berücksichtigen. Bei Verstößen stellt der Behandlungsvertrag eine eigene Haftungsgrundlage für den Patienten dar, auf dessen Grundlage er gegen den zwangsbehandelnden Arzt vorgehen kann. Ein gerichtlicher Hinweis im Tenor, der sich bloß darauf beschränkt, dass eine Dokumentation durchzuführen ist, führt praktisch zu keinem höheren Schutz des Betroffenen. Er stellt lediglich eine zusätzliche Haftungsmöglichkeit des behandelnden Arztes dar. Die gesetzliche Pflicht zur Dokumentation besteht ohnehin. Insoweit „beschränkt sich die gerichtliche Entscheidung in diesem Punkt der Sache nach auf eine Leerformel“.[893]

---

887 BGHZ 201, 324 (330) = NJW 2014, 2497 (2498f.); NJW 2015, 1019 = FamRZ 2015, 573; a.A. mit dogmatisch guter Begründung *Grotkopp*, Medizinische Zwangsbehandlung untergebrachter Personen – in Grenzen – wieder möglich, in: BtPrax 2013, S. 83 (90).

888 BGHZ 193, 337 = NJW 2012, 2967.

889 BT-Drs. 17/11513, S. 8.

890 BGHZ 193, 337 (352) = NJW 2012, 2967 (2971).

891 *Zimmermann*, Praxisprobleme der ärztlichen Zwangsbehandlung bei Betreuten, in: NJW 2014, S. 2479 (2481).

892 *Schmid-Recla*, in: MüKo FamFG, 2. Auflage 2013, § 323, Rz. 11.

893 *Budde*, in: Keidel, FamFG, 19. Auflage 2017, § 323, Rz. 8; ebenso: Grotkopp, Medizinische Zwangsbehandlung untergebrachter Personen – in Grenzen – wieder möglich,

Demnach lässt sich festhalten, dass die Anforderungen an die Dokumentation zwischen Minderjährigen und Volljährigen weitestgehend übereinstimmen und hierbei somit kein mangelnder Schutz des Minderjährigen besteht.

III. Aktuelle Überprüfung der Einsichts- und Handlungsfähigkeit

Das BVerfG hat festgehalten, dass der vom Gesetzgeber geforderte Respekt vor der autonomen Selbstbestimmung des Einzelnen verlange, dass vor konkreten Untersuchungen des Gesundheitszustands, vor Heilbehandlungen oder ärztlichen Eingriffen stets aktuell festgestellt werden solle, ob nicht eine hinreichende Einsichts- und Handlungsfähigkeit der Betroffenen im Hinblick auf diese Maßnahmen bestehe, sodass sie hierfür einen freien und damit maßgeblichen Willen bilden können.[894]

Die Ausführungen können im Zusammenhang mit den oben unter Kapitel 7, A., II. dargestellten Aussagen der Bundesregierung aus dem Jahr 2005 gesehen werden. Pauschale Genehmigungen oder Einwilligungen, die im Voraus getroffen werden, verhindern, dass die Voraussetzungen zum Zeitpunkt der Maßnahme überprüft werden. Gerade bei der Einwilligungsfähigkeit handelt es sich um eine Momentaufnahme, die stark variieren kann. Sie muss bei Minderjährigen vor jeder Behandlung stets positiv festgestellt werden. Demnach stellt die aktuelle Überprüfung der Einwilligungsfähigkeit beziehungsweise der krankheitsbedingten Einsichtsunfähigkeit eine wesentliche Voraussetzung bei der Behandlung sowohl von Minder- als auch Volljährigen dar. Insoweit stimmen die Anforderungen zwischen dem Minderjährigen- und Volljährigenschutz überein.

IV. Verfahrensrechtliche Sicherung aufgrund der besonderen Schutzbedürftigkeit

1. Betreuungsrecht

Neben der Dokumentationspflicht bedürfte es nach dem BVerfG einer zusätzlichen, speziellen verfahrensgemäßen Sicherung gegen die besonderen situationsbedingten Grundrechtsgefährdungen, die sich ergäben, wenn über die Anordnung einer Zwangsbehandlung außerhalb akuter Notfälle allein die jeweilige Unterbringungseinrichtung entscheide. Die weitreichenden Befugnisse der Unterbringungseinrichtung in Verbindung mit ihrer Geschlossenheit und den dadurch für alle Beteiligten eingeschränkten Möglichkeiten der Unterstützung und Begleitung durch Außenstehende versetzten den Untergebrachten in eine Situation außerordentlicher

---

in: BtPrax 2013, S. 83 (90), der ausführt: „Die im Beschluss getroffene Aussage erfolgt mithin deklaratorisch (...)".

894 BVerfGE 142, 313 (344) = NJW 2017, 53 (57) = BeckRS 2016, 50313, Rz. 86.

Abhängigkeit. Vor allem bei schwerwiegenden Eingriffen bedürfe der Patient in einer solchen Lage eines besonderen Schutzes dagegen, dass seine grundrechtlich geschützten Belange etwa aufgrund von Eigeninteressen der Einrichtung und ihrer Mitarbeiter – insbesondere bei Überforderungen, die im Umgang oft mit schwierigen Patienten leicht auftreten könnten – bei nicht aufgabengerechter Personalausstattung oder aufgrund von Betriebsroutinen unzureichend gewürdigt würden. Hieraus ergebe sich, dass dem Eingriff eine von der Unterbringungseinrichtung unabhängige Prüfung durch Dritte vorauszugehen habe. Die Entscheidung, in welcher Form die Kontrolle stattfinden soll, obliege dem Gesetzgeber.[895] Im Jahr 2016 hat das BVerfG jedoch ausgeführt, dass der vom Gesetzgeber geschaffene Gesetzesvorbehalt eine notwendige, verfahrensrechtliche Sicherung des Betreuten vor der besonderen Situation der Zwangsbehandlungen darstelle.[896]

2. Sorgerecht

Diese verfahrensrechtliche Sicherung wird im Sorgerecht zwar bei der freiheitsentziehenden Unterbringung gemäß § 1631b Abs. 1 BGB, die zur Behandlung auf der geschlossenen Station notwendig ist, durchgeführt, gleichwohl besteht keine gerichtliche Überprüfungsmöglichkeit für die Behandlungen, die während der Unterbringung stattfinden. Damit sind die Minderjährigen der Geschlossenheit und der Einrichtungen samt den Eigeninteressen ihrer Mitarbeiter ausgesetzt. Zwar entspricht es der Elternverantwortung, dass sie die Rahmenbedingungen des Vorgangs für den Minderjährigen dauerhaft überprüfen, gleichwohl zeigt die Gesetzgebungsgeschichte des § 1631b Abs. 2 BGB, dass das Elternrecht in solchen Situationen durchaus aus Schutzgründen einzuschränken ist. Dort wurde der Freiheitsentzug in Krankenhäusern, Heimen oder sonstigen Einrichtungen bewusst unter ein gerichtliches Genehmigungserfordernis gestellt, da die Maßnahmen in den Einrichtungen auch in Abwesenheit der Eltern durchgeführt und somit nicht von ihnen kontrolliert werden können.[897] Die Ausgangslage ist bei der Zwangsbehandlung auf geschlossenen Stationen identisch. Ihrem Sinn und Zweck nach sind sie gerade auf einen verminderten Kontakt des Minderjährigen nach außen angelegt. Der Minderjährige steht für den Zeitraum nicht unter der elterlichen Einfluss- und Kontrollmöglichkeit. Die Begründung des Gesetzgebers zum § 1631b Abs. 2 BGB in Verbindung mit den Ausführungen des BVerfG zur besonderen Gefährdungssituation auf geschlossenen Stationen legt die Schlussfolgerung nahe, dass ein äquivalenter Schutz auch für die sorgerechtliche Zwangsbehandlung geschaffen werden muss. Das Ergebnis wird auch durch die Gesetzgebungsgeschichte des § 1906a Abs. 4 BGB unterstützt. Hiernach ist die Zuführung zur offenen stationären Zwangsbehandlung einem gerichtlichen Genehmigungserfordernis unterworfen.

---

895 BVerfGE 128, 282 (315f.) = NJW 2011, 2113 (2118); BeckRS 2017, 120797, Rz. 33.
896 BVerfGE 142, 313 (344) = NJW 2017, 53 (57) = BeckRS 2016, 50313, Rz. 85.
897 BT-Drs. 18/11278, S. 16.

Dies erfolgte mit der Begründung, dass sich nach erfolgter Verbringung auf die Station die Situation ergeben kann, dass der Betreute der Durchführung der ärztlichen Maßnahme im Krankenhaus zustimmt, sodass Zwang nicht mehr erforderlich ist. Deshalb sollte erst in einem zweiten Genehmigungsverfahren eigenständig überprüft werden, ob die Einwilligung in eine ärztliche Zwangsmaßnahme erteilt werden darf.[898] Damit wurde die zuvor bestehende doppelte gerichtliche Prüfung der Zwangsbehandlung im Betreuungsrecht beibehalten, weil das Vorgehen als „substanzieller Schutz zur Vermeidung von ärztlichen Zwangsbehandlung" verstanden wurde und dadurch die befürchtete Ausweitung von ärztlichen Zwangsmaßnahmen verhindert werden sollte.[899] Die doppelte richterliche Prüfung stellt somit eine zusätzliche Hürde der Zwangsbehandlung dar. Im Sorgerecht gibt es einen solchen Zweischritt *de lege lata* nicht. Vielmehr entscheiden die Eltern ohne Kontrolle über die Notwendigkeit der Zwangsbehandlung und die Zuführung des Minderjährigen zu dieser. Die Fähigkeit, Anweisungen wie die Zuführung zur Behandlung, notfalls mit behördlicher Hilfe gegen den Willen des Minderjährigen durchzusetzen, leitet sich aus dem Elternrecht sowie aus § 1631 Abs. 3 BGB ab.[900] Damit fehlt jedoch der substanzielle Schutz, der zur Vermeidung von Zwangsbehandlungen bei Volljährigen als notwendig erachtet wird. In erster Linie wird dadurch der *ultima ratio*-Gedanke nicht völlig ausgeschöpft. Zwar steht die freiheitsentziehende Unterbringung auch im Sorgerecht unter der gerichtlichen Genehmigungsbefugnis, gleichwohl sind die im Rahmen der Unterbringung stattfindenden Zwangsbehandlungen nicht davon umfasst. Dadurch besteht die Gefahr, dass die Eltern in die Zwangsbehandlung einwilligen, ohne die Voraussetzungen für jede einzelne Zwangsbehandlung aktuell zu prüfen. Dies wäre jedoch ein erheblicher Verstoß gegen das Kindeswohl.

---

898 BT-Drs. 18/12842,S. 8.
899 BT-Plenarprotokoll, 18/240, S. 24680.
900 BGHZ 145, 297 (308) = NJW 2001, 888 (891).

Dritter Teil: Gesetzgebungsvorschlag für die sorgerechtliche Zwangsbehandlung

9. Kapitel: Gesetzgebungsvorschlag

Für das Verständnis von gesetzlichen Regelungen der Eltern-Kind-Beziehung muss zunächst berücksichtigt werden, dass es kaum ein Rechtsgebiet gibt, das durch tatsächliche Bedingungen so stark geprägt ist wie das Sorgerecht. Familien sind soziale Gefüge, die sich durch Zusammenhalt und Gefühle auszeichnen. Konflikte weisen eine Dynamik auf, die in rein dogmatischer Anwendung des Gesetzes nicht immer sachgerecht gelöst werden können. Das ist unter anderem darauf zurückzuführen, dass Eltern und Kinder in einer psychologischen Abhängigkeit zueinanderstehen, in der Vertrauensverlust, Wut und Verlustängste tiefgreifende und langwierige Folgen haben können. Hinzu kommt, dass der familiäre Verband prinzipiell auf Dauer angelegt ist. Kinder und Jugendliche können ihren Eltern nicht einfach entfliehen und umgekehrt genauso wenig. Staatliche Eingriffe können und dürfen daher nur das letzte Mittel sein. Ein schematisches staatliches Vorgehen verbietet sich. Psychologische und medizinische Grundlagen haben in diesem Bereich eine fundamentale Bedeutung für den Rechtsstaat.[901]

In dem nachfolgenden Abschnitt wird der „Entwurf eines Gesetzes zur Einführung eines familiengerichtlichen Genehmigungsvorbehaltes für ärztliche Zwangsmaßnahmen bei Kindern" vorgeschlagen (D.). Zuvor werden noch rechtspolitische Argumente betrachtet, die eine gesetzliche Ausgestaltung unterstützen (A.). Anschließend werden die in den vorherigen Kapiteln bisher nicht erwähnten verfassungsrechtlichen Anforderungen, denen der Gesetzgeber unterliegt, weiter ausgeführt (B.). Darüber hinaus werden weitere gesetzliche Folgeänderungen kurz angesprochen, die aufgrund der vorgeschlagenen Lösung notwendig werden (C.).

A. Rechtspolitische Argumente für eine gesetzliche Lösung

Vor allem die in der Analyse diskutierten medizinischen und psychologischen Grundlagen haben gezeigt, dass eine staatliche Schutzpflicht zugunsten der Grundrechte des Minderjährigen besteht, infolge dessen der Gesetzgeber tätig werden muss. Darüber hinaus sprechen auch rechtspolitische Argumente für eine Lösung der sorgerechtlichen Zwangsbehandlung durch den Gesetzgeber (I. - IV.).

---

901 Vgl. zum entwicklungspsychologischen Einfluss der Familie und von besonderen Situationen auf den Minderjährigen: *Siegler u. a.*, Entwicklungspsychologie im Kindes- und Jugendalter, 4. Auflage 2016, S. 439 ff; sowie die Notwendigkeit eines interdisziplinären Ansatzes im Bereich der Kinder- und Jugendpsychiatrie *Pruett*, The Art of the Science: A Child, Family and Systems-Centred Approach, in: Martin/Volkmar, Lewis's child and adolescent psychiatry: a comprehensive textbook, 4. Auflage 2007, S. 2ff.

I. Rechtssicherheit

Durch eine gesetzliche Regelung würden, unabhängig von dem Ergebnis der gesetzgeberischen Entscheidung, ein Fortschritt in der Diskussion sowie Rechtsklarheit und Rechtsicherheit geschaffen werden.[902] Die gesetzliche Festlegung von Voraussetzungen eines Eingriffs löst den Konflikt, bevor eine individuelle Betroffenheit entsteht, da die Voraussetzungen vorhersehbar sind und nicht mehr durch den Richter im Einzelfall festgelegt werden müssen.[903] Dies gilt zunächst für den öffentlich-rechtlichen Eingriff bei dem die Grundrechte unmittelbare Wirkung entfalten. Die Grundgedanken lassen sich jedoch auf den zivilen Rechtsgüterschutz im gleichen Maße übertragen. Hinreichend bestimmte Normen geben der ärztlichen Untersuchung einen festen Rahmen und klären die Voraussetzungen im Vorhinein. Sie schärfen das Bewusstsein der Beteiligten auf die essentiellen Voraussetzungen. Der Schutz des Selbstbestimmungsrechts, der körperlichen Integrität und der Würde des zwangsbehandelten Minderjährigen rücken damit umso stärker in den Vordergrund. In der Gesetzesbegründung zu § 1631b Abs. 2 BGB führte der Gesetzgeber bewusst aus, dass durch die Festlegung der Voraussetzungen Rechtssicherheit geschaffen werden solle, die in Heimen und Krankhäusern oft vermisst wurde.[904] Ähnliche Aussagen finden sich auch in der Gesetzgebungsgeschichte des § 1631b BGB a.F. Trotz der wichtigen Bedeutung für den Rechtsgüterschutz des Minderjährigen enthielt der damals geschaffene § 1631b BGB a.F. bis 2008 keine Voraussetzungen, an denen die gerichtliche Genehmigung zu messen war.[905] Dadurch bestanden in der Praxis erhebliche Rechtsunsicherheiten. Der Gesetzgeber hat deshalb mit dem Gesetz zur Erleichterung familiengerichtlicher Maßnahmen bei Gefährdung des Kindeswohls[906] die Norm um die Voraussetzungen einer Kindeswohlgefährdung und den Verhältnismäßigkeitsgrundsatz erweitert und präzisiert.[907] Das zeigt, dass die Festlegung von Voraussetzungen durch den Gesetzgeber ein sinnvoller Beitrag ist, um Rechtssicherheit herzustellen und damit den Schutz von Minderjährigen zu verbessern. Darüber hinaus spiegelt sich die politische Notwendigkeit einer gesetzlichen Lösung auch in den Forderungen der die Zwangsbehandlung durchführenden Experten wider. Im Gesetzgebungsverfahren des § 1631b Abs. 2 BGB forderten die kinder- und jugendpsychiatrische Fachgesellschaft DGKJP, die Fachverbände BAGKJPP, BKJPP und damit die

---

902 *Morlok/Michael*, Staatsorganisationsrecht, 3. Auflage 2017, Rz. 917; *Schneider*, Gesetzgebung, 3. Auflage 2002, Rz. 36.

903 *Kirchof*, Die Funktion des allgemeinen Gesetzes, in: Kluth/Krings, Gesetzgebung: Rechtsetzung durch Parlamente und Verwaltungen sowie ihre gerichtliche Kontrolle, 2014, S. 95 (97).

904 BT-Drs. 18/11278, S. 10.

905 BT-Drs. 16/6815, S. 10.

906 BGBl. I 2008, S. 1188; BT-Drs. 16/6815.

907 BT-Drs. 16/6815, S. 12.

Zwangsbehandlungen durchführenden Ärzte eine Regelung, um mehr Sicherheit in ihrem Beruf zu haben.[908]

II. Legitimation durch Verfahren

Neben diesen Erwägungen sprechen auch Aspekte für eine Lösung des Konflikts durch den Gesetzgeber, die das Ergebnis – aus staatstheoretischer Sicht – legitimieren. Das durchgeführte Gesetzgebungsverfahren und die unmittelbare Legitimität des Organs schaffen Akzeptanz für das Ergebnis.[909] Der Deutsche Bundestag ist das einzige Organ auf Bundesebene, welches unmittelbar vom Volk gewählt ist.[910] Er ist Repräsentant des gesamten Volkes und der sich darin widerspiegelnden Meinungsvielfalt. Dies beruht darauf, dass auf formalen und informalem Wege der Meinungsstand in Literatur und Rechtsprechung aufbereitet, die Parlamentarier unterschiedlicher Ansichten sich damit auseinandersetzen und im Diskurs eine Entscheidung in der Sache getroffen wird, die politisch für den Schutz der selbstbestimmungsfähigen Minderjährigen am sinnvollsten erachtet wird. Der Gesetzgebungsprozess ist dabei die transparenteste Form der staatlichen Entscheidungsfindung.[911]

Hinzu kommt, dass die Entscheidung von einem Mehrheitsquorum abhängig ist.[912] Durch das Erfordernis einer Mehrheit können extreme Positionen ausgeschlossen und ein Schutzstatus erreicht werden, der den Interessen einer breiten Masse entspricht.[913] Das Ergebnis ist dann eine politische Wertentscheidung, die durch den rechtlichen Rahmen gesteuert wird.[914] Dabei wird dem Gesetzgeber ein weiter Ermessensspielraum zugesprochen, innerhalb dessen er sich für eine bestimmte Lösung entscheiden kann. Die von der parlamentarischen Mehrheit gefundene abstrakt-generelle Regelung führt zu einer Lösung, die nicht am Einzelschicksal bemessen ist und der Rechtsprechung sowie Praxis eine fixe Struktur

---

908 *Positionspapier der kinder- und jugendpsychiatrischen Fachgesellschaft DGKJP und der Fachverbände BAG KJPP, BKJPP*, Positionspapiert - Reform des § 1631b BGB, in: Zeitschrift für Kinder- und Jugendpsychiatrie und Psychotherapie 2016, S. 495 (495f).

909 *Luhmann*, Legitimation durch Verfahren, 3. Auflage 1978.

910 *Morlok/Michael*, Staatsorganisationsrecht, 3. Auflage 2017, Rz. 621.

911 *Krings*, Das Gesetz im demokratischen Verfassungsstaat, in: Kluth/Krings, Gesetzgebung: Rechtsetzung durch Parlamente und Verwaltungen sowie ihre gerichtliche Kontrolle, 2014, S. 41.

912 Vgl. zu den Vorteilen von Mehrheitsentscheidungen ausführlich *Krüper*, Das Glück der größten Zahl - Zum Mehrheitsprinzip als Funktionsregel im Verfassungsstaat, in: ZJS 2009, S. 477.

913 *Morlok/Michael*, Staatsorganisationsrecht, 3. Auflage 2017, Rz. 168.

914 *Schneider*, Gesetzgebung, 3. Auflage 2002, Rz. 116.

bietet.[915] In die Entscheidung können vor allem die Erfahrungen aus den bereits vorgenommenen Gesetzgebungsverfahren, die sich mit der Zwangsanwendung in der Kinder- und Jugendpsychiatrie beschäftigt haben, mit einfließen.

Der dann bestehende Rechtszustand wäre nicht final und irreversibel. Nach dem Gesetzgebungsakt wird das Ergebnis durch die Rechtsprechung kontrollierbar, wodurch sich das der Gewaltenteilung immanente Prinzip der *checks and balances* verwirklicht.[916] Die neue Regelung würde dabei nicht nur in der Rechtsprechung im Einzelfall angewendet und ausgestaltet werden, sondern könnte durch die abstrakte oder konkrete Normenkontrolle am Maßstab des Grundgesetzes durch das BVerfG überprüft werden.[917] Die Möglichkeit einer abstrakten und konkreten Normenkontrolle stellt eine Auffangfunktion mit Blick auf grundrechtswidrige Regelungen dar und stiftet zusätzliche Legitimation, die dem Streit ohne gesetzliche Regelung entzogen wäre. Hinzu kommt auch, dass die Zwangsbehandlung somit einer doppelten Filterfunktion unterläge. Der Gesetzgeber würde sich mit der abstrakt-generellen Frage der Zulässigkeit der Zwangsbehandlung befassen. Anschließend würden sich die Gerichte mit der Zulässigkeit der Zwangsbehandlung im Einzelfall und der Konkretisierung der einzelnen Voraussetzungen auseinandersetzen. Die Beschäftigung der einfachrechtlichen Gerichtspraxis mit der Norm an einer Vielzahl von Einzelfällen hat somit eine Optimierungsfunktion in Bezug auf die Kindeswohlgefährdung bei Zwangsbehandlungen.

III. Ausstrahlungswirkung auf Landesrecht

Darüber hinaus spricht für eine Genehmigungsbefugnis auch die Gesetzgebungsgeschichte des § 18 Abs. 7 PsychKG NRW. Die Landesregierung wollte durch die Schaffung des PsychKG NRW 2017 vor allem auch einen Bezug zu den Rechten der Betroffenen aus bundesrechtlichen Regelungen herstellen.[918] Im Zusammenhang mit der Zwangsbehandlung von Minderjährigen führte die Landesregierung aus, dass im Zivilrecht für Minderjährige keine § 1906 Abs. 3 BGB entsprechende Norm existiere und dass das Bundesrecht nur in Ausnahmefällen eine Einschränkung der elterlichen Sorge vorsehe, wie im Fall des § 1631b BGB a.F. für die freiheitsentziehende Unterbringung.[919] Die Landesregierung setzte sich im Gesetzgebungsverfahren nicht mit den entwicklungstypischen Besonderheiten der Zwangsbehandlung und der daraus folgenden erhöhten Eingriffsintensität von Minderjährigen

915 *Kirchof*, Die Funktion des allgemeinen Gesetzes, in: Kluth/Krings, Gesetzgebung: Rechtsetzung durch Parlamente und Verwaltungen sowie ihre gerichtliche Kontrolle, 2014, S. 95 (97).

916 *Schneider*, Gesetzgebung, 3. Auflage 2002, Rz. 36.

917 *Krings*, Das Gesetz im demokratischen Verfassungsstaat, in: Kluth/Krings, Gesetzgebung: Rechtsetzung durch Parlamente und Verwaltungen sowie ihre gerichtliche Kontrolle, 2014, S. 41 (55f.).

918 LT NRW- Drs. 16/12068, S. 2.

919 LT NRW- Drs. 16/12068, S. 32.

auseinander. Vielmehr lehnte sie eine gerichtliche Kontrollbefugnis nur aufgrund fehlender Regelungen im Sorgerecht ab:

> Eine gerichtliche Kontrolle einer Zwangsbehandlung stünde im Widerspruch zu bundesrechtlichen Regelungen, da das Bürgerliche Gesetzbuch keine Regelungen für Zwangsbehandlungen bei Minderjährigen vorsieht und es keine anwendbare Verfahrensregelung im Gesetz über das Verfahren in Familiensachen und in den Angelegenheiten der freiwilligen Gerichtsbarkeit (FamFG) gibt. Das Bürgerliche Gesetzbuch regelt nur eine Unterbringung des Kindes, die mit Freiheitsentziehung verbunden ist (§1631b BGB). Insoweit kann eine Klarstellung dahingehend erreicht werden, dass eine Anrufung des zuständigen Familiengerichts nur im Zusammenhang mit den Regelungen des SGB VIII erfolgen kann.[920]

Damit besteht wegen der fehlenden Regelung im Sorgerecht ein verminderter Schutz des Minderjährigen im speziellen Polizeirecht.

B. Verfassungsrechtliche Anforderungen an den Gesetzgebungsvorgang

Die Legislative unterliegt beim Gesetzgebungsakt bestimmten verfassungsrechtlichen Anforderungen, die nachfolgend kurz vertieft werden sollen.

I. Verhältnismäßigkeitsgrundsatz

Die vorstehende Analyse hat ergeben, dass der Gesetzgeber aufgrund einer Kindeswohlgefährdung im aktuellen *status quo* der sorgerechtlichen Zwangsbehandlung tätig werden muss. Dabei steht ihm bei der Wahl eines geeigneten, erforderlichen und angemessenen Mittels, ein Einschätzungs- und Prognosespielraum zu.[921] Das Grundgesetz gibt keine Lösungen, sondern nur den notwendigen Rahmen vor.[922] Der Gesetzgeber muss jedoch die Besonderheiten der jeweiligen Regelungsgegenstände ausreichend berücksichtigen. Er muss ein am Untermaßverbot zu messendes Schutzniveau für die Gesundheit des Minderjährigen schaffen und darf gleichzeitig nicht im Übermaß in das Elternrecht aus Art. 6 Abs. 2 GG und die Grundrechte des Minderjährigen aus Art. 2 Abs. 2 GG sowie aus Art. 2 Abs. 1 S. 1 GG in Verbindung mit Art. 1 Abs. 1 S. 1 GG eingreifen.[923]

---

920 LT NRW- Drs. 16/12068, S. 33.

921 BVerfGE 77, 84 (106) = NJW 1988, 1195 (1196); 115, 276 (317) = NJW 2006, 1261 (1264); 116, 202 (225) = NJW 2007, 51 (55); 42, 133 (342) = NJW 2017, 53 (57) = BeckRS 2016, 50313, Rz. 82.

922 BVerfGE 92, 26 (46) = AP GG Art. 9 Nr. 76.

923 *Michael*, Die drei Argumentationsstrukturen des Grundsatzes der Verhältnismäßigkeit – Zur Dogmatik des Über- und Untermaßverbotes und der Gleichheitssätze, in: JuS 2001, S. 148; vgl. zum Untermaßverbot: BVerfG, NJW 1993, 1751; *Denninger*, Vom Elend des Gesetzgebers zwischen Übermaßverbot und Untermaßverbot,

1. Einwilligungsfähige Minderjährige

Die vorstehende Analyse hat den wesentlichen Unterschied zwischen einwilligungsfähigen und einwilligungsunfähigen Minderjährigen herausgearbeitet. Einwilligungsfähige Minderjährige sind grundrechtsmündig, sodass ihnen eine Teilrechtsmündigkeit über medizinische Sachverhalte im Zivilrecht zugesprochen werden muss. Sie können über das Ob und Wie einer Behandlung selbstständig entscheiden. Das Elternrecht erlischt mit dem Erreichen der Einwilligungsfähigkeit. Der einwilligungsfähige Minderjährige ist somit nicht spezifisch hilfsbedürftig, sodass er auch keinen Schutz vor seiner Krankheit benötigt. Aus diesem Grund kann der elterliche Wille auch nicht den selbstbestimmten Willen des einwilligungsfähigen Minderjährigen ersetzen. Ihm steht eine gewisse Freiheit zur Krankheit zu (vgl. dazu Kapitel 5.). Folglich wird die Zwangsbehandlung nicht als notwendiger Teil der Gesundheitsfürsorge, sondern als intensiver Eingriff in das Allgemeine Persönlichkeitsrecht sowie die körperliche Unversehrtheit des Patienten betrachtet (vgl. dazu ausführlich Kapitel 4, B.). Einwilligungsfähige Minderjährige müssen somit lediglich vor Zwangsbehandlungen und nicht vor ihrer Krankheit durch eine Zwangsbehandlung geschützt werden. Da das Elternrecht erloschen ist, stellt eine gesetzliche Regelung keinen Eingriff in Art. 6 Abs. 2 S. 1 GG dar. Das Untermaßverbot bildet somit den Maßstab für das legislative Handeln.

Um die Grundrechtspositionen des grundrechtsmündigen Minderjährigen vor der Zwangsbehandlung zu schützen, stellt ein ausdrückliches Verbot des Vorgangs die effektivste Lösungsmöglichkeit dar. Dadurch herrscht für alle Beteiligten Rechtssicherheit. Wie das Verbot der Sterilisation in § 1631c BGB würde eine solche Regelung mit familienrechtsinterner und -externer Wirkung das fehlende Wissen der Beteiligten widerlegen, sodass insbesondere die Position des Minderjährigen in straf- und haftungsrechtlichen Prozessen erleichtert werden würde. Ein Verbot ist auch angemessen, da es die Grundrechte des Minderjährigen schützt, ohne dabei in andere Grundrechtspositionen einzugreifen.

Zusätzlich muss der Gesetzgeber sicherstellen, dass das Verbot auch tatsächlich eingehalten wird. Das ist wegen der tatsächlichen Schwierigkeiten bei der Feststellung der Einwilligungsfähigkeit nur schwer nachweisbar. Dafür reicht der gesetzliche Rahmen mit dem abstrakten gerichtlichen Kontrollverfahren des § 1666 BGB aktuell nicht aus. Insoweit muss er ein effektiveres Mittel wählen. Der nächste und notwendige Regelungsschritt wäre somit ein konkretes gerichtliches Kontrollerfordernis. Dadurch können einwilligungsfähige von einwilligungsunfähigen Patienten unterschieden werden.

---

in: Däubler-Gmelin/Mahrenholz, Gegenrede: Aufklärung - Kritik - Öffentlichkeit; Festschrift für Ernst Gottfried Mahrenholz, 1. Aufl 1994, S. 561 (566ff.); vgl. zum Übermaßverbot: BVerfGE 7, 377 = NJW 1958, 1035.

2. *Einwilligungsunfähige Minderjährige*

Einwilligungsunfähige Minderjährige stellen eine wesentlich andere Patientenklientel dar. Sie sind aufgrund ihrer Krankheit oder ihres Alters nicht in der Lage, sich selbst zu schützen. Durch die Einschränkungen können ihnen besondere Gefahren drohen, vor denen sie zu schützen sind. Einwilligungsunfähige Minderjährige bedürfen dementsprechend nicht nur Schutz vor intensiven ärztlichen Eingriffen, die von den Eltern veranlasst werden, sondern sie bedürfen eines Schutzes vor ihrer Krankheit. Die Zwangsbehandlung ist teilweise die einzige Möglichkeit, diesen Schutz herzustellen. Sie ist damit nicht nur ein Eingriff, sondern auch ein notwendiges Instrument zum Schutz der körperlichen Integrität und Selbstbestimmung (vgl. dazu Kapitel 2, C., VI.). Ein generelles Verbot der Zwangsbehandlung von einwilligungsunfähigen Minderjährigen würde dieser Funktion widersprechen. Folglich wäre es schon nicht geeignet um den Schutz des einwilligungsfähigen Minderjährigen zu gewährleisten. Die Analyse hat jedoch auch gezeigt, dass der Gesetzgeber nicht untätig bleiben darf, da der *status quo* eine schwere Kindeswohlgefährdung darstellt. Da eine abstrakte Kontrollbefugnis kein effektives Mittel darstellt, um der Kindeswohlgefährdung zu begegnen (vgl. dazu Kapitel 6) und der allgemeine Justizgewährungsanspruch des Minderjährigen praktisch nicht verwirklicht wird (vgl. dazu Kapitel 8, D., II.), muss der Gesetzgeber eine Lösung finden, die den Staat in die Lage versetzt, den Minderjährigen aktiv schützen zu können. Dafür hat der Gesetzgeber im Sorgerecht in anderen Sachverhalten mit § 1631b Abs. 1 und 2 BGB und § 1643 BGB bereits eine konkrete gerichtliche Genehmigungsbefugnis geschaffen. Es handelt sich um ein geeignetes Mittel, um der Gefährdung des Kindeswohls zu begegnen. Darüber hinaus zeigen die vorstehenden Gedanken, dass es kein milderes, aber gleich effektives Mittel für die Lösung dieses Problems gibt. In Anbetracht der massiven Auswirkungen einer psychotropen Zwangsbehandlung auf die körperliche Integrität und Selbstbestimmung des Minderjährigen (vgl. dazu ausführlich Kapitel 4, B.) ist ein solches Vorgehen auch angemessen. Die Eltern sollen dadurch nicht bestraft werden. Vielmehr sollen sie in ihrer schweren Entscheidung unterstützt werden, sodass sie durch das Verfahren gestärkt von ihrem Elternrecht Gebraucht machen können.

3. *Exkurs: Verbot bestimmter Vorgänge im Sorgerecht*

Die Ausführungen finden auch Unterstützung durch vorherige Entscheidungen des Gesetzgebers, in denen er bestimmte Vorgänge im Sorgerecht verboten hat.

a. § 1631c BGB

§ 1631c BGB regelt mit der Sterilisation ein Verbot aus dem Bereich der Gesundheitsfürsorge. Weder die Eltern noch der Minderjährige können hiernach in eine solche Operation einwilligen. Der Gesetzgeber hatte sich für ein Verbot entschieden, da sowohl die Erforderlichkeit als auch die Auswirkungen der Sterilisation in Anbetracht der Entwicklung des kindlichen Körpers besonders schwer zu beurteilen sind.[924] Daneben sah der Gesetzgeber die Gefahr, dass behinderte Kinder „vorsorglich" sterilisiert werden könnten, um die für volljährige Patienten geltenden strengeren Voraussetzungen zu umgehen.

Neben dem Verbot der freiwilligen Sterilisation setzte sich der Gesetzgeber in dem Referentenentwurf auch mit der Zwangssterilisation auseinander. Dazu führte der Bundestag aus, dass durch die Anwendung von Zwang der Eingriff eine völlig neue Dimension erhalte, da es sich nicht um eine Behandlung zur Verwirklichung des Patientenwohls handele und der Betroffene schwere seelische Schäden erlangen könnte. Hinzu komme die historische Erfahrung der nationalsozialistischen Gewaltherrschaft, die gegen eine Zwangssterilisation spreche.[925]

b. § 1631 Abs. 2 BGB

Neben dem Verbot der Sterilisation wurden im Bereich der Erziehung mit § 1631 Abs. 2 S. 2 BGB körperliche Bestrafungen, seelische Verletzungen und andere entwürdigende Maßnahmen für unzulässig erklärt. Dadurch wurde das Recht des Kindes auf eine gewaltfreie Erziehung aus § 1631 Abs. 2 S. 1 BGB konkretisiert und der Schutz der körperlichen Integrität des Minderjährigen stärker betont. Zwar garantiert § 1631 Abs. 2 S. 2 BGB keinen Beseitigungs- oder Unterlassungsanspruch des Minderjährigen, gleichwohl handelt es sich um eine Schutznorm im Sinne des § 823 Abs. 2 BGB, deren Verletzung zu deliktsrechtlichen Schadensersatzansprüchen führen kann.[926]

c. Fazit

Der Gesetzgeber hat von der Möglichkeit des einfachgesetzlichen Verbotes bisher nur wenig Gebrauch gemacht. Er greift damit in intensiver Art und Weise in das Elternrecht aus Art. 6 Abs. 2 S. 1 GG ein. Der Eingriff ist deutlich intensiver zu bewerten als die Schaffung einer abstrakten oder konkreten gerichtlichen Genehmigungsbefugnis. In beiden Fällen erfolgte der Eingriff stets, um den Minderjährigen vor intensiven Eingriffen in die körperliche Integrität zu schützen. Bei § 1631c BGB kam neben der Eingriffsintensität der Unsicherheitsfaktor über die Auswirkungen des Eingriffs auf den kindlichen Körper hinzu. Beide Bereiche bestehen ebenfalls bei der psychiatrischen Zwangsbehandlung. Mit der zwangsweisen Verabreichung der Medikation können erhebliche Nebenwirkungen verbunden sein, die teilweise entwicklungsbedingt beeinflusst sein können. Über die Wirkung und Nebenwirkung der psychotropen Substanzen bei Minderjährigen fehlen zum Großteil Studien. Damit erfolgt der massive körperliche Eingriff auf einer statistisch unsicheren Grundlage, dessen Langzeitfolgen und Auswirkungen

---

924 BT-Drs. 11/4528, S. 76, 107.

925 Zum Ganzen: BT-Drs. 11/4528, S. 76.

926 *Budzikiewicz,* in: Jauernig, BGB Kommentar, 16. Auflage 2015, Anm. zu den §§ 1631-1633, Rz. 3.

auf die Entwicklung der Persönlichkeit des Minderjährigen nicht erforscht sind. Im Falle der Sterilisation haben dem Gesetzgeber beide Punkte gereicht, um ein gesetzliches Verbot zu schaffen. Insoweit unterstützt die in beiden Fällen vorhandene, abstrakt vergleichbare Grundlage (schwerer und statistisch unsicherer Eingriff in den Körper des Minderjährigen) auch bei der Zwangsbehandlung eine Lösung über einen konkreten Richtervorbehalt.

II. Weitere formelle und materielle Anforderungen

Neben dem Grundsatz der Verhältnismäßigkeit ist die Gesetzgebung an weitere Voraussetzungen gebunden. Bei dem Erlass muss die Legislative formell die Gesetzgebungskompetenz sowie das ordnungsgemäße Gesetzgebungsverfahrens einhalten. Materiell kommen spezielle Anforderungen wie die Beachtung des Zitiergebotes und des Verbotes des Einzelfallgesetzes aus Art. 19 Abs. 1 GG hinzu. Die Perspektive der Legislative ist bei der Gesetzgebung auf die vom Einzelfall losgelöste, abstrakt-generelle Fragestellung der Zulässigkeit von Zwangsbehandlungen gerichtet.

Aus dem Rechtsstaatsprinzip folgt weiterhin, dass das Gesetz hinreichend bestimmt, also für den Bürger vorhersehbar sein muss. Im Zusammenhang hat das BVerfG klargestellt, dass das die Zwangsbehandlung regelnde Gesetz die formellen und materiellen Eingriffsvoraussetzungen der Zwangsbehandlung ausdrücklich bestimmen müsse.[927] Der Gesetzgeber sei angehalten, seine Vorschriften so bestimmt zu fassen, wie dies nach der Eigenart der zu ordnenden Lebenssachverhalte mit Rücksicht auf den Normzweck möglich sei.[928] Die notwendige Bestimmtheit fehle nicht schon deshalb, weil die Norm auslegungsbedürftig sei.[929] Die Betroffenen müssten jedoch die Rechtslage erkennen und ihr Verhalten danach einrichten können.[930] Zur notwendigen Erkennbarkeit des Norminhalts gehöre die Klarheit und die Widerspruchsfreiheit der Norm.[931] Dabei seien die Anforderungen an den Grad der Klarheit und Bestimmtheit umso strenger, je intensiver der Grundrechtseingriff sei, den eine Norm vorsehe.[932] Für die Notwendigkeit ausdrücklicher und konkretisierender Festlegungen im einfachen Gesetz sei der jeweilige

927 BVerfGE 128, 282 (317) = NJW 2011, 2113 (2118); 142, 133 (342) = NJW 2017, 53 (57) = BeckRS 2016, 50313, Rz. 82.

928 BVerfGE 128, 282 (317) = NJW 2011, 2113 (2119) mit Verweis auf BVerfGE 49, 168 (181); 59, 104 (114); 78, 205 (212); 103,332(384).

929 BVerfGE 128, 282 (317) = NJW 2011, 2113 (2119) mit Verweis auf BVerfGE 45, 400 (420); 117, 71(111).

930 BVerfGE 128, 282 (317) = NJW 2011, 2113 (2119) mit Verweis auf BVerfGE 103, 332 (384); 113, 348(375).

931 BVerfGE 128, 282 (318) = NJW 2011, 2113 (2119) mit Verweis auf BVerfGE 78, 214 (226); 98, 106 (118f.); 108, 169 (181, 183); 115, 166 (190); 119, 331 (336); 199, 331(366).

932 BVerfGE 128, 282 (318) = NJW 2011, 2113 (2119) mit Verweis auf BVerfGE 59, 104 (114); 75 329 (342); 86, 288 (331); 110, 33 (55); 117, 71(111).

Kreis der Normanwender und Betroffenen von Bedeutung.[933] Das BVerfG führte weiter aus, dass der Gesetzgeber insbesondere dem Umstand Rechnung zu tragen habe, dass es nicht um die Sicherstellung medizinischen Schutzes nach Maßstäben objektiver Vernünftigkeit gehe, sondern darum, den freien Willen des Patienten zu respektieren.[934]

C. Folgeänderungen

Wenn der Gesetzgeber die Einwilligungsfähigkeit regelt und dem einwilligungsfähigen Minderjährigen eine Alleinentscheidungsbefugnis zuweist, muss der Minderjährige im Ergebnis davon auch praktisch Gebrauch machen können. Dies könnte durch die fehlende Einwilligung der Eltern in den Behandlungsvertrag verhindert werden. Insoweit muss eine Ausnahme von § 108 Abs. 1 BGB geschaffen werden.

Darüber hinaus müssen Folgeänderungen aufgrund der Einführung einer konkreten gerichtlichen Genehmigungsbefugnis vorgenommen werden. Insoweit muss die familiengerichtliche Genehmigung der ärztlichen Zwangsbehandlung als Kindschaftssache in das FamFG mitaufgenommen und geregelt werden. Da die Zwangsbehandlung einen anders gelagerten Eingriff als die freiheitsentziehende Unterbringung und die Freiheitsentziehende Maßnahme darstellt, ist eine eigenständige Regelung systematisch sinnvoll.

Mit einer eigenständigen Regelung des Verfahrens im FamFG sind auch Auswirkungen auf die Gerichtskosten verbunden. Insoweit bedarf es einer auf ärztliche Zwangsmaßnahmen bezogenen Folgeänderung des Gesetzes über Gerichtskosten in Familiensachen.

Da die vorliegende Arbeit eine Regelung der Materie im Sorgerecht vorsieht, wurde die Zwangsbehandlung durch den Vormund und durch den Ergänzungspfleger nicht näher thematisiert. Gemäß § 1800 BGB gilt die vorgeschlagene Regelung auch für den Vormund. Das gleiche ergibt sich für den Ergänzungspfleger aus § 1915 BGB. Insoweit bedurfte es keiner eigenständigen Untersuchung.

D. Ausgestaltungsmöglichkeit

Entwurf eines Gesetzes zur Einführung eines familiengerichtlichen Genehmigungsvorbehaltes für ärztliche Zwangsmaßnahmen bei Kindern

933 BVerfGE 128, 282 (318) = NJW 2011, 2113 (2119) mit Verweis auf BVerfGE 110, 33 (64); 123 39 (81).

934 BVerfG, NJW 2017, 53 (57) = BeckRS 2016, 50313, Rz. 82.

Änderung des Bürgerlichen Gesetzbuchs

1. § 108 BGB wird wie folgt geändert:

   a.) Nach Absatz 1 Satz 1 werden folgende Sätze 2 und 3 eingefügt:

   „Dies gilt nicht bei Verträgen nach §§ 630a ff, wenn der Minderjährige in Bezug auf die konkrete Maßnahme einwilligungsfähig ist und eine notwendige Behandlung infolge der fehlenden Einwilligung in den Vertrag unterbleiben müsste. In diesen Fällen kommt es nur auf die Einwilligung des Minderjährigen in den Behandlungsvertrag an."

2. Nach § 1631d BGB wird folgender § 1631e BGB eingefügt:

   „§ 1631e BGB

Einwilligung in ärztliche Behandlungen und Genehmigung von Zwangsbehandlungen

(1) Die Einwilligung in eine Untersuchung des Gesundheitszustandes, eine Heilbehandlung oder einen ärztlichen Eingriff kann das Kind selbst erteilen, wenn es fähig ist, Grund und Bedeutung der Heilbehandlung zu verstehen, die verschiedenen Vor- und Nachteile der Behandlungsmöglichkeiten gegeneinander abzuwägen, zu bewerten und seinen Willen hiernach zu bestimmen (Einwilligungsfähigkeit). Bei der Feststellung der Einwilligungsfähigkeit müssen entwicklungsbedingte Einflüsse und situative Kontextfaktoren berücksichtigt werden.

(2) Behandlungen gegen den Willen eines einwilligungsfähigen Kindes sind unzulässig.

(3) In eine Behandlung von somatischen Krankheiten gegen den natürlichen Willen eines einwilligungsunfähigen Kindes (somatische Zwangsbehandlung) können die Eltern nur einwilligen, wenn sie zum Wohl des Kindes erforderlich ist,

1. insbesondere, weil sie zur Abwendung einer erheblichen Gefahr für die geistige oder körperliche Entwicklung erforderlich ist,

2. der Gefahr nicht auf andere Weise begegnet werden kann,

3. zuvor ernsthaft, mit dem nötigen Zeitaufwand und ohne Ausübung unzulässigen Drucks versucht wurde, das Kind von der Notwendigkeit der ärztlichen Maßnahme zu überzeugen,

4. der zu erwartende Nutzen der ärztlichen Zwangsmaßnahme die zu erwartenden Beeinträchtigungen deutlich überwiegt und

5. die ärztliche Zwangsmaßnahme im Rahmen eines stationären Aufenthalts in einem Krankenhaus, in dem die gebotene medizinische Versorgung des Kindes einschließlich einer erforderlichen Nachbehandlung sichergestellt ist, durchgeführt wird.

(4) In eine psychiatrische Behandlung gegen den natürlichen Willen eines einwilligungsunfähigen Kindes (psychiatrische Zwangsbehandlung) können die Eltern nur einwilligen, wenn sie zum Wohl des Kindes erforderlich ist,

1. insbesondere, weil die Voraussetzungen des Absatz 3 Nummer 1 bis 4 gegeben sindund

2. die psychiatrische Zwangsmaßnahme im Rahmen einer geschlossenen Unterbringung nach § 1631b Abs. 1 stattfindet.

Werden Medikamente außerhalb ihres Zulassungsbereichs angewendet, gelten erhöhte Anforderungen an die ärztliche Sorgfalt, Aufklärung und Beteiligung des Minderjährigen.

(5) Die Einwilligung in eine Zwangsbehandlung des einwilligungsunfähigen Kindes gemäß Absatz 3 und 4 bedarf der Genehmigung des Familiengerichts. Die Eltern haben die Einwilligung in die ärztliche Zwangsmaßnahme zu widerrufen, wenn ihre Voraussetzungen wegfallen. Sie haben den Widerruf dem Familiengericht anzuzeigen."

Änderung des Gesetzes über das Verfahren in Familiensachen und in den Angelegenheiten der freiwilligen Gerichtsbarkeit

1. In der Inhaltsübersicht wird nach § 167a folgende Angabe eingeführt:

   „§ 167b Anwendbare Vorschriften bei ärztlichen Zwangsbehandlungen".

2. § 151 wird wie folgt geändert:

   a.) In Nummer 7 wird das Wort „oder" gestrichen und am Ende ein Komma eingefügt.

   b.) Nach Nummer 7 wird folgende Nummer 8 eingefügt:

   „8. die Genehmigung von ärztlichen Zwangsmaßnahmen nach § 1631e des Bürgerlichen Gesetzbuchs, auch in Verbindung mit den §§ 1800 und 1915 des Bürgerlichen Gesetzbuchs oder".

   b.) die bisherige Nummer 8 wird zur Nummer 9.

2. Nach § 167a wird folgender § 167b eingeführt:

   „§ 167b

   „Anwendbare Vorschriften bei ärztlichen Zwangsbehandlungen

   (1) In Verfahren nach § 151 Nr. 8 sind die für Unterbringungssachen nach § 312 Nr. 3 geltenden Vorschriften anzuwenden. An die Stelle des Verfahrenspflegers tritt der Verfahrensbeistand.

   (2) Ist für eine Kindschaftssache nach Absatz 1 ein anderes Gericht zuständig als dasjenige bei dem eine Vormundschaft oder eine die Gesundheitsfürsorge erfassende Pflegschaft für den Minderjährigen eingeleitet ist, teilt dieses Gericht dem für das

Verfahren nach Absatz 1 zuständigen Gericht die Anordnung und Aufhebung der Vormundschaft oder Pflegschaft, den Wegfall des Aufgabenbereichs Gesundheitsfürsorge und einen Wechsel in der Person des Vormunds oder Pflegers mit; das für das Verfahren nach Absatz 1 zuständige Gericht teilt dem anderen Gericht die ärztliche Zwangsmaßnahme, ihre Änderung, Verlängerung und Aufhebung mit.

(3) Der Betroffene ist ohne Rücksicht auf seine Geschäftsfähigkeit verfahrensfähig, wenn er das 14. Lebensjahr vollendet hat.

(4) In den in Abs. 1 Satz 1 genannten Verfahren sind die Elternteile, denen die Personensorge zusteht, der gesetzliche Vertreter in persönlichen Angelegenheiten sowie die Pflegeeltern persönlich anzuhören.

(5) Das Jugendamt hat die Eltern, den Vormund oder den Pfleger auf deren Wunsch bei der Zuführung zur Behandlung zu unterstützen.

(6) In Verfahren nach § 151 Nr. 8 muss der Sachverständige bei psychiatrischen Zwangsbehandlungen Arzt für Kinder- und Jugendpsychiatrie und -psychotherapie sein. Bei ärztlichen Maßnahmen gegen somatische Krankheiten sollen zwei Sachverständige beteiligt werden. Der die somatische Krankheit beurteilende Sachverständige muss auf seinem Gebiet entsprechend fachlich qualifiziert sein. Zusätzlich soll ein Arzt für Kinder- und Jugendpsychiatrie und -psychotherapie als Sachverständiger hinzugezogen werden, um die Einwilligungsfähigkeit des Betroffenen zu begutachten.

Änderung des Gesetzes über Gerichtskosten in Familiensachen

1. Vorbemerkung 1.3.1 Absatz 1 Nummer 2 wird wie folgt gefasst:

   „2. ein Verfahren, das eine freiheitsentziehende Unterbringung eines Minderjährigen, eine freiheitsentziehende Maßnahme (§ 151 Nr. 6 und 7 FamFG) oder eine ärztliche Zwangsmaßnahme (§ 151 Nr. 8 FamFG) bei einem Minderjährigen betrifft, und".

2. In der Anmerkung zu Nummer 14010 werden die Wörter „eine freiheitsentziehende Unterbringung eines Minderjährigen oder eine freiheitsentziehende Maßnahme bei einem Minderjährigen betreffen (§ 151 Nr. 6 und 7 FamFG)" durch die Wörter „eine freiheitsentziehende Unterbringung eines Minderjährigen, eine freiheitsentziehende Maßnahme bei einem Minderjährigen (§ 151 Nr. 6 und 7 FamFG) oder eine ärztliche Zwangsmaßnahme bei einem Minderjährigen (§ 151 Nr. 8 FamFG) betreffen" ersetzt.

3. Vorbemerkung 2 Abs. 3 Satz 2 wird wie folgt gefasst:

   „In den Vorbemerkungen 1.3.1 Abs. 1 genannten Verfahren werden keine Auslagen erhoben; für eine freiheitsentziehende Unterbringung eines Minderjährigen, eine freiheitsentziehende Maßnahme bei einem Minderjährigen Maßnahme (§ 151 Nr. 6 und 7 FamFG) sowie eine ärztliche Zwangsmaßnahme bei einem Minderjährigen (§ 151 Nr. 8 FamFG) gilt dies auch im Verfahren über den Erlass einer einstweiligen Anordnung".

Literaturverzeichnis

Abbas, Sascha/ Ihle, Peter/ Adler, Jürgen-Bernhard, Predictors of non-drug psychiatric/psychotherapeutic treatment in children and adolescents with mental or behavioural disorders, in: European Child & Adolescent Psychiatry 2017, S. 433–444.

Afentaki, Anna, Arzneimittel für Kinder und „Off-Label-Use“ 5 Jahre nach Inkrafttreten der EU-Verordnung (EG) Nr. 1901/2006, in: Bundesgesundheitsbl. 2014, S. 1111–1119.

Albert, Dustin/ Chein, Jason/ Steinberg, Laurence, The Teenage Brain: Peer Influences on Adolescent Decision Making, in: Current Directions in Psychological Science 2013, S. 114–120.

Albert, Dustin/ Steinberg, Laurence, Judgment and Decision Making in Adolescence, in: Journal of Research on Adolescence 2011, S. 211–224.

Allen, John J., Seclusion and Restraint of Children: A Literature Review, in: Journal of Child and Adolescent Psychiatric Nursing 2000, S. 159–167.

Allroggen, Marc/ Fegert, Jörg M., Zwangsbehandlung von Minderjährigen bei Selbstgefährdung aus kinder- und jugendpsychiatrischer Sicht, in: *Coester-Waltjen, Dagmar/Schumann, Eva/Veit, Barbara (Hrsg.)*, Zwangsbehandlung bei Selbstgefährdung: 14. Göttinger Workshop zum Familienrecht 2015, Universitätsverlag, Göttingen 2016, S. 87–94.

Andersen, Susan L., Stimulants and the developing brain, in: TRENDS in Pharmacological Sciences 2005, S. 237–243.

Anderson, Vicki A./ Anderson, Peter/ Northam, Elisabeth u. a., Development of Executive Functions Through Late Childhood and Adolescence in an Australian Sample, in: Developmental Neurospychology 2001, S. 358–406.

Appelbaum, Paul S., Assesment of Patients' Competece to Consent to Treatment, in: The New England Journal of Medicine 2007, S. 1834–1840.

Appelbaum, Paul S./ Grisso, Thomas, The MacArthur Treatment Competence Study. I, in: Law and Human Behavior 1995, S. 105–126.

Arango, Celso/ Parellada, Mara/ Moreno, Dolores M., Clinical effectiveness of new generation antipsychotics in adolescent patients, in: European Neuropsychopharmacology 2004, S. 471–479.

Arnett, Jeffrey J., Reckless Behavior in Adolescence: A Developmental Perspective, in: Developmental Review 1992, S. 339–373.

Arnett, Jeffrey J., Emerging adulthood: A theory of development from the late teens through the twenties, in: American Psychologist 2000, S. 469–480.

Aronson, Jay D., Brain imaging, culpability and the juvenile death penalty, in: Psychology, Public Policy, and Law 2007, S. 115–142.

Bachmann, Christian J./ Lempp, Thomas/ Glaeske, Gerd u. a., Antipsychotic Prescreption in Chidren and Adolescents, in: Deutsches Ärzteblatt International 2014, S. 25–34.

Bamberger, Heinz/ Roth, Herbert, BGB Kommentar, 42. Edition, Stand: 01.02.2017, (Zit.: *Bearbeiter*, in: Bamberger/Roth, BGB Kommentar, 42. Edition, Stand: 01.02.2017).

Batten, Donald A., Informed consent by children and adolescents to psychiatric treatment, in: Australian and New Zealand Journal of Psychiatry 1996, S. 623–629.

Baumann, Pierre/ Hiemke, Christoph/ Ulrich, Sven u. a., The AGNP-TDM Expert Group Consensus Guidelines: Therapeutic Drug Monitoring in Psychiatry, in: Pharmacopsychiat. 2004, S. 243–265.

Beauchamp, Tom L./ Faden, Ruth R./ King, Nancy M. P., A history and theory of informed consent, Oxford University Press, New York 1986.

Beck, Henning/ Anastasiadou, Sofia/ Meyer zu Reckendorf, Christopher, Faszinierendes Gehirn, Springer Berlin Heidelberg, Berlin, Heidelberg 2016.

Beck, Norbert/ Warnke, Andreas, Jugendhilfebedarf nach stationärer kinder- und jugendpsychiatrischer Behandlung, in: Zeitschrift für Kinder- und Jugendpsychiatrie und Psychotherapie 2009, S. 57–67.

Bednar, Dell E./ Fisher, Terri D., Peer Referencing in Adolescent Decision Making As A Function of Perceives Parenting Style, in: Adolescence 2003, S. 607–621.

Belling, Detlev, Die Entscheidungskompetenz für ärztliche Eingriffe bei Minderjährigen, in: FuR 1990, S. 68–77.

Benes, Francine M., Brain Development, VII: Human Brain Growth Spans Decades, in: Am J Psychiatry 1998, S. 1489.

Benkert, Otto/ Hautzinger, Martin/ Graf-Morgenstern, Mechthild u.a., Anxiolytika, in: *Benkert, Otto/Hautzinger, Martin/Graf-Morgenstern, Mechthild (Hrsg.)*, Psychopharmakologischer Leitfaden für Psychologen und Psychotherapeuten, 3. Auflage, Springer, Berlin Heidelberg 2016, S. 83–96.

Benkert, Otto/ Hautzinger, Martin/ Graf-Morgenstern, Mechthild u. a., Antipsychotika, in: *Benkert, Otto/Hautzinger, Martin/Graf-Morgenstern, Mechthild (Hrsg.)*, Psychopharmakologischer Leitfaden für Psychologen und Psychotherapeuten, 3. Auflage, Springer, Berlin Heidelberg 2016, S. 69–82.

Benkert, Otto/ Hautzinger, Martin/ Graf-Morgenstern, Mechthild u. a., Antidepressiva, in: *Benkert, Otto/Hautzinger, Martin/Graf-Morgenstern, Mechthild (Hrsg.)*, Psychopharmakologischer Leitfaden für Psychologen und Psychotherapeuten, 3. Auflage, Springer, Berlin Heidelberg 2016, S. 39–58.

Berndt, Thomas J., Developmental Changes in Conformity to Peers and Parents, in: Developmental Psychology 1979, S. 608–616.

Berzewski, Horst, Der psychiatrische Notfall, 3. Auflage, Springer Medizin, Heidelberg 2009.

Billick, Stephen B./ Burgert, Woodward/ Friberg, Gregory u. a., A clinical study of competency to consent to treatment in pediatrics, in: The Journal of the American Academy of Psychiatry and the Law 2001, S. 298–302.

Blakemore, Sarah-Jayne/ Choudhury, Suparna, Development of the adolescent brain: implications for executive function and social cognition, in: Journal of Child Psychology and Psychiatry 2006, S. 296–312.

Blakemore, Sarah-Jayne/ Robbins, Trevor W., Decision-making in the adolescent brain, in: Nature Neuroscience 2012, S. 1184–1191.

Blattner, Oliver/ Brock, Ina/ Delewski, Mark u. a., Arzneimittelgesetz: Kommentar, 2. Auflage, C.H. Beck, München 2016 (Zit.: *Bearbeiter*, in: Klügel u.a., AMG Kommentar, 2. Auflage 2016).

Bölte, Sven, Die ICF und ihre Relevanz für die Kinder- und Jugendpsychiatrie, in: Zeitschrift für Kinder- und Jugendpsychiatrie und Psychotherapie 2009, S. 495–497.

Bonnot, Olivier/ Inaoui, Rachida/ Lloret Linares, Célia/ Cohen, David, Principes de surveillance des effets métaboliques, de l'hyperprolactinémie et du rythme cardiaque pour les antipsychotiques atypiques chez l'enfant et l'adolescent, in: Neurpsychiatrie de l'enfance et de l'adolescence 2010, S. 431–437.

Bosch, Friedrich W., Volljährigkeit - Ehemündigkeit - Elterliche Sorge, in: FamRZ 1973, S. 489–508.

Branik, Emil, Auswirkungen von Zwangsbehandlungen und -massnahmen auf die klinische und Beziehungsarbeit in der stationären Kinder- und Jugendpsychiatrie, in: Schweizer Archiv für Neurologie und Psychiatrie 2004, S. 118–124.

Braun, Oliver, Die elterliche Sorge nach Auflösung der ehelichen Lebensgemeinschaft gemäß §§ 1671, 1672 des Bürgerlichen Gesetzbuches, Diss. jur., Ars Una, Neuried 1999.

Braune, Florian, Das Konzept der Informierten Zustimmung (Informed Consent) im kulturbedingten Spannungsfeld von Individuum und Gemeinschaft, in: *Rothärmel, Sonja/Schmidt, Kurt W./Wolfslast, Gabriele (Hrsg.)*, Familie versus Patientenautonomie? zur Rolle der Familie bei Behandlungsentscheidungen, Haag + Herchen, Frankfurt am Main 2006, S. 9–30.

Braus, Dieter F./ Tost, Heike/ Hirsch, Jochen G. u. a., Diffusions-Tensor-Bildgebung (DTI) und funktionelle Magnetresonanztomographie (fMRI) erweitern das Methodenspektrum in der psychiatrischen Forschung, in: Der Nervenarzt 2001, S. 384–390.

Breden, Torsten M./ Vollmann, Jochen, The Cognitive Based Approach of Capacity Assessment in Psychiatry: A Philosophical Critique of the MacCAT-T, in: Health Care Analysis 2004, S. 273–283.

Breidenstein, Christiane, Nächtliche Fixierung eines Kindes in offenen heilpädagogischen Einrichtung nicht richterlich genehmigungsbedürftig, in: jM 2014, S. 99–102.

Britz, Birgit, Kindesgrundrechte und Elterngrundrecht: Fremdunterbringung von Kindern in der verfassungsgerichtlichen Kontrolle, in: FamRZ 2015, S. 793–798.

Britz, Birgit, Kinderschutz - aktuelle verfassungsrechtliche Leitlinie, in: NZFam 2016, S. 1113–1118.

Brown, Candance S./ Wright, Robert G./ Christensen, Dale B., Association Between Type of Medication Instruction and Patients` Knowledge, Side Effects, and Compliance, in: Hospital and Community Psychiatry 1987, S. 55–60.

Brückner, Sarah, Das medizinische Selbstbestimmungsrecht Minderjähriger, Diss. jur., Tectum Verlag, Marburg 2014.

Brüggemeier, Gert, Haftungsrecht: Struktur, Prinzipien, Schutzbereich. Ein Beitrag zur Europäisierung des Privatrechts, Springer, Berlin 2006.

Bruns, Johannes/ Herz, Elke, Off-Label-Use aus Sicht der gesetzlichen Krankenkassen, in: Bundesgesundheitsbl. - Gesundheitsforsch. - Gesundheitsschutz 2003, S. 477–428.

Bücheler, Reinhild/ Schwoerer, Peter/ Gleiter, Christoph H., Off-Label-Verordnungen in der Pädiatrie, in: Bundesgesundheitsbl. - Gesundheitsforsch. - Gesundheitsschutz 2003, S. 467–476.

Buchner, Reimar/ Jäkel, Christian, Off-Label-Use von Arzneimittel in der gesetzlichen Krankenversicherung, in: PharmR 2003, S. 433–438.

Bühler, Ernst/ Stolz, Konrad, Ärztliche Behandlung und „unterstützende Entscheidungsfindung" - Betreuung entbehrlich?, in: BtPrax 2017, S. 167–172.

Bundesärztekammer, (Muster-)Weiterbildungsordnung, abrufbar unter: http://www.bundesaerztekammer.de/fileadmin/user_upload/downloads/pdf-Ordner/Weiterbildung/MWBO_1992/11MWBO1.pdf, zuletzt abgerufen am: 11. November 2017.

Byrnes, James P., The Development of Decision-making, in: Journal of Adolescents Health. 2002, S. 208–215.

Casey, B.J./ Jones, Rebecca M./ Hare, Todd A., The Adolescent Brain, in: Annals of the New York Academy of Sciences 2008, S. 111–126.

Chambers, R. Andrew/ Taylor, Jane R./ Potenza, Marc N., Developmental neurocircuitry of motivation in adolescence: A critical period of addiction vulnerability, in: Am J Psychiatry 2003, S. 1041–1052.

Chein, Jason/ Albert, Dustin/ O'Brien, Lia u. a., Peers increase adolescent risk taking by enhancing activity in the brain's reward circuitry: Peer influence on risk taking, in: Developmental Science 2011, S. F1–F10.

Cipriani, Andrea/ Zhou, Xinyu/ Giovane, Cinzia Del u. a., Comparative efficacy and tolerability of antidepressants for major depressive disorder in children and adolescents: a network meta-analysis, in: www.thelancet.com 2016,

Clemens, Thomas, Zulässigkeit von Arzneiverordnungen und Kostenregresse gegen Ärzte – Off-Label-Use und Unlicensed Use, in: GesR 2011, S. 397–409.

Clemens, Thomas, Grundlegende Fragen des Schiedsverfahrens nach dem KHG: Amtsermittlung/Beibringungsgrundsatz/NUB-Entgelte/Qualitätsprüfung durch Schiedsstelle/behördliche Genehmigung der Schiedssprüche, in: MedR 2012, S. 769–777.

Coester-Waltjen, Dagmar, Reichweite und Grenzen der Patientenautonomie von Jungen und Alten - Ein Vergleich, in: MedR 2012, S. 553–560.

Cohen, David/ Bonnot, Olivier/ Bodeau, Nicolas u. a., Adverse Effects of Second-Generation Antipsychotics in Children and Adolescents, in: Journal of Clinical Psychopharmacology 2012, S. 309–316.

Cotton, Nancy S., The Developmental-Clinical Rationale for the Use of Seclusion in the Psychiatric Treatment of Children, in: Amer. J. Orthopsychiat. 1989, S. 442–450.

Cunningham, Miles G./ Bhattacharyya, Sujoy/ Benes, Francine M., Amygdalo-cortical sprouting continues into early adulthood: Implications for the development of normal and abnormal function during adolescence, in: The Journal of Comparative Neurology 2002, S. 116–130.

Currier, Glenn W., The controversy over "chemical restraint" in acute care psychiatry, in: Journal of Psychiatric Practice 2003, S. 59–70.

Dahl, Ronald E., Adolescent Brain Development: A Period of Vulnerabilities and Opportunities. Keynote Address, in: Annals of the New York Academy of Sciences 2004, S. 1–22.

Danner, Wolfgang/ Theobald, Christian (Hrsg.), Energierecht: Energiewirtschaftsgesetz mit Verordnungen, EU-Richtlinien, Gesetzesmaterialien, Verbändevereinbarungen; Gesetze und Verordnungen zu Energieeinsparung und Umweltschutz sowie andere energiewirtschaftlich relevante Rechtsregelungen; Kommentar, 93. Auflage, Beck, München 2017 (Zit.: *Bearbeiter*, in: Danner/Theobald, Energierecht, 93. Auflage 2017).

Dany, Alexandra, Die Haftung des pharmazeutischen Unternehmers für Arzneimittelschäden durch „off label use", Diss. jur., Nomos, Baden-Baden 2008.

Dauner-Lieb, Barbara/ Langen, Werner (Hrsg.), Schuldrecht: §§ 611-853, 3. Auflage, Nomos, Baden-Baden 2016 (Zit.: *Bearbeiter*, in: Dauner-Lieb/Langen, NK-Schuldrecht, 3. Auflage 2016).

Davidson, Gavin/ Brophy, Lisa/ Campbell, Jim u. a, , An international comparison of legal frameworks for supported and substitute decision-making in mental health services, in: International Journal of Law and Psychiatry 2016, S. 30–40.

De Hert, Marc/ Dobbelaere, M./ Sheridan, Eva M. u. a., Metabolic and endocrine adverse effects of second-generation antipsychiotics in children and adolescents, in: European Psychiatry 2011, S. 144–158.

De Vries, Martine C./ Wit, Jan M./ Engberts, Dirk P. u. a., Pediatric Oncologists´ Attitudes Towards Involving Adolescents in Decision-Making Concerning Reasearch Participation, in: Pediatr Blood Cancer 2010, S. 123–128.

Deater-Deckard, Kirby, Parenting Stress and Child Adjustment: Some Old Hypotheses and New Questions, in: Clin Psychol Sci Prac 1998, S. 314–332.

DeMaso, David R./ Walter, Heather J., Psychological Treatment of Children and Adolescents, in: *Kliegman, Robert/Nelson, Waldo E. (Hrsg.)*, S. 127–134., Nelson textbook of pediatrics, 20. Auflage, Elsvier, Philadelphia 2016 S. 127–134.

Denninger, Erhard, Vom Elend des Gesetzgebers zwischen Übermaßverbot und Untermaßverbot, in: *Däubler-Gmelin, Herta/Mahrenholz, Ernst Gottfried (Hrsg.)*, Gegenrede: Aufklärung - Kritik - Öffentlichkeit. Festschrift für Ernst Gottfried Mahrenholz, 1. Auflage, Nomos-Verl.-Ges, Baden-Baden 1994, S. 561–572.

Deshmukh, Parikshit/ Kulkarni, Guarav/ Barzman, Drew, Recommendations for pharmacological management of inpatient aggression in children and adolescents, in: Psychiatry 2010, S. 32–40.

Dethloff, Nina, Familienrecht: ein Studienbuch, 31. Auflage, C.H. Beck, München 2015.

Dettling, Michael, Anforderungen an die Gesprächsführung mit psychisch kranken Personen, in: FPR 2013, S. 475–478.

Deutsch, Erwin, Schutzbereich und Tatbestand des unerlaubten Heileingriffs im Zivilrecht, in: NJW 1965, S. 1985–1989.

Deutsch, Erwin, Off-Label-Use von Medikamenten als rechtliches Problem, in: VersR 2014, S. 1038–1043.

Deutsch, Erwin/ Spickhoff, Andreas, Medizinrecht: Arztrecht, Arzneimittelrecht, Medizinprodukterecht und Transfusionsrecht, 7. Auflage, Springer, Berlin 2014.

Diederichsen, Angela, Selbstbestimmungsrecht Minderjähriger bei medizinischer Behandlung, in: *Müller, Gerda/Osterloh, Eilert/Stein, Torsten (Hrsg.)*, Festschrift für Günter Hirsch, C.H. Beck, München 2008, S. 355–364.

Diederichsen, Uwe, Zur Reform des Eltern-Kind-Verhältnisses, in: FamRZ 1978, S. 461–474.

Dierks, Christian/ Nitz, Gerhard, Aktuelle Fragen des Off-Label-Use, in: Dtsch. Med. Wochenschr. 2003, S. 2138–2142.

DIJuF-Rechtsgutachten, Ambulante Zwangsbehandlung Minderjähriger, in: JAmt 2010, S. 239–240.

Dreier, Horst/ Bauer, Hartmut/ Germany (Hrsg.), Grundgesetz: Kommentar, 3. Auflage, Mohr Siebeck, Tübingen 2013 (Zit.: *Bearbeiter*, in: Dreier, GG Kommentar, 3. Auflage 2013).

Duttge, Gunnar, Zum Unrechtsgehalt des kontraindizierten ärztlichen „Heileingriffs", in: MedR 2005, S. 706–711.

Eberbach, Wolfram, H., Familienrechtliche Aspekte der Humanforschung an Minderjährigen, in: FamRZ 1982, S. 450–455.

Egberts, Karin/ Dang, Su-Yin/ Plener, Paul L. u. a., Pharmacovigilance in children and adolescents with psychiatric disorders, in: Pharmacopsychiat. 2014, S. 47.

Egberts, Karin/ Mehler-Wex, Claudia/ Gerlach, Manfred, Therapeutic Drug Monitoring in Child and Adolesent Psychiatry, in: Pharmacopsychiat. 2011, S. 249–253.

Ehl, Matthias, Haftungsrechtliche Anforderungen an die ärztliche Behandlung mit Neulandmethoden, Diss. jur., Dr. Kovač, Hamburg 2015.

Ekman Ladd, Rosalind/ Forman, Edwin N., Adolescent Decision-Making: Giving Weight to Age-Specific Values, in: Theoretical Medicine 1995, S. 333–345.

Elliott, Carl, Caring About Risks: Are Severely Depressed Patients Competent to Consent to Research?, in: Archives of General Psychiatry 1997, S. 113–116.

Engelfried, Ulricht, Eure Elterliche Sorge fesselt mich, in: Betrifft Justiz 2014, S. 35–37.

Engelke, Karsten, Die Bindungswirkung der arzneimittelrechtlichen Zulassung für den Off-Label-Use, in: MedR 2011, S. 418–423.

Erich, Steffen, Einige Gedanken zur Arzthaftung unter einer evidenz-basierten Medizin, in: *Ahrens, Hans-Jürgen/Bar, Christian von/Fischer, Gerfried/Spickhoff u. a. (Hrsg.)*, Medizin und Haftung: Festschrift für Erwin Deutsch zum 80. Geburtstag, Springer, Berlin 2009, S. 615–633.

Erman, Walter/ Westermann, Harm Peter/ Aderhold, Lutz (Hrsg.), Bürgerliches Gesetzbuch, Band II, 15. Auflage, Schmidt, Köln 2017 (Zit.: *Bearbeiter*, in: Erman u.a., BGB Kommentar II, 15. Auflage 2017).

Erman, Walter/ Westermann, Harm Peter/ Aderhold, Lutz (Hrsg.), Bürgerliches Gesetzbuch, Band I, 15. Auflage, Schmidt, Köln 2017 (Zit.: *Bearbeiter*, in: Ermann u.a., BGB Kommentar I, 15. Auflage 2017).

Falkenbach, Marc/ Jäger, Markus/ Neumann, Norbert-Ullrich u. a., Unterbringung und Zwangsbehandlung in Deutschland, in: Psychiatrische Praxis 2009, S. 79–84.

Fegert, Jörg M., Selbst- und Mitbestimmung von Kindern und Jugendlichen mit psychischen Problemen und seelischer Behinderung, in: *Aktion Psychisch Kranke/Weiß, Peter/Heinz, Andreas (Hrsg.)*, Selbsthilfe - Selbstbestimmung - Partizipation, Psychiatrie Verlag, Köln 2016, S. 73–89.

Fegert, Jörg M./ Bode, Harald/ Hach, Imen u. a., Behandlung mit Methylphenidat im Kindesalter, in: Monatsschrift Kinderheilkunde 2007, S. 747–752.

Fegert, Jörg M./ Hauth, Iris/ Banaschewski, Tobias u. a., Übergang zwischen Jugend- und Erwachsenenalter: Herausforderungen für die Transitionspsychiatrie, in: Zeitschrift für Kinder- und Jugendpsychiatrie und Psychotherapie 2017, S. 80–85.

Fegert, Jörg M./ Herpertz-Dahlmann, B., Serotoninwiederaufnahmehemmer im Kindes- und Jugendalter, in: Nervenarzt 2005, S. 1330–1339.

Fegert, Jörg M./ Petermann, Franz, Kinder- und Jugendpsychiatrie/Psychotherapie versus Kinder- und Jugendhilfe, in: Kindheit und Entwicklung 2014, S. 135–139.

Fegert, Jörg M./ Schmid, Christoph, Spezifische Entwicklungsbedingungen, in: *Fegert, Jörg M./Eggers, Christian/Resch, Franz (Hrsg.)*, Psychiatrie und Psychotherapie des Kindes- und Jugendalters, 2. Auflage, Springer, Berlin 2012, S. 61–113.

Felix, Dagmar, Innovative Medizin im ambulanten und stationären Bereich "Bekannte Akteure – Neue Fragen", in: MedR 2011, S. 67–71.

Felix, Dagmar, Das Institut für das Entgeltsystem im Krankenhaus (InEK): Ein bedeutsamer Akteur im Kontext der Finanzierung neuer Untersuchungs- und Behandlungsmethoden?, in: MedR 2012, S. 777–782.

Fetzer, Anette E./ Steinert, Tilman/ Metzger, Wolfram u. a., Eine prospektive Untersuchung von Zwangsmaßnahmen in der stationären Kinder- und Jugendpsychiatry, in: Praxis der Kinderpsychologie und Kinderpsychiatrie 2006, S. 754–766.

Field, Marilyn J./ Behrman, Richard E./ Institute of Medicine (U.S.) (Hrsg.), Ethical conduct of clinical research involving children, National Academies Press, Washington, D.C 2004.

Finger, Peter, Das neue Recht der elterlichen Sorge, in: JA 1981, S. 641–648.

Finke, Fritz, Sorgerecht und Umgang bei Erkrankung des Kindes, in: NZFam 2015, S. 1114–1118.

Fischer, William A., Restraint and Seclusion: A Review of the Literature, in: Am J Psychiatry 1994, S. 1584–1591.

Fischhoff, Baruch, Assessing adolescent decision-making competence, in: Developmental Review 2008, S. 12–28.

Flynn, Elionóir/ Arstein-Kerslake, Anna, The Support Model of Legal Capacity: Fact, Fiction, or Fantasy?, in: Berkeley Journal of International Law 2014, S. 124–143.

Foerster, Klaus/ Habermeyer, Elmar, Begutachtung bei zivilrechtlichen Fragen, in: *Venzlaff, Ulrich/Foerster, Klaus/Diederichsen, Uwe (Hrsg.)*, Psychiatrische Begutachtung: ein praktisches Handbuch für Ärzte und Juristen, 6. Auflage, Elsevier, Urban & Fischer, München 2015. S. 473–496.

Fortin, Jane, The Gillick Decision - Not Just a High-Water Mark, in: *Gilmore, Stephen/Herring, Jonathan/Probert, Rebecca (Hrsg.)*, Landmark cases in family law, Hart Pub, Oxford ; Portland, OR 2011, S. 199–224.

Fraguas, David/ Corell, Christoph/ Merchán-Naranjo, Jessica u. a., Efficacy and safety of second-generation antipsychotics in children and adolescents with psychotic and bipolar spectrum disorders: Comprehensive review of prospective head-to-head- and placebo-cpntrolled comparisons, in: European Neuropsychopharmacology 2011, S. 621–645.

Franke, Cindy/ Fegert, Jörg M./ Krüger, Ulrich u. a., Verordnungshäufigkeiten von Psychopharmaka bei Kindern und Jugendlichen mit psychischen Erkrankungen in Deutschland, in: Zeitschrift für Kinder- und Jugendpsychiatrie und Psychotherapie 2016, S. 259–273.

Fröschle, Tobias, Sorge und Umgang: Elternverantwortung in der Rechtspraxis, Gieseking, Bielefeld 2013.

Fröschle, Tobias, Familienrecht, 3. Auflage, Verlag W. Kohlhammer, Stuttgart 2017.

Furby, Lita/ Beth-Marom, Ruth, Risk Taking in Adolescence: A Decision-Making Perspective, in: Developmental Review 1992, S. 1–44.

Galvan, Adriana/ Hare, Todd A./ Parra, Cindy E. u. a., Earlier Development of the Accumbens Relative to Orbitofrontal Cortex Might Underlie Risk-Taking Behavior in Adolescents, in: Journal of Neuroscience 2006, S. 6885–6892.

Gardner, Margo/ Steinberg, Laurence, Peer Influence on Risk Taking, Risk Preference, and Risky Decision Making in Adolescence and Adulthood: An Experimental Study., in: Developmental Psychology 2005, S. 625–635.

Gardner, William/ Lidz, Charles W./ Hoge, Steven K. u. a., Patients' Revisions of Their Beliefs About the Need for Hospitalization, in: Am J Psychiatry 1999, S. 1385–1391.

Geiselmann, Bernard, Informed Refusal: The Patient's Influence on Long-Term Treatment, in: Pharmacopsychiat. 1994, S. 58–62.

Geller, Jeffrey L., State Hospital Patients and Their Medication - Do They Know What They Take?, in: Am J Psychiatry 1982, S. 611–615.

General Medical Council, Consent: patients and doctors making decisions together, abrufbar unter: http://www.gmc-uk.org/static/documents/content/Consent_-_English_0617.pdf, 2008, zuletzt abgerufen am: 11. November 2017.

Georgieva, Irina/ Mulder, Cornelis L./ Wierdsma, Andreas I., Patients' Preference and Experiences of Forced Medication and Seclusion, in: Psychiatr. Q. 2012, S. 1–13.

Gerlach, Manfred/ Egberts, Karin/ Taurines, Regina u. a., Entwicklungspsychopharmakologie, in: *Gerlach, Manfred/Mehler-Wex, Claudia/Walitza, Susanne u. a. (Hrsg.)*, Neuro-/Psychopharmaka im Kindes- und Jugendalter: Grundlagen und Therapie, 3. Auflage, Springer, Berlin Heidelberg 2016, S. 71–80.

Gerlach, Manfred/ Rothenhöfer, Silke/ Mehler-Wex, Claudia u. a., Therapeutisches Drug-Monitoring in der Kinder- und Jugendpsychiatrie – Grundlagen und praktische Empfehlungen, in: Zeitschrift für Kinder- und Jugendpsychiatrie und Psychotherapie 2006, S. 5–13.

Gerlach, Manfred/ Warnke, Andreas, Medikamentöse Behandlung in der Kinder- und Jugendpsychiatrie in Deutschland zwischen ethischen sowie sozial- und haftungsrechtlichen Konflikten, in: Zeitschrift für Kinder- und Jugendpsychiatrie und Psychotherapie 2016, S. 249–255.

Gernhuber, Joachim/ Coester-Waltjen, Dagmar, Familienrecht, 6. Auflage, Beck, München 2010.

Giedd, Jay N., The Teen Brain: Insights from Neuroimaging, in: Journal of Adolescent Health 2008, S. 335–343.

Giedd, Jay N./ Blumenthal, Jonathan/ Jeffries, Neal O. u. a., Brain development during childhood and adolescence: a longitudinal MRI study, in: nature neuroscience 1999, S. 861–863.

Giesen, Dieter, Anmerkungen zu OLG Köln, Urteil vom 30.05.1990 – 27 U 169/89, in: JR 1991, S. 464–465.

Giesen, Dieter, Familienrecht, 2. Auflage, Mohr, Tübingen 1997.

Gkotsi, Georgia Martha/ Gasser, Jacques, Neuroscience in forensic psychiatry: From responsibility to dangerousness. Ethical and legal implications of using neuroscience for dangerousness assessments, in: International Journal of Law and Psychiatry 2016, S. 58–67.

Göben, Jens, Der Off-Label-Use von Fertigarzneimitteln: Offene Fragen an der Schnittstelle von Standard, Humanität und Wirtschaftlichkeitsgebot, in: *Ahrens, Hans-Jürgen/Bar, Christian von/Fischer, Gerfried u. a. (Hrsg.),* Medizin und Haftung: Festschrift für Erwin Deutsch zum 80. Geburtstag, Springer, Berlin 2009, S. 179–196.

Goecke, Klaus, Der zulassungsüberschreitende Einsatz von Arzneimitteln (Off-Label-Use), in: NZS 2002, S. 620–629.

Goecke, Klaus, Verfassungsrechtliche Vorgaben für die Leistungpflicht der Krankenkassen beim Off-Label-Use von Arzneimitteln, in: NZS 2006, S. 291–297.

Goldbeck, Lutz/ Plener, Paul L./ Resch, Franz u. a., Therapie, in: *Fegert, Jörg M./Resch, Franz/Eggers, Christian (Hrsg.),* Psychiatrie und Psychotherapie des Kindes- und Jugendalters, 2. Auflage, Springer, Berlin 2012, S. 177–225.

Gottwald, Sina, Die rechtliche Regulierung medizinischer Innovationen in der Gesetzlichen Krankenversicherung, Diss. jur., Nomos, Baden-Baden 2016.

Götz, Isabell, Ein Plädoyer für die Selbstbestimmung, in: *Hilbig-Lugani, Katharina/Jakob, Dominique/Mäsch, Gerald u. a. (Hrsg.),* Zwischenbilanz: Festschrift für Dagmar Coester-Waltjen zum 70. Geburtstag am 11. Juli 2015, Gieseking, Bielefeld 2015, S. 89–100.

Götz, Isabell, Zwangsbehandlung von Minderjährigen bei Selbstgefährdung, in: *Coester-Waltjen, Dagmar/Lipp, Volker/Schumann, Eva u. a. (Hrsg.),* Zwangsbehandlung bei Selbstgefährdung: 14. Göttinger Workshop zum Familienrecht 2015, Universitätsverlag, Göttingen 2016, S. 65–86.

Götz, Isabell, Fortschritt im Kindesschutz - Genehmigungsvorbehalt jetzt auch für freiheitsentziehende Maßnahmen bei Kindern, in: FamRZ 2017, S. 1289–1295.

Gräfin von Hardenberg, Simone/ Wilman, Nikola, Individualisierte Medizin als Exklusiv-Medizin?: Versuch einer sozialrechtlichen Einordnung und Bewertung, in: MedR 2013, S. 77–82.

Greene, Anita L., Future-Time Perpective in Adolescence: The Present of Things Future Revisited, in: Journal of Youth and Adolescence 1986, S. 99–113.

Grosbras, Marie-Helène/ Jansen, Marije/ Leonard, Gabriel u. a., Neural Mechanisms of Resistance to Peer Influence in Early Adolescence, in: Journal of Neuroscience 2007, S. 8040–8045.

Grotkopp, Jörg, Medizinische Zwangsbehandlung untergebrachter Personen – in Grenzen – wieder möglich, in: BtPrax 2013, S. 83–91.

Gründel, Mirko, Einwilligung und Aufklärung bei psychotherapeutischen Behandlungsmaßnahmen, in: NJW 2002, S. 2087–2992.

Guiton, Simon, Off label prescribing in children, in: BMJ 2002, S. 338.

Habersack, Mathias/ Papier, Hans-Jürgen/ Schäfer, Carsten u. a., Münchener Kommentar zum Bürgerlichen Gesetzbuch. Band 5. Schulrecht, Besonderer Teil III, 7. Auflage, Beck; Vahlen, München 2017 (Zit.: *Bearbeiter*, in: MüKo BGB, Schuldrecht BT III, 7. Auflage 2017).

Hackenberg/ Aichhorn, Kinder- und Jugendpsychiatrie, in: *Fleischhacker, W. Wolfgang/Hinterhuber, Hartmann (Hrsg.)*, Lehrbuch Psychiatrie, Springer, Wien 2012, S. 323–351.

Haglund, Kristina/ Knorring, Lars von/ Essen, Louise von, Forced medication in psychiatric care: patient experiences and nurse perceptions, in: Journal of Psychiatric and Mental Health Nursing 2003, S. 65–72.

Halpern-Flesher, Bonnie L./ Cauffman, Elizabeth, Costs and benefits of a decision: Decision-making competence in adolescents and adults, in: Applied Developmental Psychology 2001, S. 257–273.

Hart, Dieter, Heilversuch, Entwicklung therapeutischer Strategien, klinische Prüfung und Humanexperiment, in: MedR 1994, S. 94–105.

Hart, Dieter, Spannungen zwischen dem Haftungs-, Arzneimittel- und Sozialrecht, in: MedR 2002, S. 321–326.

Hart, Dieter/ Mühlbauer, Bernd, Unsicherheit in der Pädiatrie durch Off-Label-Use von Arzneimitteln, in: ZEFQ 2008, S. 37–43.

Hartmann-Wergen, Tanja, Eigenmächtige und fehlerhafte Heilbehandlung: Betrachtungen zu §§ 229, 230 des Entwurfes eines Sechsten Strafrechtsreformgesetzes, Diss. jur., Nomos, Baden-Baden 1999.

Hautzinger, Martin/ Benkert, Otto/ Graf-Morgenstern, Mechthild, Psychopharmaka und Psychotherapie, in: *Benkert, Otto/Hautzinger, Martin/Graf-Morgenstern, Mechthild (Hrsg.)*, Psychopharmakologischer Leitfaden für Psychologen und Psychotherapeuten, 3. Auflage, Springer, Berlin Heidelberg 2016, S. 31–38.

Hein, Irma M./ Troost, Pieter W./ Lindeboom, Robert u. a., Accuracy of the MacArthur Competence Assessment Tool for Clinical Research (MacCAT-CR) for Measuring Children's Competence to Consent to Clinical Research, in: JAMA Pediatrics 2014, S. 1147–1153.

Hein, Irma M./ Troost, Pieter W./ Lindeboom, Robert u. a., Key factors in children's competence to consent to clinical research, in: BMC Medical Ethics 2015, S. 1–6.

Hein, Irma M./ Troost, Pieter W./ Lindeboom, Robert u. a., Feasibility of an Assessment Tool for Children's Competence to Consent to Predictive Genetic Testing: a Pilot Study, in: Journal of Genetic Counseling 2015, S. 971–977.

Heitz, Simone, Arzneimittelsicherheit zwischen Zulassungsrecht und Haftungsrecht, Diss. jur., Nomos, Baden-Baden 2005.

Henssler, Martin/ Krüger, Wolfgang/ Artz, Markus u. a., Münchener Kommentar zum Bürgerlichen Gesetzbuch. Band 4. Schuldrecht, Besonderer Teil II, 7. Auflage, C.H. Beck, München 2016 (Zit.: *Bearbeiter*, in: MüKo BGB, Schuldrecht BT II, 7. Auflage 2016).

Herpertz-Dahlmann, Beate/ Herpertz, Sabine, Kinder-, Jugend- und Erwachsenenpsychiatrie: Eine Kooperation über die Lebensspanne, in: Der Nervenarzt 2010, S. 1298–1305.

Hiemke, Christoph, Pharmakokinetik, Pharmakodynamik und Interaktionen, in: *Benkert, Otto/Hautzinger, Martin/Graf-Morgenstern, Mechthild (Hrsg.)*, Psychopharmakologischer Leitfaden für Psychologen und Psychotherapeuten, 3. Auflage, Springer, Berlin Heidelberg 2016, S. 11–20.

Hiemke, Christoph, Pharmakokinetik, Pharmakodynamik und Interaktionen, in: *Benkert, Otto/Hautzinger, Martin/Graf-Morgenstern, Mechthild (Hrsg.)*, Psychopharmakologischer Leitfaden für Psychologen und Psychotherapeuten, 3. Auflage, Springer, Berlin Heidelberg 2016, S. 11–20.

Hiemke, Christoph/ Baumann, Pierre/ Bergemann, Niels u. a., AGNP Consensus Guidelines for Therapeuthic Drug Monitoring in Psychiatry: Update 2011, in: Pharmacopsychiat. 2011, S. 195–235.

Hoffmann, Birgit, Freiheitsentziehende Unterbringung von Kindern und Jugendlichen - Rechtslage nach Neufassung des § 1631b BGB und Inkrafttreten des FamFG, in: R & P 2009, S. 121–129.

Hoffmann, Birgit, Personensorge: Erläuterungen und Gestaltungsvorschläge für die rechtliche Beratung nach der Reform von Sorge- und Umgangsrecht 2013, 2. Auflage, Nomos Verlags Gesellschaft, Baden-Baden 2013.

Hoffmann, Birgit, Freiheitsentziehende Unterbringung in Einrichtungen der Kinder- und Jugendhilfe, in: FamRZ 2013, S. 1346–1352.

Hoffmann, Birgit, Zwangsbehandlung Minderjähriger vor dem Hintergrund der jüngeren Rechtsprechung des BVerfG und des BGH, in: NZFam 2015, S. 985–989.

Hoffmann, Birgit, Genehmigungsvorbehalt auch für die Zwangsbehandlung Minderjähriger, in: ZRP 2016, S. 242–244.

Hoffmann, Birgit/ Trenczek, Thomas, Freiheitsentziehende Unterbringung „minderjähriger" Menschen in Einrichtungen der Kinder- und Jugendhilfe, in: JAmt 2011, S. 177–180.

Hoge, Steven K./ Lidz, Charles W./ Eisenberg, Marlene M. u. a. Family, Clinician, and Patient Perceptions of Coercion in Mental Hospital Admission, in: International Journal of Law and Psychiatry 1998, S. 131–146.

Huber, Peter/ Schwab, Dieter/ Born, Winfried u. a. (Hrsg.), Münchener Kommentar zum BGB. Familienrecht II, 7. Auflage, C.H. Beck, 2017 (Zit.: *Bearbeiter*, in: MüKo BGB, Familienrecht II, 7. Auflage 2017).

Huemer, Julia/ Mitterer-Asadi, Michaela/ Fuchs, Martin u. a., Psychopharmakologie in der Behandlung jugendlicher Straftäter, in: *Völkl-Kernstock, Sabine/ Kienbacher, Christian (Hrsg.)*, Forensische Arbeit mit Kindern und Jugendlichen, Springer Vienna, Vienna 2016, S. 135–142.

Irlbauer-Müller, Viktoria/ Eichler, Anna/ Stemmler, Mark u. a., Elterliche Belastung und die Zuverlässigkeit von Elternangaben in der Diagnostik psychisch und verhaltensauffälliger Kinder und Jugendlicher, in: Zeitschrift für Kinder- und Jugendpsychiatrie und Psychotherapie 2017, S. 303–309.

Janda, Constanze, Medizinrecht, 3. Auflage, UVK Verlagsgesellschaft mit UVK/ Lucius, Konstanz München 2016.

Jarass, Hans D./ Pieroth, Bodo (Hrsg.), Grundgesetz für die Bundesrepublik Deutschland: Kommentar, 14. Auflage, C.H. Beck, München 2016 (Zit.: *Bearbeiter*, in: Jarass/Pieroth, GG Kommentar, 14. Auflage 2016).

Jauernig, Othmar/ Stürner, Rolf/ Berger, Christian u. a., Bürgerliches Gesetzbuch: mit Rom-I-, Rom-II-, Rom-III-VO, EG-UntVO/HUntProt und EuErbVO: Kommentar, 16. Auflage, C.H. Beck, München 2015 (Zit.: *Bearbeiter*, in: Jauernig, BGB Kommentar, 16. Auflage 2015).

Joecks, Wolfgang/ Sander, Günter M./ Altenhain, Karsten u. a., Münchener Kommentar zum Strafgesetzbuch: StGB Band 4, 2. Auflage, Beck; Vahlen, München 2012 (Zit.: *Bearbeiter*, in: Müko StGB, Band 4, 2. Auflage 2012).

Joffe, Steven/ Fernandez, Conrad V./ Pentz, Rebecca D. u. a., Involving children with cancer in decision-making about research participation, in: The Journal of Pediatrics 2006, S. 862–868.e1.

Johannsen, Kurt H./ Henrich, Dieter/ Althammer, Christoph (Hrsg.), Familienrecht: Scheidung, Unterhalt, Verfahren, Kommentar, 6. Auflage, Beck, München 2015 (Zit.: *Bearbeiter*, in: Johannsen/Henrich, Familienrecht, 6. Auflage 2015).

Johnson, Sara B./ Blum, Robert W./ Giedd, Jay N., Adolescent Maturity and the Brain: The Promise and Pitfalls of Neuroscience Research in Adolescent Health Policy, in: Journal of Adolescents Health. 2009, S. 216–221.

Jong, Geert W.'t/ Vulto, Arnold G./ Hoog, Matthijs de, A Survey of the Use of Off-Label and Unlicensed Drugs in a Dutch Children's Hospital, in: Pediatrics 2001, S. 1089–1093.

Kambam, Praveen/ Thompson, Christopher, The development of decision-making capacities in children and adolescents: Psychological and neurological perspectives and their implications for juvenile defendants, in: Behavioral Sciences & the Law 2009, S. 173–190.

Karow, Anne/ Bock, Thomas/ Naber, D. u. a., Die psychische Gesundheit von Kindern, Jugendlichen und jungen Erwachsenen – Teil 2: Krankheitslast, Defizite des deutschen Versorgungssystems, Effektivität und Effizienz von „Early Intervention Services", in: Fortschritte der Neurologie Psychiatrie 2013, S. 628–638.

Karwautz, Andreas/ Bangratz, Stefan/ Huemer, Julia, Qualitätssicherung in der kinder- und jugendpsychiatrischen Psychopharmakotherapie, in: pädiatrie & pädologie 2011, S. 10–12.

Kearns, Gregory L./ Abdel-Rahman, Susan M./ Alander, Sarah W. u. a., Developmental Pharmacology – Drug Disposition, Actiond, and Therapy in Infants and Children, in: The New England Journal of Medicine S. 1157–1167.

Keidel, Theodor/ Engelhardt, Helmut/ Sternal, Werner u. a., FamFG: Gesetz über das Verfahren in Familiensachen und in den Angelegenheiten der freiwilligen Gerichtsbarkeit: Kommentar, 19. Auflage, C.H. Beck, München 2017 (Zit.: *Bearbeiter*, in: Keidel, FamFG, 19. Auflage 2017).

Kempe-Müller, Susan, Der bestimmungsgemäße Gebrauch von Arzneimitteln gemäß § 84 AMG, Diss. jur., Nomos, Baden-Baden 2008.

Kern, Bernd-Rüdiger, Fremdbestimmung bei der Einwilligung in ärztliche Heileingriffe, in: NJW 1994, S. 753–759.

Kern, Bernd-Rüdiger, Fremdbestimmung bei der Einwilligung in ärztliche Heileingriffe, in: NJW 1994, S. 753–759.

Kirch, Wilhelm, Grundsätzliche Elemente der klinischen Pharmakologie, in: *Wehling, Martin (Hrsg.)*, Klinische Pharmakologie, 2. Auflage, Springer, Heidelberg 2011, S. 1–49.

Kircher, Bettine, Gefährdung des Kindeswohls aus kinder- und jugendpsychiatrischer Sicht, in: NZFam 2016, S. 600–604.

Kirchof, Gregor, Die Funktion des allgemeinen Gesetzes, in: *Kluth, Winfried/Krings, Günter (Hrsg.)*, Gesetzgebung: Rechtsetzung durch Parlamente und Verwaltungen sowie ihre gerichtliche Kontrolle, Müller, Verl.-Gruppe Hüthig, Jehle, Rehm, Heidelberg Hamburg 2014, S. 95–121.

Klein, Hubert/ Di Bella, Marco, Freiheitsentziehende Maßnahmen, in: RDG 2015, S. 220–226.

Klinkhammer, Frank, Beschneidung männlicher Kleinkinder und gesetzliche Vertretung durch die Eltern, in: FamRZ 2012, S. 1913–1915.

Knöpfel, Gottfried, Zur Neuordnung des elterlichen Sorgerechts, in: FamRZ 1977, S. 600–609.

Koenig, Christian/ Müller, Eva Maria, Haftungsrechtliche Maßstäbe beim „Off-off"-label-Use trotz Verfügbarkeit eines indikationsspezifisch zugelassenen Arzneimittels, in: MedR 2008, S. 190–202.

Kölch, Michael, Rechtliche und ethische Fragen im klinischen Alltag, in: *Gerlach, Manfred/Mehler-Wex, Claudia/Walitza, Susanne u. a. (Hrsg.),* Neuro-/Psychopharmaka im Kindes- und Jugendalter: Grundlagen und Therapie, 3. Auflage, Springer, Berlin Heidelberg 2016, S. 81–90.

Kölch, Michael/ Allroggen, Marc/ Fegert, Jörg M., Off-Label-Use von Psychopharmaka in der Kinder- und Jugendpsychiatrie, in: Nervenarzt 2009, S. 789–796.

Kölch, Michael/ Allroggen, Marc/ Fegert, Jörg M., Rechtliche Aspekte und ethische Fragen in der Kinder und Jugendpsychiatrie, in: *Fegert, Jörg M./Kölch, Michael (Hrsg.),* Klinikmanual Kinder- und Jugendpsychiatrie und -psychotherapie, 2. Auflage, Springer, Berlin 2013, S. 468–476.

Kölch, Michael/ Fegert, Jörg M., Patientenautonomie - Minderjährige als Patienten, in: FPR 2007, S. 76–78.

Kölch, Michael/ Fegert, Jörg M./ Freyberger, Harald J., Psychopharmakotherapie, in: *Fegert, Jörg M./Streeck-Fischer, Annette/Freyberger, Harald J. (Hrsg.),* Adoleszenzpsychiatrie: Psychiatrie und Psychotherapie der Adoleszenz und des jungen Erwachsenenalters, Schattauer, Stuttgart 2009, S. 719–738.

Kölch, Michael/ Pfalzer, Ann-Kathrin/ Rothenhöfer, Silke u. a., Therapeutic Drug Monitoring of Children and Adolescents Treated with Fluoxetine, in: Pharmacopsychiat. 2012, S. 72–76.

Kölch, Michael/ Plener, Paul L./ Fegert, Jörg M., Psychopharmaka im Kindes- und Jugendalter, in: *Gründer, Gerhard/Benkert, Otto (Hrsg.),* Handbuch der Psychopharmakotherapie, 2. Auflage, Springer Medizin, Berlin 2012, S. 1185–1198.

Kölch, Michael/ Plener, Paul L./ Kranzeder, Alexandra u. a., Pharmakotherapie, in: *Fegert, Jörg M./Kölch, Michael (Hrsg.),* Klinikmanual Kinder- und Jugendpsychiatrie und -psychotherapie, 2. Auflage, Springer, Berlin 2013, S. 439–467.

Kölch, Michael/ Vogel, Harald, Unterbringung von Kindern und Jugendlichen mit freiheitsentziehenden Maßnahmen: Eine rechtstatsächliche Untersuchung zur familiengerichtlichen Genehmigung der Unterbringung bei Minderjährigen in der Jugendhilfe, Kinder- und Jugendpsychiatrie und der Justiz nach § 1631b BGB, in: Zeitschrift für Kinder- und Jugendpsychiatrie und Psychotherapie 2016, S. 39–50.

Konrad, Kerstin/ Firk, Christine/ Uhlhaaas, Peter J., Hirnentwicklung in der Adoleszenz, in: Deutsches Ärzteblatt 2013, S. 425–431.

Konradt, Britta, Der Arzthaftungsfall aus der Sicht des Patienten, in: *Ehlers, Alexander P.F./Broglie, Maximilian G. (Hrsg.),* Arzthaftungsrecht, 5. Auflage, Beck, München 2014, S. 7–120.

Kötter, Charlotte/ Stemmler, Mark/ Bühler, Anneke u. a., Mütterliche Depressivität, Erziehung und kindliche Erlebens- und Verhaltensprobleme, in: Kindheit und Entwicklung 2010, S. 109–118.

Kreße, Bernhard, Aufklärung und Einwilligung beim Vertrag über die ärztliche Behandlung einwilligungsunfähiger Patienten, in: MedR 2015, S. 91–96.

Krings, Günter, Das Gesetz im demokratischen Verfassungsstaat, in: *Kluth, Winfried/Krings, Günter (Hrsg.)*, Gesetzgebung: Rechtsetzung durch Parlamente und Verwaltungen sowie ihre gerichtliche Kontrolle, Müller, Verl.-Gruppe Hüthig, Jehle, Rehm, Heidelberg Hamburg 2014, S. 41–68.

Kröber, Hans-Ludwig, Psychiatrische Kriterien zur Beurteilung der Einwilligungsfähigkeit, in: Rechtsmedizin 1998, S. 41–46.

Kröber, Hans-Ludwig/ Dölling, Dieter/ Leygrad, Norbert u. a. (Hrsg.), Forensische Psychiatrie im Privatrecht und Öffentlichen Recht, Steinkopff, Darmstadt 2009 (Zit.: *Bearbeiter*, in: Kröber u. a., Forensische Psychiatrie im Privatrecht und Öffentlichen Recht).

Krüper, Julian, Das Glück der größten Zahl - Zum Mehrheitsprinzip als Funktionsregel im Verfassungsstaat, in: ZJS 2009, S. 477–486.

Kuay, Hue San/ Lee, Sarah/ Centifanti, Luna C.M. u. a., Adolescents as perpetrators of aggression within the family, in: International Journal of Law and Psychiatry 2016, S. 60–67.

Kühnel, Sibille, Der jugendliche Patient – Minderjährig, psychisch krank und selbstbestimmt. Wie passt das zusammen?, in: *Meier-Allmendinger, Diana/Baumann-Hölzle, Ruth (Hrsg.)*, Der selbstbestimmte Patient, EMH Schwabe, Basel 2009, S. 83–100.

La Roche, Christian/ Ernst, Klaus, Die psychiatrische Klinikbehandlung im Urteil von 200 Kranken und ihren 15 Ärzten, in: Arch. Psychiat. Nervenkr. 1975, S. 107–116.

Lambert, Martin/ Bock, Thomas/ Naber, D. u. a., Die psychische Gesundheit von Kindern, Jugendlichen und jungen Erwachsenen – Teil 1: Häufigkeit, Störungspersistenz, Belastungsfaktoren, Service-Inanspruchnahme und Behandlungsverzögerung mit Konsequenzen, in: Fortschritte der Neurologie Psychiatrie 2013, S. 614–627.

Larcher, Vic/ Hutchinson, Anna, How should paediatricians assess Gillick competence?, in: Archives of Disease in Childhood 2009, S. 307–311.

Larenz, Karl/ Canaris, Claus-Wilhelm, Lehrbuch des Schuldrechts Band II, Halbband 2, Besonderer Teil, 13. Auflage, Beck, München 1994.

Laufs, Adolf/ Katzenmeier, Christian/ Lipp, Volker (Hrsg.), Arztrecht, 7. Auflage, Beck, München 2015 (Zit.: *Bearbeiter*, in: Laufs/Katzenmeier/Lipp, Arztrecht, 7. Auflage 2015).

Lehmann-Horn, Frank, Motorische Systeme, in: *Schmidt, Robert F./Lang, Florian (Hrsg.),* Physiologie des Menschen: mit Pathophysiologie, 30. Auflage, Springer Medizin, Heidelberg 2007, S. 143–183.

Lehmkuhl, Gerd/ Schubert, Ingrid, Psychopharmaka-Verordnung bei Kindern und Jugendlichen, in: Deutsches Ärzteblatt 2014, S. 23–24.

Lenroot, Rhoshel K./ Giedd, Jay N., Brain development in children and adolescents: Insights from anatomical magnetic resonance imaging, in: Neuroscience & Biobehavioral Reviews 2006, S. 718–729.

Libal, Gerhard/ Plener, Paul L./ Fegert, Jörg M. u a., Chemical restraint: „Pharmakologische Ruhigstellung“ zum Management aggressiven Verhaltens im stationären Bereich in Theorie und Praxis, in: Praxis der Kinderpsychologie und Kinderpsychiatrie 2006, S. 783–801.

Linden, Michael/ Chaskel, Robert, Information and Consent in Schizophrenic Patiens in Long-term Treatment, in: Schizophrenia Bulletin 1981, S. 372–378.

Lipp, Volker, Anmerkungen zu BGH, Urt. v. 10.10.2006 - VI ZR 74/05, in: MedR 2008, S. 289–293.

Lipp, Volker, Stellungnahme zum Gesetzentwurf der Bundesregierung zur Änderung der materiellen Zulässigkeitsvoraussetzungen von ärztlichen Zwangsmaßnahmen und zur Stärkung des Selbstbestimmungsrechts von Betreuten, 2017, abrufbar unter: http://www.bgt-ev.de/fileadmin/Mediendatenbank/Stellungnahmen/2015-2017/170420_Lipp_Stellungnahme_Zulaessigkeitsvoraussetzungen.pdf, zuletzt abgerufen am: 11. November 2017.

Lock, David/ Sir Munby, James, The Test for Capacity, in: *Grubb, Andrew/Laing, Judith M./McHale, Jean V. u. a. (Hrsg.),* Principles of medical law, 3. Auflage, Oxford University Press, Oxford, New York 2010, S. 473–490.

Loer, Anette, Unveröffentlichte Stellungnahme zum Gesetzentwurf der Bundesregierung zur Änderung der materiellen Zulässigkeitsvoraussetzungen von ärztlichen Zwangsmaßnahmen und zur Stärkung des Selbstbestimmungsrechts von Betreuten vom 20. 02. 2017.

Lorenz, Annegret, Das Selbstbestimmungsrecht des einsichtsfähigen Minderjährigen bei Eingriffen in die körperliche Integrität, in: NZFam 2017, S. 782–788.

Lowry, Jennifer A./ Jones, Bridgette L./ Sandritter, Tracy L. u. a., Principles of Drug Therapy, in: *Kliegman, Robert/Nelson, Waldo E. (Hrsg.),* Nelson textbook of pediatrics, 20. Auflage, Elsvier, Philadelphia 2016, S. 404–4015.

Lüderitz, Alexander, Elterliche Sorge als privates Recht, in: AcP 1978, S. 263–297.

Luhmann, Niklas, Legitimation durch Verfahren, 3. Auflage, Luchterhand, Darmstadt 1978.

Luna, Beatriz/ Sweeney, John A., The Emergence of Collaborative Brain Function: fMRI Studies of the Development of Response Inhibition, in: Annals of the New York Academy of Sciences 2004, S. 296–309.

Luna, Beatriz/ Thulborn, Keith R./ Munoz, Douglas P. u. a., Maturation of Widely Distributed Brain Function Subserves Cognitive Development, in: NeuroImage 2001, S. 786–793.

Macpherson, Robertson/ Double, Duncan B./ Rowlands, R. Paul u. a., Long-Term Psychiatric Patiens Understanding of Neuroleptic Medication, in: Hospital and Community Psychiatry 1993, S. 71–73.

Magnus, Dorothea, Medizinische Forschung an Kindern, Diss. jur., Mohr Siebeck, Tübingen 2006.

Mann, Leon/ Harmoni, Ros/ Power, Colin, Adolescent decision-making: the development of competence, in: Journal of Adolescence 1989, S. 265–278.

Matzke, Michael/ Fritsch, Konstanze, Kindeswohlgefährdung bei Kinder- und Jugenddelinquenz, in: FPR 2012, S. 459–462.

Mayr, Michael/ Kapusta, Nestor D./ Plener, Paul L. u. a., Transitionspsychiatrie der Adoleszenz und des jungen Erwachsenenalters, in: Zeitschrift für Psychiatrie, Psychologie und Psychotherapie 2015, S. 155–163.

McKenna, Brian G./ Simpson, Alexander I.F./ Coverdale, John H. u. a., An analysis of procedural justice during psychiatric hospital admission, in: Journal of Law and Psychiatry 2001, S. 573–581.

Mehler-Wex, Claudia/ Fegert, Jörg M., Psychopharmakotherapie bei Kindern und Jugendlichen, in: *Riederer, Peter F./Laux, Gerd (Hrsg.)*, Grundlagen der Neuro-Psychopharmakologie: ein Therapiehandbuch, Springer, Wien 2010, S. 483–506.

Mehler-Wex, Claudia/ Kölch, Michael, Depressive Störungen im Kindes- und Jugendalter, in: Deutsches Ärzteblatt 2008, S. 122–128.

Mehler-Wex, Claudia/ Schimmelmann, Benno/ Gerlach, Manfred, Antipsychotika, in: *Gerlach, Manfred/Mehler-Wex, Claudia/Walitza u. a. (Hrsg.)*, Neuro-/Psychopharmaka im Kindes- und Jugendalter: Grundlagen und Therapie, 3. Auflage, Springer, Berlin Heidelberg 2016, S. 187–247.

Meyer, Florian/ Grunert, Gordon, Off-Label-Use: Haftungs- und Regressrisiken für Ärzte, Apothekter und Pharmaunternehmen, in: PharmR 2005, S. 205–207.

Michael, Lothar, Die drei Argumentationsstrukturen des Grundsatzes der Verhältnismäßigkeit – Zur Dogmatik des Über- und Untermaßverbotes und der Gleichheitssätze, in: JuS 2001, S. 148.

Michael, Lothar/ Morlok, Martin, Grundrechte, 6. Auflage, Nomos, Baden-Baden 2017.

Miller, Victoria A./ Drotar, Dennis, Decision-Making Competence and Adherence to Treatment in Adolescents with Diabetes, in: Journal of Pediatric Psychology 2006, S. 178–188.

Mohr, Wanda K., Reflecting on tragedy: A commentary on deaths of children in restraints, in: Child Abuse & Neglect 2006, S. 1329–1331.

Moreno, Carmen, Prevention in child and adolescent psychiatry: are we there yet?, in: European Child & Adolescent Psychiatry 2017, S. 267–269.

Morlok, Martin/ Michael, Lothar, Staatsorganisationsrecht, 3. Auflage, Nomos, Baden-Baden 2017.

Mosholder, Andrew D./ Willy, Mary, Suicidal Adverse Events in Pediatric Randomized, Controlled Clinical Trials of Antidepressant Drugs Are Associated with Active Drug Treatment, in: Journal of Child and Adolescent Psychopharmacology 2006, S. 25–32.

Mothander, Pia R./ Moe, Rigmor G., Self-reported depressive symptoms and parental stress in mothers and fathers who bring their infants to an infant mental health clinic, in: Nordic Journal of Psychiatry 2010, S. 310–316.

Müller, Heike, Die Rechtsproblematik des Off-Label-Use, Diss. jur., LIT, Berlin 2009.

Müller, Sabine/ Salgo, Ludwig/ Kölch, Michael u.a., Zwangsmaßnahmen in der psychiatrischen Behandlung, in: Psychotherapeut 2017, S. 3–11.

Müller, Sebastian, Freiheitsberaubung durch unterbringungsähnliche Maßnahmen bei Minderjährigen im Krankenhaus, in: MedR 2011, S. 339–345.

Muscheler, Karlheinz, Familienrecht, 4. Auflage, Vahlen, München 2017.

Mutschler, Ernst (Hrsg.), Arzneimittelwirkungen: Lehrbuch der Pharmakologie, der klinischen Pharmakologie und Toxikologie, 10. Auflage, WVG, Wiss. Verl.-Ges, Stuttgart 2013.

Nebendahl, Mathias, Selbstbestimmungsrecht und rechtfertigende Einwilligung des Minderjährigen bei medizinischen Eingriffen, in: MedR 2009, S. 197–205.

Nedopil, Norbert/ Aldenhoff, Josef/ Amelung, Knut u. a., Competence to give Informed Consent to Clinical Studies. Statement by the Taskforce on „Ethical and Legal Questions“ of the Association for Neuropsychopharmacology and Pharmacopsychiatry („Arbeitsgemeinschaft für Neuropsychopharmakologie und Pharmakopsychiatrie (AGNP)“), in: Pharmacopsychiat. 1999, S. 165–168.

Neubert, Antje/ Wong, Ian C.K./ Bonifazi, Alessandro, Defining off-label and unlicensed use of medicines for children, in: Pharmacological Research 2008, S. 316–322.

Nevels, Robert M./ Dehon, Erin E./ Alexander, Katrina u. a., Psychopharmacology of aggression in children and adolescents with primary neuropsychiatric disorders: A review of current and potentially promising treatment options, in: Experimental and Clinical Psychopharmacology 2010, S. 184–201.

Niemann, Frank, Die Verordnung eines Arzneimittels außerhalb der zugelassenen Indikation, in: NZS 2004, S. 254–256.

Nimis, Jens, Der Anspruch des Patienten auf neue Untersuchungs- und Behandlungsmethoden in der gesetzlichen Krankenversicherung, Diss. jur., Nomos, Baden-Baden 2012.

Nitschke-Janssen, Meike/ Branik, Emil, Einflussfaktoren auf den Einsatz von Zwangsmaßnahmen – Eine retrospektive Auswertung in einer Schweizer kinder- und jugendpsychiatrischen Versorgungsklinik, in: Praxis der Kinderpsychologie und Kinderpsychiatrie 2006, S. 255–270.

Nützel, Jacob/ Schmid, Marc/ Goldbeck, Lutz/ Fegert, Jörg M., Kinder- und jugendpsychiatrische Versorgung von psychisch belasteten Heimkindern, in: Praxis der Kinderpsychologie und Kinderpsychiatrie 2005, S. 627–644.

Nys, Herman/ Dierickx, Kris/ Borry, Pascal/ Stultiëns, Loes/ Goffin, Tom, Minors and Informed Consent: A Comparative Approach, in: European Journal of Health Law 2007, S. 21–46.

Oehler, Klaus-Ulrich/ Warnke, Andreas/ Schupp, U., Anmerkungen zur Pharmakotherapie in der ambulanten Praxis, in: *Gerlach, Manfred/Mehler-Wex, Claudia/Walitza, Susanne u. a. (Hrsg.)*, Neuro-/Psychopharmaka im Kindes- und Jugendalter: Grundlagen und Therapie, 2. Auflage, Springer, Berlin Heidelberg 2009, S. 91–94.

Oesterheld, Jessica R./ Shader, Richard I./ Martin, Andrés, Clinical and developmental aspects of pharmacokinetics and drug interactions, in: *Martin, Andrés/Volkmar, Fred R. (Hrsg.)*, Lewis's child and adolescent psychiatry: a comprehensive textbook, 4. Auflage, Wolters Kluwer Health/Lippincott Williams & Wilkins, Philadelphia 2007, S. 742–753.

Office of the Public Guardian, Mental Capacity Act 2005: Code of Practice, TSO, London 2007.

Olfson, Mark/ Marcus, Steven C., National Trends in Outpatient Psychotherapy, in: Am J Psychiatry 2010, S. 1456–1463.

Olofsson, Birgitta/ Jacobsson, Lars, A plea for respect: involuntarily hospitalized psychiatric patients' narratives about being subjected to coercion, in: Journal of Psychiatric and Mental Health Nursing 2001, S. 357–366.

Ondrusek, Nancy/ Abramovitch, Rona/ Pencharz, Paul u. a., Empirical examination of the ability of children to consent to clinical research, in: Journal of Medical Ethics 1998, S. 158–165.

Palandt, Otto/ Bassenge, Peter (Hrsg.), Bürgerliches Gesetzbuch: mit Nebengesetzen, insbesondere mit Einführungsgesetz (Auszug) einschließlich Rom-I-, Rom-II- und Rom-III-Verordnungen sowie Haager Unterhaltsprotokoll und EU-Erbrechtsverordnung, Allgemeines Gleichbehandlungsgesetz (Auszug), Wohn- und Betreuungsvertragsgesetz, BGB-Informationspflichten-Verordnung, Unterlassungsklagengesetz, Produkthaftungsgesetz, Erbbaurechtsgesetz, Wohnungseigentumsgesetz, Versorgungsausgleichsgesetz, Lebenspartnerschaftsgesetz, Gewaltschutzgesetz, 76. Auflage, Beck, München 2017 (Zit.: *Bearbeiter*, in: Palandt, BGB Kommentar, 76. Auflage 2017).

Partridge, B. C., Adolescent Psychological Development, Parenting Styles, and Pediatric Decision Making, in: Journal of Medicine and Philosophy 2010, S. 518–525.

Peake, Shannon J./ Dishion, Thomas J./ Stormshak, Elizabeth A. u. a., Risk-taking and social exclusion in adolescence: Neural mechanisms underlying peer influences on decision-making, in: NeuroImage 2013, S. 23–34.

Pearce, John, Consent to Treatment During Childhood, in: British Journal of Psychiatry 1994, S. 713–716.

Peters, Louk W. H./ Wiefferink, Carin H./ Hoekstra, Femke u. a., A review of similarities between domain-specific determinants of four health behaviors among adolescents, in: Health Education Research 2008, S. 198–223.

Piker, Andy, Balancing Liberation and Protection: A moderate Approach to Adolescent Health Care Decision-Making, in: Bioethics 2011, S. 202–208.

Poetsch, Joachim, Juristisches Spannungsfeld bei der Off-Label-Verordnung von Arzneimitteln in der Pädiatrie, in: JDDG 2006, S. 421–426.

Positionspapier der kinder- und jugendpsychiatrischen Fachgesellschaft DGKJP und der Fachverbände BAG KJPP, BKJPP, Positionspapiert - Reform des § 1631b BGB, in: Zeitschrift für Kinder- und Jugendpsychiatrie und Psychotherapie 2016, S. 495–496.

Poulsen, Henrik D./ Engberg, Marianne, Validation of psychiatric patients' statements on coercive measures, in: Acta Psychiatr Scand 2001, S. 60–65.

Pringsheim, Tamara/ Lam, Darren/ Ching, Heidi u. a., Metabolic and Neurological Complications of Second-Generation Antipsychotic Use in Children, in: Drug Safety 2011, S. 651–668.

Pruett, Kyle D., The Art of the Science: A Child, Family and Systems-Centred Approach, in: *Martin, Andrés/Volkmar, Fred R. (Hrsg.)*, Lewis's child and adolescent psychiatry: a comprehensive textbook, 4. Auflage, Wolters Kluwer Health/ Lippincott Williams & Wilkins, Philadelphia 2007, S. 2–10.

Prütting, Hanns/ Helms, Tobias (Hrsg.), FamFG: Gesetz über das Verfahren in Familiensachen und in den Angelegenheiten der freiwilligen Gerichtsbarkeit mit Gesetz über Gerichtskosten in Familiensachen: Kommentar, 3. Auflage, Otto Schmidt, Köln 2014 (Zit.: *Bearbeiter*, in: Prütting/Helms, FamFG, 3. Auflage 2014).

Prütting, Hanns/ Wegen, Gerhard/ Weinreich, Gerd, Bürgerliches Gesetzbuch: Kommentar, 12. Auflage, Luchterhand Verlag, Köln 2017 (Zit.: *Bearbeiter*, in: Prütting/Wegen/Weinreich, BGB Kommentar, 12. Auflage 2017).

Quaas, Michael/ Zuck, Rüdiger, Medizinrecht: NJW Praxis, 3. Auflage, Beck, München 2014.

Rauscher, Thomas, Familienrecht, 2. Auflage, Müller, Heidelberg 2008.

Rauscher, Thomas/ Coester-Waltjen, Dagmar (Hrsg.), Münchener Kommentar zum FamFG, mit internationalem und europäischem Zivilverfahrensrecht in Familiensachen, 2. Auflage, Beck, München 2013 (Zit.: *Bearbeiter,* in: MüKo FamFG, 2. Auflage 2013).

Remschmidt, Helmut, Organisations- und Strukturfragen in der kinder- und Jugendpsychiatrischen Versorgung, in: *Remschmidt, Helmut/Quaschner, Kurt/ Aster, Sigrid von (Hrsg.),* Kinder- und Jugendpsychiatrie: eine praktische Einführung, 6. Auflage, Thieme, Stuttgart 2011, S. 495–510.

Remschmidt, Helmut, Therapie und Rehabilitation - Allgemeine Gesichtspunkte, in: *Remschmidt, Helmut/Quaschner, Kurt/Aster, Sigrid von (Hrsg.),* Kinder- und Jugendpsychiatrie: eine praktische Einführung, 6. Auflage, Thieme, Stuttgart 2011, S. 365–372.

Remschmidt, Helmut/ Schmidt, Martin/ Poustka, Fritz (Hrsg.), Multiaxiales Klassifikationsschema für psychische Störungen des Kindes- und Jugendalters nach ICD-10 der WHO: mit einem synoptischen Vergleich von ICD-10 mit DSM-IV, 6. Auflage, Huber, Bern 2012.

Resch, Franz/ Weisbrod, Matthias, Kooperative Versorgung Jugendlicher und junger Erwachsener, in: *Fegert, Jörg M./Eggers, Christian/Resch, Franz (Hrsg.),* Psychiatrie und Psychotherapie des Kindes- und Jugendalters, 2. Auflage, Springer, Berlin 2012, S. 241–249.

Reyna, Valerie F./ Farley, Frank, Risk and Rationality in Adolescent Decision Making: Implications for Theory, Practice, and Public Policy, in: Psychological Science in the Public Interest 2006, S. 1–44.

Reyna, Valerie F./ Rivers, Susan E., Current Theories of Risk and Rational Decision Making, in: Developmental Review 2008, S. 1–11.

Richardson, Genevra, Mental capacity in the shadow of suicide: What can the law do?, in: International Journal of Law in Context 2013, S. 87–105.

Roessner, Veit/ Wolff, Nicole/ Ehrlich, Stefan u. a., Need for a more developmental perspective: QTc prolongation under psychotropic medication, in: European Child & Adolescent Psychiatry 2017, S. 871–873.

Rolison, Mary R./ Scherman, Avraham, Factors influencing Adolescents' Decision to engage in risk-taking Behavior, in: Adolescence 2002, S. 585–596.

Rothärmel, Sonja/ Dippold, Ines/ Wiethoff, Katja u. a. (Hrsg.), Patientenaufklärung, Informationsbedürfnis und Informationspraxis in der Kinder- und Jugendpsychiatrie und Psychotherapie: eine interdisziplinäre Untersuchung zu Partizipationsrechten minderjähriger Patienten unter besonderer Berücksichtigung der Kinder- und Jugendpsychiatrie und Psychotherapie; mit 97 Tabellen, Vandenhoeck & Ruprecht, Göttingen 2006.

Rumetsch, Virgilia, Medizinische Eingriffe bei Minderjährigen: eine rechtsvergleichende Untersuchung zum Schweizer und deutschen Recht, Diss. jur., Helbing Lichtenhahn, Basel 2013.

Rüping, Hinrich, Therapie und Zwang bei Untergebrachten Patienten, in: JZ 1982, S. 744–749.

Rüßmann, Helmut/ Herberger, Maximilian/ Martinek, Michael/ Weth, Stephan (Hrsg.), Juris Praxiskommentar BGB. Band 2, Teil 3 Teil 3: Schuldrecht (§§ 631 bis 853), 8. Auflage, Juris, Saarbrücken 2017 (Zit.: *Bearbeiter*, in: Juris Praxiskommentar, Schuldrecht, 8. Auflage 2017).

Rüth, Ulrich, Die Unterbringung in der Kinder- und Jugendpsychiatrie, in: FPR 2011, S. 554–558.

Sachs, Michael/ Battis, Ulrich (Hrsg.), Grundgesetz: Kommentar, 7. Auflage, C.H. Beck, München 2014 (Zit.: *Bearbeiter*, in: Sachs, GG Kommentar, 7. Auflage 2014).

Safer, Daniel J./ Zito, Julie Mango, Treatment-Emergent Adverse Events from Selective Serotonin Reuptake Inhibitors by Age Group: Children versus Adolescnets, in: Journal of Child and Adolescent Psychopharmacology 2006, S. 159–169.

Salgo, Ludwig, Anmerkungen zu BGH FamRZ 2013, 1646, in: FamRZ 2013, S. 1719–1720.

Salgo, Ludwig, Anmerkungen zu BVerfG, FamRZ 2017, 213, in: FamRZ 2017, S. 531–532.

Sawyer, Thomas M./ Stevenson, John F., Perceived Parental and Peer Disapproval Toward Substances: Influences on Adolescent Decision-Making, in: The Journal of Primary Prevention 2008, S. 465–477.

Sawyer, Thomas M./ Stevenson, John F., Perceived Parental and Peer Disapproval Toward Substances: Influences on Adolescent Decision-Making, in: The Journal of Primary Prevention 2008, S. 465–477.

Scahill, Lawrence/ Oesterheld, Jessica R./ Martin, Andrés, General principles, specific drug treatments, and clinical practice, in: *Martin, Andrés/Volkmar, Fred R. (Hrsg.)*, Lewis's child and adolescent psychiatry: a comprehensive textbook, 4. Auflage, Wolters Kluwer Health/Lippincott Williams & Wilkins, Philadelphia 2007, S. 754–788.

Schachter, Debbie/ Tharmalingam, Sukirtha/ Kleinman, Irwin, Informed Consent and Stimulant Medication: Adolescents' and Parents' Ability to Understand Information About Benefits and Risks of Stimulant Medication for the Treatment of Attention-Deficit/Hyperactivity Disorder, in: Journal of Child and Adolescent Psychopharmacology 2011, S. 139–148.

Schepker, Renate/ Brünger, Michael, Freiheitsentziehung und Freiheitsbeschränkung – der Gesetzentwurf zum § 1631b BGB, in: Zeitschrift für Kinder- und Jugendpsychiatrie und Psychotherapie 2017, S. 160–162.

Schimmelmann, Benno/ Mehler-Wex, Claudia/ Wewetzer, Christoph, Schizophrenie, in: *Gerlach, Manfred/Mehler-Wex, Claudia/Walitza, Susanne u. a. (Hrsg.)*, Neuro-/ Psychopharmaka im Kindes- und Jugendalter: Grundlagen und Therapie, 3. Auflage, Springer, Berlin Heidelberg 2016, S. 551–560.

Schimmelpfang-Schütte, Ruth, Recht auf Behandlung und Off-Label-Use in der Gesetzlichen Krankenversicherung (GKV), in: MedR 2004, S. 655–6659.

Schneider, Frank/ Frister, Helmut/ Olzen, Dirk, Begutachtung psychischer Störungen, 3. Auflage, Springer Medizin, Berlin Heidelberg 2015.

Schneider, Hans, Gesetzgebung: ein Lehr- und Handbuch, 3. Auflage, Müller, Heidelberg 2002.

Schnitzler, Klaus (Hrsg.), Münchener Anwaltshandbuch Familienrecht, 4. Auflage, Beck, München 2014 (Zit.: *Bearbeiter*, in: Münchener Anwaltshandbuch Familienrecht, 4. Auflage 2014).

Schnoor, Kathleen/ Schepker, Renate/ Fegert, Jörg M., Rechtliche Zulässigkeit von Zwangsmaßnahmen in der Kinder- und Jugendpsychiatrie, in: Praxis der Kinderpsychologie und Kinderpsychiatrie 2006,

Schröder, Carsten/ Dörks, Michael/ Kollhorst, Bianca u. a., Outpatient antipsychotic drug use in children and adolescents in Germany between 2004 and 2011, in: European Child & Adolescent Psychiatry 2017, S. 413–420.

Schulte-Bunert, Kai/ Weinreich, Gerd (Hrsg.), Kommentar des FamFG: mit FamGKG, 5. Auflage, Luchterhand, Köln 2016 (Zit.: *Bearbeiter*, in: Schulte-Bunert/Weinreich, FamFG, 5. Auflage 2016).

Schulz E./ Fleischhacker W. Wolfgang/ M. Theisen, Frank, Medikamentöse Therapie, in: *Remschmidt, Helmut/Quaschner, Kurt/Aster, Sigrid von (Hrsg.)*, Kinder- und Jugendpsychiatrie: eine praktische Einführung, 6. Auflage, Thieme, Stuttgart 2011, S. 448–462.

Schulze, Reiner/ Dörner, Heinrich/ Ebert, Ina u. a. (Hrsg.), Bürgerliches Gesetzbuch: Handkommentar, 9. Auflage, Nomos, Baden-Baden 2017 (Zit.: *Bearbeiter*, in: Schulze u.a., BGB Kommentar, 9. Auflage 2017).

Schwab, Dieter, Familienrecht, 25. Auflage, C.H. Beck, München 2017.

Schwee, Martin, Die zulassungsüberschreitende Verordnung von Fertigarzneimitteln (Off-Label-Use): eine Untersuchung vorwiegend im Bereich des Rechts der Gesetzlichen Krankenversicherung unter besonderer Berücksichtigung der sozialgerichtlichen Rechtsprechung, Diss. jur., Peter Lang, Frankfurt am Main 2008.

Schweim, Harald G/ Behles, Christian, Off-Label-Use oder von der Notwendigkeit der Arzneimittelzulassung, in: Bundesgesundheitsbl. - Gesundheitsforsch. - Gesundheitsschutz 2003, S. 499–503.

Scott, Elizabeth S./ Reppucci, N. Dickon/ Woolard, Jennifer L., Evaluating Adolescent Decision Making in Legal Contexts, in: Law and Human Behavior 1995, S. 221–244.

Selekman, Janice/ Snyder, Barbara, Uses of and Alternatives to Restraints in Pediatric Settings, in: AACN Clinical Issues 1996, S. 603–610.

Series, Lucy, Relationships, autonomy and legal capacity: Mental capacity and support paradigms, in: International Journal of Law and Psychiatry 2015, S. 80–91.

Seyberth, Hannsjörg W., Psychopharmakotherapie, in: *Speer, Christian P./Gahr, Manfred (Hrsg.)*, Pädiatrie, 4. Auflage, Springer, Berlin 2013.

Seyberth, Hannsjörg W./ Brochhausen, Christoph/ Kurz, R., Probleme der pädiatrischen Pharmakotherapie und deren internationale Lösungsansätze, in: Monatsschrift Kinderheilkunde 2002, S. 218–225.

Seyberth, Hannsjörg W./ Schwab, Martin, Pharmakotherapie, in: *Hoffmann, Georg Friedrich/Lentze, Michael J./Spranger, Jürgen (Hrsg.)*, Pädiatrie, Band 1, 4. Auflage, Springer, Berlin 2014.

Shahin Habashi, Sanaa/ Ballas Daly, Elizabeth, Knowledge, attitudes and beliefs about psychotropic medication among Saudi hospitalized psychiatric patients, in: International Journal of Nursing Studies 1999, S. 51–55.

Shaw, Mike, Competence and consent to treatment in children and adolescents, in: Advances in Psychiatric Treatment 2001, S. 150–159.

Siegler, Robert/ Eisenberg, Nancy/ DeLoache, Judy/ Saffran, Jenny, Entwicklungspsychologie im Kindes- und Jugendalter, 4. Auflage, Springer, Heidelberg 2016.

Singh, Nirbhay N./ Singh, Subhashni D./ Davis, Charles M. u. a., Reconsidering the Use of Seclusion and Restraints in Inpatient Child and Adult Psychiatry, in: Journal of Child and Family Studies 1999, S. 243–253.

Singh, Swaran P./ Tuomainen, Helena, Transition from child to adult mental health services: needs, barriers, experiences and new models of care, in: World Psychiatry 2015, S. 358–361.

Somerville, Leah H./ Jones, Rebecca M./ Casey, B.J., A time of change: Behavioral and neural correlates of adolescent sensitivity to appetitive and aversive environmental cues, in: Brain and Cognition 2010, S. 124–133.

Sorrentino, Annalise, Chemical restraints for the agitated, violent, or psychotic pediatric patient in the emergency department, in: Current Opinion in Pediatrics S. 201–205.

Sowell, Elizabeth R./ Thompson, Paul M./ Holmes, Colin J. u. a., Localizing Age-Related Changes in Brain Structure between Childhood and Adolescence Using Statistical Parametric Mapping, in: NeuroImage 1999, S. 587–597.

Sowell, Elizabeth R./ Thompson, Paul M./ Holmes, Colin J. u. a., In vivo evidence for post-adolescent brain maturation in frontal and striatal regions, in: nature neuroscience 1999, S. 859–861.

Sowell, Elizabeth R./ Thompson, Paul M./ Tessner, Kevin D. u. a., Mapping Continued Brain Growth and Gray Matter Density Reduction in Dorsal Frontal Cortex: Inverse Relationships during Postadolescent Brain Maturation, in: The Journal of Neuroscience 2001, S. 8819–8829.

Spear, Linda P., The adolescent brain and age-related behavioral manifestations, in: Neuroscience and Biobehavioral Reviews 2000, S. 417–463.

Staudinger, Julius von/ Coester, Michael/ Peschel-Gutzeit, Lore Maria u. a. (Hrsg.), Staudinger, BGB Kommentar, Sellier - de Gruyter, (Zit.: *Bearbeiter*, in: Staudinger, BGB Kommentar IV, Elterliche Sorge 1- Inhaberschaft und Inhalt, 2015).

Steckley, Laura, Containment and holding environments: Understanding and reducing physical restraint in residential child care, in: Children and Youth Services Review 2010, S. 120–128.

Steger, Martina, Freiheitsentziehende Maßnahmen in Kliniken der Kinder- und Jugendpsychiatrie und Psychotherapie, München, 2005.

Steinberg, Laurence, Is Decision Making the Right Framework for Research on Adolescent Risk Taking?, in: *Romer, Daniel (Hrsg.)*, Reducing Adolescent Risk: Toward an Integrated Approach, SAGE Publications, Inc., 2003, S. 18–24.

Steinberg, Laurence, Risk Taking in Adolescence: New Perspectives From Brain and Behavioral Science, in: Current Directions in Psychological Science 2007, S. 55–59.

Steinberg, Laurence, A social neuroscience perspective on adolescent risk-taking, in: Developmental Review 2008, S. 78–106.

Steinberg, Laurence/ Cauffmann, Elizabeth, Maturity of Judgment in Adolescence: Psychosocial Factors in Adolescent Decision Making, in: Law and Human Behavior 1996, S. 249–272.

Steinert, Tilman/ Noorthoorn, Eric/ Mulder, Cornelis L., The use of coercive interventions in mental health care in Germany and the Netherlands. A comparison of the developments in two neighboring countries, in: frontiers in PUBLIC HEALTH 2014, S. 1–10.

Stellungnahme der Zentrale Ethikkommission der BÄK, Zwangsbehandlung bei psychischen Erkrankungen, in: Deutsches Ärzteblatt 2013, S. A1334–A1338.

Stockmann, Roland, Nächtliche Fixierung eines Kindes in offener Einrichtung nicht genehmigungsbedürftig, in: jurisPR-FamR 2013, S. Anmerkung 5.

Stöhr, Karlheinz, Arzthaftungsrechtliche Probleme im Arzneimittelrecht, in: GesR 2011, S. 193–198.

Stumpf, Christoph A., Der Vertrieb von Arzneimitteln außerhalb zugelassener Indikationen in wettbewerbsrechtlicher Perspektive, in: PharmR 2003, S. 421–425.

Svensson, Idor/ Fälth, Linda/ Persson, Bengt u. a., The Effect of Reading Interventions among Poor Readers at a Forensic Psychiatric Clinic, in: Psychiatry, Psychology and Law 2017, S. 440–457.

Tan, Jacinta O. A./ Fegert, Jörg M., Capacity and Competence in Child and Adolescent Psychiatry, in: Health Care Analysis 2004, S. 285–294.

Tan, Jacinta O. A./ Hope, Tony/ Stewart, Anne u. a., Control and compulsory treatment in anorexia nervosa: The views of patients and parents, in: International Journal of Law and Psychiatry 2003, S. 627–645.

Taurines, Regina/ Burger, Rainer/ Wewetzer, Christoph u. a., The Relation Between Dosage, Serum Concentrations, and Clinical Outcome in Children and Adolescents Treated With Sertraline: A Naturalistic Study, in: The Drug Monit 2013, S. 84–91.

Tervo, Raymond C., Developmental and Behavior Problems Predict Parenting Stress in Young Children With Global Delay, in: Journal of Child Neurology 2012, S. 291–296.

Thinesse-Wiehofsky, Claudia, Arzthaftung und Pflegeschäden, in: *Jahnke, Jürgen/ Burmann, Michael (Hrsg.)*, Handbuch des Personenschadensrechts, C.H. Beck, München 2016, S. 64–111.

Tölle, Rainer/ Windgassen, Klaus/ Lempp, Reinhart, Psychiatrie: einschließlich Psychotherapie, 17. Auflage, Springer, Heidelberg 2014.

Tonner, Ulrike, Keine Kostenerstattung für USPIO-MRT in der GKV - keine Spitzenmedizin um jeden Preis, in: Fortschr Röntgenstr 2012, S. 668–670.

Trott, Götz-Erik/ Oehler, Klaus-Ulrich, Anmerkungen zur Pharmakotherapie in der fachärztlichen ambulanten Versorgung, in: *Gerlach, Manfred/Mehler-Wex, Claudia/Walitza, Susanne u. a. (Hrsg.)*, Neuro-/Psychopharmaka im Kindes- und Jugendalter: Grundlagen und Therapie, 3. Auflage, Springer, Berlin Heidelberg 2016, S. 91–98.

Turrell, Sheri L./ Peterson-Badali, Michele/ Katzman, Debra K., Consent to treatment in adolescents with anorexia nervosa, in: International Journal of Eating Disorders 2011, S. 703–707.

Ullrich, Nils, Finanzierungslücken bei medizinischen Innovationen?, Diss. jur., Nomos, Baden-Baden 2013.

Van Leijenhorst, Linda/ Moor, Bregtje Gunther/ Op de Macks, Zdeňa A. u. a., Adolescent risky decision-making: Neurocognitive development of reward and control regions, in: NeuroImage 2010, S. 345–355.

Vitiello, Benedetto/ Corell, Christoph/ Zwieten-Boot, Barbara u. a., Antipsychotics in children and adolescents: Increasing use, evidence for efficacy and sefety concerns, in: European Neuropsychopharmacology 2009, S. 629–635.

Vloet, Timo D./ Neufang, Susanne/ Herpertz-Dahlmann, Beate u. a., Bildgebungsbefunde bei Kindern und Jugendlichen mit ADHS, Tic-Störungen und Zwangserkrankungen, in: Zeitschrift für Kinder- und Jugendpsychiatrie und Psychotherapie 2006, S. 343–355.

Vogel, Elena, Pharmakovigilanz – Rechtsfragen der Arzneimittelüberwachung und -sicherheit aus nationaler und gemeinschaftsrechtlicher Perspektive, Diss. jur., Shaker, Aachen 2007.

Vollmann, Jochen, Einwilligungsfähigkeit als relationales Modell, in: Nervenarzt 2000, S. 709–714.

Walter, Ute, Medikamentöse Behandlung von Kindern, in: *Hofer, Sibylle/Schwab, Dieter/Walter, Ute (Hrsg.)*, Perspektiven des Familienrechts: Festschrift für Dieter Schwab zum 70. Geburtstag am 15. August 2005, Gieseking, Bielefeld 2005, S. 965–970.

Walter, Ute, Off-Label-Use: Die Haftung des verordnenden Arztes, in: NZS 2011, S. 361–366.

Warnke, Andreas/ Wewetzer, Christoph, Medikamentöse Therapie, in: *Remschmidt, Helmut/Mattejat, Fritz/Warnke, Andreas (Hrsg.)*, Therapie psychischer Störungen bei Kindern und Jugendlichen: ein integratives Lehrbuch für die Praxis, Sonderausgabe, Thieme, Stuttgart 2010, S. 30–44.

Weber, Matthias M., Rechtliche Aspekte der Krisenintervention, in: Psychotherapie 2007, S. 336–341.

Weber, Matthias M./ Lange, Sonja/ Wolf, Christian, Psychopharmaka und Recht, in: *Gründer, Gerhard/Benkert, Otto (Hrsg.)*, Handbuch der Psychopharmakotherapie, 2. Auflage, Springer Medizin, Berlin 2012, S. 1137–1149.

Weber, Michael, „Off-label use": Arzneimittel- und strafrechtliche Aspekte am Beispiel der Kinderheilkunde, Diss. jur., Nomos, Baden-Baden 2009.

Weithorn, Lois A./ Campbell, Susan B., The Competency of Children and Adolescents to Make Informed Treatment Decisions, in: Child Development 1982, S. 1589–1598.

Welie, Sander P.K., Criteria for patient decision making (in)competence: A review of and commentary on some empirical approaches, in: Medicine, Health Care and Philosophy 2001, S. 139–151.

Weller, Penelope, The Convention on the Rights of Persons with Disabilities and the social model of health: new perspectives, in: Journal of Mental Health Law 2011, S. 74–83.

Wetterling, Tilman, Rechtsprechung zur Verabreichung von Medikamenten außerhalb der zugelassenen Indikationsgebiete (off-label-use), in: Fortschritte der Neurologie Psychiatrie 2004, S. 255–259.

Wetterling, Tilman/ Tessmann, Golo/ Junghanns, Klaus, Aufklärung über Medikamente, in: Psychiatrische Praxis 2002, S. 235–239.

Wheeler, Robert, Gillick or Fraser? A plea for consistency over competence in children, in: BMJ 2006, S. 807.

WHO, Materialsammlung zu psychischer Gesundheit, Menschenrechten und Gesetzgebung, Geneva 2005.

Wohkittel, Christopher/ Gerlach, Manfred/ Taurines, Regina u. a., Relationship between clozapine dose, serum concentration, and clinical outcome in children and adolescents in clinical practice, in: J Neural Transm 2016, S. 1021–1031.

Wölk, Florian, Der minderjährige Patient in der ärztlichen Behandlung, in: MedR 2001, S. 80–89.

Woolard, Jennifer L./ Dickon Reppucci, N./ Redding, Richard E., Theoretical and Methodological Issues in Studying Children's Capacities in Legal Contexts, in: Law and Human Behavior 1996, S. 219–228.

Yamashiro, Yuichiro/ Martin, Jennifer/ Gazarian, Madlen u. a., Drug Developtment: The Use of Unlicensed/Off-label Medicines in Pediatrics, in: JPGN 2012, S. 506–510.

Zens, Yvonne/ Fujita-Rohwerder, Naomi/ Windeler, Jürgen, Nutzenbewertung von Medizinprodukten, in: Bundesgesundheitsblatt - Gesundheitsforschung - Gesundheitsschutz 2015, S. 240–247.

Zimmermann, Walter, Praxisprobleme der ärztlichen Zwangsbehandlung bei Betreuten, in: NJW 2014, S. 2479–2481.

Zinkler, Martin, Stellungnahme zum Gesetzesentwurf der Bundesregierung - Entwurf eines Gesetzes zur Änderung der materiellen Zulässigkeitsvoraussetzungen von ärztlichen Zwangsmaßnahmen und zur Stärkung des Selbstbestimmungsrechts von Betreuten - BT-Drucksache 18/11240, abrufbar unter: https://www.bundestag.de/blob/504234/da0474e0d034610f8ff4ec87ba87b43f/zinkler-data.pdf, zuletzt abgerufen am: 11. November 2017.

Zudass, Allessandro/ Zanni, Roberta/ Usala, Tatiana, Second generation antipsychotics (SGAs) for non-psychotic disorders in children and adolescents: A review of the randomized controlled studies, in: Paediatric Psychopharmacology 2011, S. 600–620.

Zylka-Menhorn, Vera, Den Schwarzen Peter hat der Arzt, in: Deutsches Ärzteblatt 2001, S. A3413–A.3416.